HEYNE BÜCHER

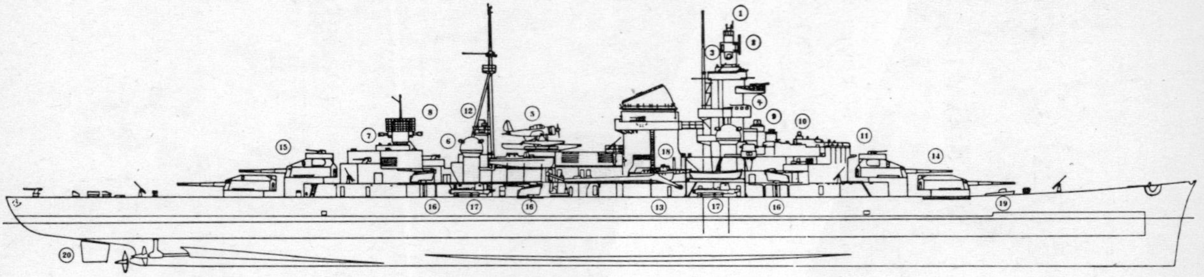

SEITENRISS DES SCHWEREN KREUZERS *ADMIRAL HIPPER*

1. FuMB = Funkmeßbeobachtungsgerät, drehbar
2. FuMG = Funkmeßgerät zur Ortung, auch Dete-Gerät (Dezimeter-Telephonie) genannt, drehbar
3. 7 m-E-Meßbasisgerät in der E-Meß-Haube
4. Brücke, darüber - oberhalb des Fla-Standes - die Admiralsbrücke
5. eines der drei Bordflugzeuge auf dem Katapult
6. achterer Stbd.Fla-Leitstand (auch Wackelturm genannt)
7. achteres 7 m-E-Meßbasisgerät, drehbar
8. achteres FuMG, drehbar
9. 3 m-E-Meßgerät
10. 6 m-E-Meßgerät
11. vorderer Stand
12. Scheinwerfer 150 cm
13. Stbd.Kran
14. die 20,3 cm-Türme Anton und Berta (vorn)
15. die 20,3 cm-Türme Cäsar und Dora (achtern)
16. 10,5 cm-Flak
17. Torpedosatz Stbd. (3—53,3 cm), oberhalb des vorderen Rohrsatzes der Stbd.Kutter II
18. V-Boot II, davor die Jolle
19. Wellenbrecher
20. Ruder und Schrauben (3)

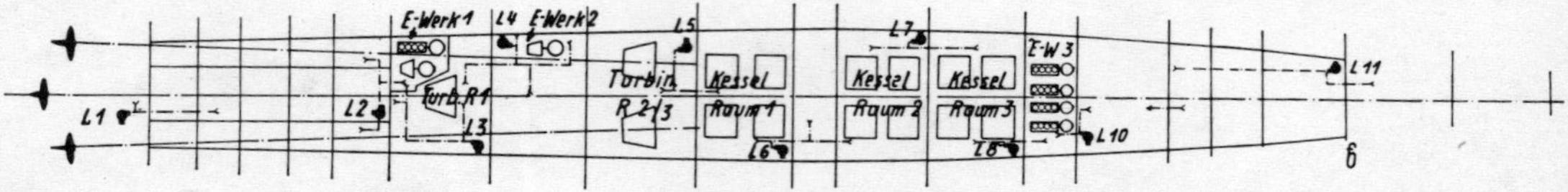

DIE MASCHINENANLAGE

L = Lenzpumpe E-W = Elektro-Werk Turb R (+ Zahl) = Turbinen-Raum (plus Nummer)

JOCHEN BRENNECKE

EISMEER ATLANTIK OSTSEE

Die Einsätze des schweren Kreuzers
›Admiral Hipper‹

Mit einem Geleitwort von Vizeadmiral a. D. Friedrich Ruge

WILHELM HEYNE VERLAG
MÜNCHEN

HEYNE ALLGEMEINE REIHE
Nr. 01/627

Die Karten gestalteten und zeichneten Jochen Brennecke und Ingeborg Brennecke

13. Auflage

Printed in Germany 1988
Umschlag: Atelier Heinrichs, München
Gesamtherstellung: Ebner Ulm

ISBN 3-453-00087-0

Inhalt

Geleitwort von Vizeadmiral a. D. Friedrich Ruge . . . 7

Vorwort des Autors 9

Großbrand im Maschinenraum 12

Stapellauf, Indienststellung und Erprobung 19

Admiral Hippers erster Einsatz. Die Kirkwall-Unternehmung 33

Admiral Hipper und das Unternehmen Weserübung. Die Versenkung von HMS *Glowworm* 37

Die Festung Drontheim im Handstreich genommen . . 65

Das Unternehmen Juno 94

Handelskrieg im Eismeer 107

Klar für ›Seelöwe‹: Fall A und Fall B 119

Das Unternehmen Nordseetour: Das Gefecht mit HMS *Berwick* und ihrer Begleitung im Atlantik 126

Im Zusammenspiel der Kräfte: *Admiral Hipper* vernichtet den Convoy SLS/-64 160

Der Marsch in die Heimat. Ein Durchbruch unter vollendeter Skl-Regie 183

Werftliegezeit, Probefahrten und wieder mal in Hamburg 194

Als Fleet in being und Florett der Flotte wieder in Norwegen 198

Das Gefecht bei der Bäreninsel 224

Die *Wilhelm-Gustloff*-Tragödie — Das Ende in Kiel . . 265

Anhang 1. Zeittafel *Admiral Hipper* 279

Anhang 2. Technische, artilleristische und sonstige Daten 282

Anhang 3. Tagesbefehl Raeders 286
Anhang 4. Artilleriebericht über *Glowworm*-Gefecht . 287
Anhang 5. Besetzung von Drontheim 288
Anhang 6. Operationsbefehl ›Wilmersdorf‹ 289
Anhang 7. Verteilung der englischen Seestreitkräfte 15. 1. 1941 293
Anhang 8. Bericht IAO, Bericht IIAO und ITO über Geleitzuggefecht 293
Anhang 9. Tabelle für Geschoßwahl 300
Anhang 10. Bezug auf das Teilkapitel über die *Admiral-Hipper*-Klasse 301

Der erste Inspekteur der Bundesmarine
Vizeadmiral a. D. Friedrich Ruge:

Wenige Jahre nur umfaßt die Geschichte des schweren Kreuzers *Admiral Hipper* von der Indienststellung zur Selbstvernichtung. Die bisher noch nicht im Zusammenhang geschilderten Fahrten des Schiffes sind Episoden in den gewaltigen Ereignissen eines Krieges, der die ganze Erde erschütterte. Das Schicksal des Kreuzers ist unlöslich verbunden mit dem Unvermögen Hitlers, sich ein zutreffendes Bild von den Dingen der See zu machen.

Der Typ des Schiffes, für die deutsche Seekriegführung nicht besonders geeignet, lag begründet im Flottenabkommen mit England, einem großen politischen Erfolg, den der Diktator dann leichtfertig aus der Hand gab, ohne zu fühlen, daß er sich damit in den Krieg gegen die Seemächte verstrickte.

Admiral Hipper wirkte an der Operation gegen Norwegen mit, die gelang, weil Seemacht durch Überraschung ersetzt werden konnte. Der Kreuzerkrieg im Atlantik, an dem das Schiff dann teilnahm, war auf ähnlichen Überlegungen aufgebaut und erzielte Erfolge, ohne aber den Gegner nachhaltig zu erschüttern. Im Gegenteil, die Besatzung der *Admiral Hipper* mußte erleben, wie die Handelskriegführung aus den Biskayahäfen der englischen Überlegenheit zur See und in der Luft erlag und ihr Schiff in die Heimat zurückgenommen wurde. Auch die Operationen im Polarmeer, die nun folgten, schlugen nicht durch und konnten die Versorgung Sowjetrußlands über See nur behindern, nicht aber verhindern. Das unbefriedigende Geleitzuggefecht Ende Dezember 1942 führte zum Wechsel im Oberbefehl der Kriegsmarine, der an der zwangsläufigen Verlegung des Schwerpunktes zum U-Boot-Krieg nicht viel änderte. Nach langer Reparaturzeit diente *Admiral Hipper* der Ausbildung und brachte auf der letzten Fahrt Flüchtlinge von der Danziger Bucht nach Kiel. Hier sprengte die Besatzung beim Nahen der Engländer ihren Kreuzer im Dock, nachdem er von Bomben zwar beschädigt, nicht aber außer Gefecht gesetzt war.

Insgesamt ein Schiffstyp, eine Form der Operationen, ein Schicksal, wie es sich nach menschlichem Ermessen nicht wiederholen wird. Und doch ist vieles daraus zu lernen: für die Zusammenarbeit an Bord, für die Gefechtsausbildung, für die Menschenführung, für Durchhalten in schwieriger Lage und schnelles Ausnutzen gegebener Gelegenheit. Die sachliche Schilderung des Autors, der auch dem Gegner immer wieder das Wort gibt, bringt die menschlichen ebenso wie die technischen Zusammenhänge. Darüber hinaus würdigt der Autor die vorbildlichen Leistungen der Besatzung und zeigt an diesem komplizierten Schiff unmißverständlich, wie wichtig es für den Konstrukteur ist, den Betrieb an Bord zu kennen und seine Eigenarten zu berücksichtigen. Es wird immer wieder deutlich, daß die Technik nicht allein in den Konstruktionsbüros, den Entwicklungsständen und den Werkstätten zu Hause ist, sondern daß neben der Fertigungstechnik gleichberechtigt die Betriebstechnik steht, deren Kenntnis das Personal an Bord in langer Erfahrung erwirbt. Beide, Betrieb und Fertigung, teilen sich in die Reparaturen, die zum Teil an Bord, zum Teil in der Werft durchgeführt werden. Den Teil, den die Besatzung auf dem Kriegsmarsch oder im Gefecht selbst erledigen muß, kann der Konstrukteur vorausschauend erleichtern. — Der Techniker wie der Taktiker, der Seemann ebenso wie der Ingenieur werden in Brenneckes Schilderung vieles finden, aus dem sie für die verschiedensten Gebiete ihres Berufes Nutzen ziehen können.

Tübingen, den 10. Februar 1963 *Friedrich Ruge*

Vorwort des Autors

Die Tat der *Admiral Hipper,* die Festung Drontheim zu besetzen, war ohne Frage der Schlüssel zum Enderfolg eines Unternehmens, das auch der Gegner als die bis dahin größte und kühnste Landeoperation bezeichnete. Wenn diese Leistung des schweren Kreuzers bislang nicht in gebührendem Umfang gewürdigt worden ist, dann doch nur, weil sich seinerzeit einmal Ereignisse überschlugen und fast alle erst in diesem Buch erwähnten Einzelheiten nicht veröffentlicht werden durften.

So wie dieser Handstreich blieben auch alle anderen Einsätze dieses schweren Kreuzers aus damals berechtigten Gründen der Geheimhaltung dem deutschen Volk unbekannt ... die florettähnlichen Vorstöße in das Eismeer ... die taktisch und im strategischen Wirken nachhaltig erfolgreichen, wenn auch nicht entscheidenden Angriffe auf britische Geleitzüge im Atlantik oder die permanente Bedrohung gegnerischer Seestreitkräfte im Seegebiet von Norwegen.

Das wenige, das in Verbindung mit der *Admiral Hipper* damals veröffentlicht werden durfte, war bewußt verschleiert, um den Gegner irrezuführen ... Von einem durfte schon gar nicht gesprochen werden, von den großen Sorgen, Problemen und Strapazen, die dieses Schiff seiner Besatzung abgefordert hat.

Alle hier novellistisch dargestellten Ereignisse basieren auf historisch erarbeitetem, echtem Hintergrund, auf der Mosaikarbeit einer Forschung aus Quellen jeder Art, solcher amtlicher oder halbamtlicher Dokumente sowie vieler Aussagen und mündlicher wie schriftlicher Stellungnahmen zur Sache. Erst nachdem die Arbeit des Historikers in gebotener Objektivität und mit Akribie erfüllt worden war, konnte anhand dieses Materials die eigentliche Gestaltung beginnen, auch die für eine novellistische Diktion notwendige Abstraktion.

Ein ›Dennoch‹ müßte im Wappen der *Admiral Hipper* stehen, ein ganz klares ›Dennoch‹. Die Männer dieses schweren Kreuzers, das verdient ganz besonderer Betonung, waren keine ›Dickschiff-fahrer‹. Zwischen ›Deck‹ und ›Maschine‹ herrschte immer und in jeder Lage ein guter kameradschaftlicher Geist im allerbesten Sinne. Ohne diesen hätte dieses Schiff schwerlich Situationen überdauert, die anderen Einheiten in ähnlichen Lagen zum Verhängnis wurden. Erst der Wille des Kommandanten und die Haltung seiner Männer machten möglich, was unmöglich schien — weil Männer kämpfen und nicht Schiffe.

In erster Linie gilt mein Dank für Tagebücher, für persönliche Auskünfte oder Ergänzungen den unmittelbar beteiligten Besatzungsmitgliedern, den Herren:

Steuerm.Maat und ROA a. D. Friedrich Barthel, jetzt Schiffbauingenieur bei der Stülcken-Werft, Hamburg;
Fregattenkapitän Heinz Boden (als Kptltn. ATO und II AO auf *Admiral Hipper*), jetzt Bundesmarine, Bonn, Bad Godesberg;
Funkmeister Rudolf Breuer (B-Dienst-Gruppe auf *Admiral Hipper* während Gefecht bei der Bäreninsel), jetzt Geschäftsführer Deutscher Marine-Bund (DMB), Neumünster;
Clauss, *Admiral-Hipper*-Kameradschaft in Hamburg;
Geschwaderarzt a. D. Dr. med. Martin Goede, heute Facharzt für Augenkrankheiten, Privatklinik, Lüneburg;
Franz Gutmann, *Admiral-Hipper*-Kameradschaft in Hamburg;
Korvettenkapitän Hermann (als Kptltn. Chef B-Dienst auf *Admiral Hipper* während Geleitzugunternehmung SLS 64);
Vizeadmiral a. D. Hellmuth Heye (als Kpt. z. See Kmdt. *Admiral Hipper*), heute Wehrbeauftragter des Bundestages in Bonn;
Marine-Stabsarzt a. D. Dr. med. Walter Jehn, heute Arzt in Marburg;
Alfred Jobst, *Admiral-Hipper*-Kameradschaft in Hamburg;
Kapitänleutnant (Ing.) Kirschstein (Ex-MI auf *Admiral Hipper*), jetzt Direktor der BP, Hamburg;
Admiral a. D. Wilhelm Meisel (als Kpt. z. See Exkommandant auf *Admiral Hipper*), Badenweiler;
Kapitän zur See (Ing.) a. D. Karl Moritz (Ex-LI auf *Admiral Hipper*), Hamburg;
Kapitänleutnant (Ing.) a. D. Heinz Maatz;
Korvettenkapitän (Ing.) d. R. a. D. Dr.-Ing. von Pawel (als Obltn. d. R., Kessel-Ing. auf *Admiral Hipper*, heute selbständig in Hamburg;
Fregattenkapitän (Ing.) a. D. Wolfheinz Schäfer, jetzt Ministerialrat in Düsseldorf;
Vizeadmiral E. Wegener (als KKpt. und FKpt. IAO auf *Admiral Hipper*), jetzt Befehlshaber *Comnavbalbap* Kiel-Holtenau;
Kapitän zur See a. D. Herbert Zollenkopf (als FKpt. IO auf *Admiral Hipper*), jetzt Ortsbeauftragter des Technischen Hilfswerkes in Buxtehude.

Ferner danke ich den nachstehend genannten Herren für Mitarbeit und Ergänzungen:

Generaladmiral a. D. Marschall, Kitzeberg b. Kiel;
Admiral a. D. Werner Fuchs, Kitzeberg b. Kiel;
Admiral a. D. Theodor Krancke, Wentorf b. Hamburg;

Fregattenkapitän Paul Schmalenbach, Bonn;
Korvettenkapitän K. O. Ebenhög, Kiel;
Stabsbootsmann Werner Krüger, Schleswig;
Reedereiinspektor Martin Maass, Hamburg;
Oberleutnant MA. a. D. Prof. Eric Richter, Plön;
Dr. med. Hans Rinnecker, Preetz;
Frau Helke Rinnecker, Preetz;
Pfarrer Paul Rotfahl, Brauweiler;
Frau Dr. med. Dorothea Rotfahl, Brauweiler;
Dr. phil. Theodor Michaux, Wiesbaden;
Kapitän zur See a. D. Schulze-Hinrichs, Plön.

Zur Verfügung standen die wesentlichsten deutschen Dokumente, britische Unterlagen, das im Text bezogene Schrifttum, darüber hinaus weitere Facheditionen, Zeitschriften, Zeitungen, Zeitdokumente und Mikrofilme.

Ganz besonderer Dank gilt meiner lieben Frau Ingeborg für ihre Mithlife am Manuskript wie auch vor allem an den Karten.

März 1963 *Jochen Brennecke*

Großbrand im Maschinenraum

September 1940.

»Dieser verdammte 13., der obendrein noch ein Freitag war.« Der Brücken-WO wischt sich in unbewußt schneller Reaktion erst über die Augen, dann drückt er seine Zeigefinger leicht gegen die Ohren. Er, zu dem der NO noch vor Stunden gesagt hatte: »Seien Sie doch nicht so abergläubisch wie ein Bantu-Neger«, hat richtig gehört: der Maschinentelegraf klingelte. Und daß sein Zeiger jetzt auf STOP liegt, ist ebenfalls kein Trugschluß.

»Da haben wir die Schweinerei, Herr Kapitän.«

Kapitän zur See Wilhelm Meisel, bei dem Klingeln des Telegrafen mit langen Schritten aus der dunklen Nacht der Brückenwache in das Kartenhaus getreten, nickt, aber er zeigt sich nicht nervös. Er hebt nur die Hand: die an ihm gewohnte Geste beherrschter Disziplin an Bord. Wenn der LI nach der vorausgegangenen Fahrtverminderung stoppt, ohne sich vorher mit ihm abzusprechen, dann werden es sehr gewichtige Gründe sein, sind die Gedanken Meisels. Er ist Offizier alter Schule:

genau auch in Kleinigkeiten,

genau in der Erfüllung ihm auferlegter Pflichten,

mit dem scharfen Blick für das Wesentliche und die Pflichten der anderen.

Daß im Turbinenraum ein Großbrand ausgebrochen sei, das war schon eine Hiobsbotschaft, daß das Schiff nun aber ausgerechnet hier auch noch stoppen muß, ist eine verteufelt heikle Sache.

Die Position, auf der *Admiral Hipper* bei diesem Manöver gerade steht, ist die engste Stelle zwischen England und der Westküste Norwegens. Der schwere Kreuzer schwimmt hier, wenn auch in Landnähe Skandinaviens, in nächster Nähe von Scapa Flow und in einem ohnehin U-Boot-gefährdeten Gebiet. In der recht groben See – es herrscht Seegang vier bis fünf bei Windstärke fünf – beginnt das langsam auslaufende Schiff immer heftiger zu rollen und zu schlingern.

Kapitän zur See Meisel wartet ...

Wie aber kam es zu dieser so kritischen Situation?

Admiral Hipper, die nach einer Werftliegezeit in Wilhelmshaven am Freitag, dem 13. September 1940, über den Nord-Ostsee-Kanal durch die Ostsee nach Norwegen ausgelaufen war, mußte wegen eines Maschinenschadens Kristiansand anlaufen. Am 27. September, wieder an einem Freitag, wieder in Marsch und erneut in See, machen sich starke Erschütterungen im Bereich der Steuerbordturbine bemerkbar. Die hochempfindlichen Anlagen, die Fundamente, ja das ganze Achterschiff erbeben unter bisher unbekannten, nicht erlebten Schwingungen. Weder der Leitende, noch sein Abschnittsoffizier, noch die alten Hasen, die Obermaschinisten, entdecken die Ursache. Sie können nur vermuten. Als es auf den späten Abend zugeht, bricht unter dem permanenten Druck dieser regelwidrigen Bewegungen die Turbinenölleitung, bestimmt, über ein Rohr den Turbinenlagern und dem Ritzelgetriebe unter hohem Druck Öl zur Schmierung zuzuleiten. Dieses Rohr hat den Durchmesser eines kräftigen Seemannsarmes. Die explosionsartig frei werdenden Ölmassen entzünden sich sofort an den heißen Turbinenteilen [1]:

Großbrand im Maschinenraum.

Unter schwarzem, widerlich beißendem Qualm flammt das in die Bilge abströmende Öl auf, gleichzeitig sinkt durch den Bruch des Zufuhrrohres der Schmieröldruck der gesamten Anlage.

Der Verantwortliche muß schon Humor haben, wenn er da nicht durchdrehen soll.

Nicht nur die Steuerbordturbine ist gefährdet, nein, auch die Backbordturbine, wenn es nicht gelingt, den Großbrand einzudämmen, denn die Backbordturbine befindet sich nämlich — ein gefechtsbautechnischer Schildbürgerstreich —, ohne durch Schotten abgetrennt worden zu sein, im gleichen Raum. Für diese Raumanordnung zeichnete auf keinen Fall die Werft Blohm & Voss verantwortlich. Fallen aber beide Anlagen aus, reduziert sich die Maschinenleistung um zwei Drittel. Praktisch bedeutet das, daß *Admiral Hipper* nur noch mit der Mittelmaschine 15 kn Höchstgeschwindigkeit wird halten können. Das ist weniger, als die großen britischen U-Boote mit ihrer bis zu 22,5 kn betragenden AK-Fahrt bei Überwassermarsch zu laufen vermögen.

Der Abschnittsoffizier, Kapitänleutnant (Ing.) Kirschstein, reagiert schnell. Er, von oben bis unten mit Öl verschmiert, stoppt die Steuerbordturbine durch Schnellschluß.

Er brauchte es nicht zu sagen, seine Männer ... der wachhabende Obermaschinist, Stabsobermaschinist Höcker, die vier Maschinenmaate, darunter die Maschinenmaate Weber und Hermann, die Raumbesatzung und die Maschinengefechtsdienstgruppe [2] unter ihrem Führer Obermaschinist Felke und deren Heizer packen gleichzeitig mit seinem Befehl zu, die Feuerlöschmittel einzusetzen.

---

[1] Falsch bei Hümmelchen ›Handelsstörer‹: denn hier wird von Rohrleitungen gesprochen, an denen sich das Öl entzündet haben soll.

[2] MGD-Gruppe.

»Man hätte das wenigstens mal in der Praxis versuchen sollen [1]«, schnauft der Obermaschinist, denn die Turbinenraumbilge ist schwer zugänglich. Sie hat viele Ecken und tote Winkel, so daß der Großbrand nicht mit erforderlicher Breite bekämpft werden kann. Der LI, Fregattenkapitän Moritz, hatte auf seinem Gefechtsstand, dem Maschinenleitstand, auf dem sich alle erdenklichen Anzeigeinstrumente für die Überwachung der gesamten Maschinenanlagen vereinigen und gruppenweise übersichtlich angeordnet sind, bereits das plötzliche Stoppen der Steuerbordturbine beobachtet. Sie war ja schon seit einiger Zeit sein Sorgenkind, und so kam ein solches Ereignis nicht völlig unerwartet. Aber die zusätzliche Meldung: »Großfeuer im Turbinenraum zwo, drei«, ist doch ein rechter Schock. Er kann nur ein »Es bleibt einem aber auch nichts erspart« vor sich hinfluchen, dann nichts wie hin, um baldmöglichst ein eigenes klares Bild von dem Ausmaß der Störung zu gewinnen. Da das Schiff auf Kriegsmarsch ohne Feindberührung steht, kann er den Gefechtsstand verlassen und dem Gefechts-WI, dem Ingenieur-Offizier der Wache, Oberleutnant (Ing.) Daniel, die Leitung überlassen. Beim Betreten des Turbinenraumes unterrichtet ihn der Ingenieur-Offizier für die Turbinenanlagen, Kapitänleutnant Kirschstein, in kurzen Worten über die Entwicklung und Umfang der Störung und des Brandes, soweit sich dieses nicht aus der wenig erfreulichen Situation ohnehin ergibt.

Kirschstein hatte mit der Kurzmeldung an den Maschinenleitstand gleichzeitig auch die Brücke verständigt. Für die beiden Offiziere, LI und MI, erhebt sich die Frage:

Bekommen wir das Feuer unter Kontrolle, oder soll für das ganze Schiff Feueralarm gegeben werden mit dem ganzen Trouble und all der Nervosität einer aufgescheuchten Besatzung, die sich ja ohnehin auf Gefechtsstation befand?

Nein, wir werden es schon schaffen, das Feuer wenigstens auf den Raum T 2/3 [2] zu lokalisieren, ist die hoffnungsvolle Entscheidung. Aber nunmehr muß der Kommandant über das voraussichtliche Ausmaß der Störung ins Bild gesetzt werden.

Zunächst durch eine Kurzmeldung über BÜ: »Großfeuer Abteilung V. Turbine muß stoppen.«

Dann durch einen Lagebericht. LI, Fregattenkapitän Moritz, ruft dann weiter durch das Telefon:

»Wenn wir das Feuer nicht niederhalten können, muß ich auch die Backbordturbine stoppen, Herr Kapitän.«

---

1 Interessant ist, was wir bis während des Krieges nicht wußten, daß die Amerikaner nichts markieren und daß diese solche Situationen auch in natura üben. Auf besonderen Ausbildungsschiffen wird bei echtem Feuer echter Einsatz verlangt.

2 T 2/3 = die amtliche Bezeichnung für den Turbinenraum, in dem die Turbinen zwo und drei untergebracht waren.

»Dann tun Sie das, aber halten Sie den Vogel unter Dampf, solange es geht.«

Minuten später ist es soweit. Auch der Backbordturbine muß der Dampf durch Schnellschluß abgedreht werden. Über die Mittelturbine läßt sich die Fahrt noch auf 15 kn halten.

Durch den Fahrstrom werden nun aber die Schrauben der beiden gestoppten Turbinen in Umkehrung ihrer normalen Aufgabe mitgedreht. Und mit den Schrauben die Welle und mit der Welle die Turbinenmotoren mit den ohne Zweifel beschädigten Laufschaufelreihen.

Mit zusammengebissenen, schmalen Lippen beobachtet der Obermaschinist seinen LI. Was wird er tun? Irgend etwas in der Steuerbordturbine ist wrong ... wenn die jetzt nun weiter mitdreht ...

»... dann kriegen wir den schönsten Schaufelsalat«, hört er Fregattenkapitän Moritz mit sorgenschwerer Stimme sagen. Denn das ist diesem jetzt klar: die Schwingungen kamen nur von beschädigten Schaufeln im Turbinengetriebe her.

»Und noch einiges dazu«, knurrt der Abschnittsoffizier. Seine Hand weist auf das jetzt trocken laufende Ritzel.

»Das Ganze ... Steuerbordturbine und Ritzel ... eine Reparatur, die diesen Untersatz für mindestens ein Jahr werftreif macht.«

Aber jetzt stoppen? Hier in diesem Seegebiet? Sollte man nicht lieber die Werftliegezeit in Kauf nehmen, statt als manövrierunfähiges Zielschiff für britische U-Boote hier, mitten in der Nacht, auf Tiefe zu gehen?

Eine schwere Entscheidung. Die Zeit drängt, zu langatmigen technischen Erklärungen vor dem Kommandanten bleibt keine Minute. Jeden Augenblick kann an den Schaufeln und am Ritzel eintreten, was sie als Fachleute befürchten.

Wird der Kommandant eine solche so lebenswichtige und gleichzeitig lebensbedrohende Maßnahme verstehen?

Und später gutheißen?

Fregattenkapitän Moritz gibt den Befehl zum Stoppen der Mittelturbine. Ohne die Entscheidung des Kommandanten einzuholen und abzuwarten.

Später schreibt der LI in sein privates Tagebuch: »Seine Entscheidung hätte sich ja doch nur nach den von der Maschinenleitung vorgeschlagenen Erwägungen richten können. Noch mehr als schon vorher zeigte sich in dieser Nacht, wie wichtig es ist, wenn zwischen allen Stellen eines Kriegsschiffes eine verständnis- und vertrauensvolle Zusammenarbeit besteht und daß der LI wie jeder andere Waffenleiter über taktische Situationen und Absichten unterrichtet ist, damit er seine eigenen Entschlüsse darauf abstimmt.«

»... wir werden also«, so erklärt Moritz seinem Kommandanten, immer wieder von Hustenanfällen unterbrochen, mit trockener sachlicher Stimme, wie ein Physiker, der über die Quantentheorie doziert, »... wir werden also beim jetzt gestoppten Schiff die Steuerbordwelle festbremsen, damit sie beim Wiederanlaufen vom Fahrtstrom nicht mehr mitgenommen wird. Gleichzeitig werden wir dann mit dem Abkuppeln der Welle beginnen. Solange die Welle festgebremst ist, können wir sogar wieder etwas Fahrt aufnehmen, um das Schiff wieder auf Kurs zu bringen ...«

Die neben Moritz Stehenden hören die im Hörer schnarrende Stimme des Kommandanten. Moritz, schweißüberströmt, mit vom Rauch geröteten Augen und mit der rechten Hand gegen die wilden Bewegungen des Schiffes abgestützt, lacht: »Jawohl, Herr Kapitän, dann wird auch das verdammte Schlingern nachlassen. Es erschwert die Arbeitsmöglichkeiten und beschwört immer wieder die Gefahr neuer Bilgenbrände herauf ... Ja, und wenn die Steuerbordwelle ausgekuppelt ist, dann können wir wenigstens mit den zwei anderen Schrauben weitermarschieren ... o ja, wir schaffen mehr als 25 Knoten, 27 bestimmt, wenn nicht noch mehr.«

So einfach, wie sich das liest, verläuft die Durchführung jedoch nicht. Das Anziehen der Wellenbremse ist auf der wild auf und nieder und hin und her schwankenden und dazu noch vom Schmieröl glitschigen Maschinenbodenplattform eine harte, akrobatische Arbeit. Aber sie klappt, und der LI kann dem Kommandanten melden, das Schiff könne mit der Mittelwelle wieder mit der Fahrt ›angehen‹.

»Nach der Vorschrift sind nur zehn Knoten dabei erlaubt«, fügt er noch hinzu.

»Das ist zuwenig, um ein feindliches U-Boot auszumanövrieren. Aber gut so, Moritz, es ist besser als nichts.«

»Ich habe das auch schon überlegt. Ich glaube, ich kann auch eine etwas höhere Fahrtstufe riskieren.«

Riskieren ist das Verbum von Risiko, und Risiko heißt Wagnis, Verlustmöglichkeit, aufs Spiel setzen.

»Diese Entscheidung muß ich Ihnen überlassen, Moritz, so wie ich damit rechne, daß Sie bei erneuter Brandgefahr wieder stoppen müssen.«

»Das möge der Himmel verhüten. Aber das mit der höheren Fahrt, das will ich versuchen ... Ganz langsam, so mit den Fingerspitzen.« Moritz ist sich klar darüber: Wenn die Bremse bei einer höheren Fahrtstufe der Belastung nicht mehr standhält, wenn sie ins Rutschen kommt und das Schiff dann nicht sofort gestoppt wird, dann gibt es jede Menge Bruch. Die Auswirkungen können durchaus den Umfang eines schweren Treffers haben.

In der ersten Stunde werden bei der 10-Knoten-Fahrt die Bremsen immer wieder etwas gelockert. Die Turbine muß immer wieder ein wenig mitdrehen. Nur so kann einer ungleichmäßigen Abkühlung vorgebeugt werden und damit einem nicht mehr auf See zu reparierenden Verziehen des Rotors.

Nach und nach läßt Moritz die Geschwindigkeit steigern. 11 Knoten, 12 Knoten ... noch ein wenig mehr ... Jetzt sind es schon 13 und nun 14, und die Bremsen halten noch immer. Beste deutsche Wertarbeit mit höchstem Sicherheitskoeffizienten.

Endlich liegt die *Admiral Hipper* wieder ruhiger in der See. Inzwischen sind die vier Maschinenmaate mit ihrem Abschnittsobermaschinisten in die Bilge eingestiegen, um die Welle auszukuppeln. Eine mörderische Arbeit. Die zehn- und zwölfzölligen Schraubenbolzen und die für deren Muttern benötigten Werkzeuge sind kein Kinderspielzeug. Sie verlangen schon unter normalen Umständen bei manueller Handhabung die letzten Kraftreserven. Heute aber ... in vom Brand noch heißer Bilge, bei den anfangs noch wilden Bewegungen des Schiffes, das auf und nieder tanzt wie eine Jahrmarktschaukel, ständig bedroht, bei neuem Aufflakkern des Feuers tödlich verbrannt oder von der Schiffswelle zermalmt zu werden, wenn die Bremse sich löst.

Das Lied vom braven Mann, der sein Leben für seine Kameraden einsetzt, kann nicht deutlicher werden als bei diesem Bild, als tatsächlich das Feuer neu und mit explosionsartiger Wucht entflammt.

Im Augenblick sind die Maschinenmaate in eine Flut roter wabernder Lohe getaucht. Es genügt nicht, daß LI, Abschnittsingenieur und die Heizer die tödlich gefährdeten Unteroffiziere mit Schaum besprühen.

Die Wut des Brandes ist mächtiger, der Schaum bringt sie nicht zum Versiegen.

Sie will ihre Opfer.

»Raus!«

Ein kurzer, in den Maschinenraum hinein geschriener Befehl. An Tampen, den vier Maaten vorsorglich um den Leib gebunden, werden die vom Flammentod Bedrohten aus der Bilge herausgezerrt. Nun stehen sie auf den Flurplatten. Ihre Augen sind vom Qualm gerötet, die Haut ihrer Hände hat die Farbe eines gebrühten Krebses. Es riecht nach verbranntem Leder und nach verschmortem Horn.

Aber sie leben.

Ablösen lassen wollen sie sich nicht.

»Wir machen weiter, Herr Kapitän.«

Als das Feuer wieder gelöscht worden ist, steigen sie wieder ein.

Noch zweimal brechen Brände aus, und noch zweimal glückt es wieder, die vier ohne Schaden aus der rotgelben Lohe herauszuziehen.

Nach drei Stunden schwerster Arbeit haben sie es geschafft: die

Welle ist gekuppelt, und die Brandgefahr ist endgültig behoben. Das Feuer ist gelöscht, die Ursache beseitigt.

Fregattenkapitän Moritz läßt *Admiral Hipper* noch einmal kurz stoppen, um die Wellenbremse zu lösen, dann meldet er der Brücke:

»Alles klar, Herr Kapitän, wir können auf 27 Knoten gehen.«

»Mann, Ihnen und Ihren Männern meinen Händedruck . . . kommen Sie 'rauf, Moritz, und trinken Sie einen harten Schluck.«

»Geht nicht, Herr Kapitän, muß erst sehen, ob nun wirklich alles klar läuft. Muß mich auch noch um meine Männer kümmern.«

»Verstehe, doppelten Dank.«

Das Schiff ist gerettet, drohende Gefahren sind abgewendet. Wie ernst sie auch die ferne Heimat nahm, beweist, daß die Skl[1] in Berlin nach Bekanntwerden der ihr durch FT gefunkten Lage den in der Ostsee stehenden leichten Kreuzern *Nürnberg, Köln* und *Emden* sofortiges Auslaufen befahl, obschon diese Schiffe frühestens erst in 48 Stunden auf Position hätten sein können und mit ziemlicher Sicherheit zu spät gekommen wären. Aber es ist immer noch besser, etwas zu tun als gar nichts. Den wenigen Wissenden an Bord scheint das Leben wie neu geschenkt, der größte Teil der Besatzung dagegen hat weder gemerkt noch erfahren, in welcher Gefahr die *Admiral Hipper* geschwebt hatte.

Der neue Kurs heißt Bergen.

Später, viel später erst bekommen die fünf das dreimal und mehr verdiente EK.

Aber das ist eine besondere Geschichte . . .

Dies ist nur eine Episode aus dem an Ereignissen, Zwischenfällen und Kämpfen so reichen Leben der *Admiral Hipper* während ihrer Einsätze zwischen der Arktis und den Azoren, zwischen dem Eiskeller polarischer Breiten und tropisch heißen Zonen und dem Endkampf in der Ostsee, bei dem dem schweren Kreuzer eine furchtbare, besonders tragische Rolle vom Schicksal zugewiesen wurde. Und da sind noch viele andere Geschehen, die uns heute und auch morgen noch bewegen, weil sie noch nicht mit dem weiten Mantel der Geschichte zugedeckt worden sind.

---

[1] Skl = die Seekriegsleitung im Oberkommando der Kriegsmarine am Tirpitzufer der Reichshauptstadt.

Stapellauf, Indienststellung und Erprobung

Die Geburt eines Schiffes ist der Tag des Stapellaufs. Er ist ein Festakt im besonderen. Viele Flaggen, viele Fahnen, Musik, Jubel, Hurra-Rufe und viele gute Wünsche für das Schiff und seine Besatzung, für dessen und deren Zukunft.

Es ist der 6. Februar des Jahres 1937, als auf der weltbekannten, weltberühmten Hamburger Werft Blohm & Voss der bereits am 6. Juni 1935 auf der Helling VII auf Stapel gelegte, erste Zehntausendtonnenkreuzer seinem Element übergeben wird. Die Kriegsmarine rangiert diesen Neubau unter der Baubezeichnung Kreuzer ›G‹, bei Blohm & Voss wird er in den Akten als Bauauftrag Nr. 501 geführt. Die noch kleine, aber im Wachsen begriffene Familie der Kriegsmarine ist durch ihre oberste Spitze, Generaladmiral Dr. h. c. Erich Raeder, vertreten. Wer schon ist berufener, gerade diesem Schiff die Festrede zu halten, als er, der während des Ersten Weltkrieges Admiralstabsoffizier und Chef des Stabes bei dem Namensträger dieses Neubaues gewesen ist. Des Oberbefehlshabers Ehefrau läßt die obligatorische Flasche Sekt am graugepönten Bug des gänzlich elektrisch geschweißten Schiffsrumpfes zerschellen. Und während der duftige Schaum aufsprüht, ziehen sie oben, auf dem Bug, die weißen Tücher hinweg, die bislang den Namen verdeckten.

Mit fester, klarer Stimme hatte Erika Raeder, von der die Mannen der Kriegsmarine mit viel Respekt zu sprechen pflegten, dem Neubau seinen Namen zugerufen.

»Ich taufe dich *Admiral Hipper.*«

Admiral Hipper, ein großer, ein stolzer, ein verpflichtender Name.

Ritter Franz von Hipper war von 1913 bis 1918 bis zu dem Zeitpunkt, da der Admiral Chef der Deutschen Hochseeflotte wurde, Befehlshaber der Aufklärungsstreitkräfte. Am 24. Januar 1915, im Gefecht auf der Doggerbank, führte er die Schlachtkreuzer erstmals in den Kampf, und der 31. Mai 1916, der Tag der Skagerrakschlacht,verdankt es seinem mit kühlem Wägen gepaarten Angriffsgeist, daß er die Schlachtkreuzer SMS[1] *Lützow,* SMS *Derfflinger,* SMS *Seydlitz,* SMS *Moltke* und SMS *von der Tann* entscheidend in den Kampf warf. Mit dem Seesieg über die überlegene britische

---

1 Für die jüngeren Leser: SMS = Seiner Majestät Schiff; damals, während des Ersten Weltkrieges, war es Kaiser Wilhelm II.

Hochseeflotte ist der Name des Admirals von Hipper unzertrennlich verbunden.

Um die gleiche Zeit, da der schwere Kreuzer *Admiral Hipper* vom Stapel lief, nur Wochen, nachdem die Schlachtkreuzer *Scharnhorst* und *Gneisenau* in ihr Element glitten, schreibt der Engländer Bywater im *Daily Telegraph:* »... Die Kriegsschiffe werden in einem künftigen Krieg zweifellos heftigen Angriffen von Bombern und Torpedoflugzeugen ausgesetzt sein. Die schwersten Flugzeugbomben (= 907 kg) sind leichter als 40,6-cm-Geschosse. Dennoch könnte ein direkter Treffer einer derartigen Bombe aus großer Höhe selbst einem Schlachtschiff verhängnisvoll werden, obwohl er an sich nicht gefährlicher ist als ein 40-cm-Treffer.

Die Hauptgefahr droht von mittelschweren Spreng- oder Gasbomben, die von tieffliegenden Flugzeugen abgeworfen werden. Solche Bomben verletzen zwar nicht die lebenswichtigen Teile eines Schiffes, können aber immerhin die Kommandoelemente an Deck sowie die gesamte Fliegerabwehr-Artillerie außer Gefecht setzen, so daß das Schiff gegen Flugzeuge oder Zerstörer wehrlos ist.

Die Gefahr der Luftangriffe macht daher grundlegende Änderungen im Schlachtschiffbau notwendig. Der Deckpanzer muß verstärkt und ausgedehnt werden; Brücken, Leitstände, Flugzeugabwehr-Artillerie, FT- und Signalstellen müssen gas- und bombensicher gemacht werden. Die gesamte Anordnung des Oberdecks künftiger Schlachtschiffe und Kreuzer sowie der Horizontalschutz muß nach neuen Grundsätzen entworfen werden.

Technisch ist eine solche Umwälzung durchführbar und wird weniger drastische Änderungen mit sich bringen als die seinerzeitige Umstellung unserer Flotte von Holz auf Eisen.

Das Schlachtschiff von morgen wird sich von dem von heute in Konstruktion und seinem Äußeren genauso grundlegend unterscheiden wie die gepanzerten Kriegsschiffe der siebziger Jahre von den vollgetakelten Dreimastern aus der Zeit des Krimkrieges ...«

Für uns, die wir heute wissen, was eintraf und was nicht, und die wir am Schlachtschiff *Bismarck* den Anfang vom Ende der Zeit der großen, schwergepanzerten ›Artillerieträger‹ erlebten, sind die von Mister Bywater ausgesprochenen Aspekte nicht uninteressant, auch im Hinblick auf die *Admiral Hipper*.

Zwei Jahre nach dem Stapellauf, am 29. April 1939, steht der schwere Kreuzer im Kaiser-Wilhelm-Hafen im Dienst. Sein Kommandant ist der Kapitän zur See Hellmuth Heye.

Der Ruf, der ihm vorausgeeilt ist, ist so gut wie der Name des Schiffes. Weniger gut und erfreulich zeigt sich die politische Lage. Am 28. April, einen Tag zuvor, bekräftigt Hitler: »Danzig ist eine deutsche Stadt und sie will zu Deutschland.« Am gleichen Tag erklärt er ›aufgrund der englischen Einkreisungspolitik den deutsch-englischen Flottenvertrag von 1935 für ungültig und aufgrund der Beistandsverhandlungen Polens mit England das deutsch-polnische Abkommen von 1934 nicht für mich mehr bestehend‹. Das heraufziehende Gewölk am Himmel Europas verdüstert sich.

So hat denn der Befehl des ersten Kommandanten der *Admiral Hipper*, für alle spürbar, einen ernsten, besorgten Unterton, als er von der Überlieferung spricht, die *Admiral Hipper* an den kühnen, wägenden und wagenden Hanseatengeist der Hansestadt Hamburg binde, der Schiff und Besatzung verpflichte, den Lebenswillen des Deutschen Reiches auf allen Weltmeeren zu vertreten ... Dann weist er auf die andere Verpflichtung hin, auf jene, die durch den Namen des Admirals und Seemanns Hipper, verstorben am 25. Dezember 1932, von jedem Besatzungsmitglied gefordert wird ...

Dann der Befehl:

»Heiß Flagge!«

Die Wache präsentiert. Unter dumpfem Trommelwirbel klettert zum erstenmal die Reichskriegsflagge empor.

Sie ist der aus der Kaiserzeit nicht unähnlich, nur, daß aus dem beherrschenden Weiß ein Rot, aus dem Kaiseradler ein Hakenkreuz wurde.

Mit der Indienststellung der Admiral Hipper *seien einige grundsätzliche Gedanken über die Vorgeschichte dieses in der deutschen Flotte damals wie heute noch stärker umstrittenen Typs erlaubt.*

Nach Abschluß des deutsch-englischen Flottenvertrages im Jahre 1935 erhält Deutschland auch das Recht, schwere Kreuzer zu bauen, nachdem ihm durch den Vertrag zu Versailles bislang der Bau solcher Einheiten verboten worden war. Die qualitativen Begrenzungen dieses bis nach dem Ersten Weltkrieg auch in der übrigen Welt unbekannten Typs wurden auf der Flottenkonferenz von Washington im Jahre 1922 mit 10000 t Höchstverdrängung und acht Zoll (gleich 20,3 cm Kaliber) für die schwere Artillerie als Höchstkaliber festgelegt. Im Jahre 1930 einigten sich in London die gleichen fünf Seemächte, keine weiteren Schiffe dieses Typs, sondern nur noch leichte Kreuzer mit einem Höchstkaliber von sechs Zoll (gleich 15,2 cm) zu bauen. Nur noch in der UdSSR befanden sich größere Kreuzer in Bau, da dieses Land an den Abmachungen nicht teilgenommen hatte.

Von Anfang an war es umstritten, ob der Bau solcher 10000-Tonnen-Kreuzer auch für die besonderen Aufgaben der deutschen Marine sinnvoll sein würde. Der positive Entscheid der deutschen Marineleitung in dieser Frage darf eigentlich nur aus der damaligen Vertragssituation heraus verstanden werden. Raeders strategische

Grundkonzeption war es, mit schweren Einheiten Handelskrieg zu führen, das heißt mit solchen Schiffen, die imstande sein würden, die leichten Kreuzer, Englands Hauptwaffe zum Schutz seiner Handelsschiffe und Geleitzüge gegen feindliche Überwasserangriffe und zur Überwachung seiner Weltmeere, mehr oder weniger risikolos niederzukämpfen. Schon hierin war eine fast völlige Abkehr von den bis dahin gültigen Prinzipien der Seekriegführung zu sehen, wonach der Handelskrieg – neben der Aufklärung – die Hauptaufgabe der Kreuzer war, während die schweren Schiffe die Seeschlacht anstreben sollten. Die für die Verwirklichung von Raeders Grundidee gut geeigneten Panzerschiffe der Deutschland-*Klasse,* Deutschland, *später* Lützow, Admiral Graf Spee *und* Admiral Scheer, *konnten nach Abschluß des deutsch-englischen Flottenvertrages von 1935 nicht mehr weitergebaut werden. Der Grund dafür war, daß die in diesem Vertrag mit übernommenen – und bis dahin für Deutschland unverbindlichen Begriffsbestimmungen des Flottenvertrages von Washington (1922) – für alle Schiffe mit auch nur einem Geschütz von mehr als 20,3 cm eine Mindesttonnage von 17 500 t (und eine Höchsttonnage von 35 000 t) vorschrieben. Wahrscheinlich war es gerade diese Bestimmung, die England bewog, dem Bruch des Versailler Vertrages vom 28. Juni 1919 durch Deutschland zuzustimmen, denn dessen nur für Deutschland gültigen qualitativen Begrenzungen für schwere Schiffe hatten ja den Bau des für England so gefährlichen Deutschland-Typs geradezu erzwungen und Deutschland das Recht gegeben, insgesamt acht solcher Einheiten zu bauen.*

Der Weiterbau solcher Schiffe[1] *war also vom Juni 1935 an nicht mehr möglich. Nur das schon vom Stapel gelaufene, aber noch nicht fertiggestellte Panzerschiff* Admiral Graf Spee *wurde noch vollendet. Da diese Schiffe über eine SA*[2] *von 28-cm-Geschützen verfügten, waren sie nach den Begriffsbestimmungen von Washington kleine ›Schlachtschiffe‹, also ›pocket-battleships‹, wie sie sehr bald im Jargon der britischen Navy geheißen wurden. Ihre Tonnage mußte auf die Deutschland zugestandenen 35 v. H. der britischen Schlachtschifftonnage angerechnet werden*[3]*. Hieraus ergab sich, daß schon rund ein Jahr nach Vertragsabschluß mit der im Sommer*

---

1 also solcher in der 10 000-t-Größenordnung mit Schlachtschiffkaliber an Bord.

2 SA = Schwere Artillerie, MA = Mittelartillerie.

3 Die vertraglich vereinbarten 35 v. H. bezogen sich nämlich nicht auf die Gesamttonnage der Gesamtflotte, sondern vielmehr galten für jeden Schiffstyp einzeln, wobei bei den U-Booten als Ausnahme 45 v. H. und nach vorheriger Anmeldung sogar 100 v. H. zugestanden wurden. Diese Überschreitung sollte aber auf die Deutschland zugestandene Gesamttonnage angerechnet werden. – Für Deutschland galt es in dieser Vertragssituation aber, auch die zugestandene Tonnage für die Kreuzer auszunutzen.

1936 verfügten Inbaugabe von Bismarck und Tirpitz die 35-v.-H.-Quote bei den Schlachtschiffen erschöpft war. Selbst unter Berücksichtigung der damals in England nach Ablaufen des Londoner Vertrages von 1930 begonnenen Schlachtschiffneubauten hätte Deutschland höchstens noch zwei weitere schwere Schiffe auf Kiel legen können.

Dieser Zustand, daß für eine ozeanische Kriegführung an Schiffen mit schwerer Artillerie bis 1940 nur sieben Einheiten, nämlich vier Schlachtschiffe und drei Panzerschiffe, zur Verfügung stehen würden, war natürlich schon im Jahre 1935 klar vorauszusehen. Wenn daher, ohne den Flottenvertrag zu verletzen, für die von der Marineleitung als entscheidend wichtig angesehene Aufgabe weitere Schiffe gebaut werden sollten, dann blieb nur übrig, die 35-v.-H.-Quote auch bei den schweren Kreuzern auszunutzen. Solche Schiffe waren dann den 15 britischen schweren Kreuzern — die zwei australischen Einheiten mitgerechnet — nominell zwar nur gleichwertig, wenigstens aber den zahlreichen kleinen Kreuzern klar überlegen.

Der britische Bestand gab Deutschland das Recht, bis zu fünf solcher Schiffe zu bauen. Deutschland verpflichtete sich bei Vertragsabschluß, tatsächlich zunächst nur drei in Auftrag zu geben.

Im Dezember 1938 wurde dann die britische Zustimmung erlangt, auch die vertraglich noch möglichen zwei weiteren Schiffe dieses Typs zu bauen. Daraufhin wurden die schon 1937 auf Stapel gelegten Kreuzer K und L, die zunächst als leichte Kreuzer mit 10 000 t und mit 12- bis 15-cm-Geschützen eingeplant waren, als schwere Kreuzer weitergebaut. Anstelle der vorgesehenen 4mal 15-cm-Drillingstürme wurden nunmehr, wie bei den drei schon älteren schweren Kreuzern, Admiral Hipper, Blücher, Prinz Eugen, 20,3-cm-Doppeltürme in Aussicht genommen. Die Begründung dafür, daß Deutschland auch in dieser von England als besonders bedrohlich empfundenen und seit 1930 bei allen Großseemächten vom Neubau ausgeschlossenen Schiffsklasse seine 35-v.-H.-Quote voll ausnutzte, gab der andauernde Bau von Schiffen solchen Typs durch die UdSSR, die ja an keinerlei Abmachungen gebunden war. Ohne Zweifel war diese Begründung nicht nur Vorwand, um für die ozeanische Kriegführung eine größere Zahl von Schiffen bauen zu können, die leichten Kreuzern überlegen waren, sondern sie war auch im gleichen Maße ernst gemeint.

Die zwei 1938 nachträglich bewilligten schweren Kreuzer erhielten beim Stapellauf im Jahre 1939 die Namen Seydlitz und Lützow, wurden aber nie fertiggestellt.

So war also der Bau dieses Kreuzertyps in Deutschland, gegen dessen militärische Zweckmäßigkeit von Anfang an starke Bedenken geäußert wurden, nur der einzige Ausweg aus der durch die Bestimmungen des Flottenvertrags geschaffenen Situation.

Die oft gar von Fachleuten empfohlene Alternative, man hätte seitens der Marineleitung weitere Schiffe der Deutschland-Klasse bauen sollen, statt den Admiral-Hipper-Typ zu entwickeln, hat in Wirklichkeit nie bestanden. Die Vertragslage schloß sie einfach aus.

Unverständlich bleibt freilich, warum man diesen deutschen schweren Kreuzern, die doch schon vom Typ her auf ozeanische Verwendung hinwiesen, einen Marschfahrbereich von nur 6800 sm gab gegenüber dem der Panzerschiffe, der 12000 sm (nach Admiral a. D. Fuchs, Chef des K-Amtes beim Oberkommando der Kriegsmarine) und 8000 bis 10000 sm bei den Schlachtschiffen betrug. Außerdem[1] lag ein weiterer Vorteil des Motorenantriebes der Panzerschiffe in deren noch ganz erheblich geringerem Brennstoffverbrauch gegenüber allen Dampfmaschinen bei kleineren Fahrtstufen und in der Fahrbereitschaft, ohne ständig warmgehalten zu werden. Dieser geringe Aktionsradius sollte sich später, bei der Atlantikunternehmung der Admiral Hipper, äußerst hemmend auswirken.

Vizeadmiral Wegener[2], vormals IAO auf Admiral Hipper, dazu: »Es muß aber erwähnt werden, daß man beim Entwurf dieser schweren Kreuzer mit einem sehr viel größeren Aktionsradius der Hochdruck-Heißdampfanlagen gerechnet hatte. Der geringe Aktionsradius ergab sich in voller Schwere, als Admiral Hipper ihre Probefahrten absolviert hatte.«

Richtiger wäre wohl in dieser Vertragslage gewesen:

a) die Vorzüge der Deutschland-Klasse den Vorschriften der 10000-Tonnen-Kreuzer anzupassen oder
b) die Lösung des späteren Kreuzers M mit einer starken Motorenanlage als Mittelmaschine vorzusehen.

Zu den Handikaps des Aktionsbereichs der langsam feuernden SA, des zu hohen Brennstoffverbrauches und dem damit verbundenen geringen Aktionsradius bei den verschiedenen Fahrtstufen, traten übrigens auch noch jene um eine ausreichende Munitionierung.

»Diese drei in der Tat echten Probleme wurden dann ja auch unser tägliches Brot bei allen Operationen«, wie ein maßgebliches Besatzungsmitglied von damals heute vermerkt.

Daß sich erst im Laufe des Baues herausstellte, daß der vorge-

---

1 Man muß aber, so argumentiert Kapitän zur See Schulze-Hinrichs, auch die politische Lage von 1935 bis 1937 berücksichtigen, dennoch kamen als mögliche Gegner der französische schwere Kreuzer *Algerie* (Stapellauf 1932) wie auch andere schwere Kreuzer der französischen 10 000-t-Klasse in Frage.

2 Heute Befehlshaber *Comnavbaltap* (Command Navy Baltic Approaches) in Holtenau bei Kiel.

sehene Durchmesser der Dampfrohrleitungen nicht ausreichend bemessen worden war, sei nur am Rande vermerkt, schwerwiegender scheint, daß außerdem, wie schon kurz erwähnt, die Anordnung der Antriebsanlagen ausgesprochen unmöglich gewählt worden ist. Das hat seine Ursache indessen nicht, wie naheliegend, in der Zeitnot der nur kurzen Entwicklungsperiode gehabt, sondern doch wohl vielmehr darin, daß der Einfluß des wirtschaftlichen Denkens beim Bau auch eines solchen Schiffes überwog, während das erst in den Jahren nach dem Ersten Weltkrieg (1925) sich stärker durchsetzende gefechtstechnische Denken offenkundig noch nicht tief genug eingedrungen und noch nicht bei allen Stellen zur beherrschenden Selbstverständlichkeit geworden war. Beim wirtschaftlichen Denken sollten Gewichte und zusätzliche Einbauten tunlichst eingespart werden, während das gefechtstechnische Denken solche zusätzlichen Maßnahmen, so hier die durch Schotten notwendige Trennung der Turbinen zwo und drei, in Kauf nahm und in Rechnung stellte. Das ist kein Vorwurf, sondern die Feststellung, daß es sich hier um eine entwicklungsbedingte nicht voll ausgereifte Maßnahme gehandelt hat, die zu dieser gefechtstechnisch nicht glücklichen Anordnung führte.

Bei Gefechtsschaltung war die gesamte Anlage in drei Kraftwerke unterteilt, wobei jedes Kraftwerk (also Turbine plus Kessel) eine geschlossene Einheit bildete, um bei Trefferwirkungen voneinander unabhängig zu sein. Nur in einem grundlegenden Punkt war diese Anordnung unterbrochen worden: die Steuerbord- und Backbordturbine wurden in einem Raum innerhalb der Abteilung V montiert. Damit drohten bei Großfeuer und Raumtreffern wie auch bei Wassereinbruch gleich beide Turbinen, also zwei Drittel der gesamten Antriebskraft, auszufallen, abgesehen davon, daß in den Einheiten der Admiral-Hipper-Klasse ca. 6000 bis 7000 t an inneren Reserven ohne erkennbaren Nutzeffekt verbaut worden waren (wenn man sie vor allem mit den ein wenig älteren, aber gleich starken englischen Washington-Kreuzern der Dorsetshire-Klasse, als Beispiel, vergleicht: 9975 t Vertrags-Wasserverdrängung und 11 000 bis 12 000 t bei hundertprozentiger Beladung, 8×20,3 cm, 8×10,2 cm, 4×4,7 cm, 8×4 cm, 9 MG in Vierlingslafetten und 8 Torpedorohre; 80 000 PS für 4 Schrauben; 32,2 kn Höchstgeschwindigkeit; 10 000 sm Fahrbereich bei 14 kn und 3200 t Brennstoff, allerdings war die Panzerung in der Maschine etwas schwächer, die der Artillerie sogar recht wesentlich geringer. Hinsichtlich der Flak-Armierung und der Feuerleitung war die Admiral-Hipper-Klasse indessen sogar weit überlegen).

Der naheliegende und hier von der Technik her kommende Gedanke, daß sich das deutsche seestrategische Denken während der Planungsperiode dieser Klasse auf einen möglichen Krieg in Ost-

und Nordsee bezog und daß daher weniger dem Fahrbereich als der Artillerie- und der Torpedowaffe zuviel Bedeutung beigemessen wurde, liegt zwar nahe. Er entspricht aber nicht Raeders Grundkonzeption von der ›homogenen‹ Flotte und auch nicht den schon oben erwähnten Gedanken über den Handelskrieg. Er hat auch niemals bestanden.

Bei den Ausführungen über die Problematik dieser schweren Kreuzer muß letztlich auch auf die Probleme der Artillerie eingegangen werden[1]*. Als man im Jahre 1922 die sogenannten Washington-Kreuzer ›erfand‹, wurden die 10,5 cm noch als ausreichend für die Torpedoboot-Abwehr erachtet. Als schließlich die Torpedoboote praktisch zu Zerstörern entwickelt wurden, waren diese vergrößerten Typen durch dieses Kaliber kaum noch ernsthaft gefährdet, das heißt nur schwer zu versenken. Auf der anderen Seite wurde recht bald klar, daß aber auch die 20,3 cm gegenüber Zerstörern eine wenig geeignete Abwehrwaffe ist. Für die wendigen Zerstörer feuern diese Geschütze zu langsam. So scheinen die schweren Kreuzer vom Washington-Typ gegenüber den Zerstörern ›mehr oder weniger wehrlos‹.*

Schließlich ist die 20,3-cm-Kanone ohnehin ein unglückliches Kaliber. Sie ist das kleinste, das nicht mehr mit der Hand zu bedienen ist. Laden und Richten müssen maschinell durchgeführt werden. Beim Stand der Technik ist dabei eine Feuergeschwindigkeit herauszuholen, die der gleicht, wie sie etwa bei einem 38-cm-Turm erzielt werden kann. Dieses Kaliber bedingte ja lediglich eine andere Dimensionierung der Maschinen. Wenn auf Admiral Hipper *später ein Salventakt von 25 sec statt ca. 30 sec herausgeholt wurde, dann ist solches nur dem intensiven Exerzieren unter einem sehr guten AO zu danken.*

Abgesehen von der Störanfälligkeit der noch lange nicht voll ausentwickelten und nicht gründlich erprobten Antriebsanlagen müssen aber, insgesamt gesehen, die Leistungen und die äußeren Erfolge von Schiffsführungen und Besatzungen dieser Typen, insbesondere der Admiral Hipper, *um so höher bewertet werden.*

Und daß die Prinz Eugen *nach dem Atombombenversuch im Pazifik, zwar äußerlich völlig verbrannt und mit geschmolzenen Aufbauten, noch lange weiterschwamm (um dann während einer Nacht ganz plötzlich unterzugehen), ist wahrscheinlich kein Zufall gewesen.*

---

[1] Der Verfasser verdankt diese Überlegungen dem heutigen Fregattenkapitän Heinz Boden. Schließlich waren die Maschinenprobleme national, denn im Washington-Vertrag wurden keinerlei Beschränkungen für Antriebsanlagen festgelegt, während Kriegsschiffe dieses Typs hinsichtlich der Artillerie ein internationales Problem gewesen sind.

Der Indienststellung ging die Ausbildung ›an den Pfählen‹ in der Werft in Hamburg voraus, jene Pfahlprobe, bei der das an Pfählen ›angebundene Schiff‹ seine ersten Gehversuche auf der Stelle machte. Zum erstenmal zischte Dampf, heulten und fauchten die Gebläse.

Der Probefahrt vom 18. bis 22. März schließt sich am 14. April die Abnahmefahrt an. Am 6. Juni mahlen die Schrauben sozusagen zum erstenmal voll in eigener Regie. Die EKK-Erprobungen von Maschinen und Kesseln und die Gefechtsausbildung in der mittleren und westlichen Ostsee schließen sich an[1]. Harte, schwere Wochen, während derer die Besatzung mit ihren Geräten, Maschinen und Anlagen vertraut gemacht und der Neubau allen nur irgendwie möglichen Belastungen ausgesetzt wird.

Aber der fahrtechnische Erprobungsplan ist bereits auf die drohenden Kriegsverhältnisse abgestellt. Zeit- und Brennstoffmangel beeinträchtigen ihn.

Die Vertragsfahrten, Meilenfahrten also bei 40 v. H. Zuladung, und die Brennstoffmeßfahrten bei 75 v. H. Zuladung werden beinahe behutsam mit niedrigen Geschwindigkeiten und lediglich in der Gefechtsgrundhaltung durchgeführt.

Einer der maßgeblichen Ingenieur-Offiziere vermerkt im Zusammenhang mit den EKK-Erprobungen der *Admiral-Hipper*-Klasse später besorgt in seine Arbeitskladde:

»Die Dampf- und Brennstoffverbrauchsmessungen unterliegen derart einengenden Bestimmungen, die später, im Frontbetrieb, bestimmt nicht eingehalten werden können. Solche Fahrten mögen aus handelsüblichen, vertraglichen Gründen mit der Bauwerft und zur Überprüfung von konstruktiven Fragen notwendig sein, für die Aufstellung einer frontbrauchbaren Fahrttabelle sind sie es nicht, auch nicht für die Festlegung von Aktionsradien.«

Der spätere LI der *Admiral Hipper*, Fregattenkapitän K. Moritz, der nach Erkrankung des seit der Baubelehrung designierten LI's, Korvettenkapitän Dipl.-Ing. Wilhelm Fischer, diesen (von dem in der EKK-Erprobung[2] stehenden Schwesterschiff *Blücher* kommend) im Mai 1940 ablöst, wird zu einem energischen Verfechter dieser Gedanken. Für die Atlantikunternehmung des schweren Kreuzers war nämlich von den zuständigen Stäben in der ersten Fassung ein Einsatzverlauf vorgesehen, der in der Praxis nur als ›in höchstem Maße optimistisch‹ zu bezeichnen war. Das Unternehmen wurde dann ja auch in einer anderen Form durchgeführt.

Doch soweit sind wir noch nicht. Noch befindet sich das neue Schiffswesen, das zwar schon Stehen und Laufen und Sprechen

---

1 Ausbildung während der Kieler Woche.

2 EKK = Erprobungskommando für Kriegsschiffsneubauten.

gelernt hat, in der Studien- und Ausbildungszeit. Dies in allen Details, mit allen Schwierigkeiten und Problemen vorzuführen, dürfte nur den spezifisch für sein Ressort zuständigen Fachmann interessieren.

Greifen wir daher nur einen Bereich als Beispiel heraus: die schwere Artillerie[1].

Wenn der Laie von der Artillerie eines großen Kriegsschiffes hört, und Laien sind ja auch viele Marineoffiziere, Seeleute und Soldaten der Kriegsmarine, dann denkt er an die großen Türme, die er von Land aus sieht. Er ahnt kaum, daß die schildkrötenförmigen Gebilde, die ihre zwölf Meter langen Rohre nach vorn beziehungsweise nach achtern hinausstrecken, mit ihrem drehbaren Teil bis auf den Schiffsboden reichen. Er ahnt nicht, welche starken Maschinen in ihnen notwendig sind, um die 20 t schweren Rohre im Seegang laufend zu bewegen, beziehungsweise den rund 400 t schweren Turm zu drehen oder die rund zweieinhalb Zentner schweren Geschosse mit ihrer 80 kg schweren Treibladung in 4,5 sec vom untersten Deck hinauf zur etwa zwölf Meter höher liegenden Geschützplattform zu bringen.

Fast jede dieser Antriebsmaschinen hat noch ein Reserveaggregat; das Entladen der Aufzüge, ihre Steuerung, alles erfolgt mit Maschinenkraft und ist weitgehend automatisiert.

In der Gefechtsschaltung werden die Rohre in der Höhe durch eine Höhenfernsteuerung trotz aller Schiffsbewegung in der für die Zielentfernung erforderlichen Rohrerhöhung gehalten. Für die Seitenrichtung ist das nicht möglich. Auch die stärksten Übertragungsgetriebe würden bald verschlissen sein, würde man versuchen, die 400 t schweren Türme laufend mit den Schiffsbewegungen hin und her zu drehen. Deshalb werden sie nur ungefähr in richtiger Seitenrichtung gehalten, und bei Feuerbefehl fährt der Geschützführer mit größter Geschwindigkeit durch die Feuerstellung. Ein Seitenvorzündewerk sorgt dafür, daß der Turm in der richtigen Richtung abfeuert, der Winkel, den der Turm in der Zeit durchdreht, in der die Geschosse durch das Rohr getrieben werden, wird dabei berücksichtigt und entsprechend früher abgefeuert. Selbstverständlich können Rohre und Turm aber auch durch den Geschützführer gesteuert werden, entweder nach einem Folgezeiger, der seine Werte von einer zentralen Richtstelle erhält, indirektes Richten geheißen, oder indem der Geschützführer durch die Zielfernrohre des Turmes blickt, also über ein ›direktes Richten‹ schießt.

Und wie sieht die zentrale Feuerleitung aus?

Oben im Vormars, im vorderen und im achteren Stand stehen Zielgeber mit drei Fernrohren, die starr miteinander verbunden

---

[1] Nach Fregattenkapitän Boden im Wortlaut.

sind. Durch das eine blickt der Höhenrichtmann und hält das Ziel der Höhe nach im Fadenkreuz des Fernrohres, durch das zweite blickt mit entsprechender Aufgabe der Seitenrichtmann und durch das dritte sieht der AO, der dadurch von der Aufgabe des Zieles befreit ist und sich ganz auf die Leitung der Batterie, das heißt der Beobachtung des Gegners und der eigenen Aufschläge, konzentrieren kann. Die Bewegung der Höhen- und Seitenrichtmänner wird zur Rechenstelle übertragen, dort werden die durch die eigene und Gegnerfahrt durch Wind, Drall u. a. bedingten Vorhalte ermittelt, die durch die Schiffsbewegung verursachten Fehler errechnet, die Zielwerte hinzugefügt und als Schlußwerte an die Folgezeiger in den Türmen übertragen.

Die Abfeuerung erfolgt auch zentral.

Der Höhenrichtmann hat ein Gebilde, ähnlich dem Mundstück einer Tabakspfeife, im Mund, in das er hineinpustet und dadurch einen Stromkreis schließt. Aber erst, wenn auch der Seitenrichtmann das Ziel genau anvisiert hat, in der Rechenstelle alle Vorhaltewerte richtig eingesteuert sind, im Turm die Rohre frei, die Verschlüsse geschlossen, die Folgezeiger in Deckung gefahren sind — jeder dieser Arbeitsvorgänge kann den Anfeuerstromkreis unterbrechen — und der Turmführer den Turm für feuerbereit hält, erst dann knallt es, und zum gleichen Zeitpunkt fliegen achtmal zweieinhalb Zentner Stahl und Sprengladungen gegen den Feind.

Um alle diese Arbeitsvorgänge durchzuführen, drehen sich in der Artillerieanlage mehr als 400 Motoren, Generatoren und Umformer, zusätzlich noch 120 Kreisel, jene schnellaufenden Motoren, die so konstruiert sind, daß sie die Schiffsbewegungen nicht mitmachen und auf diese Weise Anlagen oder Anlageteile stabilisieren. Es drehen sich mehrere hundert Folgezeiger, und diese elektrischen Geräte sind durch ca. 150 Kilometer Kabel, manche 2adrig, andere 33adrig, im Durchschnitt etwa 9- bis 11adrig, verbunden. Diese wiederum sind durch mehr als 10 000 Sicherungen voneinander getrennt.

Das ist das Reich des Ersten Artillerieoffiziers.

Um diese komplizierte Anlage in Betrieb zu setzen, unterstehen ihm einschließlich der Flak 20 Offiziere und rund 500 Unteroffiziere und Mannschaften.

Um sie betriebsklar zu halten, hat er zwei ATO's [1] mit rund 70 Mechanikern, und um sie zu einem wohlausgewogenen und in allen Lagen schnell und reibungslosen Zusammenspiel zu bringen, rechnet man in Frieden bei intensiver Ausbildung mit einem Jahr [2].

---

1 ATO = Artillerie-Technischer Offizier.

2 Im Krieg wurde diese Zeit meist auf ein halbes Jahr verkürzt. Es war aber in dieser Zeit nicht möglich, die Artilleriemannschaften soweit zu exerzieren, daß sie bei Helligkeit wie auch in der Dunkelheit mit allen Reservemöglichkeiten vertraut waren.

Wie die Artillerie, so müssen die Maschine, die FT, die seemännische und all die vielen anderen Funktionen mit all ihren möglichen Störungen so oft geübt werden, bis jeder Handgriff auch im Schlafe sitzt. Erst das betriebssichere und bei Störungen jeglicher Art ersatzerprobte Funktionieren erlaubt das Prädikat: KB.

KB heißt kriegsbereit.

Doch bis dahin ist es noch ein langer Weg.

Die Übungen in der Ostsee werden durch kurze Besuche im schwedischen Hernösand und in Reval, Estland, unterbrochen [1]. Es gibt keinen an Bord, der nicht die Gastfreundschaft der Baltendeutschen in seine Erinnerung eingräbt, manche davon verbinden damit herzliche Stunden im Schwarzhäupterklub. Dieser Besuch, der noch vor dem Abschluß des deutsch-russischen Vertrages erfolgt, steht, das ist das bemerkenswerteste, unter dem Stern der Gemeinsamkeit von Lettentum, Baltentum und Deutschtum in einer Einheitsfront — — — gegen das rote Rußland.

In der Krisenzeit vor dem Krieg übt *Admiral Hipper* vor Schönhagen in der westlichen Ostsee. Das Kaliberschießen ist nicht die alleinige Aufgabe, das Schiff soll auch die Sund- und Beltzugänge bewachen. Höchste Aufmerksamkeit gilt jetzt schon polnischen U-Booten.

Bei Ausbruch des Krieges mit Polen am 1. September 1939 und wenig später mit England und Frankreich am 3. September 1939 wird die gerade in Kiel liegende *Admiral Hipper* dem neugebildeten Marinegruppenkommando West in Sengwarden bei Wilhelmshaven unterstellt, kann aber noch nicht eingesetzt werden, da immer noch nicht KB.

Noch ist der Krieg harmlos.

Polen wird geschlagen, und das schon vorher aus den Fesseln des unglückseligen Vertrages von Versailles befreite Danzig und Gotenhafen, die der Neubau jetzt, nach einem Kaliberschießen auf das Zielschiff *Hessen* [2], und nach Pillau, besucht, werden zu Flottenstützpunkten ausgebaut, die — vorerst in jedem Falle — weit außerhalb der Eindringtiefe der britischen und französischen Luftwaffe liegen.

Und das mächtige Sowjetrußland?

Der rote Bär, jetzt vertraglich mit dem Dritten Reich assoziiert [3], gebärdet sich als Intimus der antikommunistischen Deutschen, noch

---

[1] Genauer Zeitplan: vom 3.–24. Juli Hernösand/Reval; dann Vorbereitung EKK, am 18. 8. EKK östlich Ostsee.

[2] Sechs Treffer.

[3] Nichtangriffspakt zwischen Deutschland und der UdSSR vom 21. August, in Moskau unterzeichnet am 23. August.

jedenfalls ... Eine Kommission Sowjetrussen darf sogar diesen Neubau besichtigen.

Am 6. November 1939 läuft *Admiral Hipper* durch den Nord-Ostsee-Kanal, die Elbe hinauf:

Restarbeiten bei Blohm & Voss in Hamburg

Gleichzeitig werden Umbauten vorgenommen. Das Schiff erhält den sichelförmigen ausfallenden ›Atlantiksteven‹ und eine Schornsteinkappe.

Hamburg ... Welthafen mit seinen St.-Pauli-Landungsbrücken ... und einer in der Welt einmaligen Reeperbahn, einst die Straße der Reepschläger, braver Handwerker für den Schiffsbedarf. Das erste Weihnachtsfest verlebt die junge, meist nur aus Freiwilligen bestehende Besatzung bei Blohm & Voss. Die Verlockungen in St. Pauli ziehen nicht, sie helfen den Männern nicht über ihren Wunsch hinweg, nicht abseits zu stehen, dabei zu sein, mit anzupacken, um mit ihrem stolzen Schiff dem Vaterland zu helfen, ja ›stolzem Schiff‹, wie sie, gläubige, zum höchsten Opfer entschlossene Männer, von der *Admiral Hipper* im Empfinden ihrer Zeit sprechen.

Anfang Januar 1940 ist auch dieser übliche letzte Abschnitt bei einem Neubau abgeschlossen. Der schwere Kreuzer, verlegt nach Kiel und in die Ostsee, wird Mitte Januar KB gemeldet und wird jetzt von dem auf dem Schlachtkreuzer *Gneisenau* eingeschifften Flottenchef Admiral Wilhelm Marschall nach Wilhelmshaven angefordert.

Schlicktown, die traditionsverhaftete Marinestadt am so salzwasserklaren Jadebusen, empfängt den stolzen Zuwachs der Flotte mit Liebe und der ihr eigenen Herzlichkeit. Die Stadt ist mit Marine überfüllt. Den eingezogenen Reservisten bleiben kaum Plätze in den Lokalen, und der Spazierwege gibt es, genaugenommen, nur drei. Aber welchen Seemann zieht es auf Schusters Rappen in die ländliche Natur hinaus? Es ist nun mal Männerart, Starkes und Alkoholisches in ihre Reichweite zu bekommen. Schließlich hat diese Stadt Tradition, und was für eine: Es geschah am 23. November 1854, als auf dem Dauensfelder Groden die Übergabe des Jadegebietes an Preußen erfolgte. Alle, die an diesem wettergrimmen Tage hierhergekommen waren, mögen tief erschüttert gewesen sein von der abweisenden Art dieser einsamen Jadeecke. Um so wohler mögen es die Festteilnehmer — der König von Preußen, der Großherzog von Oldenburg, der Prinz Adalbert mitten unter diesen — empfunden haben, als ihnen in der Gastwirtschaft Eilers eine Bowle kredenzt wurde. Daran, daß in dem wohlig geheizten Saal die hier sonst wenig gefragte Bowle bekränzten Milcheimern entnommen wurde, stieß sich keiner der hohen Herren. Das Was interessierte, nicht das Wie.

Das von wohlmeinenden Medizinmännern empfohlene Vitamin

B findet Hein Seemann in der Bierhefe, und nach der dritten Halben wird mancher Seelord zum Cäsar, der kühnen Schrittes zum Rubikon hinauswatet. Das hat so jede Hafenstadt an sich und in sich.

Dieses Wilhelmshaven. Hier noch ein weiteres Charakteristikum: Die Fahrräder müßten eigentlich rechtwinklige Lenker haben, denn die ganze, so liebenswerte Stadt ist rechtwinklig geplant und aufgebaut.

Admiral Hippers erster Einsatz
Die Kirkwall-Unternehmung

Der 17. Februar.

Das morgendliche, noch taufrische Bordgerücht, eine Unternehmung stände unmittelbar bevor, verdichtete sich um so mehr, als sich Besprechungen der Kommandanten auf dem Flottenflaggschiff häufen. Der Besuch des ObdM, Großadmiral Raeder, und des FdZ, Kommodore Bonte, sind weitere Zeichen.

Also doch!

Der 18. Februar ist so grau wie die Leiber der Kriegsschiffe heraufgedämmert. Im Vormars der *Admiral Hipper* weht die frische Brise eine Flagge mit diagonalen roten Streifen im weißen Feld aus, die Flagge Anton des nationalen Flaggencode der Kriegsmarine. Wer ihn beherrscht, weiß, daß der schwere Kreuzer im Begriff ist, die Leinen loszuwerfen. Die ersten Manöverbefehle sind bereits ausgepfiffen worden. Die Steuerbordkriegswache ist mit nun schon schlafwandlerischer Sicherheit auf ihre Stationen geeilt, die schwere Artillerie hat dabei die Türme Anton und Cäsar besetzt, die Backbordkriegswache stellt den Kriegsmarsch-Verschlußzustand her. Hinten im Schiff, unter dem Panzerdeck, sind die Schlösser der Munitionskammern, sonst unter striktem Verschluß, geöffnet worden.

Auf der Back dirigiert IO Zollenkopf das Ablegemanöver ...

Die Springs klatschen ins Wasser, die Vor- und Achterleinen folgen.

»Hol ein, Steuermann, pack zu.«

Zwei Pfiffe aus der Batteriepfeife ›Anton nieder!‹ Das weiße Tuch mit dem roten Kreuz sinkt nieder. Das Ablegemanöver ist beendet.

Wenig später schon haben sie den Hafen verlassen.

Flottenchef Admiral Wilhelm Marschall plant mit den Schlachtkreuzern *Gneisenau* und *Scharnhorst*[1], dem schweren Kreuzer *Admiral Hipper* und zwei Zerstörern einen Flottenvorstoß gegen den Handelsschiffverkehr zwischen England und Skandinavien, genannt ›Die Kirkwall-Unternehmung‹.

»Es ist«, so bekräftigt er, »außerdem ein lohnendes Ziel, in diesem Seeraum nach britischen Bewachungsstreitkräften und nach feindlichen Fischerei- und Minensuchverbänden Ausschau zu halten. Das

---

[1] Offiziell wurden diese Schiffe damals Schlachtschiffe geheißen, sie waren aber dem Typ nach echte Schlachtkreuzer.

wird unseren Handelsschiffen, die sich auf dem Durchbruch in die Heimat befinden, nur nutzen, anderen, die einen Blockadedurchbruch, aus fernen Häfen ausgehend, planen, Mut machen.«

Der Navigationsoffizier des Flaggschiffes *Gneisenau* kann dies nur unterstreichen, hat er doch gestern eine von seinen Steuermannsmaaten erarbeitete Abschlußzusammenstellung der seit Kriegsbeginn und gerade in der letzten Zeit durchgebrochenen deutschen Frachter wie auch von Passagierschiffen des NDL, der HAPAG und der HSDG dem Befehlshaber vorgelegt.

Das ist die allgemeine Sprachregelung. Außerdem hatte dieses plötzlich befohlene Auslaufen noch den Nutzen, der in der Nacht vom 16. zum 17. Februar im Jössingfjord, also innerhalb norwegischer Hoheitsgewässer, von dem britischen Zerstörer *Cossac* rechtswidrig überfallenen *Altmark* die Weiterreise in die Heimat zu ermöglichen.

Zur direkten Unterstützung der *Altmark* sind aus allen Auslaufplätzen vor der nördlichen Ostküste Englands deutsche U-Boote angesetzt, die auslaufende britische Einheiten angreifen sollen. Allerdings warten sie vergeblich, da kein Schiff in See geht.

Die *Altmark* ist einer der hochmodernen deutschen Flottenversorger. Sie hatte Gefangene der von dem Panzerschiff *Graf Spee* im Südatlantik versenkten britischen Frachter an Bord — 303 Mann insgesamt — und wurde in der fraglichen Nacht regelrecht geentert, dieses in neutralen norwegischen Gewässern! Auf deutscher Seite gab es bei dem übrigens geglückten britischen Versuch, die Gefangenen zu befreien, sieben Tote, sechs Schwerverletzte und eine große Menge Leichtverwundeter. Daß die *Altmark* von ihrem Schiffsführer, Kapitän Dau, dabei in dem von starkem Eis bedeckten Jössingfjord absichtlich auf Grund gesetzt worden und nicht mehr fahrbar ist, weiß die Heimat noch nicht[1].

Eingemummt in dicke Mäntel suchen die Ausguckposten, Offiziere wie Soldaten, auf der *Admiral Hipper* und den anderen Schiffen die unwirtliche winterliche Nordsee und die südlichen Bereiche des europäischen Nordmeers ab. Der Verband stößt am 19. Februar bis zu 61 Grad Nord, also bis in die Höhe der Enge Shetland-Bergen, vor, denn hier verläuft der britische Handelsschiffsverkehr mit dem zur Stunde noch freien, neutralen Norwegen. Englands Hochöfen brauchen das über Narvik verschiffte hochprozentige Kiruna-Erz aus Nordschweden genauso dringend wie die deutschen.

Hier und dort kommen ein paar neutrale Fischereifahrzeuge in Sicht ... Und wieder eine Rauchfahne und wieder eine Enttäuschung, denn auch unter dieser hängt, wie sich beim Auflaufen her-

---

[1] Kapitän Dau wollte das Schiff ursprünglich sogar selbst versenken, wozu er aber nicht mehr kam.

ausstellt, ein harmloser braver norwegischer Fischersmann. Ob er wirklich so harmlos ist, das ist schwer zu prüfen, melden wird er den deutschen Verband nach seiner Heimkehr auf alle Fälle.

Sonst nichts, nichts, nichts.

Die Deutschen wissen nicht, daß der Vorstoß von der britischen Luftaufklärung erkannt wurde und daß der Gegner alle seine Geleitzüge in diesem Gebiet rechtzeitig umgeleitet hat.

Der *Altmark* kann Flottenchef Marschall mit seinen Schiffen auch nicht helfen, der Versorger braucht Schlepper, um wieder freizukommen; so heißt es jedenfalls, als der Verband am 20. Februar wieder in Wilhelmshaven festmacht.

Als die britische Home-Fleet wieder erst nach zwei Tagen – noch immer ist Scapa Flow [1] nicht benutzbar – die Aufnahmestellung östlich der Shetlands erreicht, ist der deutsche Verband bereits wieder im sicheren Port.

Der Kommandant der *Admiral Hipper* und seine Waffenleiter sind über diesen, wenn auch militärisch erfolglosen Einsatz nicht böse. Korvettenkapitän Wegener vermerkt, daß seine Artillerie funktioniert ... der I. FTO, Kapitänleutnant Kölzer, hat den Beweis, daß es mit der Funkerei auch unter Feindmarschbedingungen klappt ... Stabsarzt Dr. Rauschke brauchte sich nicht um Verwundete zu sorgen ... dagegen der I. Verwaltungsoffizier, Korvettenkapitän Suhrcke, um die unter dem Druck der Unternehmung noch hungrigeren Mannen an Bord. Erster Offizier, Fregattenkapitän Zollenkopf vermerkt in seiner Kladde, daß auch er für seinen Bereich zufrieden ist. Nur der LI hatte seine, allerdings berechtigten, Sorgen. Jedoch taten die Männer ihr Bestes. Dieses vermerkt er ausdrücklich.

In Schlicktown wird der schwere Kreuzer, von Oberleutnant zur See Boden, dem neuen ATO [1], aus der Angst heraus, für einen regulären Kriegseinsatz zu spät zu kommen, bereits mit Unruhe erwartet. Boden traf das Schiff am 18., seinem Anreisetag, nicht wie befohlen an, Beweis genug, wie überraschend dieser Flottenvorstoß ausgelöst wurde. Während er sich an Bord meldet, strömen die ersten Urlauber der 1600 Mann starken Besatzung – davon sind 42 Offiziere – an Land, in das altvertraute Wilhelmshaven hinein.

»Gar nicht so einfach gewesen, das Schiff zu finden«, begrüßt Boden seinen Kameraden, Oberleutnant zur See Sander, den er ablösen soll.

---

1 Da Scapa Flow seit der Versenkung der *Royal Oak* durch Prien (U-47) seit Monaten nicht mehr benutzt wird, weil die Einrichtungen für die U-Boot-Abwehr gründlich überholt und verstärkt werden, lag das Gros der Home Fleet zur Zeit im Clyde an der Westküste Schottlands. Auch bei den Gegenmaßnahmen nach Versenkung der *Rawalpindi* durch *Scharnhorst* und *Gneisenau*.

2 ATO = Artillerie-Technischer Offizier.

Der lacht und sagt mit tonloser Stimme: »So was ist ja noch komplizierter als eine Monddistanz mit allen Schikanen.«

»Mußte mich in tausend Büros melden, immer wieder meinen Ausweis zücken, bis ich endlich herausbekam, daß der Dampfer am Liegeplatz 4 festgemacht hat.«

In sein Tagebuch schreibt Boden:

»Wenn man sich dem Schiff von achtern nähert, wirkt es an dem niedrigen Pier ganz gewaltig. Wann wird es wieder auf Feindfahrt gehen? Wann? Gott sei Dank bietet mir Sander beim Einarbeiten seine Hilfe an. Er tut es mit einem grenzenlosen Idealismus. In diesen Stunden wird die Kameradschaft fester.«

Und was sagt und denkt der Neue über die alte Marinestadt?

»Das Kino ist müde. Man genießt es besser an Bord, denn an Land ist es ein Kunststück, da hineinzukommen. Die segensreiche Einrichtung des Vorverkaufs und der Numerierung der Plätze gibt es noch nicht oder nicht mehr. Man steht erst eine Stunde um eine Karte an und nachher eine weitere Stunde, um einen vernünftigen Platz zu bekommen. Und wenn man schon Glück hat, wie ich und meine Kameraden beim Film ›Opernball‹, dann ist der Ton so leise, daß man die Witze des nuschelnden Moser gar nicht und die des Theo Lingen nur halb versteht. Das sind so Sorgen in der Freizeit. Sie fördern die Freude am Dienst. Vielleicht ist das sogar ein nationaler Trick der Bürger dieser Stadt. Aber Scherz beiseite, wir fühlen uns pudelwohl in ihren Backsteinmauern . . .«

Admiral Hipper setzt ihre Übungen fort, allerdings nur im begrenzten Fahrwasser der Jade. Diese Jacke ist zu eng. Immer wieder gibt es zudem im Dock und in der Werft zu tun. Während dieser Zeit, fast allen unbekannt, beginnen die Vorbereitungen für die Besetzung Norwegens und Dänemarks. Im Zuge dieser Planung verlegt der schwere Kreuzer unter vollem Kriegsmarsch am 9. März nach Cuxhaven mit seiner nun schon alten, geliebten ›Alten Liebe‹. Am Steubenhöft, dem Amerika-Kai, werden die Augen der stählernen Trossen der Springs, der Vor- und Achterleinen über die Poller gestreift.

Mit der Seefahrt ist's wieder mal Daddeldu. Männer von der Minensuch werden ständige Gäste auf dem großen, dicken Bruder der KM, anfangs etwas unsicher im Benehmen und Sichgeben, denn diese Dickschiffahrer sind, mit den Kleinbootsfahrern verglichen, in allem stinkfeine Leute. Aber nach den ersten gemeinsamen Einsätzen an Land loben die Dicken die von der Minensuch über den grünen Klee. Diese Kerle haben Nase. Sie riechen die entfernteste Bratkartoffel, sie manövrieren jedes Hindernis aus.

So hat diese Zeit in der ›Stadt der schwarzen Minensuch‹, wie Cuxendorf früher hieß, auch ihr Gutes, denn das Verständnis der einen Waffe für die andere vertieft sich.

Admiral Hipper und das Unternehmen Weserübung
Die Versenkung von HMS *Glowworm*

Eine vorfrühlingshafte Sonne scheint, als IAO Wegener mit seinem bisherigen ATO und seinem künftigen ATO einen Spaziergang unternimmt ... über Spangen zur Nordheimstiftung ... nach Duhnen. Wunderschöne Bauerngehöfte säumen den Weg, und Flugblätter beleben Felder, Deich und Strand. Der Text dieser englischen Propagandaschriften ist ausgesprochen simpel.

»Aber vielleicht ist er so gewollt«, sagt einer.

»Wenn es so ist, dann Hut ab vor dieser Kunst.«

»Wann passiert etwas mit uns, Herr Kapitän?« möchte Boden wissen.

Der IAO bewegt die Schultern ein wenig nach oben, dabei hätte er Grund genug, jetzt befriedigt zu lächeln. Er weiß mehr, er, der Kommandant, der IO und der NO der *Admiral Hipper*, Korvettenkapitän Hintze.

Nun zählt er zu den wenigen Auserwählten, die wissen, was der unerwartete Besuch des Kommandeurs des steiermärkischen Gebirgsjägerregiments 138 an Bord der *Admiral Hipper* zu bedeuten hat. Oberst Weiß prüft im kleinsten Kreis, hinter verschlossenen Türen, auch von Aufklarern und Stewards streng abgesondert, die Einschiffungsmöglichkeit seines kriegsstarken Regiments. Das sind insgesamt über 1800 Mann, dazu deren Waffen, die Munition, deren Marschgepäck und Ausrüstung. 975 Gebirgsjäger und 200 Mann Fliegerbodenpersonal und Männer des Marineinfanterie-Stoßtrupps soll *Admiral Hipper* im Sinne des Wortes ›verstauen‹, die anderen 800 sollen zu je 200 Mann auf die vier Begleitzerstörer verteilt werden.

»Aufgabe und Ziel unserer Gruppe II sind im Rahmen des ›Unternehmens Weserübung‹ durch die mündlichen und schriftlichen Anweisungen bekannt«, eröffnet der Kommandant. »Unser Ziel lautet Drontheim, unsere Aufgabe ist es, diese Schlüsselstellung in unsere Hand zu bekommen. Ich bin mir, wie jeder andere Gruppenführer, über die Größe der Aufgabe und die Höhe des Einsatzes bewußt, ebenso auch darüber, daß bei der notwendigen Geheimhaltung die mitgegebenen Unterlagen nur spärlich sind.«

Kapitän zur See Heye weist mit der linken Hand und mit einem vielsagenden Lächeln auf eine Karte hin. Es ist eine Landkarte, die das norwegische Reisebüro Bennett als 18. Edition ausschließlich für Touristen herausgegeben hat; wenn auch viersprachig, so ist und bleibt sie doch eine dürftige Unterlage für die Besetzung eines geographisch zwar interessanten, aber äußerst schwierigen Landstriches dieser Erde.

»Die Möglichkeiten, vor unerwarteten, nicht vorgesehenen Lagen zu stehen, sind vielfacher Art.« Und lebhafter erklärt Heye: »Ich denke, dies nur als Beispiel, an ein Zusammentreffen mit den Gegnern vor Beginn der eigentlichen Operationen, an gleichzeitiges Anlaufen britischer Gegenmaßnahmen[1] und an Behinderungen durch Wetter, schlechte Sicht oder gelöschte Feuer . . . noch bevor wir unser Gruppenziel, also Drontheim, erreichen . . .

Immerhin, soweit es das Wetter betrifft, ist die Wahl des Tages glücklich. Wir werden bei Neumond auslaufen, unsere Laubfrösche, die im Marinedienst stehenden Meteorologen, versprechen ein Tiefdruckgebiet. Das wenigstens darf unsere Stimmung in Hochdruck versetzen.«

Heye macht eine Pause, dann zu Oberst Weiß gewandt, steigt er in die Sache ein: »Tscha, im Augenblick haben wir da ja noch andere, aktuellere Sorgen: die Unterbringung unserer Gäste. Sie muß so ausfallen«, und Heye wischt über die auf dem Tisch ausgebreiteten Decksrisse hinweg, »daß die Gefechtsbereitschaft des Schiffes soweit wie möglich erhalten bleibt. Mein IAO hat sich, als der mir hierfür Verantwortliche, sehr gesunde, durchführbare Gedanken in dieser Richtung gemacht. Wenn wir unseren gebirgserfahrenen Kameraden aus der Steiermark die Kriegsfreiwachplätze, die Schlaf- und Wohnräume der Besatzung, die der Unteroffiziere und die Kammern der Feldwebel den Offizieren zur Verfügung stellen, muß es gehen.«

»Abgesehen von einer Verstopfung im Batteriedeck«, wendet der IO ein.

»Die aber die Gefechtsbereitschaft nicht stört. Meine größere Sorge ist, wohin mit jenem Heeresgerät, von dem uns bei eventuellem Beschuß, und damit müssen wir vor Drontheim in jedem Falle rechnen, Brandgefahren drohen . . . Flammenwerferfüllungen, Krafttreibstoffe, Zünder und dergleichen. Die müssen unter allen Umständen unter das Panzerdeck. Wegener, bitte sagen Sie etwas dazu.«

»Unter Abgabe von Flak-Munition lassen sich für diese Dinge einige Munitionskammern vor allem der leichten Flak frei machen, wobei wir allerdings auf das Soll der Munitionierung verzichten müssen.«

»Ich glaube nicht an besonders bedrohliche Luftangriffe«, beruhigt Heye. »Auch im OKM ist man der gleichen Meinung.«

Korvettenkapitän Wegeners Vorschlag geht dahin, die Munition und die Verpflegung, etwa 100 Tonnen total, in vielen hundert Ein-

---

[1] Wie sie tatsächlich dann auch erfolgten.

zelkisten verpacken zu lassen, ehe sie an Bord geschafft werden. Platz dafür sieht er in den Hängemattskästen. So verteilt, scheinen sie ihm wie auch dem Kommandanten einigermaßen beschußsicher verstaut.

»Dann brauchen meine Männer also nur ihr Gerät, Handmunition und Handverpflegung unterzubringen?« Der Oberst atmet sichtlich erleichtert auf. Es scheint alles viel reibungsloser zu gehen, als er anfangs fürchtete.

Wenn bloß die Angst vor dem großen Wasser nicht wäre ... vor jener vielbesungenen Seekrankheit ...

Aber wie gut es ist, daß man Zeit hat, alle Fragen in Ruhe am Ort durchzusprechen und zu klären ... Auch den Befehl an die Transportoffiziere der Transportzüge:

»In Cuxhaven Fenster dicht, Vorhänge vor, kein Gesang!«

Ähnliches über diese Zeit notiert sich auch Heye für seinen späteren Gefechtsbericht ...

Von sich aus hat sich der Kommandant, als er am 2. April in Berlin und dort auch bei Hitler war, außerdem sehr intensiv mit einem baldmöglichen Einsatz der deutschen Luftwaffe im Raum Drontheim befaßt, das Klarlaufen der Operation vorausgesetzt. Er hat sich aus eigenem Entschluß mit dem Fliegerkorps I und dem Transportchef des F. d. Luft unterhalten und diesem angeboten, noch zusätzlich 50 Mann Bodenpersonal der Luftwaffe und zwei Lastkraftwagen mit Geräten an Bord zu nehmen.

»Sehen Sie mal, meine Herren«, so hat Heye den Fliegern klargemacht, »mit deren Hilfe kann man nämlich im Laufe des Vormittags des ›Wesertages‹[1] in Drontheim geeignete Landeplätze erkunden lassen. Wenn Sie mir noch weitere 50 Mann zur Vorbereitung von Landflugplätzen mitgeben, haben wir für die zu erwartenden Staffeln bereits alles klar, wenn Ihre Vögel anfliegen.«

In diesem Falle, wohl oder übel auf die Marine angewiesen, meint die Luftwaffe, das sei in der Tat ein ernsthaft zu prüfender Vorschlag.

Später geschieht, was Heye anregte.

Der 4. April 1940.

Der schwere Kreuzer *Lützow*, ursprünglich für die Besetzung von Oslo vorgesehen, am 26. März zurückgezogen und durch den schweren Kreuzer *Blücher* ersetzt, ist völlig unerwartet der Gruppe II zugewiesen worden. Kommandant *Admiral Hipper* trifft sich mit Kommandant *Lützow*, Kapitän zur See Thiele, auf Cuxhaven Reede.

Kapitän zur See Heye ist anderntags doch sehr froh, daß die

---

[1] Wesertag, der Tag, an dem die Besetzung Norwegens und Dänemarks am Ort erfolgen soll.

Lützow wegen Maschinenstörungen für eine anhängende, erweiterte Kriegführung im Atlantik, wo der schwere Kreuzer Handelskrieg führen soll, um hier gegnerische Kräfte auf sich und von der Norwegenfront abzuziehen, ausfällt ... hatte doch der Kommandant *Lützow* im Hinblick auf seine reparaturanfällige Maschinenanlage den Wunsch vorgetragen, nicht höhere Fahrt als 21 Knoten, in Ausnahmefällen 24 Knoten und nur in ganz dringendem Notfalle mit Höchstfahrt laufen zu müssen. *Lützow* wird danach für Oslo eingeteilt.

In seinem Gefechtsbericht vermerkt Heye später: »... nach dem tatsächlichen Ablauf des Vormarsches wäre *Lützow* schon auf dem Hinmarsch abgehängt worden. Das Schiff hätte dann wahrscheinlich nach dem Durchbruch der *Admiral Hipper* in dem Drontheim-Fjord vor den nunmehr klargemachten, feuerbereiten Batterien der Norweger gestanden ...«

Noch immer sind die Seelords ahnungslos. Was ihnen bevorsteht, vermögen sie auch nicht aus den Vorbereitungen zu deuten. Und als es am 6. April mit Dienstbeginn lautet ›Seeklar im Laufe des Tages‹, murren sie.

»Wat schall dat: im Laufe des Tages?«

»Immer diese Ungewißheiten«, vermerkt ein Wiener. Wer schon kennt diesen Witz vom Grafen Bobby nicht an Bord. Die Divisionen grinsen.

Schließlich sickert eine plausible Erklärung durch die Decks: Der genaue Termin sei von Eis und Seegang in der Ostsee abhängig.

Ach so. Aber wieso Ostsee? Was sollen wir auf diesem Kantinenteich? Die Männer wollen, es ist nicht zu leugnen, an die Front.

Später, 7.30 Uhr, hören sie aus den Lautsprechern des Bootsmannsmaaten der Wache kunstvollen Pfiff — mit Verzierungen versteht sich und einem Schlenker hintendran — zum ›Alle Mann achteraus‹.

»Mal herhören, Männer«, beginnt Kapitän zur See Heye vor seiner Besatzung. »Im Laufe des Nachmittags werden an die tausend Gebirgsjäger bei uns einsteigen. Wir werden diese Kameraden in einem Hafen ausschiffen, den Sie später erfahren. Ab sofort wird für alle im Hafengebiet wohnenden Bewohner ein Zwangssperrgebiet und für die Besatzung Urlaubsverbot angeordnet. Ohne Erlaubnis des Stabsoffiziers vom Tagesdienst, das ist heute Kapitän Zollenkopf, darf niemand mehr von Bord. Nehmen Sie den Grund für diese Maßnahme nicht auf die leichte Schulter. Im Hafengebiet ist eine ansteckende Krankheit ausgebrochen. Schreiben Sie keine Briefe mehr, diese Post wird nicht befördert. Versuchen Sie auch nicht zu telefonieren, alle Leitungen mit dem Land sind gesperrt[1]. Und nun

[1] Bis auf eine auf den Admiralsraum durchgeschaltete Telefonleitung.

behandeln Sie die Kameraden aus der Steiermark wie Freunde, wie Brüder.«

Danach verliest der Kommandant den Erlaß des Oberbefehlshabers der Kriegsmarine, Großadmiral Raeder[1].

IAO Wegener führt mit Unterstützung des Rollenoffiziers, Kapitänleutnant Piontek, eine an Bord ungewohnte, aber notwendige Regie: In allen Decks, an allen Gängen werden Wegweiser angebracht:

Nach unten ...

Nach oben ...

Zu den Toiletten ...

Von Bord ...

Die verhinderten Kunstmaler in der Schiffsschreibstube feiern Triumphe. Tampen und Holz werden klargelegt, sämtliche Luken geöffnet, Keile werden zugeschnitten, alles wird seefest gezurrt, die Bilder werden verstaut. Messevorstand und Abschnittsleiter veranlassen das Stauen der Lasten.

Die Arrestanten werden entlassen.

10.20 Uhr: Aufklaren.

Laut Dienstplan läuft der Tag nun weiter ab:

»... 11.30: Beide Wachen Hängematten und Gefechtsausrüstung empfangen und mit Gasmaske, Schwimmweste, Eßgeschirr, Backsgeschirr, Waschutensilien und Brotbeutel auf Gefechtsstationen bringen.

Die stehenden Posten sind einzeln abzulösen zum Umziehen und Hängematten-pp-Empfang.

12.00: Hilfsgruppe 3 bis 7 vor dem Schiff antreten.

12.00: Kriegswachtposten der Steuerbord-Kriegswache sich klarmachen.

12.00: Kriegswachtposten der Steuerbord-Kriegswache Musterung.

12.30: Beide Kriegswachen gefechtsgruppenweise auf der Schanze antreten einschließlich Artl.Personal Lf. II. Danach Hilfsgruppen auf Stationen bzw. vor dem Schiff antreten, Fla-Freiwache auf der Back antreten z. Vfg. Oberbootsmann zum Deckefegen.

Der Rest trifft Vorbereitungen zum Kriegsmarsch bzw. Klarschiff. Es bleiben Reling und alle Niedergänge stehen. Alle Luken und Schotten bleiben auf. Alle Maßnahmen unterbleiben, die den Verkehr behindern.

Sämtliche Hellegatts, Lasten, Handwerkerstuben, Kammern, Hängemattskästen, Backsspinde, Abwaschbecken, Backskisten, letztere nur, soweit sich in ihnen Lüftungsverschlüsse befinden, sind aufzuschließen.

---

1 Originaltext siehe Anhang.

Meister stellt sicher, daß die Schlüssel der besonders bestimmten Lasten in verplombtem Zustand am vorgesehenen Ort hängen.

Nach Beendigung der Vorbereitungen bleiben SA-, Torpedo-, Horch-, Signal- und Funkpersonal und die Fla-Wache auf Gefechtsstation bzw. auf den für diesen Kriegsmarsch besonders bestimmten Schlafplätzen. Auf den Gefechtsstationen sind die Waffen zu reinigen.

Abendbrot wird bereits auf den Kriegsfreiwachschlafplätzen eingenommen.

Arbeitskommandos stellt auf Anforderung beim RO die Fla-Freiwache und im Bedarfsfalle die SA.

Es gilt Seeroutine, außer für Fla-Wache ...«

14.00: Der erste der aus Richtung Bremen erwarteten drei Züge donnert schnaufend in den Hafen auf dem Amerika-Kai[1]. Er hält in unmittelbarer Nähe der *Admiral Hipper*. Die Fenster der Personenwagen sind aus Gründen der Geheimhaltung verhängt. Ein gespenstischer Transport.

Befehle.

Rufe.

Pfiffe.

Die Türen fliegen auf:

Staunen ...

Wundern ...

»Ja mei, wo san mer denn hier?«

Die meisten der Gebirgsjäger der 3. Gebirgsjägerdivision aus der Steiermark haben weder das Meer noch ein Schiff gesehen und viele von ihnen, die als kühne Bergsteiger manchen Dreitausender bezwungen haben, geraten ins Stolpern, als sie über die zum Amerika-Kai gehörende Stelling auf den schweren Kreuzer klettern. Es ist die gleiche Stelling, über die vor ihnen Millionäre und gefeierte Filmdiven schritten. Aber sie werden, der Tag ist gar nicht mehr fern, zumindest vom deutschen Volk nicht weniger gefeiert werden als diese und in der Geschichte dieses Krieges ein Kapitel für sich beanspruchen.

Nach vier Stunden ist die Einschiffung beendet und der IAO und der ihm beigegebene Rollenoffizier, Kaleu Piontek, dürfen stolz darauf sein, daß sie reibungslos und ›laut Plan‹ verlief.

»Vergessen Sie nicht, meine Herren, diese Männer haben Angst vor der See, einfach Angst«, hatte Heye vorher seine verantwortlichen Offiziere ermahnt.

So klappt, was ihm ein wichtiges psychologisches Moment für die Stimmung an Bord scheint.

---

[1] An Cuxhaven (von Bremen) 12.11 Uhr.

Jeder ›Gast an Bord‹ hat seine Schwimmweste erhalten. Die Seelords unterrichten ihre Kameraden vom Heer in großer Form.

Ein Merkblatt mit 13 Punkten tut das übrige:

... nicht pfeifen, nicht singen ...

... nicht an den Flut- und Rudergestängen, an Schiebern oder sonstigen Verschlüssen spielen, Lebensgefahr ...

... zu den Aborten führen Wegweiser. Aborte so kurz wie möglich benutzen ...

... zur schonenden Behandlung der mitgeführten Waffen pp. sind in den einzelnen Quartieren Decken gelagert; diese müssen beim Ausschiffen an Bord gelassen werden ...

... sollte schlechtes Wetter einsetzen, so werden Mittel gegen Seekrankheit ausgegeben, außerdem sind bei Seekrankheit die in den Räumen stehenden Holzeimer und Holzbottiche zu benutzen ...

... für die Eingeschifften besteht im Gefechtsfall keine Möglichkeit, sich aktiv zu beteiligen ...

Na, und so fort, 'ne ganze Menge ist's, was auf die Jager aus der Steiermark einstürmt.

»Die Einschiffung auf die Zerstörer und die Absperrung des Hafens klappte tadellos. Korvettenkapitän Liesmann führte sie zweckentsprechend und umsichtig durch, die Geheimhaltung wurde in allem gewahrt«, vermerkt Heye in seine Kladde für den späteren Bericht.

»Das Ablegemanöver vom Steubenhöft ist ja nicht einfach, am besten klappt es bei Stauwasser, so gegen 22.00 Uhr«, hatte der NO zu bedenken gegeben. So kommt es, daß der Kommandant sein Schiff genau 22.00 Uhr mit der letzten, soeben an Bord geschafften Kiste vom Kai freimanövriert. Zwischen den Friedenspositionen der Feuerschiffe Elbe II und Elbe III geht Heye 23.30 Uhr vor Anker. ›Kriegswache Ruhe‹, kommt es durch, und die Seelords wundern sich erneut.

1.22 Uhr, der neue Befehl: ›Anker auf‹, denn die vier Zerstörer der 2. Z-Flottille mit Fregattenkapitän von Pufendorf als Flottillenchef sind da:

Z-5, die[1] *Paul Jacobi,* unter Korvettenkapitän Zimmer; Z-6, die *Theodor Riedel,* unter Korvettenkapitän Böhmig; Z-8, die *Bruno Heinemann,* unter Korvettenkapitän Langheld und Z-16, die *Friedrich Eckoldt,* unter Fregattenkapitän Schemmel.

Die Gebläse der zwölf Kessel haben den gesamten Kesselraum

---

[1] Die Zerstörer-Fahrer betonen dem Autor gegenüber, daß sie (ihre Schiffe) ›männlich‹ gewesen seien. Das ist, soweit es die ›Zerstörer-Sprache‹ betrifft, bzw. betraf, auch richtig. Da aber ein jedes Schiff ein feminines Wesen ist (was man ja auch in England vom Dingi bis zum Dickschiff und Musikdampfer als Selbstverständlichkeit beachtet), sollte man solche verwirrenden Ausnahmen der generellen Sprachregelung unterordnen. Der Verfasser tat es.

unter Druck gesetzt [1], als *Admiral Hipper* Fahrt aufnimmt, erst nach Nordwesten, dann, querab von Helgoland, nach Südwesten abdreht, um auf der Höhe von Wangerooge in Generalrichtung West weiterzumarschieren.

Das Arbeiten der hochempfindlichen Turbinen und das Mahlen der Schrauben übertragen sich auf jeden Mann.

Die Flanken des Schiffes vibrieren nervös.

»Was soll das? Wohin geht unser Kurs?«

Der Bogen der Vermutungen, wo nun die Jager an Land gebracht werden, wie der Alte andeutete, spannt sich von Irland über England, von den Orkneys über Island bis Spitzbergen ...

An Norwegen denkt kaum einer. Warum auch Norwegen, die Heimat mancher Edda-Lieder?

Ein Land mit stolzen, aber friedliebenden Menschen, mit Männern, deren viele ihr Mannestum als Fischer und Hochsee-Seeleute erproben und denen Krieg ganz und gar nicht im Sinne steht.

Z-16, *Friedrich Eckoldt*, blinkt in die Nacht ...

»FE [2] an HP: Kann nur noch 17 kn halten, die Backbordwelle hat sich warmgelaufen.«

Der Verband reduziert die Marschfahrt.

»Kann jetzt nur noch 9 kn halten«, die nächste Meldung von Z-16.

Der Verband, an minutiös ausgerechnete Positionen gehalten, marschiert allein weiter. Heye ließ Schemmel noch wissen: »Notfalls müssen Ihre Passagiere auf einen Reserve-Zerstörer umsteigen.«

»Das ist leicht gesagt«, knurrte der Z-16-Kommandant. »Erst haben ein Gewehr.« Der Signalgast indessen überhörte diesen privaten Kommentar. Er blinkt ein ›Jawohl, Herr Kapitän‹ zurück.

Anderthalb Stunden später: voraus sind Silhouetten von Kriegsschiffen in Sicht gekommen. Wie schwarze Scherenschnitte zeichnen sie sich gegen den etwas helleren Nachthimmel ab. Es sind alte Bekannte der *Admiral Hipper:* die beiden Schlachtkreuzer *Scharnhorst* und *Gneisenau* [3] in deren Nachbarschaft eine ganze Mahalla von Zerstörern schwimmt.

»Acht zähle ich«, staunt der Steuermannsmaat.

»Zehn müssen's aber sein«, berichtigt der Kommandant mit der ihm eigenen Bestimmtheit.

Es sind auch zehn, jene unter der Führung von Kommodore Bonte stehenden Einheiten. Sie kommen aus Wesermünde, wo sie die ›Dietl-Truppen‹ übernahmen und am 6. April 23.00 Uhr ausliefen: 1. Z-2, *Georg Thiele;* 2. Z-9, *Wolfgang Zenker;* 3. Z-11, *Bernd von*

---

[1] Sogenannte Raumdruckgebläse.

[2] FE = Morsename für *Friedrich Eckoldt.*

[3] Die Schlachtkreuzer gingen ca. 23.00 Uhr auf Schilling-Reede ankerauf.

Arnim; 4. Z-12, *Erich Giese*; 5. Z-13, *Erich Köllner*; 6. Z-17, *Dieter von Röder*; 7. Z-18, *Hans Lüdemann*; 8. Z-19, *Hermann Künne*; 9. Z-21, *Wilhelm Heidkamp*, und 10. Z-22, *Anton Schmitt*.

Der General Dietl befinde sich dort an Bord, erklärte der Gebirgsjäger-Oberst Weiß, denn die beiden kennen sich. Er lobt diesen Dietl als einen großartigen Kameraden und großartigen Menschen.

»Dietl?« Der WO spricht den Namen langsam nach. »Kenne ich nicht. Nie gehört.«

Ein paar Tage später schon ist er in aller Welt Munde. Der Oberst hat nicht zuviel versprochen. Seine Superlative sind fast schwächer als die Wahrheit.

Die Gruppe II hat die Gruppe I wie befohlen getroffen, die für Ablenkungsmanöver bestimmten Schlachtkreuzer und die zehn Zerstörer, die in einigen Tagen als Narvik-Zerstörer eine mit viel Opfern und viel Blut geschriebene Geschichte machen sollen.

Als sich an diesem April-Sonntag die Sonne aus ihrem nassen Nordseebett erhebt, vergolden ihre ersten Strahlen die Aufbauten einer beachtlichen Flottenstreitmacht. Flottenchef ist der für den erkrankten Admiral Wilhelm Marschall eingestiegene Vizeadmiral Günther Lütjens. Die Schiffe des Verbandes laufen jetzt 23 Knoten Marschfahrt. Ihre Hecks graben lange, weiße Schaumstreifen in die graugrüne Nordsee. Es weht eine schwache Brise aus SSW, so um drei Windstärken herum. Die See ist mäßig bewegt. Bei Seegang zwo sind die Wellen noch kurz, aber schon ausgeprägt. Die Kämme sehen so grünglasig wie alte Sherryflaschen aus, aber sie brechen noch nicht.

»Wenn es so bleibt, möchte ich fast bedauern, ein Jäger geworden zu sein«, freut sich Oberst Weiß, noch im Vollbesitz seiner gesunden Gesichtsfarbe.

»Es bleibt aber nicht so, es wird schlimm werden, sehr schlimm«, denkt Heye bei sich, als er dem Obersten vergnügt zunickt. Der Kommandant hat inzwischen der Besatzung Ziel und Aufgabe bekanntgemacht. Drontheim soll im Handstreich genommen werden.

»Nur von wenigen älteren Offizieren wird dieser Befehl in seiner ganzen gefahrvollen Ausführung voll erkannt«, notiert sich IO Zollenkopf in einer Verschnaufpause.

12.40 Uhr: »GU[1] an alle: Auf 27 Knoten gehen[2].«

Der Verband – Z-16, *Friedrich Eckoldt*, ist inzwischen schon wieder an die Gruppe herangeschlossen – läuft in Tag-Marschformation in die Gewässer vor dem Skagerrak ein und aus dem Revier des

---

1 GU = Morsename für das Flaggschiff *Gneisenau*.

2 Nach Schulze-Hinrichs kann es sich hier nur um eine vorübergehende Fahrtvermehrung gehandelt haben. Nach seiner Aussage betrug die generelle Vormarschgeschwindigkeit 23 Knoten.

bisher an Backbord angrenzenden deutschen Warngebietes heraus. *Admiral Hipper* steht dabei am rechten Flügel, an Steuerbordseite vor sich und achterlich seitlich herausgesetzt Zerstörer.

Mehrere He 111 sichern den Marsch aus der Luft, sie preschen voraus, klären nach vorn und nach beiden Seiten auf . . .

Nichts.

Kein Feind läßt sich sehen.

Sonderbar und unheimlich genug, denn 9.48 Uhr hat eine vom Verband nicht entdeckte Aufklärungsmaschine Kreuzer, Zerstörer und Flugzeuge mit Kurs 350° in 55° 30′ Nord und 7° 37′ Ost gemeldet[1].

Nur treibende Minen, hämisch grinsende, hörnergespickte Riesenköpfe, die in der See auf und nieder torkeln, kommen hin und wieder in Sicht. So gesehen, also von ihrer Verankerung losgerissen und aufgeschwommen, sind diese tödlich stachligen Burschen nicht so ganz harmlos. Sie auszumanövrieren ist aber kein Kunststück.

12.45 Uhr[2] ist da doch etwas . . . Eine He 111 entdeckt ein feindliches Minen-U-Boot. Es steht direkt auf dem deutschen Vormarschkurs. Nun, auch die Briten lieben die metallenen Vögel nicht, sie schließen das Luk und verschwinden in der Tiefe.

Plötzlich, die Uhr zeigt auf 14.25, die Brücke auf *Admiral Hipper* muß wieder einer in gefährlicher Nähe entdeckten Treibmine ihre Aufmerksamkeit schenken (und die Sektorenausguckposten finden diese Begegnung trotz der für sie geltenden Befehle nicht minder interessant), da passiert es:

Zwischen *Admiral Hipper* und dem etwas vorlich sichernden Zerstörer bricht die See unter Donnergetöse auf. Es sieht aus, als ob eine ganze Minensperre krepiert. In das Dröhnen der Explosionen mischen sich die Alarmsignale.

F . . . F . . . F . . . (kurz – kurz – lang – kurz) mahnt es in Morsebuchstaben.

Fliegeralarm.

Klarschiff-Verschlußzustand.

Die Flugzeuge sind keine He 111, wie kurz zuvor angenommen[3]. Es sind sechs aus dem Skagerrak kommende Vickers-Wellington. In zwei Ketten fliegen sie von Steuerbord querab in nur 1500 m Zielhöhe den schweren Kreuzer an.

Jetzt fallen Sichtung und Meldung mit den Bombeneinschlägen zusammen.

---

1 Nach einer Mitteilung des Marine-Gruppenkommandos West, 11.31 (DSZ).

2 Deutsche Sommerzeit = DSZ.

3 Kapitän zur See Schulze-Hinrichs: Tatsächlich hatten sich die He 111 einige Zeit vorher verabschiedet. Die von Osten anfliegenden Feindmaschinen wurden rechtzeitig erkannt. Es konnten auf den Zerstörern noch alle Feldgrauen unter Deck geschickt werden.

Die schwere und leichte Flak schwenken auf die noch immer anfliegenden Ziele ein, aber nur die leichte schießt [1].

Beim Feuereröffnen teilen sich die beiden Wellen. Die linke Kette dreht nach rechts ab, die rechte behält Kurs bei. Sie fliegt direkt über das Schiff.

Die von *Admiral Hipper* erleben den ersten britischen Gegner.

»Das sind ja Sportsleute, Kameraden«, der IO.

»Teufel auch, das kann man wohl sagen«, staunt der WO. Und mit ihm das ganze Schiff.

Den abfliegenden Briten donnern sie aus allen Rohren, leichten und schweren, hinterher, auch die der Schlachtkreuzer greifen ein.

»Neuer Anflug!«

Tatsächlich, wieder sind es sechs Maschinen, wieder fliegen sie in zwei Ketten an, wieder kommen sie von Steuerbord, diesmal etwas achterlicher als querab.

»Zielhöhe 1500 m – Entfernung 30–35 hm«, des Flak-Leiters Befehl.

Ein paar Feuerstöße genügen. Die Angreifer verholen sich in die Wolken.

Es ist 14.48 Uhr, als der Fliegeralarm beendet wird [2].

Der Steuermannsmaat Umland trägt die Position der ersten Feindberührung im Leben der *Admiral Hipper* in die Karte ein:

58 ° Nord, 6 ° Ost.

Die Gedanken der Verantwortlichen auf den Brücken kreisen um die entscheidende Feststellung, um die gravierende Frage:

Wir sind entdeckt!

Was veranlaßt der Gegner nun?

Der B-Dienst fischt wenige Zeit später auch tatsächlich einen Funkspruch aus dem Äther, der nur von diesen Flugzeugen stammen kann.

Aber die Laune des nicht zu berechnenden Schicksals wollte es so, daß dieser Funkspruch von keiner Station in England empfangen wurde . . . diese so äußerst wichtige Meldung, in der von einem Schlachtkreuzer, zwei Kreuzern und Zerstörern die Rede ist. Erst 17.57 MEZ, nach Rückkehr der Flugzeuge, ergeht der Befehl an die Home-Fleet, Dampf aufzumachen, gleichzeitig wird der Norwegen-Geleitzug O.N. 25 zurückgerufen. Erst 20.15 MEZ läuft die britische Heimatflotte aus dem seit März wieder benutzbaren Scapa Flow aus.

Das sei gleich vorausgeschickt, die deutsche Kampfgruppe wird von der mächtigen Home-Fleet mit ihren Kreuzergeschwadern nicht

---

1 Infolge des geringen Abstandes und der großen Zielauswanderung wird die schwere Flak nicht eingesetzt. Wohl aber hat auf der *Scharnhorst* und *Gneisenau* die schwere Flak sofort das Feuer eröffnet, und die Engländer hielten sich gut auf Abstand.

2 Verschossene Munition auf *Admiral Hipper* insgesamt: 11 – 10,5 cm, 40 – 3,7 cm, 196 – 2 cm.

behindert. Sie stößt vor den deutschen Schiffen vorbei, macht später kehrt und sucht die Deutschen wieder südlicher, um dann erneut nach Norden zu jagen.

Übrigens, die 15.28 Uhr im Quadrat AN 38.55, also über See, in Höhe der Jütland-Bank, gemeldeten 17 Feindflugzeuge kommen nicht mehr in Sicht.

Das Wetter verspricht schlechter zu werden; wenigstens diese Sorge scheint dem Flottenchef genommen zu sein. Grauschwarze Regenwolken hängen in 1500 bis 2000 Meter Höhe am Himmel.

Wieder Treibminen und um 17.05 Uhr eine fürchterliche Detonation, Veranlassung für die Maschine, der Brücke die Antriebsanlage sofort ›klar‹ zu melden.

Ekelhaft für die Männer im Bauch des Schiffes, wenn plötzlich der stählerne Körper unter solchen Explosionswellen erbebt und das Auge nichts sieht.

Über das BÜ-Telefon erfährt der LI, was es war:

»Harmlose Sache, ein Zerstörer warf eine Wasserbombe.«

Harmlose Sache . . . die Nerven klingen bei einem solchen Knall wie überspannte Drähte mit. Das Wetter verschlechtert sich weiter. Der Wind nimmt zu. Die düsteren Wolken auch.

Ein Befehl des Kommandanten fordert:

»Sämtliche Soldaten sind kriegswachweise zu belehren, daß sie bei einer Gefangennahme *nichts* auszusagen haben. Sollten sie durch Quälereien zur Aussage erpreßt werden, sollen sie sagen: Der Transport ging nach Irland.«

FT und B-Dienst brauchen sich über mangelnde Arbeit nicht zu beklagen. Im Äther tummeln sich die Operationssprüche des Gegners. Im späteren Gefechtsbericht des Kommandanten heißt es:

»Aus den im Laufe des 7. 4. und in der Nacht vom 7. 4. zum 8. 4. eingehenden Funksprüchen war das Anlaufen feindlicher Gegenoperationen zu erkennen. Ich rechnete in der Nacht in erster Linie mit Zerstörer- und U-Boot-Angriffen, da ich der Überzeugung war, daß das englische Gros sich so lange in einer Schlüsselstellung aufstellen würde, bis es durch die See- und Luftaufklärung genaue Unterlagen über die Absicht des deutschen Verbandes gewonnen hätte, um sich dann dementsprechend dem weiteren Vormarsch vorzulegen. Allerdings würde die zunehmende Wetterverschlechterung mit stärkeren Südwestwinden und zunehmender Dünung, die auch unseren Zerstörern schwer zu schaffen machte, auch den Einsatz feindlicher Zerstörer behindert haben.«

Als die Gruppe II so gegen 20.00 Uhr abends die engste Stelle zwischen Norwegen und Scapa Flow passiert und später, 2.45 Uhr, jene zwischen der Höhe von Bergen und den Shetlands, ist das Erstaunen groß.

Der Navigationsoffizier, Fregattenkapitän Hintze, notiert: »Zur

Der Stapellauf des schweren Kreuzers Admiral Hipper *am 6. Februar 1937 auf der Werft Blohm & Voss in Hamburg.*

Die feierliche Indienststellung des schweren Kreuzers Admiral Hipper *durch den ersten Kommandanten, Kapitän zur See Heye, am 29. April 1939.*

Unternehmen Weserübung: 1200 Gebirgsjäger aus der Steiermark werden am 6. April 1940 in Cuxhaven auf die ADMIRAL HIPPER *eingeschifft. Der Hafen war so hermetisch abgeriegelt worden, daß kein Cuxhavener von dieser Aktion auch nur etwas ahnte.*

Den ›Gästen‹ wurden die Kriegsfreiwachplätze, Schlaf- und Wohnräume der Besatzung eingeräumt.

Überraschung der Schiffsführung passierten wir ohne jede Feindberührung.«

Wer in diese Nordmeernacht hineinschaut, wer sie bewußt erlebt, den überkommt die Dunkelangst aus der Kindheit Tage. Alles herum scheint von unsichtbaren Wesen bevölkert. Sie warten nur auf die Gelegenheit anzugreifen. Die bizarren Gebilde der teerfarbenen, aber lichten Wolken wirken wie sich bewegende Gestalten.

Fahrtwind heult in den Stagen, unter den nachlaufenden, am Schiff vorbeitobenden Seen erbebt der Rumpf der *Admiral Hipper*.

Da sagt einer:

»Also nur weiter auf dem Weg der Lösung.«

». . . und näher der Nervenklinik«, kann sich ein Hauptmann der Gebirgsjäger nicht verkneifen, dann schlägt er den Kragen seines Uniformmantels hoch.

Der Seegang nimmt zu. Er steigert sich von vier auf fünf. Der langsam nach Westen umlaufende Wind wird erst ein wenig stärker, dann wieder etwas weniger.

Die Quecksilbersäule fällt.

Auf der Brücke reiben sich einige die Hände, nicht nur der Kälte wegen.

Weniger vergnügt ist die Maschine um diese Zeit. 22.15 Uhr fällt die Kühlpumpe K 3 aus, der Regler hakt. 22.21 Uhr ist sie unter den perfekten Handgriffen der alten Hasen schon wieder klar.

24.00 Uhr ist bei der achterlichen See die Spindel der Ruderanlage heißgelaufen und LI Fischer läßt Kältemittel ansetzen. Er meldet den Zustand der Brücke. Und die Brücke verspricht, die Rudermaschine nur sparsam zu benutzen.

Hin und wieder grollen Unterwasserdetonationen. Kein Zweifel, wieder haben die grünlich phosphorisierenden Klauen der hoch und steil nachlaufenden achterlichen Seen eine der Wasserbomben von einem der Zerstörer abgehakt.

Zur allgemeinen Lage ist zu sagen:

Bereits am 5. April lief unter dem Befehl von Admiral Whitworth das britische Unternehmen Wilfried auf vollen Touren. Ziel sind die norwegischen Gewässer. Absicht ist es, den deutschen Handelsschiffsverkehr durch Minensperren in norwegischen Hoheitsgewässern in die freie See zu zwingen. Das Auslegen von drei Minensperren steht auf dem Plan. Das Schlachtschiff HMS Renown, *begleitet durch die Zerstörer HMS* Greyhound, *HMS* Glowworm, *HMS* Hyperion *und HMS* Hero, *soll die Minenoperationen sichern, auch gegen norwegisches Dazwischentreten. Außerdem ist von anderen britischen Kräften die Besetzung von Stavanger, Bergen, Drontheim und Narvik vorgesehen, eine Maßnahme, die nun durch das deutsche Vorgehen so wirkungsvoll durchkreuzt werden soll.*

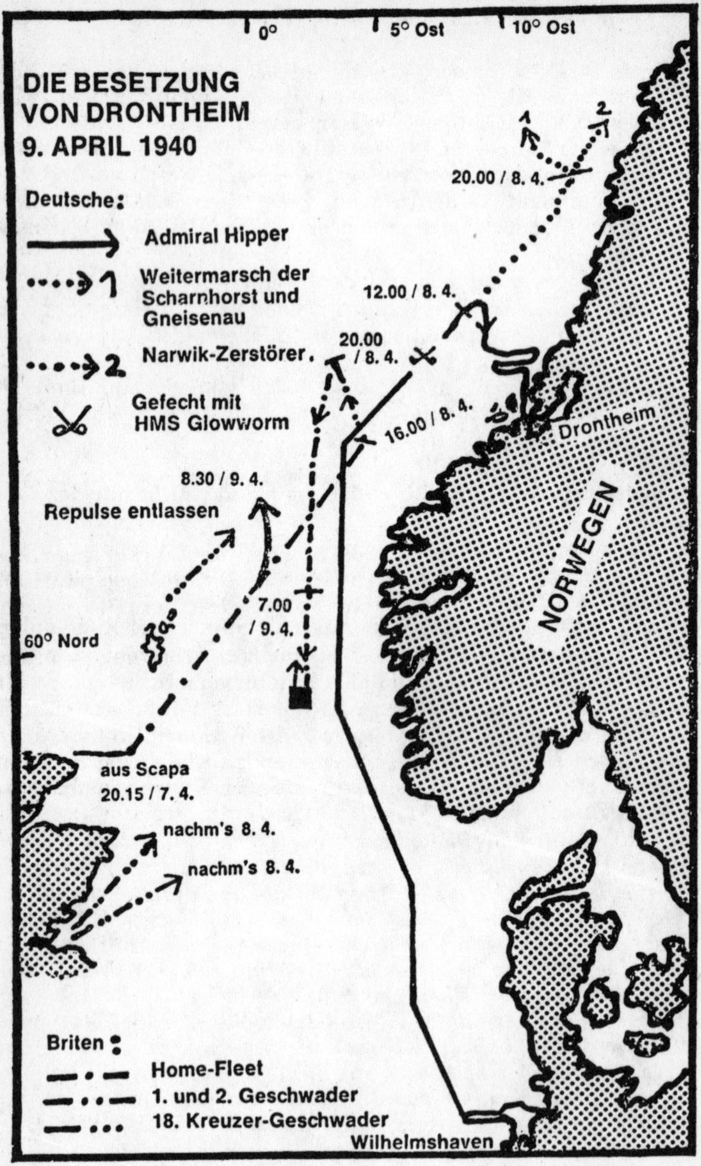

DIE BESETZUNG VON DRONTHEIM 9. APRIL 1940
0°
5° Ost
10° Ost
Deutsche:
Admiral Hipper
1 Weitermarsch der Scharnhorst und Gneisenau
2 Narwik-Zerstörer.
Gefecht mit HMS Glowworm
1
2
20.00 / 8. 4.
12.00 / 8. 4.
20.00 / 8. 4.
16.00 / 8. 4.
Drontheim
NORWEGEN
8.30 / 9. 4.
Repulse entlassen
7.00 / 9. 4.
60° Nord
aus Scapa 20.15 / 7. 4.
nachm's 8. 4.
nachm's 8. 4.
Briten:
Home-Fleet
1. und 2. Geschwader
18. Kreuzer-Geschwader
Wilhelmshaven

Aber das sind Ereignisse, die hier, in diesem Falle, nur bedingt mit der Lebensgeschichte der Admiral Hipper *zu tun haben*[1].

Überall, wo die kernigen Jäger untergebracht sind, bieten die meisten von ihnen ein Bild des Jammers. Das Batteriedeck ist ein einziges Stöhnen und anderer menschlicher, allzu menschlicher Laute der von Seekrankheit gequälten Landser. Die Düfte sind entsprechend. Es riecht wie in einer Fischmehlfabrik. Selbst seefeste Seelords überkommt das würgende Elend, wenn sie helfen wollen. Das Repertoire von alpinen Flüchen auf das Schiff und das vielbesungene Meer ist erstaunlich. Hein Seemann, und er beherrscht diese Klaviatur verdammt gut, verschlägt es einfach die Sprache. Dös is a Gaudi, bereichern doch die ›Himmelkruzitürken‹-Flüche seinen Sprachschatz.

»Du mußt immer dran denken, solch eine Seefahrt kostet im Frieden eine Masse Geld. Sie ist anderen Erholung und Vergnügen«, ermuntert der Gefreite Zimmermann einen der Jager aus Graz.

Aber der wird böse. Seine Augen werden kugelrund vor Ärger. Sein Blick hätte Krähen verscheucht. Und dann knurrt er: »So, wenn dös a Erholung sein soll, dann is der Stephansdom bei uns in Wean oane Fabrik für grüne Seife.«

Schiffsärzte und Sanitätspersonal stehen praktisch im Großeinsatz. Wenn auch gegen diese Seekrankheit kein Kraut gewachsen ist, so helfen, vom Psychologischen her, doch ihre Gegenwart und kameradschaftliche Hilfsbereitschaft so manchem, der mit verglasten Augen trostlos in eine Zukunft blickt.

Daß es bei dem immer stärker werdenden Arbeiten des Schiffes auch Schrammen und Beulen gibt, das nur nebenbei.

»Tröstet euch«, beruhigt Oberwachtmeister Schmelzer, »daß ihr auf einem so dicken Untersatz schwimmt. Was meint ihr wohl, wie dreckig es den Zerstörerfahrern geht?«

In der Tat haben diese Einheiten in der vor Norwegen stehenden, nicht zu Unrecht berüchtigten Dünung jetzt, in der dunklen Nordmeernacht, schwer zu kämpfen. Da die See von achtern aufläuft, gieren die Schiffe ekelhaft.

Der neue Tag kommt mit einem fahlen, abgegriffenen Grau, langsam, schleppend, als zögere er. Die Gesichter der Männer auf der Brücke, im Kartenhaus und im Schiff wirken noch von der Nacht ermüdet, matt und abgespannt, denn in den Kojen der Freiwächter schlafen die anderen, jene, denen so hundeelend ist.

In der Brückennock einer der jungen Aktiven, ein Matrose, ein

---

[1] Wer sonst an Details über die gesamten Maßnahmen aller Wehrmachtsteile bei der ›Operation Weserübung‹ interessiert ist, darf verwiesen werden auf Friedrich Ruge: ›Der Seekrieg 1939–1945‹ und Captain Roskill: ›The War at Sea‹, Volume I: ›The Defensive‹, ferner auf Hubatsch: ›Die deutsche Besetzung von Dänemark und Norwegen‹.

bleichgesichtiger Junge noch, der in der Seefahrt und in der Welt das große Geheimnis des Lebens suchen wollte, als er sich zur Marine meldete — und der erfahren muß, daß Seefahrt, wenn sie auch not tut, ein hartes Brot ist, aber ein männliches Handwerk dazu.

Als es hell wird, stellen sie fest, daß achteraus nur noch die Hälfte der Zerstörer in Sicht ist. Heye ist, was liegt näher, vor allem um ›seine‹ Zerstörer besorgt.

Winkspruch: »K an FCH [1]. Frage: ist meine Gruppe vollständig?«

»FCH an K: nein, es fehlt aber nur *Paul Jacobi.*«

Der Wind frischt auf.

9.20 Uhr weht er aus SW in Stärken von mehr als sieben bis acht. In 45—65 Stundenkilometer tobt er über das jetzt weißgischtige Meer. Das sind bis zu 18,2 Meter in der Sekunde.

9.22 Uhr erhält *Admiral Hipper* vom Flottenchef den Befehl kehrtzumachen. Er habe sofort Fühlung mit der zurückgefallenen Z-11, *Bernd von Arnim,* zu suchen, die sich nach Meldung eines anderen Zerstörers [2] im Gefecht mit einem feindlichen Zerstörer befände.

9.35 Uhr bestätigt *Bernd von Arnim.* Sie meldet im Quadrat AF 3834 [3] die Position.

Launischer und tragischer Zufall ist die Ursache für diese Begegnung.

Auf HMS *Glowworm,* von Lieutenant-Commander G. B. Rope befehligt und dem bei den Lofoten operierenden Schlachtkreuzer *Renown* als U-Boot-Sicherung zugeteilt, war bei der achterlichen Dünung vor zwei Tagen ein Seemann über Bord gewaschen worden. Rope wendete, um den Mann zu suchen. Viel Hoffnung hatte er nicht . . . Die Wassertemperatur liegt um diese Jahreszeit bei 5 Grad Celsius.

In dem dicken unhandigen Wetter verfehlt der britische Kommandant seinen Verband, als er die Suchaktion als ergebnislos hatte abblasen lassen.

Zwei Tage später sichtet HMS *Glowworm* Mastspitzen. Was sich über den Horizont schiebt, ist ein deutscher Zerstörer, weiter ab von diesem steht ein weiterer . . . der erste ist die Z-11, *Bernd von Arnim,* der zweite Z-18, *Hans Lüdemann.*

9.20 Uhr: Alarm auf *Admiral Hipper.*

Das Schiff dreht auf Gegenkurs. Die Besatzung befindet sich auf Gefechtsstationen, die Gebirgsjäger, gemäß der strikten Weisung, in den Wohnräumen der Batterie- und Zwischendecks.

Die Maschine meldet 9.30 Uhr: »Alle Kessel verbunden.« Heye läßt nur mittlere Fahrt laufen. Höhere Fahrt würde *gegen* die See

---

1 K = Kommandant, FCH = Flottillenchef.

2 Z-18, *Hans Lüdemann,* die Z-11, *Bernd von Arnim,* zu Hilfe eilte.

3 64° Nord 7° Ost.

und bei diesem Wetter zu Sichtbehinderungen und durch überkommende Brecher zu Störungen der Vorschiffsartillerie führen.

9.50 Uhr: Der Backbord-Ausguck im Vormars meldet »Mastspitzen Backbord voraus«, dünne, kaum erkennbare Stangen, die wie irrsinnig hin und her torkeln. Kaum ausgesprochen, werden solche auch an Steuerbord voraus entdeckt.

Admiral Hipper, schlank und rank, tastet sich näher.

»Da, sehen Sie, Herr Kapitän«, ruft Obersteuermann Haubold, »der Backbord-Zerstörer brennt offensichtlich. Oder qualmt er nur so wild?«

Wenn man nur wüßte, wer der Gegner und wer *Bernd von Arnim* ist, sorgt sich der IAO.

Auch der Kommandant weiß keine Antwort darauf. Er wartet mit der Feuererlaubnis. Das Gefecht zwischen den beiden Zerstörern ist ja noch im Gange. Aber die Aufschläge liegen sehr weit von den Zielen. Beide Fahrzeuge werden durch den Seegang in ihrer Zielsicherheit behindert.

Der an Steuerbord stehende Zerstörer dreht ganz plötzlich auf *Admiral Hipper* zu. Er blinkt mit seinem Signalscheinwerfer.

Die auf der Brücke der *Admiral Hipper* schütteln den Kopf.

Was er will, geht aus den Morsebuchstaben[1] nicht hervor. Auf dem Signaldeck kann keiner mit diesen Buchstabengruppen etwas anfangen. Soeben bekommt die SA Feuererlaubnis auf die Rauchfahne an Backbord, da ruft Oberleutnant zur See Fügner vom vorderen Stand über BÜ auf die Brücke:

»Herr Kapitän, der an Steuerbord voraus ist der Engländer. Sein Morsen ist die ES-Aufforderung für Schiffe der Royal Navy, die Anfrage ›what ship?‹«

»Sie irren sich nicht?« fragt die Brücke zurück.

»Nein, erkenne ihn sehr gut.«

Zur gleichen Zeit ruft auch der IAO, daß die Flagge einwandfrei das White Ensign sei.

Die Uhr zeigt auf 9.56.

Die Lage ist klar.

Der britische Zerstörer vermutet in der *Admiral Hipper* ein englisches Kriegsschiff.

»Warum?« so fragt man später die Überlebenden. »Wieso konnte man sich bei Ihnen täuschen?«

Der hohe achtere Mast habe den Lieutenant-Commander zu dieser Annahme verleitet ... Außerdem habe man auf der *Glowworm* einfach nicht mit einer so großen Einheit in diesem Seegebiet gerechnet ...

Doch zurück in die Gegenwart:

---

1 Er blinkt den Buchstaben A in der Wiederholung.

Es ist genau 9.57 Uhr, als Kapitän zur See Heye seinem IAO Feuererlaubnis erteilt.

Die Rohre bleiben vorerst noch in 330° auf den für die Brücke noch immer ›vermeintlichen‹ Gegner gerichtet, klar zum Buggefecht.

Erst zwei Minuten später, 9.59 Uhr, verläßt, von der Schlingerabfeuerungsanlage ausgelöst, die erste Salve der Türme Anton und Berta die Rohre. Der Gegner dreht auf neun Dez. heran, wohl aus der Erkenntnis, sich einem Gefecht nicht mehr entziehen zu können.

Er beschleunigt seine Fahrt.

Höher und höher wächst die Bugsee.

Orangefarben grell blitzt es auf.

Wie sollte der britische Kommandant in dieser Lage auch anders entscheiden, als der nun als feindliche Einheit erkannte Kreuzertyp ihm entgegendampft und ihm ein Entkommen unmöglich macht. Denn würde er drehen und auf Gegenkurs gehen, um abzulaufen, könnte er sich als das kleinere Schiff gegen die schwere See nicht behaupten, wäre er zu geringerer Fahrt als der Gegner gezwungen. So sieht denn Lieutenant-Commander Rope seine einzige Chance noch im Angriff. Und so kommt es, daß sich die Gefechtsdistanz der beiden, nun direkt aufeinander zulaufenden Schiffe sehr schnell verringert.

Admiral Hipper feuert weitere vier Salven, noch zwei mit den Türmen Anton und Berta, vier und fünf nur mit Berta, denn Anton hat Senkbegrenzung gemeldet.

Die SA vermerkt 10.01,30 als Uhrzeit.

Nach dem IO, Fregattenkapitän Zollenkopf, soll der Zerstörer bereits nach der 2. Salve getroffen worden sein. Im Gefechtsbericht der SA steht nichts darüber. Kapitän Zollenkopf erklärt: »Ich habe gleich nach der Durchführung der Rettungsaktion der englischen Schiffbrüchigen den einzig geretteten Offizier, einen englischen Leutnant, vernommen, der mir im ersten Schock nach seiner Rettung sagte, daß gleich nach Gefechtsbeginn durch einen Brückentreffer die Verbindung auf *Glowworm* zwischen Brücke und Maschine unterbrochen worden sei.«

Durch die Optiken aller Geräte und Gläser haben sie gesehen, daß der Zerstörer in harter Drehung nach Backbord auswich und mit der 5. Salve seine Schornsteinanlage zu nebeln begann.

Die Männer auf *Admiral Hipper* sehen sich an:

»Der Bursche versteht es aber, sich aus unserem Feuer herauszumanövrieren.«

Warum dreht der Alte nicht auf zum Parallelgefecht? Warum nimmt er den Zerstörer von vorn an, statt breitseits, also auch mit der achteren SA?

Einige schütteln bereits den Kopf! »Das ist doch . . . na das ist es eben . . .«

Heye dagegen bewegen klare Überlegungen. Auf diesem Kurs vermag er Torpedos des Zerstörers besser auszuweichen. Die Zielfläche, die er bietet, ist das optimale Minimum. Den damit verbundenen eingeschränkten Einsatz der SA nimmt er dafür gern in Kauf. Andererseits aber vermindert sich die Entfernung zwischen *Admiral Hipper* und dem Gegner nun in Windeseile.

»Sehen Sie die Mastspitze? Sie sieht gerade noch aus dem Qualm heraus«, der Kommandant an den IAO.

»Sehe sie.«

Die 6. Salve, 10.04,42 Uhr in den Nebel gefeuert.

An der rechten Kante der Nebelwand wird der Gegner jetzt sichtbar, im Feuer der 7. Salve dreht er mit Handruderlage ab und erhält 10.07,14 Uhr mit der soeben gefeuerten Salve schwere Treffer in Höhe des vorderen Schornsteins.

Inzwischen hat Korvettenkapitän Busse ›Feuererlaubnis‹ erbeten, denn der Zerstörer schwimmt schon lange im Wirkungsbereich seiner schweren Flak.

Er erhält sie.

Die Zehnkommafünfer[1] feuern. Im Vier- bis Fünfsekundentakt verlassen die Granaten die Rohre.

In der Optik bietet sich ein schauriges Bild, als die ersten Treffer ganze Stahlflächen aus der Brücke herausstanzen und am vorderen Geschütz Munition krepiert. Die Kanone ist mit explosionsartiger Wucht in eine rotgelbe Lohe gehüllt.

Wer dort stand, lebt nicht mehr.

Wen die Granaten nicht zerfetzen, den fraß die Gluthitze der Detonation.

Treffer am vorderen Schornstein.

Wieder schießt eine Flammensäule in die Höhe.

Wieder scheint Munition getroffen zu sein.

Das Gegenfeuer wird immer ungenauer. Seine Einschläge liegen weitab vom Schiff. Nur eine Granate fuhr Steuerbord vorn in Höhe der Wellenbrecher in die See. Ob sie die Ursache der im Maschinen-KTB mit Uhrzeit 10.17 vermerkten Ölverluste an Steuerbord gewesen ist[2]?

Wieder nebelt der Gegner, wieder glückt es ihm, mit einer harten Wendung nach Backbord, in der eigenen Nebelwand unterzutauchen.

Alle, die den Kampf optisch verfolgen, atmen schwer, fühlen den Pulsschlag in den Fingerspitzen.

»Was ist das für ein Gegner!«

Im dritten Gefechtsabschnitt, zwischen 10.07,46 bis 10.10,13 Uhr, ist, wie der IAO später in seinem Gefechtsbericht niederschreibt,

---

[1] Die 10,5 cm heißt offiziell LA = leichte Artillerie.

[2] Nach dem Maschinen-KTB erst 10.04 Gefecht an Stbd.

der Gegner zeitweise so zu erkennen, daß abgekommen werden kann.

Die Schießverfahren der SA beruhen auf der Beobachtung der Aufschläge und dem Erkennen von Gegenfahrt und -kurs. Sie setzen voraus, daß man auf einen Kurs des Gegners wenigstens zwei bis drei Salven feuern kann. Das ist bei einem Salventakt von 25 bis 30 sec und diesem heftig kringelnden Gegner nicht möglich. Da gibt der IAO, Korvettenkapitän Wegener, eine Weisung an den BÜ-Offizier in der Rechenstelle:

»Peter, übernehmen Sie laufend die Entfernung und die von mir aufgerufenen Gegnerwerte!«

»Verstanden, Herr Kapitän ... laufend die Entfernung und die von Ihnen ausgerufenen Gegnerwerte übernehmen!«

Mitten im Gefecht, ohne es je geübt zu haben, erfand Wegener das E-Meßschießen. Er setzte kurzerhand das Funkmeßgerät ein, und sein gewandter BÜ-Offizier, Leutnant zur See Peter, führte das Verfahren durch. Es wurde im Laufe des Krieges ein häufig angewandtes Schießverfahren.

Im SW-Wind und den mit diesem treibenden Nebel geschickt ausnutzend, gelingt es der sich so an *Admiral Hipper* heranstaffelnden HMS *Glowworm*, 10.10 Uhr aus dem Schutz der Nebelwand einen Dreierfächertorpedo aus 3000 m Entfernung loszumachen.

Der Haupt-Fla-Einsatzstand macht sofort zwei der drei Torpedolaufbahnen, da zunächst Oberflächenläufer, aus. Gleichzeitig mit der Entdeckung dieser Gefahr ruft der Leiter die Beobachtung der Schiffsführung zu.

Zwei Torpedos passieren bei *Admiral Hipper* an Backbord, einer an der Steuerbordseite. Dieser rast in fast parallelem Kurs mit geringer Neigung auf das Schiff zu. An Backbord bleiben bei einem der zwei Torpedos nur ein paar Meter Raum. Nervensache, zwischen diesen tödlichen Unterwassergeschossen hindurchzusteuern, die richtige Ruderlage zu befehlen. Der Verstand begreift das erst hinterher. In nur zehn Meter Abstand fährt der am nächsten stehende Aal vorbei.

»Jetzt wird es aber Zeit, daß etwas geschieht«, flucht einer auf der Brücke. »Wenn ich für Orden zuständig wäre, dann hätte der Alte da drüben jetzt schon das Ritterkreuz verdient.«

Vor Heye bäumte sich die Forderung auf: die Nebelwand durchstoßen oder nicht?

Für ihn, den ehemaligen Torpedoboot-Kommandanten, gibt es gar keine andere:

›Durch‹ ist die Entscheidung.

Kaum wieder in Sicht, heulen dem Zerstörer die Granaten der 10. und 11. Salve der SA entgegen.

HMS *Glowworm*, auch im dritten Gefechtsabschnitt von SA und schwerer Flak so schwer getroffen, daß keiner mit ihrem Überleben rechnete, sieht böse aus. Ein 20,3-cm-Treffer hat ein großes Stück der Back herausgefetzt, und von der Brücke ist jetzt nicht mehr viel übriggeblieben.

Hin und her kringelnd, dazu von der See wie ein Spielball hin und her geworfen, arbeitet sich der an Steuerbord stehende Zerstörer immer näher an die *Admiral Hipper* heran.

Was er will, ist klar:

Den zweiten Fächer aus nächstmöglicher Distanz.

Was ist das für ein Mensch da drüben, des Zerstörers Kommandant?

Wie sieht dieser Brite aus, der Ruhm und Glanz der Royal Navy so beispiellos verteidigt?

Die Entfernung ist so klein geworden, daß jetzt auch die Zwozentimeter zusammen mit der SA und der schweren Flak eingreifen kann. Wie gut, denn gerade wollen diese Kerle da drüben, in denen das Blut eines Nelson oder Drake zu pulsieren scheint, den Backbord-Rohrsatz ausschwenken . . .

Nur 800 Meter trennen die beiden Schiffe noch.

Die Zwozentimeter jagt die Bedienung von den Rohren weg.

Ein Glück, denn auf solche geringe Entfernung kann kein schwerer Kreuzer mehr abdrehen.

Jetzt aber will einer den anderen rammen, denn der Zerstörer dreht nicht mehr zurück, aber die Gefahr, torpediert zu werden, ist noch groß. Er hält weiter nach Steuerbord [1]. Auf direkten Kollisionskurs mit *Admiral Hipper*.

Heye später in seinem Gefechtsbericht: ». . . ich entschloß mich daher, ihn mit Hart-Ruder [2] voraus zu nehmen. Da bei dem schweren Seegang das Schiff nicht sofort der Ruderwirkung folgte, kam es zu einem Zusammenstoß, derart, daß der Bug des Zerstörers kurz hinter dem Steuerbord-Anker auf das Vorschiff traf [3], sofort abbrach und der Zerstörer bis zur Höhe des Steuerbord-Torpedorohrsatzes halb unter das Schiff gedrückt wurde, wobei er, wahrscheinlich mit dem Kiel, unterhalb der verstärkten Außenhaut die Steuerbordseite von *Admiral Hipper* auf etwa 40 Meter Länge aufriß und den

---

[1] Nach IO, Fregattenkapitän Zollenkopf, soll das Schiff, wie der überlebende englische Leutnant aussagte, zu dieser Zeit steuerlos gewesen sein. Da ein Treffer im Heckbereich nicht beobachtet wurde, kann es sein, daß die Brückensteuerung durch Treffer ausgefallen und das Notruder noch nicht besetzt war, oder aber, daß die, die überlebten, und das ist wahrscheinlicher, über die Inbetriebnahme des Notruders nichts mehr erfuhren. Wenn aber tatsächlich ein Ruderversager auf *Glowworm* vorgelegen hat, dann wäre das Rammen des Kreuzers kein gewolltes Manöver, sondern ein aus der Lage entstandenes Zufallsmanöver gewesen.

[2] Die Ruderlage im Heye-Bericht stimmt nicht mit der im Artilleriebericht überein.

[3] Nach dem IAO-Gefechtsbericht traf er im Winkel zu 90° bei *Admiral Hipper* in Höhe von Turm Berta auf. »Damit wird für den Artillerieleitstand-Vormars das Ziel im Qualm aus dem Gesichtsfeld verloren.«

Steuerbord-Rohrsatz zerstörte[1]. Hierbei fiel der Mechanikergefreite Ritter außenbords.

Nach dem Zusammenstoß stellte der Feind das Feuer ein und lag mit schwerer Schlagseite bewegungslos und zum Teil brennend im Wasser.

Ich befahl daraufhin ›Halt, Batterie, halt‹.«

Soweit Heye in seinem Bericht.

Der Besatzung dröhnen noch die Ohren von dem Zusammenstoß. Die Männer haben noch stumpfe Zähne von dem widerlichen Kreischen, von reißendem Stahl, zerfetzendem Eisen und zerstampftem Blech. Dazwischen Schreie, Rufe, Befehle.

Sie haben es noch im Ohr, wie die Artillerie, deren Leitung vom Vormars an den achteren Stand und III. AO abgegeben wurde, nach dem Rammstoß mit dem Turm Dora noch einen, die schwere und leichte Flak noch mehrere Schüsse feuerte[2].

Nach dem ›Feuer halt‹ treibt der Gegner, ein sinkendes, brennendes Wrack, nun in gehörigem Abstand in der See.

Auf *Admiral Hipper* melden die Stellen, während sich der Kommandant zu einer Entscheidung durchringt.

Bei der Ramming hat es nicht nur ›Blechschaden‹ gegeben wie am Stand des I. Fla-Geschützes[3], dessen Reling völlig wegrasiert wurde, am Steuerbordkutter und am Löffel des Torpedovorsatzes, den der Gegner mitnahm.

Dem IO, Fregattenkapitän Zollenkopf, unter dem Panzerdeck auf seiner Gefechtsstation, der Leckwehrzentrale, werden jede Menge Wassereinbrüche gemeldet:

Der Küchenmaschinenraum und die Fleisch- und Fettlast im Vorschiff sind total abgesoffen. Andere Räume, einige Ölbunker sowie Trimmzellen und Bedienungsstellen für das Trinkwasser machen Wasser. Der Raumverlust der zum größten Teil schon leeren Ölbunker[4] beträgt, so meldet die Maschine, 253,5 Kubik. Das Schiff liegt jetzt vorn etwas tiefer in See[5], es zeigt über vier Grad Schlagseite nach Steuerbord. Das eingedrungene Wasser wird auf 528 t errechnet.

---

[1] Kapitän zur See (Ing.) a. D. Moritz: »Hierdurch entstand wohl der erwähnte Ölverlust.«

[2] Es wurden verschossen: Die SA: 31, die Bbd. vord. schwere Flak: 28, die Bbd. achtere schwere Flak: 19, die Stbd. vordere schwere Flak: 85 Schuß, Gesamtzahl der verschossenen Fla-M.W.-Munition 3,7: 156 Schuß, 2 cm: 132 Schuß.

[3] Eine Zehnkommafünf.

[4] X 4; XI 4.5; 4.7; XI 5.1; XI 5.3; XI 6.1; XI 6.3; X 6.5; XI 6.7.
Die Bunker waren gem. Gefechtsvorschrift zum größten Teil aufgebraucht.

[5] + 102 über 0 (vorher + 83 über 0). Heye verzichtet auf Gegentrimmen, um die Reserveschwimmfähigkeit nicht zu verringern. — — — Kapitän zur See Moritz: »Doch wohl weniger wegen der Geringfügigkeit der Tiefertauchung, die durch entsprechenden Aufbrauch von Öl und Wasser ausgeglichen werden konnte.«

AM 8. APRIL 1940:
GEFECHT MIT BRITISCHEM
ZERSTÖRER GLOWWORM

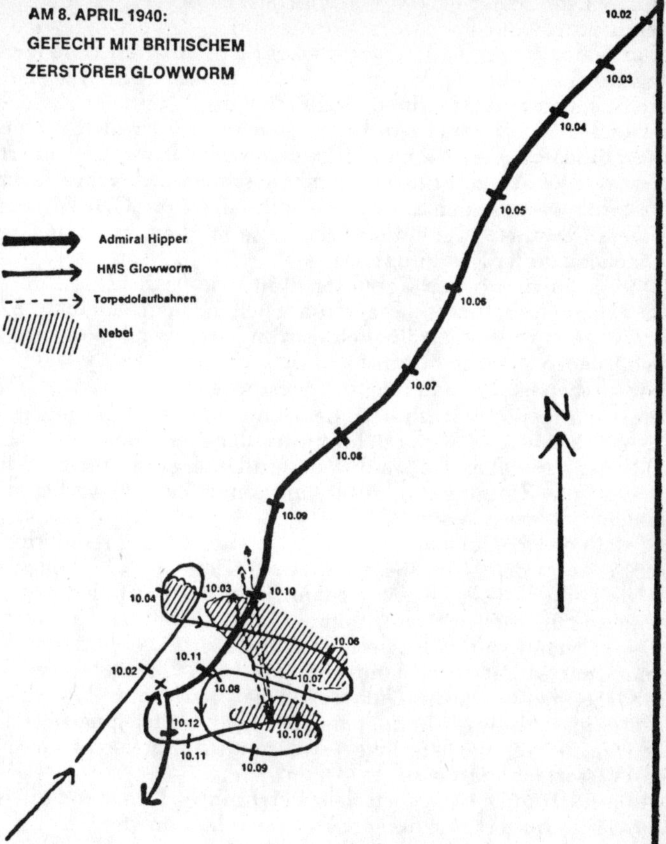

Das Gefecht zwischen dem britischen Zerstörer Glowworm und dem deutschen schweren Kreuzer Admiral Hipper nördlich der Enge Shetland–Bergen am 8. April 1940.

Die Skizze wurde nach einer entsprechenden Vorlage im Gefechtsbericht des schweren Kreuzers Admiral Hipper gestaltet und berichtigt an Hand der Original-Gefechtsskizze aus der Kladde vom achteren Stand.

Der Pumpenmeister, Obermaschinist Bischoff, geht mit Eifer mit den Männern seiner Leckwehrgruppe an die Bekämpfung der Wassereinbrüche.

Der Versuch, die Brücke zu unterrichten, scheitert. Die Verbindung Brücke–Kommandozentrale ist abgerissen. Um sich über die Gefechtslage zu unterrichten, begibt sich der I. Offizier Zollenkopf auf die Brücke, zumal er sich kein eigenes Bild über die Ursache des Gestopptliegens von *Admiral Hipper* machen kann, und überträgt die weitere Wassereinbruchbekämpfung seinem Leckwehroffizier.

»Donnerwetter«, denkt Heye bei sich, als er die Gefechtsschäden im Detail erfährt: »... ein so großes, so starkes Schiff und solche Schäden bei dieser Ramming?

Wie gut, daß wir den Zerstörer nicht, wie beabsichtigt, mit dem Bug getroffen haben ... die dann entstandenen Schäden hätten Manövrier- und Steuerfähigkeit, sprich Geschwindigkeit, in ganz erheblichem Maße beeinträchtigt ...«

Inzwischen ist draußen folgendes geschehen:

Heye hatte sich eigentlich zu dem Entscheid durchgerungen, dem wracken, in See und Wind dahintorkelnden Zerstörer keinen Fangschuß mehr zu geben ... Da ihm dessen Untergang in den nächsten Stunden gewiß schien, wollte er, um keine Zeit zu verlieren, die *Glowworm* treiben lassen.

»Es schien mir durchaus möglich, daß sich weitere feindliche Seestreitkräfte in der Nähe dieses einzelnen Zerstörers befänden. Auf die Meldung, daß ein eigener Mann über Bord gefallen war, versuchte ich zunächst, mit dem Schiff auf diesen Mann zu operieren ...«

Dieser Mann, der Mech.Gefreite Ritter, hatte am vorderen Zehnkommafünf Munition gemannt und war beim Überholen des Schiffes ausgerutscht. Da die *Glowworm* die Steuerbordreling der *Admiral Hipper* abrasiert hatte, passierte es ... Ritter ging über Bord, hier weit in See, auf der Höhe von Drontheim, bei sechs Grad Celsius Wassertemperatur ...

Admiral Hipper ist soeben dem Befehl ihres Kommandanten gefolgt, da erschüttert eine dumpfe Explosion Luft und See.

Die Kessel des Zerstörers sind explodiert.

Das Ende kommt schnell. Es dauert nur Sekunden, dann ist von HMS *Glowworm* nichts mehr zu sehen.

Auf 67° 12,7' Nord und 6° 28' Ost ging das Wrack auf Tiefe.

Brennstoff treibt auf.

In diesem schwarzen, mit der Dünung auf und ab wogenden Ölfeld, schwimmen sie, Kopf an Kopf, gut 100 Mann, die ein Heldenepos überlebten.

Kapitän zur See Heye, inzwischen überzeugt, daß Ritter nicht mehr lebt, ackert zurück. Auf die Untergangsstelle zu. Er will retten, ungeachtet der drohenden, akuten Gefahr durch schwere britische

Einheiten. Die jetzt anwesenden, *Admiral Hipper* nachgelaufenen Zerstörer der Gruppe II fahren U-Boot-Sicherung.

Oberbootsmann Wöhrle packt mit den Männern der Bootsmannsgruppe kräftig mit an. Aber von dem jetzt mit gestoppten Maschinen in der Dünung liegenden schweren Kreuzer Boote auszusetzen, ist bei diesem Seegang unmöglich. Das Risiko, noch mehr Menschen zu gefährden, ist absolut.

Außerdem verbietet die Feindlage ein solches Manöver, das in dieser See den vollen Einsatz verlangt.

Soweit die Überlebenden noch Kräfte haben, soweit sie sich wenigstens noch an den ihnen zugeworfenen Tampen festkrallen können, werden sie, Mann für Mann, aus der mit einer dicken Ölschicht bedeckten eisigen See herausgezerrt.

Verwundungen, das beißende, ätzende Öl, die Kälte des Wassers, erschöpfen die Lebensreserven der anderen, noch im Wasser treibenden britischen Seeleute viel zu schnell. Auch die des britischen Kommandanten. Sie haben ihn fast in Höhe der Reling heraufgezogen, da ... ein Aufschrei der Männer von *Admiral Hipper* ... der seiner Rettung so Nahe hat losgelassen.

Die See schließt sich, wo ein britischer Seeoffizier versinkt, den Großbritannien später, posthum, mit dem höchsten britischen Orden auszeichnet, mit dem Victoriakreuz.

Vierzig Mann, darunter ein Leutnant, sind übernommen. Jeder sieht aus wie ein einziger Ölklumpen. Gleich an Oberdeck werden diesen unglücklichen Glücklichen Nase, Mund und Augen abgewischt, die Kleidung aufgeschnitten, ehe sie ins Schiff getragen werden. Im Schiffslazarett, auf dem Haupt- und Nebengefechtsverbandsplatz sorgt der Schiffsarzt mit seinem Personal, darunter zwei Assistenzärzten, für sie ... mit Notverbänden, Wärme und Kaffee.

Stabsarzt Dr. Rauschke ist ein Mediziner schneller Entscheidungen, als er hier den Steckschuß im Kreuzbein, dort eine Splitterung der Tabula externa, bei einem anderen den Einschuß am rechten Oberschenkeldrittel oder neben mehreren kleineren Verletzungen einen ziemlich bösen Durchschuß am Deltamuskel des rechten Oberarms eines weiteren Verwundeten diagnostiziert und chirurgisch versorgen läßt. Einer davon, der mit der schweren Oberarmverletzung und dem Lungensteckschuß, stirbt trotz aller Bemühungen nach einer Stunde an den Folgen der Schwäche. Eine Tutufusininfusion zeigte keinen Erfolg[1]. Ein weiterer Verwundeter erliegt 24 Stunden später an schweren peritonealen[2] Reizerscheinungen.

---

1 Blutkonserven gab es noch nicht an Bord, ob eine (direkte) Bluttransfusion statt des Ersatzmittels versucht wurde, ist im ›ärztlichen Bericht‹ nicht vermerkt, sowie dieser überhaupt keine Therapie enthält, der Hinweis auf die Notverbände ausgenommen.

2 peritoneum = Bauchfell.

Diese Reizerscheinungen des Bauchfells sind, das vermuteten die Ärzte, durch Schlucken von Heizöl verursacht worden. Sie sind verbunden mit Leibschmerzen, Bluterbrechen und später mit blutigem Stuhlgang. Sie traten erst nach zwei Stunden und zum Teil erst nach achtzehn Stunden nach der Anbordnahme auf.

In diesem Teil des Berichtes ist von Vermutungen die Rede. Wer vermutet, hat Zweifel.

»Es wäre wohl gut gewesen«, dieser Satz wird mit Bitterkeit ausgesprochen, »man[1] hätte sich – und das trifft nicht die Sanitätsoffiziere an Bord allein – im Zeitalter der Ölverbrennungsanlagen auf Schiffen auch mit solchen Fragen befaßt: Was wird, wenn ...?[2]«

Es ist 11.14 Uhr, als der Kommandant die Rettungsaktionen abbrechen läßt ...

»... da die Aufnahme der weiteren, im Wasser schwimmenden Leute hoffnungslos erschien, die Gefahr sich nähernder, weiterer englischer Streitkräfte bestand und die Zeit drängte«, schreibt Heye später in seinen Gefechtsbericht[3].

Die an Bord der *Hipper* verstorbenen britischen Seeleute werden der See übergeben, wobei auf dem Achterdeck angetretene gerettete Briten ihren Kameraden im Beisein des IAO *Admiral Hipper* und weiterer deutscher Offiziere durch militärischen Gruß und Seitepfeifen nach Seemannsbrauch die letzte Ehre erweisen.

Der neue Kurs heißt Ost-Nord-Ost. Heye will die Halten-Bank ansteuern. Eines sichereren Besteckes wegen.

»Ärgerlich«, sagt er zum NO, »daß die Zerstörer nur mittlere Fahrt halten können.«

»Ja, der Flottillenchef kann nicht anders, wie er uns meldete. Die Längsverbände sind schon durch den Nachtmarsch stark beansprucht worden ... Sie hatten ursprünglich an einen anderen Kurs gedacht?«

»Natürlich, wäre mir lieber, mich wegen der allgemeinen Feindlage nach See herauszusetzen.«

»Um erst gegen Abend auf die Küste zuzulaufen?«

»Genau das.«

Wenn einer sagt, die deutsche Kriegsmarine sei auf den Krieg mit England vorbereitet gewesen, hier wäre ein neues Beispiel. Vorbereiten heißt: auch dort üben, wo man zu operieren gedenkt. Wäre das geschehen, hätte man die Beanspruchungsgrenzen der Zerstörer in jeder See und bei jedem Wetter gekannt.

---

1 Das Marinemedizinalamt. Es gab ja auch im Ersten Weltkrieg bereits ölgefeuerte Schiffe und im Krieg und Frieden Unfälle in See oder im Hafen, bei denen Menschen mit Öl in Berührung kamen.

2 Ob dieses inzwischen heute geschehen ist?

3 Nach dem Ende der *Bismarck* sahen sich die Engländer in einer ähnlichen Lage; wegen U-Boot-Gefahr retteten sie von 800 im Wasser treibenden Überlebenden nur 110.

Der die Gefangenen betreuende Offizier meldet sich auf der Brücke. Er hatte versucht, die einigermaßen vernehmungsfähigen Engländer auszufragen. Das Ergebnis ist mager:

»... Trotz der Schockwirkung war aus der Restbesatzung wenig herauszuholen. Sie zeigte hierbei dieselbe gute Haltung wie bei dem Gefecht, bei dem sie bis zuletzt Gegenwehr geleistet hatte. Aus den Aussagen entnahm ich, daß es sich um den Zerstörer *Glowworm* handelte, der mit drei anderen Zerstörern bis zum 6. April in dieser Gegend patrouilliert hatte. Die drei anderen Zerstörer wären am 6. April — wahrscheinlich mit zwei Schlachtschiffen oder Schlachtkreuzern — in Richtung Lofoten verschwunden. Wahrscheinlich befänden sich zahlreiche britische U-Boote unter der norwegischen Küste. Über die allgemeine Lage zeigten sich die Gefangenen kaum unterrichtet und waren offenbar über ihr Zusammentreffen mit einem deutschen Schiff überrascht. Auffällig war die verhältnismäßig hohe Zahl älterer Leute im unteren Dienstgrad.

Während der Rettungsaktion hatten sich zur freudigen Überraschung des Kommandanten die Zerstörer der Gruppe II unter Führung des Chefs II. Z.D. in der Nähe von *Admiral Hipper* gesammelt. Die Beteiligung der Zerstörer an den Rettungsaktionen kam bei dem schweren Seegang nicht in Frage, zumal diese während der Nacht bereits zahlreiche eigene Leute auf ihren Oberdecksgefechtsstationen durch Seegang verloren hatten.«

Soweit der Bericht im Wortlaut.

Um diese Zeit sind die zehn Narvik-Zerstörer mit General Dietl an Bord von Vizeadmiral Lütjens zur Durchführung ihrer Aufgabe entlassen worden. *Gneisenau* und *Scharnhorst* übernehmen für die Besetzung Narviks die Fernsicherung auf See.

Von der für die Gruppe II bestimmten Ausfuhrstaffel, nämlich den Frachtern *Sao Paulo, Levante* und *Main* mit dem Tanker *Skagerrak*[1], liegen noch keine Einzelheiten vor. Die *Sao Paulo* war am 7. April aus der Gruppe West bisher noch unbekannten Gründen in Kristiansand eingelaufen und am 8. April wieder in See gegangen[2].

Vor dem Wachwechsel trägt der Obersteuermann Haubold in das Tagebuch auch noch das Wetter ein[3]: stark bedeckt, diesig und trübe, geschätzte Wolkenhöhe 300 bis 400 m; Wind: SSW 6[4]. Es herrscht

---

[1] Später, am 9. 4., kam noch die *Moonsund* hinzu.

[2] Soll nun nicht mehr nach Drontheim, sondern nach Bergen gehen.

[3] Das geschieht stündlich.

[4] Die Windstärkenangabe ist dem meteorologischen Bericht an Bord der *Admiral Hipper* entnommen. Für sie spricht auch die See (siehe Foto bei der *Glowworm*-Versenkung). Zerstörerfahrer erklären, es habe mindestens Windstärke 9 geherrscht. Hier wäre die See bereits ›marmoriert‹. Es mag sein, daß man auf *Admiral Hipper* die Windstärke unterschätzte, auf den gegenüber dem schweren Kreuzer ›kleinen‹ Zerstörern dagegen überschätzt hat.

also immer noch SW, eine um diese Jahreszeit weniger häufige Richtung, wie dem Handbuch für die West- und Nordküste Norwegens zu entnehmen ist.

Die Steuerbord-Kriegswache ist auf ihren Gefechtsstationen.

Die Backbord-Wache ist auf die Kriegsfreiwachschlafplätze weggetreten.

Die Seelords sind satt, denn ihnen blieb mehr als ein doppelter Schlag. Die meisten der Jäger verzichteten, denn seit der Ramming mit der *Glowworm* ist diesen auch das letzte bißchen Appetit vergangen. So recht zufrieden sind die Seeleute nicht. Das Gefecht bedrückt eher, als daß es beflügelt. Und einer, er stammt vom Prisenkommando, er hat die Meere der Welt befahren wie nur wenige an Bord, sagt: »Es ist eine alte Weisheit, daß die Briten um so zäher werden, je dichter ihnen das Feuer auf der Haut brennt. Solche Männer wie der Kommandant der *Glowworm* haben einmal das britische Weltreich zusammengerafft.«

Seine Rede, in sanftem Tonfall vorgetragen, klingt wie ein Gedicht in Prosa.

In der OF-Messe[1] geht der Weyher von Hand zu Hand. Ein Zwerg, diese deutsche Flotte, tritt gegen einen Goliath an, denn daß auch die Engländer auf Norwegen aus sind, ist auch bis unter die Decks durchgesickert.

Die auf der Brücke aber atmen auf. Bei dem Gefecht mit der *Glowworm* ist eines mit Sicherheit gelungen: der Gegner hat kein FT mehr abgeben können. Die Gruppe II kann ihre Operation gegen Drontheim vom Gegner unerkannt weiter durchführen.

---

[1] OF-Messe = Oberfeldwebel-Messe.

Die Festung Drontheim im Handstreich genommen

Admiral Hipper hat sich inzwischen an die Spitze der Gruppe II gesetzt.

»Und wie wollen Sie mit Drontheim fertig werden?«

Oberst Weiß, beeindruckt von der Zähigkeit der Briten, stellt diese Frage nicht von ungefähr an Kapitän zur See Heye.

»Ich bin auf alle Möglichkeiten gefaßt, um beim ersten Anzeichen eines unprogrammäßigen Einlaufens meine Gegenmaßnahmen ohne lange Befehle auszulösen.«

»Ich verstehe. Wenn aber die Feuer von Halten gelöscht sind? Wenn Nebel herrscht?«

»Gut, diese Frage. Wir können das Einlaufen dann durch gemeinsame Navigation des Verbandes sicherstellen. Auch bei Nebel. Auch bei gelöschten Feuern. Aber ich rechne damit, daß einige unbewachte Feuer in diesem navigatorisch unwegsamen Fahrwasser gar nicht so schnell zu löschen sind.«

Dann, nach einer Pause, sagt er weiter: »Nach Ausfall einer Einheit müssen die übrigen Streitkräfte meiner Gruppe deren Aufgaben mitübernehmen. Soweit sich die Ziele übersehen lassen, sind sie nach ihrer Wichtigkeit geordnet und verteilt.«

»Und wenn die Norweger die Einfahrt vermint haben?«

»Dann bleibt nur eines, *Admiral Hipper* muß sie breschieren, das heißt mit größerer Geschwindigkeit zu passieren versuchen, gegebenenfalls unter Ausnutzung des S-Gerätes, da mit den Ottern[1] nach dem längeren Marsch mit hoher Fahrt nicht mehr zu rechnen ist. Die Leinen gehen unter Garantie zu Bruch.«

»Und die Batterien der Norweger? Da sind doch welche?«

»Ich denke mir das so: Wir werden sie, wenn sie schießen, mit höchster Fahrt als ›feuerspeiender Berg‹ passieren. Jede Kanone hier an Bord und auf den Zerstörern muß ihr Ziel ohne lange Zielansprache finden und packen.«

»Hm«, sagt der Oberst, »wenn ich mir das so vorstelle, dann habe ich das Gefühl, eine Husarenattacke zu reiten.«

»Gutes Gefühl, nicht wahr?«

Und der Oberst schweigt und lacht, innerlich aber denkt er: »Jede Ratte kämpft in ihrem eigenen Loch . . . wie wir in diesem Rumpf aus Kruppstahl . . . und Furcht kämpft grimmiger als Haß . . .«

---

[1] Die Ottern der Minensuchgeräte, während bei dem S-Gerät die ausfahrbaren ›Flügel‹ des (akustischen) Suchgerätes gemeint sind.

Und auf noch etwas anderes hat sich Heye vorbereitet. In schwungvoller Schrift hat er auf ein Blatt weißes Papier die Signale bei Anruf durch norwegische Bewacher niedergeschrieben, geändert und in der vorliegenden Fassung dem Obersignalmeister übermittelt. *Admiral Hipper* wird sich als HMS *Revenge*[1] vorstellen.

Bei einer Aufforderung zum Stoppen will Heye zunächst Zeit gewinnen, indem er antworten läßt:

»Please repeat signal« – »Bitte wiederholen Sie Ihr Signal«

und dann erneut morst:

»Impossible to understand your signal« – »Unmöglich, Ihr Signal zu verstehen«;

bei einem Warnungsschuß soll der Obersignalmeister signalisieren:

»Stop firing – british ship – good friend« – »Beendet Schießen – ich bin ein britisches Schiff – guter Freund« –

und bei der Frage nach Ziel und Zweck soll diese Antwort gegeben werden:

»Going to Drontheim. – Chasing German steamer.« – »Ich will nach Drontheim. Ich bin hinter einem deutschen Dampfer her.«

14.50 Uhr: Ein Mann von der leichten Flak der Steuerbordseite zuckt etwas zusammen, er zieht die Schultern an, so daß der Kopf fast darin verschwindet und preßt das Glas hart an die Augen, dann reckt er sich und schreit:

»Flugzeug in Richtung 120 Grad.«

Die sehr niedrig, in höchstens 200 Meter Höhe fliegende Maschine wird als eine ›Short Sunderland‹ erkannt.

»Feuererlaubnis für die Steuerbordflak. Entfernung 70 bis 80 hundert[2]«, der Befehl.

Die parallel zum Verband über 64° 12' Nord und 6° 25' Ost fliegende Sunderland dreht nach den ersten Feuerstößen der noch außer Feuerbereich befindlichen Zwozentimeter sofort ab, geht im Gleitflug tiefer und später um das Heck herum. Die schwere Flak an Steuerbord kam gar nicht erst zum Einsatz. Das besetzte I. Geschütz meldete Störung und die auf ihre Gefechtsstation rennenden Bedienungen der Freiwache von Zwo und Drei kamen zu spät, so schnell reagierte der Vogel. Die SA hatte ebenfalls, vor dem Abdrehen noch, mit einer Vierschuß-Salve eingegriffen:

Entfernung 73 hm, Schieber rechts 40, Haltepunkt Flugzeug.

Wieder brüllten die Kanonen, kaum, daß der Gegner vom Back-

---

1 Dieser Typ, ein Schlachtschiff aus dem Ersten Weltkrieg, hat wie *Admiral Hipper* zwei Doppeltürme vorn, zwei Doppeltürme achtern. Aufbauten, Schornstein (sogar mit Kappe) sind dem deutschen Schiff ähnlich. Dem genau Informierten wird allerdings sofort der unterschiedliche Bug auffallen. Wo aber sitzen solche Spezialisten?

2 IAO Wegener heute: »Meines Erachtens war die Entfernung noch größer. Die ›Sunderland‹ flog ganz tief am Horizont.«

bord-Flakleitstand aufgefaßt worden ist. 25 Schuß aus der I. und III. Zehnkommafünf.

Oberleutnant zur See Lerchen richtete die Rohre zum Freischießen auf das Flugzeug. Als sich der Pulverqualm verzieht und die Aufschläge in sich zusammenfallen, ist die Sunderland verschwunden.

Der hinter *Admiral Hipper* stehende Zerstörer meldet, die ›Sunderland‹ sei ganz auf das Wasser heruntergegangen.

»Was meinen Sie dazu?« will Heye von seinem Adju, Oberleutnant z. S. Juli, wissen.

»Bei der See«, so sagt der Adju, »wird sie bestimmt nicht mehr starten können.«

Der Äther bleibt ruhig. Und die später, nach der Heimkehr, befragte Gruppe West hat auch keine Flugzeugmeldung beobachtet[1].

Der Verlust der Sunderland ist wahrscheinlich.

Nach Unterlagen der Arbeitsgemeinschaft für Marine- und Schifffahrtsgeschichte, hier erarbeitet von Dr. Th. Michaux, heißt es:

Ein britisches Flugboot sichtet in 64° 12′ Nord, 6° 25′ Ost die fünf Schiffe des Drontheimverbandes, als sie vorübergehend Westkurs steuern, und meldet sie als 1 Schlachtkreuzer, 2 Kreuzer und 2 Zerstörer. Diese falsche Typbeschreibung mit der richtigen, aber bedeutungslosen Kursangabe veranlaßt den britischen Flottenchef, der mit dem Gros der Home Fleet schon 50 sm südlich des gemeldeten Standortes und ca. 120 sm südwestlich von Drontheim steht, nach Nordwest abzudrehen, um so diesem Verband bei seinem als Hauptrichtung angenommenen Westkurs den Weg abzuschneiden. Gerade dadurch wird aber ein wirkliches Zusammentreffen der Home Fleet mit dem Drontheimverband verhindert.

Noch debattieren sie auf der Brücke über die Begegnung mit dem britischen Flugzeug und soeben hat Heye dem Seemann von der Flak, der die Maschine zuerst sichtete, Dank und Glückwunsch gesagt, da taucht der IFTO, Kaleu Kölzer, auf. In dieser Lage wirkt er wie der böse Geist. Die Funksprüche, die er Heye vorlegt, besagen:

»Ein stärkerer Verband: Zwei schwere Schiffe, ein schwerer Kreuzer und sechs Zerstörer, sind im Quadrat AF 8172 15.56 Uhr mit hoher Fahrt und auf Nordkurs gesichtet worden.«

»Das ist ja ziemlich dicht bei«, stellt der NO lakonisch fest.

Und Heye: »Mit dieser Meldung und der anderen über die englischen Warngebiete an Norwegens Küste muß ich auf ein gleichzeitiges Unternehmen des Gegners erkennen. Es hat entweder den gleichen Zweck — oder . . . es sind Maßnahmen gegen unsere Operation.«

Ein Mitkoppeln des Gegners ergibt, daß die im Südosten vermutete Feindtruppe (in Wirklichkeit stand sie, die Home Fleet, zur

---

[1] Nach Gefechtsbericht Heye.

Stunde südwestlich), vor Dunkelheit bei Halten stehen könnte. Heye vermutet auch im Zusammenhang mit der Minenwarnerklärung jetzt schon britische Seestreitkräfte in den Gewässern vor Drontheim.

»... und wenn diese nur den Küstenverkehr unterbrechen sollen.«

Es ist 16.00 Uhr, als die Gruppe II, durch die Vormarschgeschwindigkeit der Zerstörer bedingt, Kurs auf die Küste nimmt.

Kapitän zur See Heye dazu:

»Ich will den Zeitpunkt des Einbruchs in die Hoheitsgewässer unmittelbar vor der Küste, aber außer Sichtweite abwarten. Bei Gefechtsberührung können wir dann sofort in die Schären ausweichen ... man könnte ein früheres Einlaufen auch mit einer Abgabe der Verwundeten begründen.«

Die Lage ist unerfreulich unsicher.

Sie zu klären, läßt Heye 17.50 Uhr das Bordflugzeug starten.

»Sie, meine Herren«, so erklärt Heye dem Oberleutnant zur See Techam und dem Leutnant zur See Polzin, dem Beobachter und dem Flugzeugführer also, »klären das in der Karte bezeichnete Gebiet des möglichen Gegnervormarsches auf. Sie fliegen auf keinen Fall Drontheim an ...«

»Das heißt, daß wir nicht zurückkehren sollen ...«

»Sollen? Sie können es ja auch gar nicht bei dieser Strecke. Versuchen Sie, in einem der abgelegenen Fjorde zu wassern ... Sagen Sie den Norwegern, Sie seien in Seenot ... Versuchen Sie am ›Wesertag‹, also morgen früh, in Drontheim wieder Anschluß an die Truppe zu finden.«

Ein toller, wagemutiger Auftrag. Ein Himmelfahrtskommando.

Wenige Zeit später, die Maschine ist, voller Selbstbewußtsein dröhnend, prompt gestartet, weiß Heye es:

der Frohavet[1] und der unmittelbar westlich danach gelegene Sektor sind feindfrei.

»Mit U-Booten indessen müssen wir weiter rechnen.«

In der Ferne, eben über der Kimm schneebedeckte Gipfel: Norwegens winterliche Berge, davor, in der See, noch nicht sichtbar, die Schären. Versteinerung der Einsamkeit. An den Flanken des schweren Kreuzers riesige Quallen im Meer des Daseins.

Als die Nacht, sie ist anfangs so dunkel, daß nicht einmal die IG-Farben ein solches Schwarz produzieren könnte, hereinbricht, setzen sich die beiden Zerstörer voraus. Beide, die Marsch- und U-Boot-Sicherung vor *Admiral Hipper* fahren sollen, haben ihre Bugschutzgeräte zur Minensicherung ausgebracht. Die beiden ande-

---

[1] Das Seegebiet innerhalb der Halten-Inseln und der Froöyene. Von hier führt das nördliche Hauptfahrwasser, der Kråkvågfjord, nach Drontheim hinein.

ren Zerstörer hängen sich an. *Admiral Hipper* schwimmt in der Mitte.

Ab 21.13 Uhr wird ›Klar zum Gefecht‹ befohlen.

21.45 Uhr meldet der Abschnitt Maschine klar[1].

Die Feuer an Norwegens Küsten brennen.

Noch ...

0.30 Uhr steht der Verband in der Einfahrt zum Frohavet querab von Halten. Heulbojen jammern wie kranke Tiere.

2.55 Uhr passieren sie in Kiellinie das Flesafeuer im Kråkvågfjord[2], einsamer Wegweiser auf schwarzer Steinbake einer schwarzen Schäre. Das Licht blinzelt den Eindringlingen freundlich zu ... Da ist der Weg ... Das ist der Weg ...

Für dieses Fahrwasser bedürfte es eigentlich eines einheimischen Lotsen. Aber die sitzen und warten ahnungslos auf den Halten-Inseln. »Wenn südliche Winde wehen, setzt der Strom im allgemeinen nach Westen«, warnt eine navigatorische Faustregel für dieses Gebiet. Man warnt vor den gefährlichen Klippen Borklakken und Ranen ...

Ein alarmierender Funkspruch aus der Heimat:

Die Norweger löschen die Feuer!

»Wenn sie das tun, gibt es nur einen Schluß: Die Norweger haben die ›Weserübung‹ bemerkt. Ihre Gegenmaßnahmen laufen an ... oder sind es schon.«

Bei gelöschten Feuern in und durch den Kråkvågfjord? Das ist wie die Ballade vom Reiter über den Bodensee.

Den Männern sträuben sich die Haare, als der Kommandant die Fahrt noch erhöht. Mit AK durch, solange noch die Feuer brennen ... die von Tarven, Grönholmen, Grindvikgrunnen, Böröyholmen, Krabsundet, Rognan oder Leikua ... Namen wie aus nordischen Sagen.

Schnellschluß der Steuerbordturbine, durch Erschütterung zugeschlagen. Dreimal AK zurück für die beiden anderen Maschinen. Und das in diesem Teufelsfahrwasser.

3.07 Uhr: Turbine Steuerbord klar.

Bei Austritt aus dem Kråkvågfjord, hier, wo sie die Minensperre erwarten, kommt Backbord voraus der dunkle Schatten von einem Schiff in Sicht. Es ist ein vor Beian liegendes norwegisches Bewachungsfahrzeug. Die Lichter, die es führt, sagen das aus. Weiter voraus, bei Agdenes, genau dort, wo das Fahrwasser einen Knick um 90 Grad macht, liegt eine Scheinwerfersperre auf dem Wasser.

---

1 Die 29 Minuten erklären sich nach Dr. von Pawell: ... durch Zünden der restlichen sechs Kessel bis zum ›Verbinden‹.

2 Das ist, entgegen der deutschen Unterlagen des Unternehmens, die echte Schreibweise (auch im Segelhandbuch).

Sie und die Kanonen der Batterien an Backbord und an Steuerbord[1] riegeln zwischen Agdenes an Steuerbord und Brettingnes an Backbord, wo sich die Scheinwerfer befinden, die Einfahrt und zugleich engste Stelle des Drontheim-Fjords ab.

Nach deutschen Unterlagen und Vermutungen sind 12 Kanonen an der Agdanes-Selvenes-Küste und 14 Kanonen, auch verschiedener Kaliber, an der gegenüberliegenden Brettingnes-Hysnes-Küste montiert.

»Das ist eine Zange von 26 Rohren«, hatte schon früher der IAO sehr sachlich festgestellt.

»Wenn die Bedienungen alarmiert, die Geschütze feuerbereit sind, hilft nur noch beten«, ist Heyes Antwort gewesen.

Und jeder denkt, der Wunsch, daß es nicht so kommen möge, ist so zuverlässig wie ein Wetterbericht.

Jetzt, da die Begegnung unmittelbar bevorsteht, täuscht auch der Mantel der Gleichmut nicht über die knisternde Erregung hinweg. Auf der Brücke fällt kein Laut. Gespenstisch ziehen die dunklen Schatten der Berge vorüber.

Näher heran . . . immer näher . . .

Hat das Bewachungsfahrzeug die deutschen Einheiten schon gesehen oder nicht? Noch fahren die Deutschen abgeblendet.

»Jetzt müßten sie uns eigentlich sehen«, überlegt der NO und sagt es laut.

»Ja, wenn wir abgedunkelt bleiben, halten die uns sofort für feindliche Eindringlinge«, nickte Heye.

»Vielleicht gelingt, was wir uns vornahmen . . .«

Vorgenommen hatte man sich, die Norweger zu täuschen.

Der Befehl: ›Positionslaternen setzen‹ folgt 4.04 Uhr den Gedanken auf dem Fuße.

Der Bewacher morst irgend etwas, meint *Admiral Hipper* aber offenkundig nicht.

Von Land, dort, wo die Batterien stehen müssen, blitzt es auf.

»Wer seid ihr?«

Die von Heye an den Bewacher gerichtete Antwort kommt zögernd, aber nicht mit dem großen, sicherlich verdächtigen Klappscheinwerfer.

Heye läßt die Varta-Lampe benutzen. Das ist eine kleine Handlampe mit einer Morsetaste und kleiner Optik. »So ein Funzelflämmchen wird die mißtrauischen Wikinger vielleicht verwirren.«

Jede gewonnene Sekunde ist kostbar. Ein Kriegsschiff, das sich mit allen Positionslichtern nähert, das sich zudem höflich mit einem

---

[1] Siehe Karte S. 73

Morsespruch anmeldet, kann schwerlich böse Absichten haben. Das sagt ja auch der in englischer Sprache gehaltene Morsespruch des dunklen Freundes mit seinen harten Konturen:

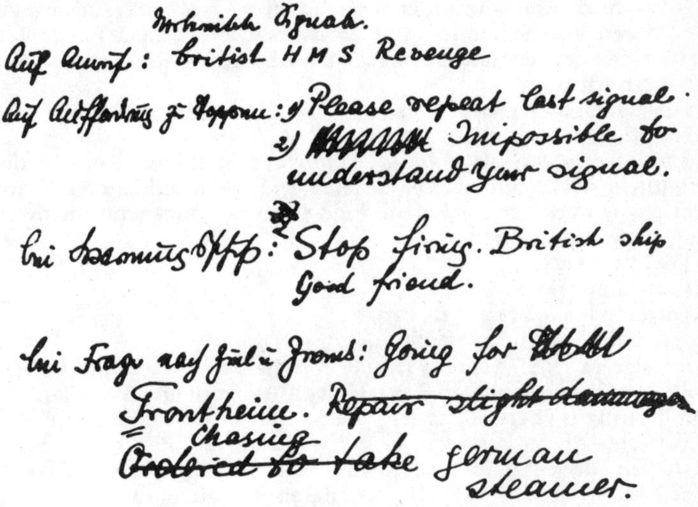
Auf Anruf: british HMS Revenge
1) Please repeat last signal.
2) Impossible to understand your signal.
Stop firing. British ship
Good friend.
Going for Trontheim. ~~Repair slight damage~~
Chasing
~~Ordered to~~ take german
steamer.

Der Spruch, wie er im Original entworfen wurde.

»ich habe befehl ...« Noch einmal von vorn, um Zeit zu gewinnen ...

»... habe befehl von regierung ... nach drontheim zu gehen ... keine feindlichen absichten.«

Die, die das gespenstische Auftauchen eines solchen Stahlkolosses – hinter dem, das sehen sie jetzt, kleinere Einheiten schwimmen – auf dem Sperrfahrzeug aufgescheucht hat, blinken ›verstanden‹ zurück.

Sie sind aber keine Dummköpfe.

Sie sehen, daß der fremde, angeblich englische Kriegsschiffverband, jetzt da das größte Schiff querab zu ihnen steht, die Fahrt vermehrt[1].

Und ehe sie Ordnung in ihre Bestürzung gebracht haben, sind die schwarzen Schatten schon spukhaft an ihnen vorbeigestürmt.

»Stoppen«, fordern sie jetzt an Land.

---

[1] Laut Heye (Seite 17 Gefechtsbericht) schon etwas vorher auf 25 kn – laut Maschinen-KTB erst 4.31 Uhr Dampf auf für 25 kn, 6 Kessel, nämlich hier nach Durchbruch durch die Batterien (lt. Dr. von Pawell).

Vom Sperrfahrzeug zischt eine rote Leuchtrakete in die Nacht. Ihr Licht taucht Schiffe und die Gesichter der Männer in ein mattes Rot, in ein nervöses, zitterndes Rot ohne Kraft und Saft.

Auf *Admiral Hipper* erkennen sie durch E-Meßgeräte und Nachtgläser sehr deutlich die äußeren Batterien an Backbord. Entfernung 800 Meter. Taschenlampen blitzen drüben auf. Schemenhafte Gestalten. Sie rennen und eilen. Die Arme einiger wirken wie Ausrufungszeichen.

Heye läßt den gleichen Spruch auch in Richtung der Batterien absetzen.

4.04 Uhr ist es, als *Admiral Hipper* andreht und Kurs in den Drontheim-Fjord nimmt. Die Scheinwerfersperre erlischt gerade in dem Augenblick, als der Befehl erging, mit dem eigenen Scheinwerfer gegenan zu leuchten.

Was passiert jetzt?

Es muß etwas passieren!

Quälend lange Sekunden.

Jede Sekunde eine Ewigkeit.

Es ist 4.12 Uhr: *Admiral Hipper* hat die vermuteten und in Spezialkarten eingezeichneten Batterien von Agdenes und die erkannten von Brettingnes bereits passiert, die Schiffsführung hat soeben ›Halt — Batterie — halt‹ befohlen, denn sie glaubt die Sperre hinter sich zu haben, da blitzt es fast querab, dort, wo die Batterie Hysnes liegen muß, viermal auf. Drei Granaten detonieren als Kurz- und Weitschüsse bei den Zerstörern. Die Norweger haben mit der Führungsbatterie der ganzen Anlage[1] — das weiß natürlich keiner an Bord, daß sie es ist — das Feuer eröffnet.

Sie sind sich also sicher, daß diese Schiffe deutsche und keine englischen Einheiten sind. Heye läßt — die Dämmerung hat inzwischen eingesetzt — mit den achteren Rohren das Feuer eröffnen.

Das ist der Augenblick gewesen, da der Oberleutnant Boden gerade den Schlußwertrechner auf Null drehen wollte — er war ja überzählig —, und da die Rechenstellenbedienung auf dem Nachtleitstand eingesetzt worden ist, hat er die Aufgabe der Nr. 1 an diesem Gerät übernommen. Er dreht die alten Werte schnell wieder ein. Kai Lerchen, der IIIAO, hat die Leitung auf dem achteren Stand. Zwei Salven zu je vier Schuß auf die in 210° gepeilte Batterie, vier Explosionen und rostrote Wolken aus Qualm, Steinen, Sand und Erde an Land.

Weder Freund noch Feind können etwas sehen.

---

[1] Die bei Agdenes vermutete Batterie mit 8–24-cm-Kanonen existierte gar nicht. Entgegen den sehr unsicheren deutschen Anlagen gab es nur 3 Batterien, die unter der Bezeichnung ›Festung Agdenes‹ zusammengefaßt waren: 1. Brettingnes: 2–21 cm, 3–15 cm, 3–6,5; 2. Hysnes (die Führungsbatterie) 2–21 cm, 2–15 cm, 3–6,5; 3. Hamsbaara 2–15 cm.

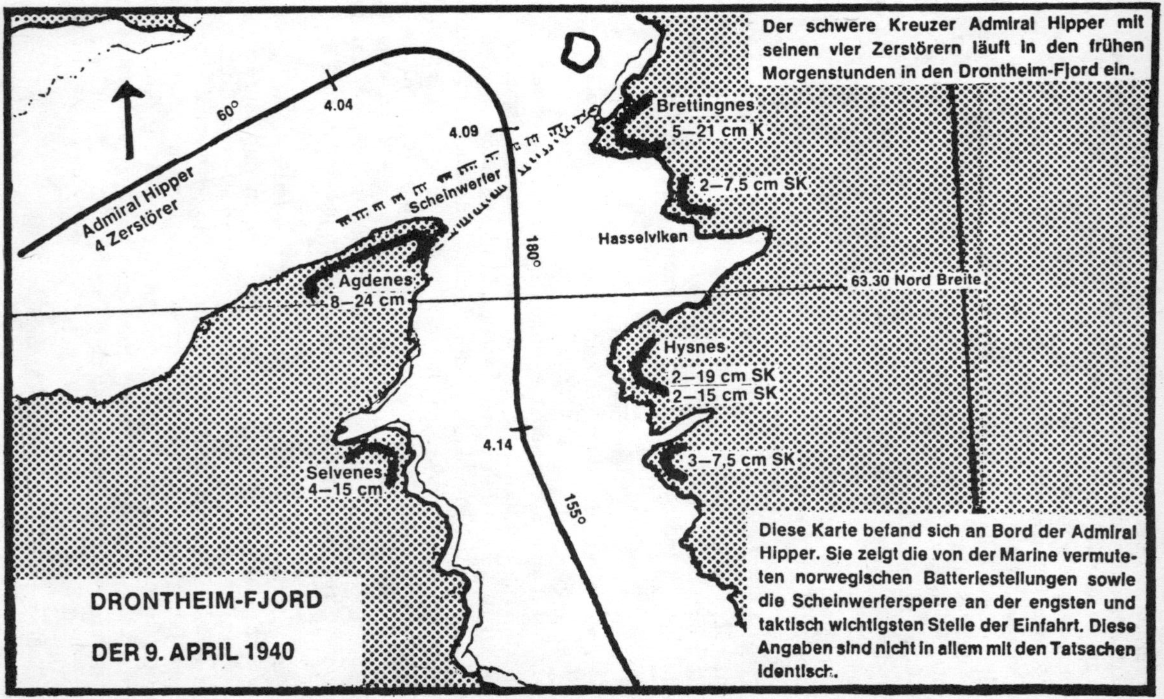

Der schwere Kreuzer Admiral Hipper mit seinen vier Zerstörern läuft in den frühen Morgenstunden in den Drontheim-Fjord ein.
Admiral Hipper
4 Zerstörer
60°
4.04
4.09
Scheinwerfer
180°
4.14
155°
Brettingnes
5–21 cm K
2–7,5 cm SK
Hasselviken
63.30 Nord Breite
Agdenes
8–24 cm
Hysnes
2–19 cm SK
2–15 cm SK
3–7,5 cm SK
Selvenes
4–15 cm
Diese Karte befand sich an Bord der Admiral Hipper. Sie zeigt die von der Marine vermuteten norwegischen Batteriestellungen sowie die Scheinwerfersperre an der engsten und taktisch wichtigsten Stelle der Einfahrt. Diese Angaben sind nicht in allem mit den Tatsachen identisch.
DRONTHEIM-FJORD
DER 9. APRIL 1940

Welch ein Glück, denn so werden die wahrscheinlich jetzt voll gefechtsbereiten anderen Batterien am Eingreifen und die von Hysnes am Weiterschießen gehindert.

Nur wenige Minuten später:

Admiral Hipper und ihre vier Zerstörer sind durch.

Der Handstreich ist geglückt.

Einige, mit ›Hand aufs Herz‹ befragt, geben erleichtert zu, daß sie soviel Glück nicht mal in den kühnsten Träumen erwartet hätten.

Heye gibt den Befehl zur planmäßigen Ausschiffung der Gebirgstruppen. Jene Zerstörer, deren Truppen die Batterien niederkämpfen und besetzen sollen, bleiben sofort zurück. *Admiral Hipper* marschiert mit *Friedrich Eckoldt* weiter. Drontheim entgegen.

Und noch etwas geschieht: Die beiden restlichen Flugzeuge werden betankt[1] und gestartet. Die Ziele lauten:

für das Bordflugzeug II:

Erkundung der Lage bei den Batterien der Ost- und Westseite. Feststellen, ob Orlandet-Batterie vorhanden und Belegung Seeflugplatz Storfosen. Feindlage in Frohavet und gegebenenfalls Unterstützung der Landtruppenteile bei Wegnahme der Batterien;

das Bordflugzeug III:

Erkundung nach Osten; Stjoerdal und Umgebung Drontheim mit Schwerpunkt — Feststellung geeigneter Land- und Seeflugplätze.

Das zweite Bordflugzeug meldet:

»frohavet und storvosen frei vom feind, orlandet-batterie nicht feststellbar . . . im innern des skörn-fjordes ein norwegisches kriegsfahrzeug, wahrscheinlich torpedoboot und widerstand der ostseitenbatterien, die sich zur landung einrichteten[2] und auch das flugzeug beschossen. das bordflugzeug bewarf beim zweiten flug erkannte batterie-stellung mit bomben, mit beobachtetem, gutem erfolg.«

Das dritte Bordflugzeug meldete die wahrscheinliche Unbenutzbarkeit des Flugplatzes Värnes wegen Schnee und ferner, daß der auf einem See südöstlich Drontheim bestehende Seeflughafen vereist sei.

5.25 Uhr fallen die Anker. Auf 26 Meter Wassertiefe.

Voraus liegt Drontheim, die von Berghängen und Fjorden umsäumte alte und auf einer Halbinsel gelegene Hafenstadt, überragt von der alten Festung Christiansten, im Stadtbild beherrscht von der im 12. Jahrhundert begonnenen gotisch-normannischen Kathedrale, der größten Kirche des Landes. Als drittgrößte Stadt Norwegens verdankt sie Olaf dem Heiligen ihre Gründung. 947 errichtete Olaf Trygvason einen Königshof und eine Kapelle.

---

1 Sie hatten wegen der Feuergefahr kein Benzin in den Tanks.

2 Steht so im Original.

Ahnungslose ehemalige Krönungsstadt norwegischer Könige, die du in deinem Winterschmuck dem sich nahenden Morgen entgegenschläfst. Hier und dort brennen Lampen in Häusern, die Straßen sind beleuchtet, Perlschnüre von Lichtern spiegeln sich im leicht bewegten Hafenwasser.

Ein Bild des Friedens. Gerade läuft ein D-Zug in den Bahnhof ein.

Die ›planmäßige Ausschiffung‹ beginnt mit der der Prisenkommandos. Hornack[1] wurde mit seinem Stoßtrupp als erster ausgeschifft. Er hindert die im Hafen liegenden Fischereifahrzeuge am Auslaufen zum Fischfang und schickt diese sofort nach seiner Landung für Ausschiffungszwecke zur *Admiral Hipper*. Dieser zusätzliche Transportraum beschleunigt den Pendelverkehr Schiff-Hafen wesentlich.

Als ›Voraustruppe‹ besetzen Hornacks Männer die im Hafen liegenden nichtdeutschen Frachter mit Ausnahme jener unter dem Sternenbanner. Sie geben dem Kapitän des deutschen Dampfers *Trautenfels* eine plausible Erklärung, bringen die Bootsanlegestelle in ihre Hand und stellen jeden Tropfen Öl sicher, den sie im Hafengebiet aufspüren ... Heizöl, das Lebensblut für die Kessel der Hd-Hochdruckdampfanlage ... denn der für Drontheim bestimmte Tanker der Ausfuhrstaffel ist noch nicht da.

Admiral Hipper soll aber, so hat es der stellvertretende Flottenchef und Befehlshaber Lütjens vorgesehen, sofort nach der Ausschiffung wieder in See gehen, zu den Schlachtkreuzern stoßen und mit diesen zusammen operieren. Ein guter Plan ... aber eben nur ein Plan, denn Heizöl wird an Land nur in ganz geringen Mengen gefunden.

Immer wieder bringen die V-Boote Proben an Bord des schweren Kreuzers ... immer wieder neue Hoffnungen, denen Enttäuschungen folgen. Selbst der Tank für die Beheizung des Drontheim-Kraftwerkes wird untersucht.

Ähnlich problematisch ist es um Benzinvorräte für die Flugzeuge bestellt.

Und dann die Transportprobleme, das wenige an Öl an Bord zu schaffen. Der nicht eingetroffene Tanker ist auch in dieser Hinsicht Ursache großer Sorgen.

Da bei dieser Lage jeden Augenblick mit englischen Streitkräften gerechnet werden muß, sollen zwei der vier Zerstörer an einer taktisch günstigen Position des Fjords als schwimmende Torpedobatterie vor Anker gelegt werden. Heye stellt mit den Stabsoffizieren seines eigenen Stabes und dem Chef der II. Zerstörerdivision sogar Über-

---

[1] Hornack, Wilhelm (VII/14), war der Kommandeur der Marine-Stoßtruppabteilung; er, der ein hochdekorierter Unteroffizier aus dem Ersten Weltkrieg war, ist dann später, am 14. April 1940, gefallen.

legungen an, die Bordkanonen für einen eventuellen Landeinsatz abzumontieren, um den Erdkampf zu unterstützen, wenn die Lage ein Auslaufen der *Admiral Hipper* unmöglich machen sollte.

Inzwischen werden die Gebirgsjäger weiter ausgeschifft. Ein Zweimastschoner, ein norwegisches Forschungsschiff, von dem unter Oberleutnant zur See Juli, dem Adju stehenden Prisenkommando in der Nähe des BP-Öllagers entdeckt, aufgebracht und zur *Admiral Hipper* geschickt, bietet seine Planken als zusätzliches und willkommenes Transportmittel an.

Als die deutschen Gebirgsjäger an Land kommen, werden sie groß angesehen. Ohne viel Aufsehen besetzen sie die öffentlichen Gebäude und die Gebirgsjäger von dem bei der *Admiral Hipper* stehenden Zerstörer sofort und ohne Widerstand den Flugplatz.

Oberst Weiß überzeugt den norwegischen Stadtkommandanten, daß jeder Widerstand sinnlos sei.

Weiß berichtete Heye:

»Zunächst scheint es sogar so, daß es zu einer loyalen Zusammenarbeit mit den Norwegern kommt.«

Der Chef der II. Zerstörerdivision, Fregattenkapitän von Pufendorf, informiert den Kommandanten der *Admiral Hipper:*

9.00 Uhr: »Ausschiffung an der Ost- und Westseite geht planmäßig vor sich. Sie wird voraussichtlich gegen 10.00 Uhr beendet sein.«

So ganz harmlos verlief sie nicht. Mehrere Salven der äußersten Ostseitenbatterie störten das Ausbooten von der *Paul Jacobi.* Der Zerstörer mußte sich verholen. Das bereits ausgesetzte V-Boot blieb zurück, 15 noch nicht ausgeschiffte Jäger blieben an Bord, dazu das gesamte schwere Material für die Landtruppen.

Oberleutnant Boden notiert in sein Tagebuch:

»Einer unserer gefangenen Engländer ist gestorben. Wir wollen ihn an Land beerdigen. Ich soll zum deutschen Konsul gehen und das Notwendige klarieren. Mit einer Pistole bewaffnet ziehe ich los und marschiere unangefochten durch die Straßen. Es geht alles seinen gewohnten Gang. Die Leute fahren mit Skiern hinaus in die Berge, die deutschen Soldaten verschwinden in der Masse der Bevölkerung.

Ich treffe Juli, der die Dampfer sicherstellen sollte. Er erzählt: ›Ich komme auf den ersten, die deutsche *Trautenfels* von der deutschen Dampfschiffahrtsgesellschaft HANSA in Bremen. An Deck ist kein Mensch zu sehen. Da erscheint der Kapitän. Mit etwas bösem Gewissen grüßte er mich, den vermeintlichen Briten, mit einem ›Heil Hitler!‹ Er hört meinen Dank in vorgeschriebener, gleicher Form, schrickt zusammen, ruft ›Seid ihr Deutsche?!‹ rennt davon und brüllt in den Maschinenraum ›Ventile dicht!‹ Die Ventile dicht! Das sind ja deutsche Schiffe!‹

Dann rollten dem Mann die Tränen über die Wangen. Er lag hier seit Januar fest. Mit einem Ruderschaden.«

Soweit Boden.

»Los, los Beeilung ... an Bord meine Herren!« mit diesen Worten empfängt Zollenkopf die zurückkehrenden Offiziere und Männer.

Was ist denn los? Wozu hieven sie auf *Admiral Hipper* und einem der Zerstörer die Anker?

Wozu dieser Zustand?

Um die Mittagszeit, genau 13.45 Uhr, ist ein Funkspruch von den auf der Ostseite des Fjords von den Zerstörern an Land gesetzten Truppen eingegangen:

»Gegner mit schweren Schiffen auf der Ostseite gelandet.«

Heye glaubt, nicht lange überlegen zu brauchen. Die Lage scheint ihm klar: Es handelt sich um britische Landungsversuche von See her. Die gesamten Außengewässer stehen ja noch unter norwegischer Kontrolle ... Mit *Admiral Hipper* und den Zerstörern will er die noch bei ihm an Bord befindlichen Kompanien ausschiffen und Feuerunterstützung leisten.

»Zwei weitere Zerstörer gehen sofort zur Einschiffung weiterer Truppen in Drontheim an den Pier«, der nächste Befehl.

»Arado zur erneuten Erkundung starten«, der weitere.

17.00 Uhr werden die beiden Kompanien gelandet. Vier Kilometer hinter der Front der Ostseite. In der Strömmen-Bucht.

Die vermeintlichen Engländer, soviel ist inzwischen bekanntgeworden, sind Norweger. In Fischerbooten und allen möglichen und unmöglichen Untersätzen schaffen sie mutig und entschlossen Verstärkungen heran ...

Boden erhält Auftrag, zusammen mit Juli in zwei V-Booten alle auslaufenden Fischerboote zu kontrollieren. Er berichtet:

»Ich gehe bei dem ersten längsseits. Juli habe ich mit seinem Boot 50 Meter zurückgelassen, damit er mich besser decken kann. Die Leute schauen mich dumm an. Sie haben nichts Verdächtiges an Bord. Wir laufen wieder nach Drontheim zurück.

Hier ist es nun doch etwas unruhiger geworden. Die jungen Leute laufen aus der Stadt davon. Zu ihren Fahnen. Die wenigen deutschen Soldaten können kaum etwas tun, um das zu verhindern.«

Die Lage ist, soweit es die britischen Seestreitkräfte und vor allem die Batterien betrifft, unerfreulich. Selbst wenn *Admiral Hipper* und ihre Zerstörer genug Öl hätten, um zur Flotte zu stoßen, sie könnten nicht, solange die jetzt vollbesetzten Küstenbatterien bei Agdenes noch feuerbereit sind.

Außer dem mit Sorgen erwarteten und für *Admiral Hipper* bestimmten Tanker ist auch der Dampfer mit der Heeres-Flak noch nicht eingelaufen. Wie könnten diese jetzt auch noch ...

Admiral Hipper und ihre Zerstörer übernehmen den Flakschutz für die Stadt.

Was ist los bei den Batterien? Der Nachrichtenverkehr ist doch in besten Händen. Kapitänleutnant Kölzer, der I. FTO auf *Admiral Hipper*, hat die beiden vordringlichen Aufgaben:

a) mit den von Heeres- und Marineteilen zu besetzenden Außenstellen Nachrichtenverbindungen und

b) Querverbindungen Heereskommandant—Führer der Seestreitkräfte—Führer der ortsanwesenden Luftstreitkräfte,

zu schaffen, umsichtig und zweckentsprechend gelöst. Über die Bezirkswelle Drontheim[1] hat Kölzer zusammen mit den von MNO-Drontheim[2] mitgebrachten Geräten beide Aufgaben erfaßt.

Nach den Meldungen dauern die Kämpfe bei den Batterien an.

Was Heye aber nicht weiß, das sind unvorhergesehene Geländeschwierigkeiten. Später berichten die Jäger: »Do schaan's: auf der Koerten ist's a Katzensprung, aber . . .« Dem Fluch folgten Erklärungen, daß sich die Angreifer auf dem Marsch zu den Batterien stundenlang durch schneebedecktes, zum Teil vereistes Gelände durchkämpfen mußten.

Die Zerstörer unterbinden jetzt jeden Einlaufverkehr, der BdU, Admiral Dönitz, wird von Heye gebeten, seine U-Boote mögen jeden von den deutschen Dienststellen nicht genehmigten Auslaufverkehr verhindern.

17.55 Uhr: *Admiral Hipper* befindet sich auf dem Rückmarsch zum Ankerplatz. Die letzten Truppen, die eine jetzt noch an Bord befindliche Kompanie, soll endlich ausgeschifft werden. Die Luft ist klar. Der Himmel blau und ohne Wolken. Sie haben die Sonne im Rücken.

Vier bis fünf Flugzeuge sind im Osten von Drontheim in Sicht gekommen. Sie fliegen in aufgelöster Ordnung, etwa über den Flugplatz Värnes. Jetzt kreisen sie.

»Das sind deutsche Maschinen«, einer.

»Klar, das sind Ju 52, ganz klarer Fall.«

Aber was ist das? Jetzt ordnen sie sich zu einer schrägen Staffel. Sie fliegen *Admiral Hipper* im spitzen Winkel von Steuerbord an.

Sie beantworten kein ES.

Vielleicht haben die Norweger jetzt einen ähnlichen Typ wie die brave Ju 52? Ihr Verhalten ist verdächtig genug. Der gezielte Anflug bestärkt die Zweifel.

Als Heye die Feuererlaubnis gegeben hat, als die ersten Granaten[3] in Nähe der Flugzeuge detoniert sind, drehen die Ziele ab. Als sie

---

[1] Auf 69,77 m bzw. 82,01 m.

[2] MNO = Marine-Nachrichten-Offizier.

[3] 8 Schuß schwere Flak, 13 Schuß 3,7 cm.

hochziehen, sehen sie auf *Admiral Hipper* das Balkenkreuz. Es sind also doch deutsche Ju's. Diesen folgen die He 115 der Gruppe Major Minner.

Neue Sorgen, neue Probleme, die Wasserflugzeuge unter den Flugzeugen bei dem starken Tidenhub zu verankern ... bei den Dampfern ... an den Ankerbojen der *Admiral Hipper* ... auf steinigem Strand.

Eine Lagebesprechung mit Oberst Weiß und Major Minner[1] klärt die wesentlichen Fragen, die der Kommandant wie folgt präzisiert:

a) *Drontheim selbst ist fest in unserer Hand. Der Flugplatz Värnes (Stjördal) ist im Besitz der Norweger, die nachmittags eine deutsche Maschine (Hauptmann Wiesand tot) beschossen hatten. Die Besetzung Värnes soll am 10. April früh teils mit der Bahn, teils mit einem Zerstörer erfolgen.*

b) *Oberst Weiß hält die örtliche Lage aufgrund seiner Verhandlungen für gesichert. Durch die angeordnete norwegische Mobilmachung, die nicht verhindert werden konnte, starker Abzug junger Leute aus der Stadt.*

c) *Lage der Seeverteidigung noch ganz unsicher. Die südlichen Batterien in unserer Hand, die nördlichen und wichtigsten aber noch in norwegischer. Hauptwiderstand auf der Ostseite, wo Hysnes-Batterie, offenbar Führungsbatterie. Besetzung der offenbar schwach besetzten Agdenes-Batterie über Land ist durch Geländeschwierigkeiten verzögert worden, soll am 10. April mit Hilfe von Verkehrsbooten durchgeführt werden.*

d) *Schärengewässer in norwegischer Hand. Anwesenheit von Engländern war nicht festzustellen. Gemeldete englische Seestreitkräfte an der Westküste lassen aber schnelles Anlaufen der Operationen vermutlich schon im Laufe des 10. erwarten.*

e) *Der Fjord ist durch U-Boote als gefährdet anzusehen. Der von mir zunächst beabsichtigte Ausweichplatz im inneren Fjord bei Steinkjer ist nach letzten Meldungen noch voll Eis, das Land selbst in norwegischer Hand (Truppenübungsplatz). Ich hatte gehofft, diesen Teil des Fjords wegen seiner schmalen Einfahrt am leichtesten mit einer provisorischen Sperre U-Boot-sicher machen zu können.*

f) *Die Brennstofflage der Seestreitkräfte ist besonders schwierig.* Hipper *selbst kann nur noch einen direkten Heimmarsch ohne Umwege oder andere Beanspruchung durchhalten, während die Zerstörer an diesem Tage überhaupt nicht mehr für eine längere Fahrt klarzubekommen waren. Es muß versucht werden, im Laufe des 10. aus den am 9. festgestellten Vorräten wenigstens zwei Zerstörer fahrbereit zu machen.*

---

[1] M. war früher Seeoffizier, Crew 1923, dann Marineflieger.

g) *Zerstörer* Theodor Riedel *hat eine schwere Maschinenstörung, die sich bereits auf dem Hinmarsch ankündigte. Er bekam Befehl, in der Nacht vom 9./10. April die Fahrbereitschaft für wenigstens 17 kn anzustreben. Der Zerstörer* Paul Jacobi *ist, abgesehen von seinem geringen Brennstoffvorrat, durch Störungen einer Turbine ebenfalls kaum als in offener See verwendbar anzusprechen.*
h) *Es muß damit gerechnet werden, daß die Engländer durch ihre Luftaufklärung und durch die Norweger ständig über alle Bewegungen der Schiffe unterrichtet werden, so daß ein Überraschungsmoment schwer zu erreichen ist und aus diesem Grund auch nicht war.*

Später, in seiner getäfelten Kammer der Kommandant. Ein einsamer Mann. Jetzt besorgt, bedrückt, belastet.

... Raus, noch in dieser Nacht 'raus ... Es geht nicht nur um das Schiff, um seine brave Besatzung ... Es geht auch um Prestige, um viel Prestige im Kampf um den Besitz Norwegens ...

Der Maschine ist prophylaktisch für 21.00 Uhr seeklar befohlen worden[1].

Aber da liegt noch die Meldung:

die Fjordbatterien haben eines der deutschen U-Boote beschossen. Beweis genug, daß sie wachsam und feuerbereit sind.

Für den 9. und 10. April verspricht die Wetterlage ausgesprochen ungeeignet zu sein. Die englische Luftaufklärung, das ergänzt der Bericht der Gruppe Minner zu den eigenen B-Dienstbeobachtungen, überdeckt die Linie Shetland-Faröer-Lofoten in breiter Front.

Ein Druck auf den Knopf. Der Läufer Kommandant erscheint in der Tür. »Hier, bringen Sie das dem I. FTO zur sofortigen Durchgabe.«

Das DAS ist ein mit Heyes energischer Handschrift niedergeschriebener Funkspruch an die Heimat. Danach beabsichtige er, am 10. April mit einem Zerstörer auszulaufen und zunächst die Tanker *Kattegatt* oder *Nordmark* anzusteuern.

Wenn aber die Tanker nicht mehr auf Position sind?

Dann bleibt nur die Wahl, die Station Nord, in der Nähe von Murmansk anzusteuern, denn von der Tankerposition reicht der Brennstoff schon auf gar keinen Fall für einen Marsch in die Heimat.

Und dann: Schwimmen die Tanker wirklich noch, dann dauert die Brennstoffübernahme bestimmt zwölf Stunden bei den Einrichtungen der *Nordmark*. Aber nur bei einigermaßen gutem Wetter[2] und auch nur, wenn sie dabei nicht gestört werden.

Ist sie aber nicht möglich, muß *Admiral Hipper* mit ihrem Zer-

---

1 Es wurde später, 21.35 Uhr, auf unbestimmte Zeit verschoben.
2 HP hat auch bei Windstärke 3 bis 4 noch im Schlepp Öl übernommen.

Der britische Zerstörer HMS Glowworm 1935 vom Stapel gelaufen, Höchstgeschwindigkeit 35,5 Knoten.

Die sich einqualmende Glowworm, davor ein Granateneinschlag der Admiral Hipper. Im Vordergrund der Bug des schweren Kreuzers mit dem Hakenkreuz als Erkennungszeichen für die deutsche Luftwaffe.

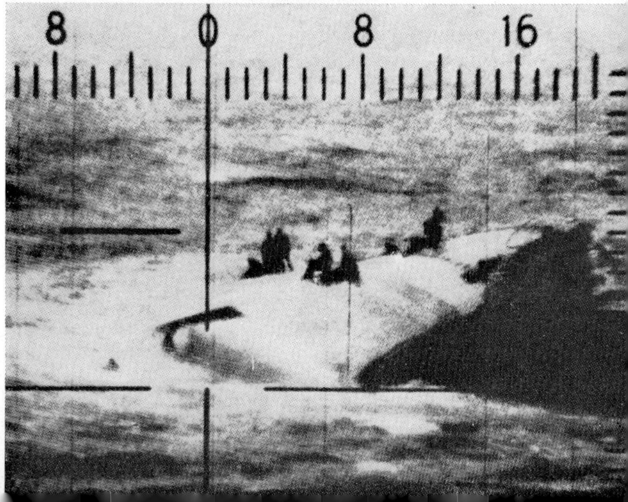

Überlebende der Glowworm auf dem gekenterten Schiff. Eine Aufnahme, die durch eine der Zieloptiken der Admiral Hipper gemacht wurde.

Die Versenkung des britischen Truppentransporters ORAMA.

ORAMA mit starker Schlagseite, an der Steuerbordseite sind alle Boote zu Wasser gekommen.

Kurze Zeit vor dem Sinken hob sich das Vorschiff wie ein Turm gen Himmel.

Gerettete Offiziere und Mannschaften der ORAMA.

störer zwar voll kampfbereit, aber ohne Brennstoff den Gegner erwarten.

Das sind wenig ermutigende Aussichten.

Die Gruppe antwortet schnell auf diese Sorgen: »Gehen Sie doch noch im Laufe dieser Nacht mit zwei Zerstörern auf eine Trefflinie mit den Tankern.«

Heye knurrt: Ein weiterer, also zweiter Zerstörer ist ja gar nicht klar. Und später, nach der Heimkehr, notiert er in seinem Gefechtsbericht: »Ich hätte diesen Marsch über die Tanker nur dann angetreten, wenn mir bei Nichtantreffen der Tanker ein Ausweichen nach Station Nord zugestanden worden wäre.

Daß diese meine Überlegungen richtig waren, bewiesen die später eingehenden Meldungen über den Ausfall von *Skagerrak* und *Kattegatt*[1].«

Im Laufe des Abends ist die Ausschiffung beendet. In einer Fabrik in Drontheim wurde inzwischen eine Netzsperre zur Abriegelung des Fjords in Auftrag gegeben. Ein mit einer UK-Station ausgerüstetes Verkehrsboot ist mit klaren Maschinen zur Überwachung der Einfahrt vor Anker gelegt worden. Bis auf Z-6, *Theodor Riedel*, die im inneren Fjord liegt, sind alle Zerstörer des Verbandes an den Pier gegangen. *Admiral Hipper* bleibt vor Anker liegen[2].

Öl sparen, jeden Tropfen Öl sparen ...

Die Sorge um den Brennstoff zehrt an den Nerven. Die britischen Einheiten der gleichen Klasse hätten sie in gleicher Lage nicht in diesem Maße.

2.30 Uhr klopft es an der Tür der Kommandantenkammer:

»Ein Funkspruch vom BdU.«

Admiral Dönitz meldet, einer seiner Grauen Wölfe habe ein fremdes U-Boot südlich von Frohavet gesichtet.

Darauf einen doppelstöckigen Cognac. Schweren Herzens entschließt sich Heye, nun doch Anker auf zu gehen.

Im Maschinen-Journal vermerkt Korvettenkapitän (Ing.) Dipl.-Ing. Fischer: »3.05: Sofort seeklar, 22 kn, 6 Kessel, 3 Wellen.«

Admiral Hipper steht ab nun im inneren Fjord auf und ab.

»Möglichst dicht unter den Bergwänden entlang fahren, Hinze«, verlangt der Kommandant. »Dort sind wir besser getarnt.«

Apropos Tarnung: Oberleutnant Boden bekam später dann den Auftrag, sich mit der Tarnung der *Admiral Hipper* mit Bordmitteln zu befassen:

---

[1] TMS *Kattegat* 6031 BRT, am 9. April 1940 im Tenhelmsfjord versenkt (1945 gehoben und als die norwegische *Sander* wieder in Dienst gestellt); TMS *Skagerrak*, 6044 BRT, am 14. April 1940 MW von Vaagso auf 65° 05' Nord und 02° 00' Ost von HMS *Suffolk* versenkt.

[2] Vor Anker gelegt: 18.17 Uhr.

»Das hat bisher noch niemand in der Marine getan. Ich sah mir die Öltanks an Land an und versuchte, deren Malings für unser Schiff nachzuahmen. Aufteilung der Kanten und der großen Flächen ist mein Grundsatz. Da ist doch so ein Trottel, der die Flugzeughalle mal einen Pinselstrich rot, dann grün, dann gelb pöhnt, jede Fläche 20 cm groß. Das ist doch zum ...«

Natürlich, ohne Kursus kann das ja nicht klappen ... Abkommandiert in die Kunst- und Museumsstadt München zum Tarnmalkursus ... auf vier Wochen ... Jetzt ... das wär 'ne Sache, da die bajuwarischen Madln das Blau so innig lieben ...

Jedenfalls hat es bis dato niemand für erforderlich oder für möglich gehalten, einem Kriegsschiff ein anderes Farbkleid als das eintönige, triste Grau-in-Grau zu geben. Im Laufe des Krieges wurde schließlich der Außenanstrich aus Tarnungsgründen nachgerade zu einer Wissenschaft.

»Das Fahren der U-Boot-Sicherung im Fjord kostet pro Tag 200 Tonnen Brennstoff«, hat der LI ausgerechnet. Zum Teufel mit dem Wort Brennstoff. Aber es bohrt und am Ende steht es klar vor Augen: mit jeder Stunde werden die Sorgen um den Heimmarsch größer.

Der 10. April morgens.

Kapitän zur See Heye, zwei Zerstörerkommandanten und die Waffenleiter der *Admiral Hipper* beraten.

Heye entwickelt seine Überlegungen zur Lage:

a) *Mit Angreifen englischer Streitkräfte, unterstützt durch Norweger, muß bald gerechnet werden. Wenn auch die Heerestruppen sich in Drontheim selbst und gegebenenfalls in Bergen halten und ausweichen können, so ist doch das entscheidende der Besitz des Fjordes. Zur Zeit sind die wichtigen Batterien noch immer nicht in unserer Hand. Der Engländer kann mit U-Booten und Seestreitkräften jederzeit eindringen.*

   Es kommt jetzt darauf an, so schnell wie möglich die Seeverteidigung zu verstärken, den Fjord gegen Einbruch von Seestreitkräften zu sichern, die Batterien zu nehmen und schießbereit zu machen, eine Signalorganisation aufzuziehen und ein U-Boot-Netz auszulegen. Dies wird ohne Hilfe der Seestreitkräfte nicht möglich sein. Jedenfalls nicht in den vielleicht kritischen nächsten 48 Stunden.

b) *Der allerletzte Termin zum Auslaufen der* Admiral Hipper *ist der heutige Tag, der 10. April abends. Begleitung nur durch einen Zerstörer, durch* Friedrich Eckoldt, *möglich.*

   Die Aussichten für den Durchbruch in die Heimat sind nach der augenblicklichen Lage gering einzuschätzen:

   Bereits beim Auslaufen müssen die feuerbereiten Batterien der Norweger und möglicherweise noch eine Minensperre bei

Beian, für deren Auslegen die Norweger gestern Zeit gehabt haben, passiert werden. Kurz dahinter liegt an einer navigatorisch eingeengten Stelle ein feindliches U-Boot. Wahrscheinlich sind auch die Außenfeuer inzwischen von den Norwegern gelöscht. Die Lage in freier See ist so, daß mit einer Feindberührung zu rechnen ist, der gegenüber die Brennstoffvorräte der Admiral Hipper *für Ausweichbewegungen unzureichend sind; mit den Tankern ist kaum noch zu rechnen, abgesehen davon, daß die Übernahme in dieser Gegend sowohl wegen des Wetters wie wegen des Feindes völlig unsicher ist. Die Lage im Seegebiet Bergen—Shetlands, ebenso auch in der südlichen Nordsee, hat sich durch die feindliche Überwachungstätigkeit, die stark angelaufene Luftaufklärung des Gegners, die zahlreichen U-Boote und die bisher gemeldeten Minenoperationen so verschlechtert, daß ein ohne Sicherung fahrender Kreuzer, der zudem noch in seinem Aktionsradius eingeengt ist, zu sehr vom Glück abhängig ist.*

c) *Es ist jetzt der Entschluß zu fassen, entweder hierzubleiben und damit zwar den Rückmarsch zunächst auf unbestimmte Zeit zu verschieben, auf der anderen Seite aber im höheren Sinne der Aufgabe, Schiffe und Besatzung für die Verteidigung und das Festhalten von Drontheim einzusetzen, dies unter dem Gesichtspunkt, daß die Seestreitkräfte hierbei eine entscheidende Rolle spielen; oder auszulaufen, wobei zur Zeit mit größerer Wahrscheinlichkeit zu rechnen ist, daß das Schiff den heimischen Kräften nicht wieder zugeführt werden kann, letzten Endes der einzige Zweck des Rückmarsches. Wenn die Seestreitkräfte hier bleiben, müssen sie sich etwa in die Aufgabe der* Königsberg *in Ostafrika hineindenken, nur unter wesentlich erschwerten Umständen.*

Alle Offiziere teilen Heyes Überlegungen.

Gestützt auf dieses Vertrauen und mit Zustimmung des Chefs der 2. Zerstörerdivision, Fregattenkapitän v. Pufendorf, ordnet Heye an:

a) *Der als völlig fahrunbrauchbar anzusehende Zerstörer* Theodor Riedel *wird sofort in der Strömmen-Bucht an der als taktisch günstig erkannten Stelle auf eine Untiefe gelegt. Er hat die Aufgabe, als Torpedo-, Sperr- und Scheinwerferbatterie die Einfahrt in den Fjord zu verteidigen.*

b) *Es werden sofort Vorbereitungen getroffen, um* Admiral Hipper *vor Drontheim durch noch im Laufe der Nacht davor zu legende Dampfer gegen U-Boot-Angriffe zu schützen. Ferner sollen aus dem Gesamtbrennstoffvorrat der Gruppe zwei Zerstörer fahrbereit gehalten werden, um alle Aufgaben im Fjord und in den Außengewässern zu übernehmen.*

c) *Es sind also Vorbereitungen zu treffen, um im Einvernehmen mit Heer und Hafenkapitän, die nicht mehr unmittelbar an Bord benötigte Besatzung zum Auslegen des Netzes, zur Verstärkung der Batterien, zur Einrichtung eines Signalnetzes und zum Fla-Schutz einzusetzen. Die 20,3-cm-Geschütze und die 10,5- und 3,7-cm-Flak-Geschütze auf* Hipper *sollen auf jeden Fall besetzt bleiben ...*

Der Heimat meldet Heye, daß ein Auslaufen am 10. April nicht in Frage käme. Er funkt, er habe ›wichtige Gründe‹, nennen will er sie erst, wenn er sich zu einem Entschluß durchgerungen hat.

Erleichtert atmet Heye auf. Die Offiziere der Gruppe West stellen sich rückhaltlos und ohne innere Vorbehalte hinter seine Entscheidung.

Wieder auf Reede, um Vorbereitungen zu treffen, meldet sich Oberst Weiß wie ein vollendeter Seemann an Bord.

»Gute Nachricht, Käpten: der Truppenübungsplatz Värnes ist in unserer Hand. Die dort liegenden norwegischen Soldaten versprechen Waffenruhe.«

»Die Soldaten?«

»Genau gesagt: ein norwegischer General verbürgt sich gegen Ehrenwort zur Einstellung jedweder Kampfhandlungen.«

Mehr noch an Erfreulichem: die städtischen Behörden gaben ihre Zusicherung, die Mobilisierung einzustellen. Bis auf zwei Kanonen der Agdenes-Batterie sind alle Fjordgeschütze in deutscher Hand, zum größten Teil sind sie sogar noch feuerbereit.

Vier deutsche U-Boote sichern jetzt den Fjord.

Neuer Befehl der Gruppe West: »Alle fahrbereiten Einheiten der Flotte auslaufen. Noch in der Nacht.«

IO Fregattenkapitän Zollenkopf: »Als mir dieser Funkspruch vorgelegt wurde, faßte ich sofort den schwerwiegenden Entschluß — obgleich jede Tonne noch vorhandenen Öls wertvoll war —, ›Dampf aufzumachen‹, gab diesen Befehl an den LI und schickte den Adjutanten ›an Land‹, um Heye hiervon und von dem Grundsatzbefehl der Gruppe West zu unterrichten.«

Heye erscheint daraufhin etwa eine Stunde später an Bord.

»Na denn, meine Herren ... Ich sehe keinen Grund mehr für ein Verbleiben«, entscheidet der Kommandant, fügt aber noch hinzu: »Ich sehe aber auch klar, daß sich die Schwierigkeiten eines Rückmarsches vorerst nur durch den Fortfall der Batterie-Bedrohungen vermindert haben. Und Sie, meine Herren? Was ist Ihre Meinung?«

»Ihre Entscheidung deckt sich mit unserem Wunsch.«

»Wünsche, gut. Na ja, am Ende werden doch nüchterne und sachliche Beurteilungen den Vorrang haben. Treffen wir die Vorbereitungen zum Auslaufen.«

Als Begleitzerstörer kommt nur *Z-16, Friedrich Eckoldt,* unter Fregattenkapitän Schemmel in Frage, denn die beiden anderen Zerstörer haben nur noch zusammen 40 t Brennstoff. Diesen treten sie an Z-16 ab.

Heye ist ganz froh, daß er diese beiden und den dritten Zerstörer zurücklassen muß, verstärken sie doch die Seeverteidigung von Drontheim.

»Und wenn es draußen stürmt, wenn die See womöglich noch höher läuft . . .?«

Heye sieht den Chef der II. Z.-D. nachdenklich an, als dieser solche Bedenken äußert und noch weiter sagt: »Bitte versprechen Sie mir, *Friedrich Eckoldt* zurückzuschicken. Der Anmarsch hat Opfer genug gekostet. Außerdem liegt mir daran, meinen Rückmarsch wenigstens in der Rotte antreten zu können.«

»Einverstanden«, sagt Heye. »Der Brite wird sich an einem Tage, da er uns und unsere zurückmarschierenden Schlachtkreuzer jagt, dann wohl kaum um einen einzelnen Zerstörer kümmern. Lieber wäre es mir, das Schiff durch die Schären und unter der Küste nach Deutschland zu schicken. Aber es wird geschehen, wie Sie es wünschen.«

Inzwischen ist folgendes geschehen:

Auf *Admiral Hipper* war Oberleutnant (W) Boden noch immer mit seiner ›Picassogäng innegäng‹, als er Flugmotorengeräusche hörte . . . als eine Arado 196 in unmittelbarer Nähe wasserte: Das Bordflugzeug der *Scharnhorst.*

Oberleutnant zur See Peter Schrewe, der Fliegeroffizier, bringt die letzte Position der Kampfgruppe und die Meldung: »Admiral Lütjens hat die Absicht, dicht unter den Shetlands durchzubrechen. Vor der Haustür der Briten, dort, wo sie uns am wenigsten vermuten. *Admiral Hipper* soll gleichzeitig im Osten durchbrechen.«

Admiral Hippers Flugzeugmechaniker, auf die gelandete *Arado* 196 geklettert, drehen mit kundiger Hand einen Hahn auf. Was herausfließt, ist nicht einmal eine Tasse voll Benzin.

»Oha«, sagen sie nur und wischen sich den Schweiß von der Stirn.

»Oha«, sagt auch Boden, denn mit seinem Auslaufen entfällt auch der komplizierte Tarnanstrich des Schiffes.

Funkspruch an Gruppe West des Inhalts: »*Admiral Hipper* will versuchen, Rückmarsch bis mindestens in die Deutsche Bucht allein durchzuführen. Sollte der Feind das Schiff abdrängen, bleibt wegen der dann akuten Brennstoffsorgen immer noch die *Nordmark* als letzte Reserve . . . vielleicht kann man sich auch um wichtige, bisher unbesetzte Punkte kümmern, wie Andalsnes, als Endpunkt der Bahn . . . oder um Tromsö.«

15.45 Uhr: Fliegeralarm.

15.52 Uhr: Fliegeralarm beendet.

16.43 Uhr: Fliegeralarm.

16.50 Uhr: Fliegeralarm beendet.

Da tut sich was. So scheint es.

21.30 Uhr: Anker auf, gerade als die ersten sanften Wellen der nordischen Dämmerung über die unwirtliche Landschaft ziehen. In den Bunkern sind noch 1577 Kubikmeter Heizöl.

Der Gegner, der den Funkverkehr der Deutschen im Drontheim-Fjord leicht überwachen kann, hört, wie die Leitstelle, also *Admiral Hipper*, eine Sendestörung meldet, er hört, daß der Funkverkehr nach etwa einer Minute wieder zu funktionieren scheint . . . nur mit einem jetzt geänderten Sendeton . . .

»Damned, what's that«, staunen die britischen Funker, aber sie beruhigen sich . . .

Surely, surely . . . natürlich, natürlich, die hatten ja eine Störung.

Reingefallen, ihr Söhne Albions, die Deutschen haben die Störung nur markiert und Z-5, *Paul Jacobi*, spielt jetzt die ›Leitstelle *Admiral Hipper*‹ weiter. Sie funkt auch noch einige FT's an die Gruppe. Die Täuschung scheint vollständig zu sein.

Die Besprechung mit dem Kommandanten von U-34, Kapitänleutnant Rollmann, klappt. Er meldet noch: »Da bei Flesa, da muß eine britische Tauchröhre lauern . . .«

Hätte ich doch, ärgert sich Heye, den deutschen U-Booten den Befehl zum Tauchen gegeben. Nun, wieder in Fahrt, ist es zu spät.

Die Nacht ist dunkel. Die Sicht ist klar.

23.20 Uhr will Z-16, *Friedrich Eckoldt*, wie der Zerstörer durch UK meldete, ein U-Boot in 30 Grad gesehen haben.

»Scheinwerfer leuchten!«

In der Tat, an Steuerbord-Seite von *Admiral Hipper*, dicht unter der Felsenküste, schwimmt ein U-Boot. Klar, das ist der böse Feind. Alle, die ihn sehen, bekräftigen es mit gleichem Atemzuge: typischer Tommy-Typ.

Heye unterdrückt seine Besorgnisse . . . wenn das da aber ein deutsches U-Boot ist? Dann, so beruhigt er sich, hätte es schon lange ES geschossen.

Und das bleibt aus.

Feuererlaubnis für alle Kaliber.

Das Schießen auf das langgestreckte, walähnliche Ziel wird ein toller Zauber. Das U-Boot verschwindet nach einer kurzliegenden Vollsalve der SA hinter aufspringenden Wassersäulen. Auf den Felsen krepierende Granaten der Flak und der Zerstörer werden von der Z-16 als Abschüsse angesprochen. Durch die U-Boot-Kringel, die *Admiral Hipper* fährt, hat die Steuerbord-Artillerie plötzlich auf das bisher backbordsche Ufer geschossen. Weiß der Teufel, was die Artilleristen da an Land ausgemacht haben. So speien der schwere Kreuzer und der Zerstörer nun nach beiden Seiten Eisen. Ein Feuerwerk wie zu einer Flottenparade, bloß mit scharfen Sachen!

Später, in der Heimat, erfahren sie mehr: der so machtvoll beschossene Feind war ein deutsches U-Boot, U-32, unter Kapitänleutnant Hans Jenisch.

Die noch in norwegischer Hand befindlichen Batterien schweigen, als der Verband sie passiert.

Weshalb, erfahren sie auf *Admiral Hipper* nie.

Kapitän zur See Heye hat kurz vorher den Entschluß gefaßt, mit Rücksicht auf das gemeldete Gegner-U-Boot bei der Flesa-Enge durch den Ramsöy-Fjord zu laufen.

Dieser Entschluß läßt einige erbleichen. Der Ramsöy-Fjord ist ohnehin eine der schwierigsten Fahrwasser Norwegens. Und nun, bei gelöschten Feuern ... nicht auszudenken. NO und Obersteuermann aber versichern mit wohltuender Überzeugung:

»Geht klar.«

Sie beide bereiten das Passieren vor.

Noch zweimal gibt es auf dem Weg von Drontheim-Laden bis zur Einsteuerung Ramsöy-Fjord U-Boot-Alarm. Die U-Boote entpuppen sich bei genauerem Hinsehen als Baken, die auf den schwarzen, vom Wasser blankpolierten Klippen stehen.

Ein Glück, die Feuer im Ramsöy-Fjord brennen. Eine Welle der Erleichterung durchläuft das Schiff und ein einmütiger Fluch folgt:

Eine Regenbö verschluckt sie. Alles um die beiden Schiffe wird unklar ... verschwindet ganz.

Sie alle spüren die Nerven an der Hautoberfläche. Verteufelte Lage, denn sie wollen und müssen bei Hellwerden tief in See und weit von der Küste ab stehen:

Wenn es überhaupt mit den Briten zu einer Begegnung kommt, dann nur an der Küste oder auf dem Wechsel Shetland-Lofoten.

Zum Ausweichen oder Zurücklaufen ist es zu spät. Die Bö kostet dem Verband eine halbe Stunde Zeit.

Z-16, *Friedrich Eckholdt* — der Verband hat den gefährlichsten Fjord glücklich passiert, eine navigatorische Glanzleistung des NO's, Fregattenkapitän Hintze[1] und seines tüchtigen Obersteuermanns — kann die Mindestfahrt von 29 Knoten nicht halten.

»K. an K. Wenn ich nun weniger laufe, werde ich später, wenn Sie am Tage mit der Fahrt heruntergehen, wieder heranschließen.«

Heye morst zurück: »Bei der Lage kann ich Vorschlag nicht entsprechen.«

2.50 Uhr wird Z-16 nach Drontheim zurückgeschickt. Heye nach der Unternehmung in seinem Gefechtsbericht:

»Ich habe diesen Entschluß später nicht bedauert. Der Zerstörer hätte das aufkommende schlechte Wetter niemals durchhalten kön-

---

[1] Gefallen auf *Scharnhorst* als deren Kommandant.

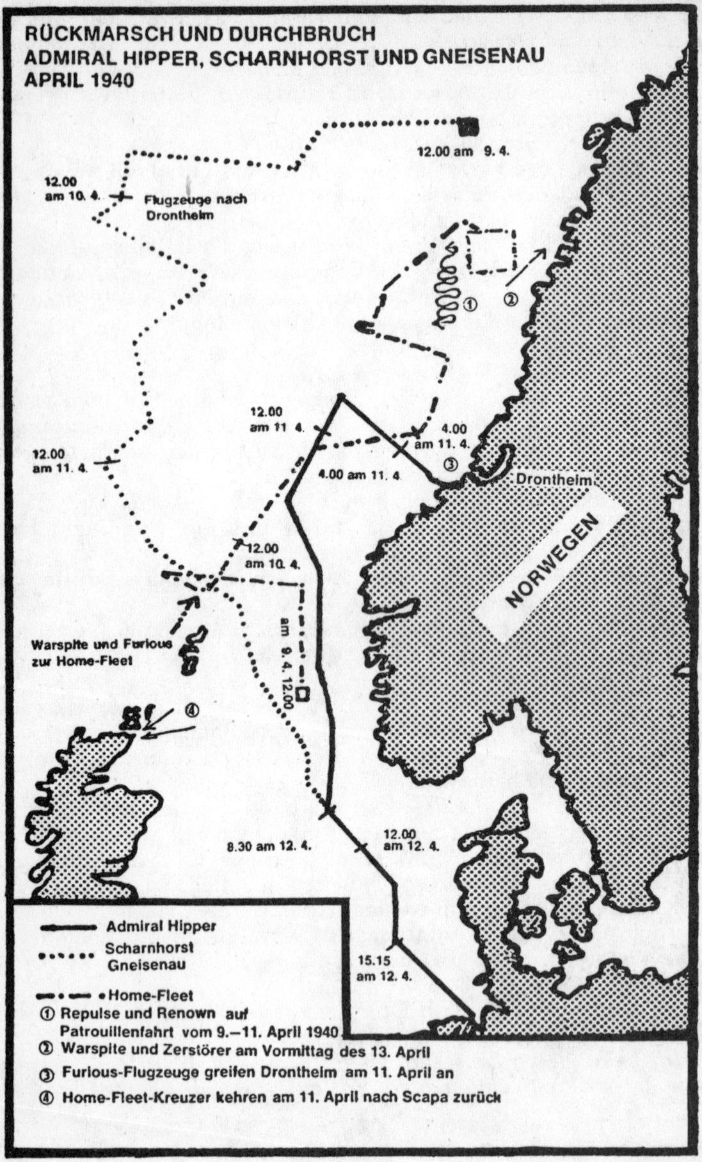
RÜCKMARSCH UND DURCHBRUCH
ADMIRAL HIPPER, SCHARNHORST UND GNEISENAU
APRIL 1940
12.00 am 9. 4.
12.00
am 10. 4.
Flugzeuge nach
Drontheim
①
②
12.00
am 11. 4.
4.00
am 11. 4.
③
12.00
am 11. 4.
4.00 am 11. 4
Drontheim
NORWEGEN
12.00
am 10. 4.
am 9. 4. 12.00
Warspite und Furious
zur Home-Fleet
④
8.30 am 12. 4.
12.00
am 12. 4.
15.15
am 12. 4.
Admiral Hipper
Scharnhorst
Gneisenau
Home-Fleet
① Repulse und Renown auf
Patrouillenfahrt vom 9.–11. April 1940
② Warspite und Zerstörer am Vormittag des 13. April
③ Furious-Flugzeuge greifen Drontheim am 11. April an
④ Home-Fleet-Kreuzer kehren am 11. April nach Scapa zurück

nen und sein Zurücklassen in offener See wäre noch eine größere innere Belastung gewesen.

Unter Ausnutzung der Dunkelheit steuerte Admiral Hipper *am 11. April von 3.00 Uhr bis 7.00 Uhr mit 29 kn; von dieser Zeit mit 25 kn und Kriegsmarschzustand 2 das Quadrat 5427 AF in 300 sm nordwestlich vom Fjordausgang an.*

Ein weiteres Ausholen verbot die Brennstofflage. Ich mußte im Gegenteil mit der Fahrt stundenweise heruntergehen und mich während dieser Zeit in Zickzackkursen nach Südwesten, dem geplanten äußersten Anfangspunkt meines Nachtmarsches im Quadrat AF südwestlich von AF 5426, ziehen.

Das Abwarten der Dämmerung ließ an diesem Tage die Minuten zu Stunden werden. Die im Laufe des Tages eingehenden Meldungen ergaben, daß der weit überlegene Gegner sich in den unmittelbar nach Süden anschließenden Quadraten zwischen Admiral Hipper *und der norwegischen Küste bewegte.*

Der Angriff einer Torpedostaffel auf Friedrich Eckoldt *vor Drontheim, der wohl der* Admiral Hipper *zugedacht war, ebenso wie die Meldung der Gruppe ließen auch auf die Anwesenheit eines Trägers (HMS* Furious) *schließen, dem bei strahlenförmiger Aufklärung* Admiral Hipper *nicht entgehen konnte. Nach meinen eigenen Erfahrungen, ebenso wie aus den Mitteilungen der Flieger in Drontheim, war ferner auch in diesem Gebiet mit Sunderlands zu rechnen . . .«*

Wie berechtigt Heyes ahnungsvolle Sorgen waren, wissen wir heute, denn morgens 4.00 Uhr stand der deutsche Verband nur gute 25 Seemeilen südlich von dem von nun mit NNO-Kurs laufenden Gros der Home-Fleet ab. Wenig später, ca. 5.00 Uhr greifen Flugzeuge des Trägers *Furious,* der rund 70 sm nordwestlich von Drontheim beim Gros der Home-Fleet steht, die drei in Drontheim zurückgebliebenen Zerstörer Z-5, *Paul Jacobi,* Z-6, *Theodor Riedel* und Z-8, *Bruno Hermann* erfolglos an. Der 4. Zerstörer, Z-16, *Friedrich Eckoldt,* ist noch nicht wieder in Drontheim eingelaufen. Gegen 9.00 Uhr geht *Admiral Hipper* auf SSW-Kurs. Die beiden deutschen Schlachtkreuzer stehen zu dieser Zeit etwa 250 sm westlich von ihm. Sie steuern SO-Kurs.

Der Wetterfrosch auf *Admiral Hipper,* Dr. Schnapauff, verbürgt sich bei seinen Ahnen für sauschlechtes Wetter in den Abendstunden. Und Heye glaubt ihm. Er stößt in das taktisch unsichere Gebiet nordwestlich von Stadtlandet hinein.

Das Wetter wird zum Gotterbarmen.

Der Wind dreht seine Harfe gar mächtig auf.

Regenschauer und Dunst bringen Unsichtigkeit.

Die Dünung wird länger und höher, die überbrechenden Seen immer wütender:

Durchbruchwetter ....

Und irgendeiner auf der Brücke lacht und sagt, mit einem Blick zum Kommandanten hin:

»Haie und kleine Fische, Herr Kapitän.«

Die gemeldeten und schon vorher auf dem wahrscheinlichen Treffpunkt mit De-Te[1] festgestellten Feindzerstörer können die Männer auf *Admiral Hipper* mal ...

Das Oberdeck darf nicht mehr betreten werden ... Es ist auch nicht zu betreten. Wild schäumen und branden überkommende Brecher. Ihre im Zickzack auslaufenden, grünlich leuchtenden Wassermassen wirken wie die Krallen unterseeischer Seeungeheuer. Der Waffeneinsatz ist bei dieser See stark eingeschränkt. Von der Brücke aus ist nichts mehr zu sehen. Auf der Admiralsbrücke ist ein Zusatz-WO aufgezogen. Und eine gute Zeit fährt der Kommandant sein Schiff selbst von dieser überhöhten Position, die wenigstens hin und wieder Voraussicht gestattet.

Mit der Schnauze direkt in der See liegt *Admiral Hipper* am besten ... was allerdings Brennstoff kostet. Hin und wieder, wenn sie gegenanboxt, bäumt sich der Rumpf wie unter einem Prankenhieb auf. Die Erschütterung gleicht einem Granateinschlag.

Und dann die Unsicherheit über die Ausmaße des *Glowworm*-Lecks.

Sie müssen die 29 kn durchhalten, sie wollen am Morgen soweit südlich wie möglich stehen, mehr noch, 20.55 Uhr erhöhen sie auf 30 Knoten.

Als die Dämmerung des 12. April anbricht, ist der Rückmarsch noch keineswegs gesichert. Heye ist darauf vorbereitet, daß der Gegner versuchen könnte, ihm und den Schlachtkreuzern den Weg zu verlegen.

»Ohne von der deutschen Abendaufklärung am 11. erfaßt zu werden, können sie in der Dunkelheit in einem Rutsch aus einem englischen Hafen bis ins Skagerrak vorstoßen«, sinnt er.

»Auch die am 11. abends vor Drontheim gemeldeten Kräfte lassen sich als ein konzentrisches Vorgehen vom Norden und Süden gegen unsere im Seegebiet Shetland-Bergen stehenden Einheiten ausdeuten«, überlegt NO Hintze.

»Genau«, bekräftigt Heye.

Doch damit nicht genug. Wegen der bei dem Norwegenunternehmen gelegten Minensperren kann *Admiral Hipper* bei Feindberührung nicht ins Skagerrak ausweichen. Die verbliebenen Lücken sind vorzüglich geeignete Wartepositionen feindlicher U-Boote. Die norwegische Küste bietet hier keinen Hafen, der für eine Versorgung in Frage kommt. Dazu kommen Minengefahren und die Bedrohung

---

[1] De-Te = Funkmeßgerät *Dezimeter-Telefonie.*

aus der Luft. In der minenverseuchten Deutschen Bucht bleibt nur noch ein einziger Weg. Und auf diesem wie auf dem ›Weg Blau‹ ist erst noch gestern je ein britisches U-Boot gemeldet worden.

Das sind rosige Aussichten.

Aus seinen düsteren Überlegungen wird Heye in einem gewissen Maße durch das Wetter erlöst, das mit seiner unvorherzusehenden Gunst den um die Mitternachtsstunde vom 11. auf 12. April gefahrenen Durchbruch auch bis Anbruch des Tages deckt. Die U-Boot- und Minenlage bleibt davon allerdings auch weiterhin unberührt.

Dennoch gibt es 6.06 Uhr den ersten und erwarteten Fliegeralarm, 6.19 Uhr den zweiten. Weitere folgen. Das De-Te-Gerät faßt noch weitere, nicht sichtbare Flugzeuge auf.

8.00 Uhr, bei Wachwechsel, meldet die Maschine noch ganze 613 Kubikmeter Heizöl.

»De-Te an Brücke. Zwei starke Zacken an Steuerbord.«

Zwei Zacken?

Hier?

Das können nach Kopplung nur die beiden deutschen Schlachtkreuzer sein.

Heye läßt vorsichtig heranfühlen: es sind, plötzlich von der Sonne übergoldet, *Scharnhorst* und *Gneisenau*. Die zehn Zerstörer sind in Narvik zurückgeblieben [1].

Wem der Himmel soviel Gunst verschenkt, den sollte er eigentlich auch heimkommen lassen.

Da: die Gruppe meldet, daß in England 130 Flugzeuge [2] gestartet seien. Britische Fühlungshalter zwingen den Verband alle zehn Minuten zum Fliegeralarm.

Eine Nebelwand schiebt sich zwischen den Verband und die noch westlich stehenden englischen Staffeln. Dem Nebel folgt Schlechtwetter mit Kälteeinbruch. Ein Teil der Engländer fliegt nach Bergen, dort werden sechs der Angreifer abgeschossen. Die anderen suchen, aber finden die Deutschen nicht.

Im Interesse der Brennstofflage muß jetzt, nahe der Heimat, die Geschwindigkeit gedrosselt werden.

Einige Jäger sichern.

Die deutsch-friesische Küste wächst über die Kimm.

Die Nordsee leuchtet im Abendsonnenschein.

Eine Andante in flammendem Gold.

Als *Admiral Hipper* in die Schleuse von Wilhelmshaven einläuft, verfügt das Schiff noch über ganze 123 Kubikmeter Brennstoff [3].

---

1 Wo sie später vor dem Feind blieben, alle ohne Ausnahme.

2 Nach englischen Unterlagen waren es 92 Bomber, die in dem Augenblick starteten, als sich *Admiral Hipper* mit den Schlachtkreuzern verband.

3 Brennstoffbestand beim Auslaufen: 3005 m^3; Verbrauch: 2782 m^3; Restbestand: 223 m^3; nicht erfaßbar 100 m^3 also/= 123 m^3.

Der Erste Offizier empfängt den an Bord kommenden Oberwerftdirektor, Konteradmiral Förster. »Binden Sie das Schiff in der Schleuse nicht so fest. Sie müssen sofort ins Dock«, sagt dieser.

»Keiner von der Besatzung hat in den letzten 60 Stunden geschlafen, Herr Admiral.«

Oberleutnant Boden notiert später: ». . . Es hilft nichts, wir müssen noch in der Nacht ins Dock, um das Loch von der Zerstörerramming zu flicken. Vielleicht müssen wir bald wieder 'raus.«

Admiral Hipper wurde noch in der Nacht im großen Wilhelmshavener Schwimmdock eingedockt. Inzwischen hat sich die Gesamtlage in Norwegen derartig zugespitzt, daß bereits am nächsten Tag von der Seekriegsleitung der Befehl erteilt wird, das Schiff wieder auszudocken und trotz des erheblichen Lecks behelfsmäßig wieder für einen erneuten Einsatz in Norwegen bereitzumachen. Erst als vom norwegischen Kriegsschauplatz im Laufe des übernächsten Tages günstige Nachrichten einlaufen, wird *Admiral Hipper* erneut für eine längere Werftzeit wieder eingedockt.

»Die kühnste Unternehmung der Seekriegsgeschichte«, hat der Wehrmachtsbericht diese Unternehmung bezeichnet.

Weiß Gott, sie war kühn.

Wäre sie schiefgegangen, hätte man sie vielleicht eine Wahnsinnstat genannt.

Der 13. April:

Oberleutnant (W) Boden notiert:

»Wir schlafen alle furchtbar lange. Ich werde durch Werftmenschen geweckt, die mit furchtbar viel Eifer sofort wieder alles heil machen wollen.

Wir sehen erst einmal unser Schiff im Dock an. Da stehen uns die Haare zu Berge. Der Zerstörer hatte uns in seinem Todeskampf noch einen Kratzer beigebracht, der nicht von Pappe war, einen 30 m langen Riß unter der Wasserlinie. Der LI bekommt beinahe jetzt noch graue Haare, als er dieses Leck betrachtet und sich überlegt, daß wir mit diesem Riß mit 30 kn gegen die gewaltige See angeboxt hatten. Da ist zunächst nichts mit dem sofortigen weiteren Einsatz. Die Werft veranschlagt vier Wochen.«

In seinen Schlußüberlegungen, die sich vornehmlich mit der Lage in Norwegen befassen, sagt Kapitän zur See Heye abschließend: ». . . Das Schiff und seine Anlagen haben sich im großen und ganzen bewährt. Größere Seewasserschäden werden bei derartigen Operationen immer unvermeidlich sein. Die praktischen Brennstoffverbräuche liegen aber höher als errechnet (Alarme, Ruderlagen, Ausweichmanöver, Zickzack usw.). Die Störungen im Maschinenbetrieb konnten bis auf einen Kessel und ein in den Raum blasendes Brükkenventil (2), was leicht zu großer Dampfgefahr führen konnte, unter der fachgemäßen und umsichtigen Leitung des Leitenden Ingenieurs, Korvettenkapitän (Ing.) Fischer, und von dem hervorragenden Maschinenpersonal beseitigt werden . . .

. . . Die Besatzung hat das gehalten, was von ihr erwartet wurde. Auch der Fleisch-, Fett- und Frischwassermangel hat die Gefechtsbereitschaft trotz dauernder Kriegswache nicht sichtbar eingeschränkt. Die zahlreichen in den letzten Monaten neu an Bord kommandierten Soldaten haben trotz mangelnder Ausbildungsmöglichkeiten ihren Mann gestanden.

Die Besatzung hat das stolze Gefühl, an einer einmaligen geschichtlichen Operation erfolgreich beteiligt gewesen zu sein . . .«

Äußerer, sichtbarer Dank für die hervorragende Leistung der *Admiral Hipper*, ihrer Führung und ihrer Männer sind die Verleihung des Ritterkreuzes an den Kommandanten und Gruppenchef Kapitän zur See Heye und zahlreicher EK's an einzelne Besatzungsmitglieder.

Das Unternehmen Juno

Zur Lage:

In Norwegen haben sich die Alliierten in Harstad[1] *festgesetzt. Sie versuchen, Narvik wieder zu nehmen, aber der am 10. Mai 1940 begonnene und schnell fortschreitende Frankreichfeldzug entzieht der Operation die Grundlage, bedroht er doch nunmehr auch England selbst*[2]*. Anfang Juni leiten die Alliierten den Rückzug ein. Parallel zu dieser Operation läuft ein deutsches, am 4. Juni begonnenes Unternehmen unter dem Flottenchef, Admiral Marschall, an, das, so war es ursprünglich geplant, den hart bedrängten deutschen Narvik-Kämpfern Entlastung bringen soll*[3]*. An dem Flottenvorstoß, der ursprünglich schon am 25. Mai erfolgen sollte, nehmen teil die beiden Schlachtkreuzer* Gneisenau *und* Scharnhorst, *vier Zerstörer und die* Admiral Hipper. *Es ist vorgesehen, daß die deutschen Schiffe von Norden her in den tiefen And-Fjord eindringen, den der Gegner, also hier die Engländer, seit Wochen zu einem starken Seestützpunkt gemacht hat.*

Es ist eine dämmrige Nordmeernacht, als Flottenchef Wilhelm Marschall den Kommandanten der Einheiten des Unternehmens *Juno* auf seinem Flaggschiff *Gneisenau* die Befehle für den beabsichtigten Angriff auf den englischen Hauptstützpunkt Harstad ausgibt, während in der gleichen Zeit die Zerstörer und *Admiral Hipper* aus dem Troßschiff *Dithmarschen* beölt werden, eine Arbeit, die bis zum Abend des 7. Juni dauern soll. Es werden auf *Admiral Hipper* aber nur 800 t übernommen, mehr zur Übung denn aus Dringlichkeit. Die Ölübernahme erfolgt in Fahrt, wobei der Tanker den Kreuzer beziehungsweise den Zerstörer schleppt, dessen Schrauben soweit mitarbeiten, daß die Schlepptrosse leicht gespannt bleibt. Die anderen Schiffe, die nicht beölt werden, dümpeln in langer, aber träger Dünung. Ein großartiges Bild, übergoldet vom matten Seidenglanz einer paradiesischen Mitternachtssonne.

Admiral Hipper war im Kielwasser der *Gneisenau* und *Scharnhorst* am 4. Juni, 8.00 Uhr, aus dem hochsommerlichen Kiel ausgelaufen, begleitet und gesichert von vier Zerstörern, anfangs zu-

---

1 Am Ende des And-Fjords gelegen.
2 Ruge: ›Der Seekrieg 1939–1945‹, Stuttgart 1956.
3 Cpt. Roskill in seinem britischen Seekriegsbuch dazu heute: ». . . It was a bold plan and, in view of the great reduction in Lord Cork's naval strength which had taken place at this time, might well have succeeded in causing us serious losses . . .«

sätzlich noch von einem Sperrbrecher und zwei Torpedobooten, der *Jaguar* und der *Falke*. Auf dem Flaggschiff die Flagge des Flottenchefs, der als BdP gleichzeitig der Befehlshaber der Panzerschiffe und der Schlachtschiffe ist, auf *Admiral Hipper* die des BdK, Vizeadmiral Schmundt und auf Z-20, *Karl Galster*, der Stander des FdZ, Kapitän zur See Bey. Strahlendes Sommersonnenwetter verdrängt jedwede Sorgen und Probleme. Die Männer fühlen sich, als seien sie barzahlende Passagiere auf einem Musikdampfer.

»Dennoch ...«, sinnt einer vom schweren Kreuzer, als er mit seinen Kameraden während der Mittagszeit die Sonne genießt, »... dennoch will mir scheinen, daß sich der Himmel verdüstert, wenn ich an das Wort von dem Brei und den vielen Köchen denke ...«

Die anderen lachen, aber unbekümmert, und einer spricht aus, was manche meinen: »Bei so vielen Admirälen, wenn du an diese denkst, kann und darf ja nichts schiefgehen.«

»Natürlich nicht, unter Marschalls Führung brauchen wir uns nicht zu sorgen. Aber es kochen ja auch die Herren von den Landdienststellen mit.«

»Das letzte Wort wird sich, wie wir ihn kennen, unser Flottenchef vorbehalten. Das walte Gott.«

»Und wenn das OKM befiehlt ...?«

»Auch dann, wenn es die Lage erfordert. Auch Binsenweisheiten können in die Binsen gehen, wenn nur der richtige Mann am Ruder steht.«

Bei Korsör hatten sie auf ihrem Anmarsch gestoppt: auf *Admiral Hipper* stieg der neue Ingenieuroffizier für den Schiffssicherheitsdienst, Kapitänleutnant (Ing.) Diplom-Ingenieur Glatzer, über. U-Boot-Alarm im Kattegatt, am Mittwoch vormittag wurde die Skagerrak-Sperre passiert, die Torpedoboote und der Sperrbrecher entlassen, und abends standen sie bei Lindenäs. Der Marsch durch die Enge Shetland–Bergen begann. Er verlief ohne Ereignisse. Donnerstag morgen lag der Verband noch immer auf nördlichem Kurs. Immer kürzer spannt sich der dunkle Bogen der Nächte.

Nun, hier auf der Versorgungsposition, gibt es sie nicht mehr. Um die Mitternachtsstunde scheint die Sonne.

Bei dieser ›Sitzung in See‹, während der deutsche Flugzeug-Aufklärungsmeldungen den Westmarsch eines feindlichen Geleitzuges nördlich von Harstad erkennen lassen[1], kommt es zu einem Endergebnis, das der Kommandant *Admiral Hipper* zusammenfaßt:

»... Das Eindringen in die inneren Gewässer müßte, wie es sich

---

1 In Wirklichkeit waren es zwei Geleitzug-Gruppen, die am 4. Juni Harstad verlassen haben und von denen die südliche etwas langsamer ist, jene, auf die Marschall nun operiert.

auch der BdA[1] *und der Kommandant nach eingehendem Studium der Karte überlegt hatten, wegen der Wassertiefen und navigatorischen Verhältnisse durch das nur in einer ungefähren Ausdehnung bekannte englische Sperrgebiet erfolgen.*

Die am schwersten von dem Verband in seiner Zusammensetzung und Stärke abzuwehrende feindliche Gegenwirkung ist in den Minen, den Torpedoträgern und von zwei nahe gelegenen Flugplätzen startenden Bombern und Stukas zu sehen. Die leichten Streitkräfte sind in den engen Fjorden mit mannigfachen Deckungsmöglichkeiten besonders starke Gegner, die mit Torpedosalven nach dem Beispiel in Narvik gute Erfolgsaussichten gegen die schwer beweglichen großen Einheiten haben, zumal diese ihre artilleristische Kampfkraft bei den gegebenen Verhältnissen nicht voll und rechtzeitig zur Wirkung bringen können.

Der angestrebte Überraschungsmoment, doch eine wesentliche Grundlage der ganzen Operation, wird sowieso kaum zu erreichen sein, da allein das Einlaufen innerhalb der Fjorde bis Harstad ohne Berechnung des Zeitaufenthaltes durch Sperren, feindliche Gegenwehr usw. bis zu drei Stunden in Anspruch nehmen wird, sofern nicht schon außerhalb der Küstengewässer eine Bewachungslinie aufgestellt ist.

Die gute Sicht in diesen Gegenden, bis zu 400—500 hm, und die fehlende Dunkelheit begünstigen frühes Erkennen.

Aus den Ausführungen des Flottenchefs ging ferner hervor, daß eine gleichzeitige unterstützende Aktion mit Kampfverbänden der Luftwaffe nicht verabredet werden konnte.

Der Flottenchef weist dann darauf hin, daß er bei Ausbleiben der entscheidenden Aufklärung zunächst Geleitzüge, von denen bereits einer gemeldet ist, anpacken wolle.

Diese Sitzung in See vor dem Einsatz, die bei den heutigen Kriegsverhältnissen wohl nur in dieser Gegend möglich war, gibt den Kommandanten, die bis dahin über wesentliche Punkte des Zweckes und der Durchführung der Operation im ungewissen waren, die Ausrichtung auf die Gedanken des Flottenchefs und die Gewißheit der Übereinstimmung in der Lagebeurteilung . . .[2]*«*

---

[1] Ab 1. 8. 1940 führte der Befehlshaber der Aufklärungsstreitkräfte (BdA) die Dienstbezeichnung Befehlshaber der Kreuzer (BdK). Vom gleichen Tage an wurden dem BdK auch die Panzerschiffe, jetzt schwere Kreuzer, unterstellt. Die dem BdA bisher unterstehenden FdZ und FdT (Führer der Zerstörer und Führer der Torpedoboote) wurden dem Flottenkommando unmittelbar unterstellt. Die Dienststelle des BdK wurde Oktober 1941 aufgelöst. Der bisherige Stab bildete den Admiral Nordmeer.

[2] Generaladmiral Marschall: »Durch das Ausbleiben der seit Wochen angeforderten Bild-Aufklärung durch die Luftwaffe war der Flottenchef zum Auslaufen gezwungen, ohne vorher die Befehlshaber und Kommandanten in die Aufgabe einweisen zu können. Selbst die in Aussicht gestellte Funkunterrichtung über die Lage in Harstad ist niemals eingetroffen, da nach Angabe der Luftwaffe das schlechte Wetter eine Aufklärung nicht zuließ.«

Nach Beendigung der Kommandantenbesprechung wird Kurs auf Harstad aufgenommen, das am 9. Juni in den frühesten Morgenstunden angegriffen werden soll.

Kurz nach Mitternacht des 8. Juni geht bei der Gruppe ein neuer UK-Spruch von der Flotte ein, der besagt, daß der Flottenchef den Angriff aufgegeben habe und statt Harstad einen englischen Geleitzug aus zwei großen Dampfern unter dem Schutz eines Kreuzers und zweier Zerstörer anpacken will.

Wie eine spätere Besprechung ergibt, erfolgt diese überraschende Änderung nach der Vorlage des Funkspruches eines zurückkehrenden deutschen Seeaufklärungsflugzeuges, der besagte, daß es über Harstad nur durch ein Kanonenboot X unter Feuer genommen worden sei – eine Meldung, die zufällig auch im Flottenflaggschiff aufgenommen worden war. Sie war an sich nur für seine Staffel bestimmt. Admiral Marschall folgerte aus dieser Meldung, wie auch aus der Tatsache eines auffälligen starken SW-Verkehrs der englischen Geleitzüge und eines Fehlens jeglicher Feindbewegung nach Richtung Harstad, daß die englische Basis leer sei, der Angriff auf sie demnach ein Schlag ins Wasser werden müßte.

Die spätere Geschichtsschreibung hat dem schweren Entschluß des Flottenchefs entgegen dem Operationsbefehl und entgegen der wiederholten Weisung des Marinegruppenkommandos recht gegeben:

Engländer und Franzosen hatten Harstad seit dem Morgen des 8. Juni geräumt und sich aus Norwegen zurückgezogen.

Die Schiffe nehmen Fahrt auf, nachdem vorher von *Scharnhorst* und *Admiral Hipper* je ein Bordflugzeug zur Aufklärung mit späterem Rückflug nach Mo in Norwegen gestartet worden war. Sie bilden einen breiten Aufklärungsstreifen, Kurs 170°[1].

Flottenchef an *Scharnhorst* und *Admiral Hipper:*

Um 5.00 Uhr beginnen sämtliche Flottenstreitkräfte einen Aufklärungsstreifen zu bilden, um den von den Fliegern gemeldeten englischen Geleitzug zu finden und zu vernichten.

Zwei Stunden später sichtet *Admiral Hipper* an Steuerbordseite in 67° 20′ Nord und 04° Ost zwei Fahrzeuge. Sie liegen auf westlichem Kurs, sind also mit Sicherheit Gegnerschiffe. Hin und wieder verschleiert sie der Dunst einer Regenbö. Das eine Schiff wird als Zerstörer, das andere als Tanker angesprochen.

Durch KR-Spruch weist der Flottenchef der *Gneisenau* den Tanker, den angeblichen Zerstörer der *Admiral Hipper* zu.

6.45 Uhr – nur noch etwa 8 hm entfernt – werden dem englischen Bewacher die sich nähernden Kriegsschiffe dann doch un-

---

[1] Generaladmiral Marschall: »Der Befehl hierzu kam vom Flottenchef, um den Bewacher hinzuhalten und englische Streitkräfte vorzutäuschen. Es war der Versuch, einen englischen Aufklärungsfunkspruch zu unterbinden, der die Anwesenheit deutscher Seestreitkräfte vorzeitig bekanntgemacht hätte.«

heimlich, und er blinkt mit seinem Scheinwerfer das Erkennungssignal: die Buchstaben U und A.

Überrascht sieht *Admiral Hipper*, wie *Gneisenau*, diese beiden Buchstaben in Sekundenschnelle wiederholt[1]. Dann wiederum blitzt der Scheinwerfer des Bewachers auf.

»What ship?«

Gneisenaus Antwort kommt schnell:

»Southampton.«

Die Täuschung gelingt.

Ruhig verfolgt der englische Convoy seinen Kurs.

»Man schmiede im Krieg keine Pläne, denn erstens kommt es anders . . .«

»und zweitens als man denkt«, vollendet der Adju, als Heye den Befehl zur Versenkung erhält. Sie hatten auf dem schweren Kreuzer nämlich vor, den Tanker nicht zu beschießen und nicht zu versenken. Sie wollten ihn aufbringen, entern und als Prise heimschicken, denn Tankertonnage ist knapp.

Und was knapp ist, ist kostbar.

Außerdem, und das bestärkte Heyes Plan, ist das andere Fahrzeug gar kein Zerstörer. Es handelt sich, so sahen sie es kurz vorher, um einen Bewacher vom Typ der neuen englischen Korvetten[2].

Auf Gefechtskurs 270° liegend, bekommen die IAO's beider Schiffe kurz nach 7.00 Uhr Feuererlaubnis. Die Granaten der 20,3, deren Rohre ›Ziel aufgefaßt‹ hatten, bleiben bei dem geringen Kampfwert des der *Admiral Hipper* zugewiesenen Gegners noch im Rohr.

7.04 Uhr schießt die schwere Steuerbord-Flak ihre erste Salve. Der Bewacher schwimmt in genau 60°. Die Entfernung beträgt nur noch 20 hm.

Die zweite Salve: Die ersten Treffer. Einige detonieren mit grellen, orangefarben wabernden Blitzen in den Brückenaufbauten.

Schwarze Rauchwolken auf dem Gegner, dessen Schlagseite immer stärker wird. Aber noch fährt er, noch schwimmt er, noch hält er Kurs.

»Warum wehren die sich denn nicht?«

Diese Frage bewegt alle, auch den Kommandanten, der 7.07 Uhr aus diesem Grund das Feuer einstellen und sein Schiff über Backbord auf Gegenkurs drehen läßt.

»Wir passieren und bleiben erst einmal in der Nähe . . . oh, was ist das denn?«

---

1 Lt. UK-Spruch Flottenchef an *Scharnhorst* und *Admiral Hipper*.

2 Generaladmiral Marschall: »Der Flottenchef betrachtete dieses zufällige Zusammentreffen als sehr unliebsamen Aufenthalt in seiner Suche nach dem viel wertvolleren Geleitzug mit Kreuzer- und Zerstörer-Sicherung. Dieser Aufenthalt mußte je schneller desto besser verkürzt werden.«

Wasserfontänen springen vor und hinter dem Bewacher aus der See, die Luft ergrollt unter dem Donnern von Abschüssen und Detonationen. Die Ursache: während *Admiral Hipper* drehte, schoß der jetzt hinter ihr stehende Zerstörer einige Salven.

Der Gegner stoppt noch immer nicht. Was soll das? Er leitet aber auch nicht zur Rettung seiner Besatzung ein, denn er schwenkt weder Boote aus, noch legt er Rettungsflöße klar.

»Im Gegenteil, Herr Kapitän, er scheint nach Steuerbord abzudrehen«, meldet der Ausguck in der Backbord-Nock, der über sein BÜ-Telefon die Gespräche auf der Brücke mithören kann.

»Das scheint nicht nur, er dreht wirklich . . .«

7.11 Uhr schießt die schwere Flak an Backbord. Auf 24 hm Treffer. Starke Schlagseite nach Backbord.

7.12 Uhr: »Halt Batterie – halt.« Die Rohre schweigen, bleiben aber gerichtet.

Admiral Hipper über UK an den Zerstörer: »Leute retten.«

7.14 Uhr kentert das schwer getroffene Schiff. Langsam und träge, als sei es des sinnlosen Kampfes müde, wälzte es sich auf die Seite, zeigte den roten Bodenanstrich, ein leuchtender Farbtupfen auf dem Meer, und ging dann plötzlich auf Tiefe. Als es versunken ist, dröhnt die See rumorend auf. Wasserbomben sind krepiert. Was sonst.

In der perlmuttfarben schimmernden See sehen sie jetzt alle das apfelsinenfarbene Schlauchboot. Und in diesem hockt ein Mann, ein einziges Besatzungsmitglied des unglücklichen Bewachers. Er wird von *Admiral Hipper* an Bord genommen, nachdem ihm der IO, Fregattenkapitän Zollenkopf, die Rettungsboje zugeworfen hat. So sehr sie auch suchen, andere Überlebende sind nicht zu sehen.

Die Gruppe West meldet um diese Zeit der Flotte:

»durch luftaufklärung gesichtet: norwegisches u-boot b-3 im narvikgebiet gestern abend aus harstad. gruppe west.«

Admiral Hipper über UK an Zerstörer: »Ein Mann aus Schlauchboot an Bord genommen. Alle Maschinen 17 kn, Kurs 65°. Zerstörer hat Befehl, Tanker durch Torpedo zu versenken.«

Der Seemann, den sie herausgeholt haben, hatte gerade Wache auf der Brücke. Das rettete ihm das Leben. Die übrige Besatzung, vom Auftauchen der deutschen Schiffe völlig überrascht, wollte noch an die Geschütze und MG's eilen. Aber die inzwischen ausgebrochenen Brände behinderten sie.

Im KTB der *Admiral Hipper* heißt es später:

Es wurden insgesamt 97 10,3-cm-Granaten verfeuert. Das Fahrzeug war der englische U-Boot-Jäger *Juniper,* wie aus den Handbüchern hervorgeht, ganze 505 BRT groß.

Wer schon auf *Admiral Hipper* ist glücklich über diesen Erfolg.

Denen auf der *Gneisenau* geht es nicht anders, als sie die 5666

BRT große *Oil Pioneer* in Brand schießen und versenken müssen. Der britische Tanker war leer und stand wie sein Sicherungsschiff *Juniper* auf dem Weg nach England.

UK-Befehl von Flotte: »Kurs 65°, 12 sm[1].«

UK von Flotte an alle: »10.00 Uhr Aufklärungsstreifen wie befohlen, Reihenfolge bilden 2427[2], Mitte bis 2735, rechte untere Ecke. Vormarschkurs 65°, Fahrt 18 kn, Start Bordflugzeug planmäßig.«

UK von Flotte an alle:

»Position für Aufklärungsstreifen einnehmen.«

Admiral Hipper geht auf seine Position für den Aufklärungsstreifen.

UK an Flotte von Z-7, *Hermann Schömann:* »Elf Mann vom Tanker *Oil Pionier*[3] gerettet. In Richtung 8° Rauchwolken.«

Dazwischen funkt die Heimat: »nach eindeutiger unterlage b-dienst beide *Renown*[4] im islandraum.«

Na also, und reimen tut es sich auch.

Kurz danach meldet Z-20, *Karl Galster,* über ein Signal an alle: »Dampfer 2425 nördlicher Kurs. – Kurs 10° 37 kn – Kurs 5° 32 kn. – Bb. voraus mehrere Rauchwolken.«

Es ist 10.45 Uhr, als sie auf *Admiral Hipper* erst eine Rauchfahne, dann einen Dampfer mit zwei Schornsteinen sichten. 10.50 Uhr ein neues UK von der Flotte an *Admiral Hipper:*

»Den in Richtung 340° stehenden Handelsdampfer vernichten. Zerstörer zu *Gneisenau.* Vor dem Dampfer steht ein Lazarettschiff. Danach Anschluß an Flotte, die auf jeglichen Gegner operiert.«

Kurs 320°.

Die Schiffsführung ist im Kommandostand.

10.52 Uhr E-Meß-Stand Vormars an Brücke: »Messung des Zweischornsteiners 225 hm.«

»Wahrscheinlich ist das ein Hilfskreuzer«, vermutet Heye, der Sprenggranaten mit Bodenzünder anfordern und fördern läßt.

»Warum aber nimmt er denn die ihm zunächst stehende *Hans Lody* nicht an?«

Dieses Erstaunen des NO's ist berechtigt, um so mehr, als *Hans Lody* an *Admiral Hipper* blinkt: »Wahrscheinlich Hilfskreuzer.«

Heye hat nur diese und zudem einleuchtenden Erklärungen:

»Wahrscheinlich sieht er in diesem einen Briten. Vielleicht aber hat man ihn auch noch gar nicht gesehen.«

---

1 sm statt kn, wie es korrekt heißen müßte, ist so im UK-Spruch vermerkt.

2 Diese Zahlen betreffen die Quadrate der deutschen Marinekarte.

3 Schreibfehler im UK-Spruch: Muß *Oil Pioneer* heißen.

4 Gemeint sind die aus dem Ersten Weltkrieg stammenden, noch als Linienschiffe bewilligten, dann aber in Schlachtkreuzer geänderten beiden 32 000-t-Einheiten: HMS *Renown* und HMS *Repulse* zu 6–38 cm.

May be ... Aber das hält das sich anbahnende Ende nicht auf.

10.55 Uhr laden und sichern die Kanonen auf *Admiral Hipper*. Der BÜ vom achteren Stand trägt es mit genauer Uhrzeit auf dem Millimeterpapier seiner Kladde ein.

10.58 Uhr: Turm Bruno schießt, wie von der Flotte vorher, bei Sichtung, durch UK befohlen, zwei Warnschüsse vor den Bug. Der Scheinwerfer klappert die Buchstaben stop in die Richtung des mit einer Kanone bewaffneten Fremden.

»Hoffentlich stoppt er ...«, sorgt sich der NO.

»Hoffentlich ist dieser Kapitän vernünftig«, bekräftigt der WO.

Der Zweischornsteiner stoppt aber nicht. Stur behält er seinen Kurs bei. Einige glauben zu sehen, daß sie da drüben die Kanone besetzen wollen. Heye bleibt keine andere Wahl, genau 11.00 Uhr verlassen die ersten gezielten Granaten die Rohre, je vier Schuß vorn, indirekt.

Laut Kladde: »Dampfer soll angeblich Torpedo abgeschossen haben.«

Heye hat inzwischen den Kurs um 70° nach Backbord gelegt. Alle Türme können nun ins Gefecht kommen.

11.01 Uhr schießen die Türme Cäsar und Dora.

11.02 Uhr donnert eine Vollsalve dem Gegner entgegen. Bestand die erste Salve aus Kopfzünder-Granaten, so läßt IAO Wegener jetzt Granaten mit Bodenzünder schießen. Er verspricht sich mit dieser Geschoßart ein schnelleres Außerbetriebsetzen der Maschinenanlage.

»... und unnötige Menschenverluste bei Decks- und Takelagetreffern«, fügt er noch hinzu.

11.03 Uhr: »Höhe und Seite direkt, Turmabfeuerung.«

Die Entfernung zu dem Expassagierschiff ist bis auf 130 hm gesunken.

11.04 Uhr: Der Gegner hat schwere Treffer erhalten. Das Artilleriefeuer wird durch das unvermutete Dazwischenschießen der *Hans Lody* erschwert. Deren und *Admiral Hippers* erste Salve kamen fast gleichzeitig am Ziel an. Auf dem schweren Kreuzer werden sie, in ›Unkenntnis der Tatsache‹, daß noch ein zweites Schiff auf den Dampfer schießt, als eigene Aufschläge angesprochen, denn die eigenen Bodenzünderaufschläge unterscheiden sich in der Größe kaum von den 12,7-cm-KZ-Aufschlägen des Zerstörers. Die Folge ist die Überlegung: die eigene Batterie scheint eine große Seitenstreuung aufzuweisen. Das war auch der Grund, daß IAO Wegener von der fünften Salve auf ›Höhe und Seite direkt‹ überging.

UK-Spruch an Zerstörer: »Nicht mehr schießen.«

»Sie bringen die Boote zu Wasser«, entdeckt die Bedienung am Vormars-E-Meßgerät. Auch die Brücke hat es erkannt.

»Halt, Batterie halt!«

Kapitän zur See Heye läßt das Feuer sofort einstellen.

Außerdem, das erkennen die in Antriebsanlagen Erfahrenen an Bord sofort: Der Gegner bläst Dampf ab. Er stoppt im gleichen Augenblick, da am Backbord-Heck in der See eine Granate krepierte und nun ein riesiger, schwarzer Rauchpilz hinter dem Schiff entsteht.

Kurs der *Admiral Hipper* 310°, 19 kn.

Z-10 jedoch feuert nach einer kurzen Pause und trotz der (offenbar nicht aufgenommenen) UK-Anweisung weiter, wahrscheinlich auch, weil sie auf dem Zerstörer das Aussetzen der Rettungsboote noch gar nicht beobachten können.

11.05 Uhr: In 30° ein weiteres Handelsschiff, es ist das gemeldete Lazarettschiff *Atlantis*. Das ist tabu. Auch dann, wenn es wie vermutet wird, deutsche Kriegsgefangene aus dem Raum Narvik an Bord haben sollte. Ebenso korrekt handelt der britische Kapitän. Er gibt keine FT-Meldung über den deutschen Verband ab, so daß dessen Anwesenheit der britischen Admiralität auch weiterhin unbekannt bleibt.

11.06 Uhr: Der Gegner hat Schlagseite nach Backbord.

11.07 Uhr: Auf dem Truppentransporter, der nicht einmal getarnt ist, wird die Flagge gestrichen.

Admiral Hipper manövriert sich in seine Nähe, um Schiffbrüchige aufzunehmen, die Schiffsführung begibt sich in den Schiffsführungsstand; die Fahrt liegt bei 12 kn.

11.08 Uhr: Der Gegner – er ist ja gar keiner für uns, denkt der LI und geht mehr erschrocken als beruhigt wieder unter Deck – brennt jetzt. Er hat nach Schätzung des IIIAO gut 25 000 BRT. Das Schiff heißt *Orama* und ist ein ehemaliger Passagierdampfer aus Barrow, jetzt zum Truppentransporter umgebaut. In Wirklichkeit ist das Opfer des deutschen Verbandes nur 19 840 BRT groß.

Mit klopfendem Herzen beobachten sie auf *Admiral Hipper*, wie ein vollbesetztes Rettungsboot das Heck rundet.

Das Unglück will es, daß *Hans Lody* den BdA-Befehl, keine Torpedos zu feuern, nicht erhalten hat. Ihr UK ist ausgefallen. Also schießt der Zerstörer-Kommandant zwei Aale. Er will das Sinken des Riesen beschleunigen. Das ist ein guter, lobenswerter Vorsatz. Da er aber offensichtlich auch das Aussetzen der Rettungsboote nicht erkennt und auch den UK-Spruch von *Admiral Hipper* ›nicht mehr schießen‹ nicht aufgenommen oder zu spät bekommen hat, passiert es: der eine Torpedo, ein Oberflächen- und Kaltläufer, der nicht explodiert, trifft das vollbesetzte Rettungsboot . . .

Bootsteile und Menschen wirbeln in die Luft, ein grausames Bild . . .

Irgendeiner sagt: »Das ist ja entsetzlich . . .«, einer, der wie alle anderen aufatmet, daß dieses Geschoß – welch ein Glück im Unglück für die Insassen – wenigstens nicht detonierte.

Der zweite Aal entwickelte sich zum Kurzläufer . . . er detonierte in der Nähe von *Admiral Hipper* unter Wasser . . . Auf dem schweren Kreuzer glaubten sie erst an die Detonation einer Fliegerbombe.

Immer mehr neigt sich die todwunde *Orama.* Aus der Steuerbordfläche quillt weißer Dampf heraus. Ein leeres Boot hängt noch in den Davits.

Plötzlich sackt der Truppentransporter achtern tiefer, das Vorschiff hebt sich aus der See, dann bricht es ganz heraus. Die *Orama* stellt sich steil wie ein Turm auf die blaue See, zwei Drittel des Hinterschiffs unter Wasser. Ein Zittern durchläuft den Riesen, dann fährt er lärmend hinab. In die Tiefe. Es ist genau 12.10 Uhr. Trümmer schwimmen auf, einige fahren wie Geschosse aus der See heraus und klatschen taumelnd und torkelnd wieder zurück. Um die Katastrophenstelle herum schwimmen die Rettungsboote.

Nur eines fehlt . . .

Admiral Hipper hat gestoppt.

Wer überlebte, wird gerettet.

Es sind 112 Mann.

Heye in seinem Gefechtsbericht: »Die Rettung der Besatzung war schwierig, da die seemännische Handhabung der Boote sehr schlecht war.«

»Warum haben Sie denn nicht gestoppt, als ich Sie durch Warnungsschüsse aufforderte?« will Heye später von dem britischen Kapitän wissen.

»Warum? Weil wir, nicht nur ich, sondern viele andere der Besatzung die ersten Granatdetonationen für Fliegerbomben gehalten haben. Der Gedanke, diese Kriegsschiffe könnten Deutsche sein, ja, by God, der kam keinem an Bord.«

»Sie fühlten sich absolut sicher unter den Fittichen Ihrer Flotte?«

»Natürlich. Wir waren froh, daß Sie kamen, um uns die bloody German Ju 88 [1] vom Halse zu halten.«

»Und warum funkten Sie nicht?«

»Als wir den Irrtum bemerkten, flog gerade meine Funkbude in die Luft.«

»Ein teurer Irrtum.«

»Fürwahr, ein verdammt kostspieliger Irrtum für uns.«

»Und wohin sollten Sie.«

»Nach Norwegen, leer.«

»Hatten Sie Landverbindung?«

»No, Sir, wir wurden schon vorher von London zurückgerufen.«

Soviel ist klar: Diese Schiffe gehören nicht zum Geleitzug.

11.00 Uhr: UK-Spruch von Flotte an alle: »BdA mit *Hipper* und

[1] Das war keine Ju 88, das war die Arado 196 der *Admiral Hipper.*

Zerstörer detachiert nach Drontheim für Geleitaufgaben[1]. Flotte mit Schlachtschiffen bleibt weiterhin Seegebiet Nordnorwegen und Raum West-Fjord, Tromsö. BdA von Drontheim Seekriegsleitung und Gruppe über Lage unterrichten. Dringend notwendig bessere Aufklärung des Nordraumes, gez. Flotte.«

Die beiden Schlachtkreuzer steuern nach Norden, wo das Troßschiff *Dithmarschen* auf einen neuen Treffpunkt wartet.

Am 9. Juni laufen *Admiral Hipper* und die Zerstörer in Drontheim ein.

Und was geschah mit *Scharnhorst* und *Gneisenau*?

Nach Harstad, wie so dringend und immer wieder befohlen, ging der Flottenchef nicht, wußte er doch, wie schon erwähnt, aus einem Funkspruch eines deutschen Aufklärungsflugzeuges an dessen Staffel, daß Harstad leer ist[2].

In kurzer Zeit ereignete sich, in dokumentarischer Kürze dargestellt, folgendes:

Ca. 16.45: Von Scharnhorst *danach auch von* Gneisenau *auf 370 hm (37 km!) Flugzeugträger HMS* Glorious *und seine Begleitzerstörer HMS* Ardent *und HMS* Acasta *gesichtet.*

17.28: Gneisenau *eröffnet Feuer mit der MA auf* Ardent. *Ca. 17.30:* Scharnhorst, *die vor* Gneisenau *steht, eröffnet das Feuer auf den Flugzeugträger mit der SA. Die Funkmeldung der* Glorious *wird — überdies verstümmelt — nur von der nördlich stehenden HMS* Devonshire *aufgenommen. Diese gibt die Meldung nicht weiter, um nicht durch Funken ihren Standort zu verraten, weil sie den König Haakon VII. mit dem Staatsschatz von Norwegen an Bord hat, der an diesen Tagen wegen der Räumung Nordnorwegens durch die Engländer sein Land verließ.*

17.45: Auch Gneisenau *eröffnet Feuer mit den zwei vorderen schweren Türmen auf* Glorious. *Die zwei Zerstörer suchen durch Rauchschleier und Torpedoangriff vergeblich, die Niederkämpfung der* Glorious *zu verhindern.*

18.24: Zerstörer Ardent *kentert nach einer Anzahl Volltreffer der Mittelartillerie der Schlachtkreuzer.*

18.39: Acasta *erzielt Torpedotreffer auf* Scharnhorst *an Steuerbord, in Höhe des achteren Turmes. Dieser und der Stb. achtere*

---

1 Gemäß Punkt 2 des Operationsbefehls der Seekriegsleitung (Deckung der Fjordübergänge der Gruppe General Feuerstein).

2 Diese richtige, aber im Widerspruch der Befehle stehende Maßnahme führte nach der Unternehmung dazu, daß Admiral Marschall, der sich beim Widerstreit zwischen Befehl und Gewissen für das Gewissen entschied, sich krank meldet. Es trat bei ihm aus Sorgen und Ärger über die fortgesetzten taktischen Meinungsverschiedenheiten mit Seekriegsleitung und Gruppenkommando eine derartige Schlaflosigkeit ein, daß er körperlich den Anstrengungen nicht mehr gewachsen war. Vizeadmiral Lütjens wurde sein Nachfolger.

15-cm-Doppelturm fallen aus. 48 Tote. Von den drei Maschinen bleibt nur die Backbordmaschine klar. Höchstfahrt 20 kn.

18.43 Auf Befehl des Flottenchefs stellen die Schlachtschiffe das Feuer mit der schweren Artillerie auf Glorious *ein, sie feuern nur noch mit der Mittelartillerie auf* Acasta.

19.07: Acasta *erzielt einen bedeutungslosen 10,2-cm-Treffer auf einem 28-cm-Rohr von Turm B der* Scharnhorst.

Ca. 19.15 Uhr: Glorious *und* Acasta *sinken.*

9. Juni 1940, 15.00 Uhr: Scharnhorst *und* Gneisenau *laufen in Drontheim ein. Das Werkstattschiff* Huascaran *übernimmt die provisorische Reparatur der* Scharnhorst, *damit diese bei der Heimfahrt zur Werftreparatur wieder höhere Fahrtstufe laufen kann.*

Zur Lage hat Heye noch abschließend zu sagen: »... Mit diesem Einlaufen in Drontheim hat die von der Flotte zur Entlastung Narviks unternommene Operation ihren Abschluß gefunden.

Neben den Erfolgen des 8. Juni hat sich wieder gezeigt, welchen Wert ein guter Stützpunkt an der norwegischen Küste für die Seekriegführung in diesen Räumen besitzt.

Dieser Wert von Drontheim wird besonders ersichtlich, wenn gerade durch das Einlaufen der Seestreitkräfte die zur Zeit noch bestehenden Mängel Drontheims gegenüber feindlicher Abwehr die fehlenden Stützpunkteigenschaften klar hervortreten und zur Zeit jedenfalls Drontheim noch nicht zu einem Ausrüstungs- und Reparaturstützpunkt im erforderlichen Umfang machen ...«

Der 10. Juni: Seeklar.

Gneisenau und *Admiral Hipper* sollen versuchen, Geleitzüge zu stellen, eventuell Nachzügler zu versenken.

Die Schiffe haben gerade den Fjord passiert und die freie See erreicht, da meldet die Luftwaffe wenig Erfreuliches:

Die Geleitzüge fahren unter schwerster Sicherung und haben sich inzwischen so weit entfernt, daß Angriffe aussichtslos sind. Gegen Mittag des nächsten Tages rauschen die Ankerketten wieder aus den Klüsen.

Sonne über Drontheim, Sonne über dem schweren Kreuzer und seinen Männern. Aus der fernen Stadt klingt das Geläut von Glokken über den Fjord. Wer denkt dabei schon an Böses.

In das Heulen und Krachen der Bomben mischt sich schrilles Lärmen des Fliegeralarms. 15 Bomber werfen im Reihenwurf 240 Kilobomben. Diese Reihe zielt genau über die Mitte der *Admiral Hipper* hinweg. Drei Bomben zerkrachen an Backbord, zwei sind an Steuerbord auf dem felsigen Fjordboden krepiert. Die Flak schießt jetzt: 'raus, was 'rausgeht. Aber keiner der Angreifer fällt.

»Auf *Admiral Hipper* keine Schäden«, kommt ins KTB.

Neuer Angriff am 13. Fünfzehn Skuas[1] des britischen Flugzeugträgers *Ark Royal* fliegen an, so plötzlich, so unerwartet, so überraschend, daß sie auf *Admiral Hipper* erst bemerkt werden, als sie auf die *Scharnhorst* zum Angriff ansetzen. Diese wird nur von einem Blindgänger getroffen, der auf dem gepanzerten Oberdeck liegen bleibt. Ein auch sonst harmloser Treffer.

Eine der Maschinen hat die *Admiral-Hipper*-Flak mit Sicherheit abgeschossen. Durch deutsche Jagdflugzeuge und die Landflak haben die Engländer an diesen beiden Tagen sieben weitere Maschinen verloren. Das ist um diese Zeit ein großer Erfolg.

Später hören die Flugzeugangriffe ganz auf, nämlich seit jenem Tag, da von 16 Angreifern keiner mehr zurückkehrt. 14 holten Jäger und Flak herunter, zwei fanden den Träger nicht wieder.

Für die Männer von *Admiral Hipper* beginnt der Sommer, ein norwegischer Sommer mit Smörbrod, Hummer und . . . Piken[2].

In einer erregenden, urwelthaften Landschaft.

Boden schreibt in sein privates Tagebuch:

». . . In Levanger hat Oberleutnant zur See Strauch Verbindung zu den 85ern[3] aufgenommen, und am Donnerstag bekommen wir Pferde. Wir machen einen wundervollen Ritt in die Berge, der leider etwas unter Regen leidet. Es ist für mich interessant, festzustellen, wie sorgsam man als Reiter doch ein Pferd auf den schmalen Felspfaden führen muß, damit es nicht strauchelt. Es ist unvorstellbar unselbständig, wenn es den Reiter auf dem Buckel hat . . .

Am Dienstag ritten wir mit den Pferden des so gastfreundlichen AR 222 am Strand entlang, dann durch die Strandwälder . . .

Für mich begann dieser Ausflug mit einer aufregenden Ouvertüre. Mein Pferd hatte nämlich das Gefühl, daß unser Ausritt so um die Stunde seiner Futterzeit liegen müßte. Es war daher nicht aus dem Hof herauszubekommen. Ich enterte nieder und führte es daher mit einem Aufwand freundlichen Zuredens behutsam an seinem Stall vorbei. Als ich mich wieder in den Sattel schwang, machte es wieder kehrt und lief schnaubend im Galopp zurück. Ich führte es dann mit viel List und noch mehr guten Worten am Halfter dann doch aus dem Hof heraus. Es rannte wieder zurück, wütend und wiehernd. Meine nun doch etwas gekränkte Reiterehre versuchte schließlich der Futtermeister wieder herzustellen. ›Lassen Sie mich mal, der kennt mich.‹ Aber auch diesem gelang es nicht, den störrischen Gaul zu reiten. Er drehte sich im Kreise, stellte sich auf Vorder- und Hinterbeine, aber aus dem Hof trabte er nicht. Ich bekam ein neues Pferd, und mit dem machte das Reiten Spaß.«

---

1 Skuas sind die englischen Stukas.

2 Norw., Smörbrod = Butterbrot, Piken = Mädchen.

3 Im Marinejargon die Heerestruppen.

Handelskrieg im Eismeer

Eine große Unternehmung soll es werden, als *Admiral Hipper* zusammen mit dem Schlachtkreuzer *Gneisenau* unter Führung des neuen Flottenchefs, Vizeadmiral Lütjens, am 20. Juni den Hafen von Drontheim verläßt. Die Kampfgruppe habe Befehl, so heißt es, die *Northern Patrol* aufzurollen. Sie soll einen zweiten Fall *Rawalpindi* erzwingen. Gleichzeitig soll der Verband den Gegner von der Heimfahrt der am 8. Juni beschädigten *Scharnhorst,* die eine Stunde später im Geleit von Zerstörern und T-Booten Drontheim verlassen soll, ablenken.

Stark genug sind die beiden Schiffe für einen solchen Vorstoß . . .

»Aber«, unken Schwarzseher, und sie haben nicht einmal unrecht, »als *Scharnhorst* und *Gneisenau* den britischen Hilfskreuzer *Rawalpindi* auf der *Northern Patrol* entdeckten, angriffen und versenkten, ja, da war es November.«

»Also dunkel in diesen Breiten.«

»Jenau so duster wie in einem Bärenmors.«

Jetzt aber erwarten die Kampfgruppe lange Tage und über dem Polarkreis die Mitternachtssonne. Außerdem: der Verband geht ohne Zerstörergeleit, also ohne U-Boot-Sicherung, in See.

Boden später in sein Tagebuch: »Die Idee war wohl zu kühn. Sie wäre wohl auch mißlungen. Deshalb schob ein gütiges Schicksal einen stählernen Riegel vor . . .«

Gleich nach dem Auslaufen, hinter der Insel Halten und noch vor dem Drontheimfjord und kurz nach Mitternacht, also bereits am 21., erhält *Gneisenau* 1.00 Uhr MEZ einen Torpedotreffer unter der Back in Höhe der Wasserlinie[1]. Genau zwischen Vorsteven und vorderem Turm geht der Torpedo hoch.

Das Loch sieht toll aus.

Man kann bequem mit zwei V-Booten[2] von der Steuerbord- nach der Backbordseite hindurchfahren.

Welch ein Wunder:

Es gibt nicht einmal einen Verletzten, da gerade Wachwechsel war, als der Aal detonierte.

So endet dieser Vorstoß damit: *Gneisenau,* die diesen Treffer übrigens dem britischen U-Boot HMS *Clyde* verdankt, muß durch das Personal und mit dem Material des Werkstattschiffes *Huascaran*

---

[1] Wohl von einem Oberflächenläufer.

[2] Ein V-Boot ist das größte Boot an Bord. Es kann bis zu 100 Mann aufnehmen.

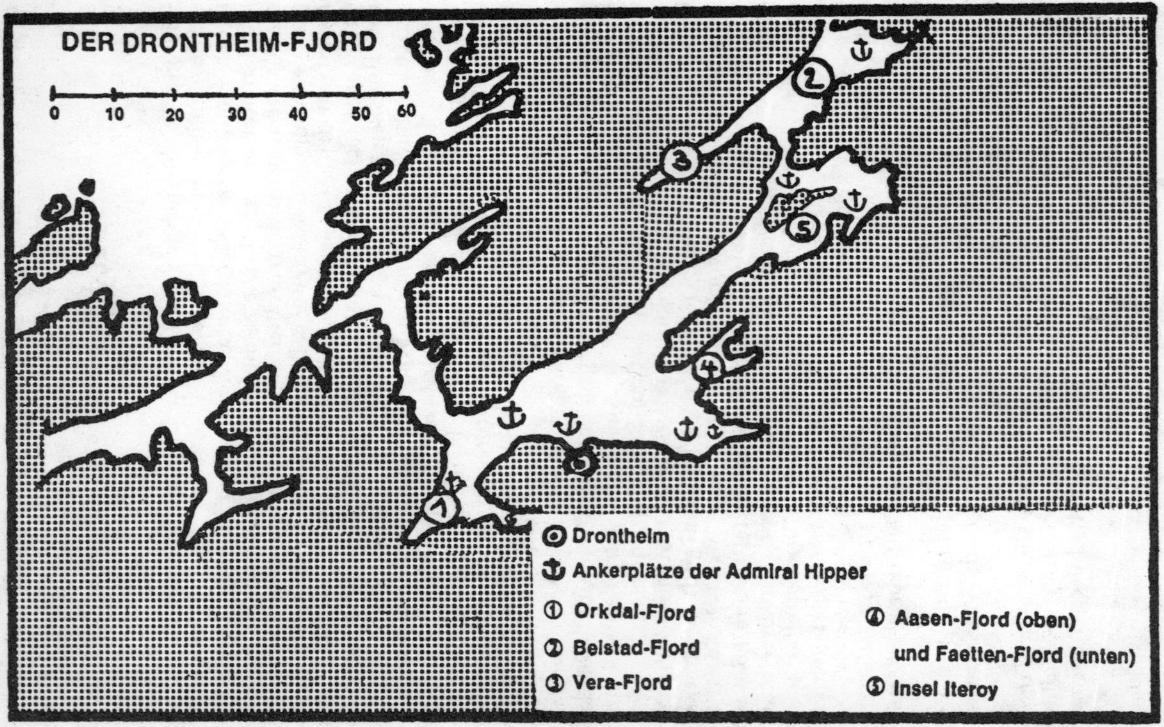
DER DRONTHEIM-FJORD
0 10 20 30 40 50 60
Drontheim
Ankerplätze der Admiral Hipper
① Orkdal-Fjord
② Belstad-Fjord
③ Vera-Fjord
④ Aasen-Fjord (oben)
und Faetten-Fjord (unten)
⑤ Insel Iteroy

notdürftig geflickt und später in die Heimat übergeführt werden. So fällt auch die zweite Einheit dieser Klasse aus.

Admiral Hipper führt weiter ›Krieg im Drontheim-Fjord‹. Als einziges Kriegsschiff in diesen Breiten darf es sich stolz ›die deutsche Flotte in Norwegen‹ apostrophieren. Einmal in der Woche setzt sich der schwere Kreuzer zu Übungszwecken in Marsch: Zur ›Rundreise Drontheim–Steinkjer–Levanger‹.

Diese ›Rundreisen‹ haben aber auch ihr Gutes. Es werden dabei fleißig ›Trefferbilder‹ geübt und praktische Ausbildung getrieben. Dabei werden die angenommenen Treffer so wenig wie möglich ›markiert‹, sondern in ihren Auswirkungen tatsächlich dargestellt. Diese Art der Ausbildung ist insbesonders für das Maschinenpersonal von unschätzbarem Wert. Es macht nämlich dabei die sehr nützliche Erfahrung, daß viele der allzu engherzigen Bestimmungen der von den Lieferfirmen aus Garantiegründen aufgestellten Bedienungsvorschriften in dieser Form gar nicht zutreffen. Diese Vorschriften haben aber bisher wie ein Alpdruck auf den verantwortlichen Wachhabenden in Kessel- und Turbinenräumen gelegen, da sich durch sie praktisch jeder Treffer in die Anlage hätte zur Katastrophe entwickeln müssen. Daß diese übergroße Vorsicht nicht zutrifft, daß sie gar nicht berechtigt ist, diese Erkenntnis wirkt sich psychologisch wie eine Befreiung aus. Sie trägt auch wesentlich zum Vertrauen in die Standfestigkeit der Anlagen bei.

Der 20. Juli 1940.

»Der Eingang des Befehls zur Durchführung der geplanten Operation läßt uns gar keine Zeit zur Vorbereitung«, stellt ein Offizier aus dem Stabe der immer noch in Drontheim liegenden *Admiral Hipper* fest, als er sich mit einem Kameraden aus dem Stabe des Befehlshabers ausspricht.

»Bedaure, der Befehl des BdK ist aber unwiderruflich.«

»Der Termin ist kurz. Einfach zu kurz. Allein schon die hier oben umständliche, notwendige, in dieser Frist aber ungenügende Proviantergänzung ist eines der Probleme; von dem, daß die Organisation der Luftwaffe an der Küste erst im Aufbau ist, laß uns gar nicht erst reden.«

»Es muß gehen. Die Lage erfordert eine solche Operation[1]. Wir dürfen dem Gegner keine Atempause gönnen . . . Diversionieren, verschließen, psychologischer Druck . . . Du verstehst, was wir meinen. Die Gelegenheit zum Handelskrieg zwischen dem Nordkap, Spitzbergen und der Bäreninsel ist günstiger denn je. Ihr habt in

---

[1] Diese Operation ging, wie der Verfasser von Vizeadmiral Wegener erfuhr, auf einen Vorschlag von Heye zurück, um diesem Schiff einen vernünftigen Auftrag in diesen Monaten zu geben.

dem Kapitän des Versorgers *Dithmarschen*, dem Kapitän W. von Zatorski, einen vollendeten Nautiker und eine Persönlichkeit mit Nase, so daß auch die Beölung in See sichergestellt ist ... *Dithmarschen* soll ja auch bei der Aufklärung mithelfen ...«

»Ich weiß, sie soll nach der ersten Beölung zum neuen Treffpunkt im Osten nördlich der Bäreninsel nach Nordosten ausholen und nachsehen, ob auch dort eisfreie Gebiete sind.«

»Du kennst ja Heyes Durchführungsüberlegungen bestens, mein Lieber. Das nenne ich Zusammenarbeit.«

»Ja, wenn die Zusammenarbeit auf dem Nachrichtenwesen und mit der Luftwaffe auch so gut klappt, soll's mich freuen.«

Darauf geht der andere aber nicht ein. So fährt denn der Stabsoffizier der *Admiral Hipper* fort:

»Wichtig für uns ist, daß uns die B-Dienst-Auswertung und die der Luftaufklärung rechtzeitig zugehen ... ich meine, daß wir Absichten des Gegners in den englischen Stützpunkten frühzeitig erfahren ... zur Schonung unserer ein bißchen sehr empfindlichen Maschinenanlage und zur Aufrechterhaltung des Wasservorrates. Wir wollen, das heißt wir hoffen, daß wir das können, im ›Kriegsmarschzustand 2‹ bei abgesetztem Druck operieren ...«

Wieder einmal spielt der Zufall sorgenglättend mit. Die Beschaffung der dringend benötigten Ersatzteile für die bereits ›stark abgewirtschaftete‹ Maschinenanlage verzögert den Auslauftermin. Sie erlaubt der Schiffsführung noch eine Atempause für ihre Vorbereitungen.

Es ist der 25. Juli, als *Admiral Hipper* ohne Zerstörersicherung, aber zusammen mit der im Geleit von vier Zerstörern und dem leichten Kreuzer *Nürnberg* fahrenden *Gneisenau* in den Nachmittagsstunden ausläuft. *Gneisenau, Nürnberg* und die vier Zerstörer drehen mit Südkurs ab, der Heimat entgegen. Die Kompaßmarkierung auf dem schweren Kreuzer zeigt ab nun die Richtung Norden an, dorthin, wo arktischer Wind das Eismeer bewegt.

»Der Zauber der nordischen Polarnacht während der Sommermonate umfängt uns wieder ... dieser subtile blasse Hauch über der See ...«, notiert Boden. Er, seine Kameraden, wie alle Männer an Bord erwarten weitere Befehle. Von Hellmuth Heye, Kapitän zur See und Kommandant ... Doch dieser kann sich gar nicht mit der begeisternden Charakteristik einer Mittsommernacht in See befassen, in ihm bohren Imponderabilien:

... Wird die Maschinenanlage den Beanspruchungen standhalten ...?

... Die Weisung, der UdSSR Schiffahrt überhaupt nicht zu behindern, legt weitere Bindungen auf, zumal über die russische Handelsschiffahrt, über ihren Umfang und ihre Wege ebensowenig Angaben vorliegen wie über die Standorte der sowjetischen Seestreitkräfte ...

Ein plötzliches Zusammentreffen mit diesen in einem Seegebiet, in dem auch mit solchen der Royal Navy zu rechnen ist, kann kritische Lagen heraufbeschwören . . .

. . . Ärgerlich und einer Einschränkung der Erfolgsaussichten gleichzusetzen ist, daß es trotz aller Bitten nicht gelang, eine B-Dienst-Gruppe herzuschaffen . . .

»Die Nachrichtenverbindung mit der Heimat wird immer schlechter, je mehr wir Nord machen, Herr Kapitän«, meldet der FTO, Kapitänleutnant Kölzer.

»Alles trifft ein, was Sie befürchteten. Dann werden wir wohl auf uns ganz allein angewiesen sein.«

»Ja, was könnte uns eine eigene B-Dienst-Gruppe beim Feststellen der Feindlage, der Auswertung der Dampferwege und des russischen Funkdienstes helfen.«

Ja, das ist das Problem hier im Bereich des Pols, denkt der in der Nähe stehende Brückenmaat, Steuermannsmaat Umland, und grinst still vor sich hin. Man könnte sich ebensogut auf die Schienen legen, um festzustellen, wie eine Lokomotive funktioniert.

Der erste Erfolg winkt schneller als erhofft. Das am Morgen des 26. Juli katapultierte Bordflugzeug entdeckt einen kleinen Frachter.

Dieser 26. Juli ist ein Freitag. Das später ablegende Prisenkommando vermerkt dies ausdrücklich. Diese Ahnungsvollen: Der Dampfer ist ein Finne. Er hat in Südamerika Felle geladen und will nun heimwärts. Die Engländer hatten Schiff und Besatzung zur Kontrolle in einen britischen Hafen geschickt und dort festgehalten, ungebührlich lange, wie die Finnen fast zu wohlerzogen kommentieren. Aber um ein Schiff am Auslaufen zu hindern, dafür gibt es nun einmal in einem Krieg vielerlei rechtliche Handhaben. Der finnische Kapitän — er hat Hände wie Heugabeln und Augen wie aus Polareis — hat eine schlechte Meinung über die Engländer. Sie klingt in ihrer verhaltenen Wut so glaubwürdig, wie die Papiere seines Schiffes echt sind.

Das Wetter ist ein Traum.

Die See spiegelblank, nur durch eine leichte Dünung bewegt.

Die Kimm ist wie mit einem Messer geritzt.

Um Mitternacht, wenn die Sonne als blutroter Ball über den Horizont dahinschwebt, blüht die Stunde der Romantiker an Bord. Und es sind viele, die schweigen, ergriffen von der überwältigenden Schönheit dieser Meereslandschaft.

Ein paarmal tritt das Nordkap über die Kimm, die blanken schwarzen Felsen des steilen, düster-kahlen Vorgebirges auf der Insel Mageröy.

Ein paar Fischerbooten wird ausgewichen.

Die nächsten Schläge, mit denen *Admiral Hipper* das östliche Nordmeer abkämmt, berühren fast die Eisgrenze. Seehunde bestaunen den martialischen Gast. Sie tummeln sich, unwissend ob der Menschen Untugenden, verspielt und vergnügt um das Schiff. Die Konturen des nicht sehr weiten Spitzbergen werden im Doppelglas sichtbar.

Der Dampfer, den das auch am 31. Juli gestartete Flugzeug sichtet, entpuppt sich als leerer Norweger.

Ob das Flugzeug beim Landen zu steil auf die See einsetzte, kann nachher nicht beschworen werden, weil das Landen bei allen Risiken schon zum gewohnten Bild geworden ist. Die Maschine überschlägt sich auf dem Wasser. Die Besatzung kann den Vogel mit einem Schreck, aber ohne Schäden verlassen. Der Kommandant läßt das Wrack versenken. Dieses Opfer wiegt um so schwerer, als die Unternehmung noch nicht den geringsten Erfolg eingebracht hat.

Am 1. August kreuzt wieder ein Finne den Kurs. Er ist bis zur Halskrause beladen, so tief liegt er in der See.

Nach New York wolle er, und Kohlen habe er an Bord ...

»Kohlen?« Der NO sagt es laut und der Alte wiederholt es mit kräftiger Stimme, in der ein verhaltenes Lachen mitschwingt: »Kohlen? Kohlen aus Finnland für New York!«

Kohlen aus dem kohlenärmsten Land für das so kohlenreiche Amerika. Ist der Alte da drüben so dumm oder tut er nur so.

Bei den Seeleuten blüht der Flachs, und die Redensart von der alten Frau und dem falschen Weg ist noch die harmloseste.

Das ausgeschiffte Prisenkommando klärt die Unstimmigkeiten. Es morst nach dem Anbordgehen auf dem Finnen:

»Dampfer heißt *Ester Thorden,* ist 1921 erbaut, 1940 BRT groß, hat 2890 t Tragfähigkeit und ist mit Zellulose und eindreiviertel Tonnen Gold beladen.«

Eindreiviertel Tonnen sind 35 Zentner, 35 Zentner sind 3500 Pfund und 3500 Pfund sind 1 Million und 720000 Gramm. Wenn man das Gramm für das Barrengold zu 3,20 RM rechnet, dem vor dem Kriege üblichen Preis, dann ergibt dies die stattliche Summe von 8 Millionen 804000 Reichsmark. Weiß der Teufel, allein die Goldbeute ist das Risiko dieser Unternehmung wert; dazu kommen der Dampfer, seine Ladung — und die strategischen Auswirkungen nun auch auf dieser Route.

Das Prisenkommando bleibt gleich an Bord, es soll die *Ester Thorden* nach Tromsö fahren. Die Ärmsten, müssen sie doch nun wenig gewählte Worte über sich ergehen lassen, wieso und warum das deutsche Kriegsschiff nicht erst, wie üblich, einen Schuß *vor* den Bug, sondern seine erste Granate sofort neben das Schiff und um ein Haar obendrauf gesetzt habe. Die Gründe für diesen ersten, direkt auf das Schiff gezielten Schuß kennen die Männer vom Prisenkommando allerdings nicht. Erst später wird geklärt, wieso der an sich befohlene Stoppschuß beinahe ein Treffer wurde: Im Augenblick, da die vordere Zehnkommafünf den Warnschuß setzen sollte, fiel, wie so oft, der stabilisierte Fla-Leitstand um. Das Geschütz wurde umgeschaltet ... aber der achtere Leitstand hatte die anfängliche Anweisung über den Haltepunkt nicht mitbekommen. Die Männer besahen sich höchst interessiert das Schiff, als wäre dieser Finne der erste Dampfer ihres Lebens. Sie veranlaßten nichts. Wozu auch.

Und als nun die Kanone auf ihren Stand geschaltet wurde, schoß sie dahin, wohin der Stand gerichtet war: auf das Schiff.

Zwischen dem 2. und 8. August schleicht sich *Admiral Hipper* auf Samtpfötchen und auf Ostkurs liegend um das Nordkap herum. Sie dringt tiefer in die Barents-See ein, und in unanständig früher Morgenstunde steht der schwere Kreuzer vor der Insel Vardö, die wie der Göttersitz der Stürme und der Einsamkeit wirkt. An ihr vorbei führt der Weg in den Varanger Fjord. 50 bis 60 Kilometer südöstlich liegt die Fischer-Halbinsel, hinter ihr die Matowsky-Bucht, Kap Set und der für die Sowjets so wichtige, da eisfreie Hafen Murmansk. Die Sonne scheint, aber die hinter Vardö sich dahinziehende, leicht hüglige Festlandküste zeigt sich in eintönigem, abweisendem Grau, auch die Latschenkiefern beleben das trostlose Bild der Finnmark-Landschaft nicht. Allein ihr Anblick läßt die Männer frösteln. Arme Landser, die ihr hier die Interessen des Reiches wahrnehmen sollt, sommers wie winters.

Vor Vardö, einem kleinen, aber weitverzweigten Fischerdorf gleichen Namens, schert ein kleiner Frachter vor den Bug, ein Finne. Der Kapitän meldet, daß er Kursanweisung von der deutschen Regierung habe und mit deren Erlaubnis von Petsamo nach Helsinki fahren wolle. Das ist OK.

Am 5. häufen sich britische Operationsfunksprüche. Danach sind offenbar Einheiten der britischen Home Fleet ausgelaufen. Wem schon anders als *Admiral Hipper* gilt ihr Ziel. Auch jetzt versteht es der Bordnachrichtendienst trotz der außerordentlich ungünstigen und die Lage erneut verzerrenden Empfangsverhältnisse, die Schwierigkeiten soweit zu meistern, daß der Führung alle überhaupt greifbaren Unterlagen des Nachrichtenverkehrs zur Verfügung stehen.

Dann passiert etwas, womit keiner an Bord gerechnet hatte, am allerwenigsten der Kommandant.

Die Marine-Gruppe West in Schlicktown befiehlt den sofortigen Rückmarsch bis in die Heimat. Ganz plötzlich und unerwartet.

Das ist leichter gesagt, als getan. Nach den Unterlagen scheinen ein Flugzeugträger, mehrere schwere Kreuzer und ein Pulk Zerstörer zwischen *Admiral Hipper* und Wilhelmshaven zu stehen.

Heye grübelt, der IAO rät.

Der eine will den Befehl ausführen, der andere hält es für sinnvoller, sich erst einmal unter die Bäreninsel zu verholen. Schließlich aber siegt die Heimat. Die Schiffsführung hofft auf ein ›*Admiral-Hipper*-Tief‹ mit Regen, Sturm und schlechtester Sicht. Noch einmal suchen sie den Treffpunkt mit dem Versorger *Dithmarschen* auf, einen Punkt, der der Mittelpunkt von einem Kreis von 15 Seemeilen Durchmesser ist und den das Troßschiff, so steht es im Befehl, alle sechs Stunden ab 24.00 Uhr deutscher Sommerzeit passieren muß.

Heye läßt die für die Annäherung vereinbarte Flagge setzen. Durch ein Kurzsignal befiehlt er in diesem Falle der *Dithmarschen*, auch das ist vereinbart, innerhalb des Kreises Ost-West-Kurs zu fahren.

Admiral Hipper ›lutscht‹ sich bis zur Halskrause voll Brennstoff. Heye notiert über diese abermals reibungslos verlaufene Begegnung auf See:

»Das Troßschiff *Dithmarschen* unter Führung seines Kommandanten Korvettenkapitän von Zatorski[1] hat alle ihm übertragenen Aufgaben mit Eifer und Verständnis durchgeführt[2]. Es war eine Freude, mit diesem von frischem, soldatischem Geist erfüllten Troßschiff zusammenzuarbeiten. Es liegt im Interesse der Seestreitkräfte und der Troßschiffe, wenn diese Einheiten näher an die militärische Führung herangebracht werden, da sie ihrer Verwendung, ihrer Eigenschaft und ihrem Dienstbetrieb nach durchaus als Kriegsfahrzeuge anzusprechen sind.«

Heye verholt in den Porsanger Fjord. Sie verbringen einen sonnigen Nachmittag. Große, breite und hier und dort von braunen Flecken unterbrochene Schneefelder fallen auf den höher gelegenen Hängen der Berge auf.

»Da ist der Schnee geschmolzen, da wo's so braun ist.«

»Unsinn, woher soll denn die braune Farbe kommen.«

»Vom winterbraunen Moos.«

»Gib mal 'n Glas her . . . Na, hier . . . sieh selbst durch.«

Die großen, braunen Flecken sind riesige Rentierherden.

In den frühen Abendstunden marschiert *Admiral Hipper* bei Kjelvik vorbei. In der Nacht drückt sie sich, quasi an der Wand entlang, wieder um das Nordkap herum.

Der Handelskrieg im Nordmeer ist beendet.

Es geht heim. Durch die Traumwelt der norwegischen Schären. Am 8. August liegt Hammerfest querab . . . dann folgt Tromsö . . .

---

1 Kapitän (A 6) W. von Zatorski ist heute der Präsident der Deutschen Sektion der internationalen *Cap Horniers*, der exklusiven Vereinigung von Kapitänen, Schiffsoffizieren und Seeoffizieren, die das berüchtigte Kap gerundet haben.

2 Wobei allerdings in diesem Fall ein Mißverständnis dazu führte, daß *Dithmarschen*, als sie die *Admiral Hipper* sichtete, zunächst mit 20 kn ablief und der schwere Kreuzer seine ganze Maschinenanlage erst in Betrieb nehmen mußte, um zu seinem Öl zu kommen.

immer neue Felsen ziehen vorüber ... dann aber auch wieder kleine Schären, Felsen im platinschimmernden Glast der Brandung.

Unvergessen die Fahrt durch die Lofoten und durch den Gimsöy-Straun in den Vest-Fjord hinein.

Es ist 2.00 Uhr früh, als sie dieses Schauspiel im Glanze der Morgensonne erleben: Hohe, steile, schartige Felsen mit bizarren Spitzen, mit Hunderten solcher gratiger Gipfel ... einer neben dem anderen ... Eine Landschaft aus den Urzeiten der Erdentstehung. Unten, in den Tälern und an den Hängen aber saftig grüne Wiesen, schmucke, kleine Dörfer. Holzhäuser, mit dem für Skandinavien typischen Falun-Rot gepöhnt.

»Ein Märchenland«, schreibt Boden in sein Tagebuch.

Vom Vest-Fjord steuert *Admiral Hipper* hinaus in das Nordmeer, und in der Nacht – die Maschinen laufen AK – ist die erwartete, ersehnte und vom Laubfrosch sogar versprochene ›*Hipper*-Wolke‹ da.

Die Shetland-Enge passieren sie unbemerkt. Wir wissen heute, daß der Gegner weder von der Nordmeeroperation noch von diesem Durchbruch wußte und daß er daher auch keine Streitkräfte gegen *Admiral Hipper* angesetzt hatte.

Die Nacht ist wieder eine Nacht geworden, und Boden notiert: »Wir stoßen uns an den selbstverständlichsten Dingen, weil wir nicht mehr gewohnt sind, uns vorzusehen.«

T-Boote [1] sollen den Heimkehrer in der ruppigen Nordsee sichern. Sie erscheinen auch, werden aber zur Last, denn AK vermag bei dieser See nur *Admiral Hipper* zu laufen. Die T-Boote schaffen auf Kraft 27 Knoten. Wenn sie vorn eintauchen, verschwinden sie unter einer Glocke aus Wasser und Gischt, mitsamt der Mastspitze. Es gibt einige auf Heyes Schiff, denen das Herz still zu stehen droht, fürchten sie doch ernsthaft, die so mißhandelten Kleinen nicht wiederzusehen. Schließlich schickt Heye die T-Boote in das Kielwasser des schweren Kreuzers. Sie bringen nicht ihn, er bringt sie nach Hause.

So kann diese unchristliche Seefahrt auch noch christlich genannt werden.

Der 10. August: Fest in Wilhelmshaven nach einer Unternehmung von 17 Tagen.

Ab in die Werft.

Wohin sonst mit diesem Schiff.

Boden vermerkt: »... Die Tage in See lehrten uns viel. Vor allen Dingen, eine Kriegswache vernünftig aufzuziehen. Es wurden Erleichterungen geschaffen, die nach alten Ansichten unmöglich gewesen wären. Bei klarem Wetter war nur ein Viertel der Besatzung

---

[1] Torpedoboote.

auf Station. Wir hatten die Offiziersmesse wiedereröffnet und andere Freiheiten eingeführt. Wir freuten uns auch, einmal Handelskrieg geführt zu haben, mit all seiner scheinbaren Ruhe, seinen Aufregungen (die Ruhe überwog) und seinen Sorgen. Wir ahnten nicht, daß dieser Einsatz eine kleine Vorübung für ganz andere Unternehmungen war.«

Und der so dringende Rückruf?

Weshalb?

Warum diese kategorische Eile?

Kapitän zur See Heye gibt der Skl seinen Abschlußbericht ... Erfahrungen, Beobachtungen, Vorschläge:

»1. Kein englischer Handelsverkehr im Nordmeer, nach und von Finnland und Rußland.

2. Geringer finnischer (etwa 5 kleine Dampfer in Petsamo) und wohl auch geringer russischer Verkehr, der mit hoher Wahrscheinlichkeit nicht nach England, sondern nach Übersee, in den meisten Fällen Amerika, geht.

3. Finnische und russische Schiffe werden in England längere Zeit festgehalten (bei Dampfer Wappu *und dem Russen* Regina *elfeinhalb Monate Liverpool). Die Engländer entnehmen jedoch nichts von der Ladung.*

4. Aus- und Ansteuerung der englischen Gewässer und des Atlantik neuerdings nur bei den Faröer. Nach Angabe der Engländer Seegebiet nördlich[1] der Faröer bis Grönland und südlich unpassierbar (auch Minen).

5. Zahlreicher Fischereiverkehr, darunter wohl auch russischer, in der Hauptsache aber norwegischer, an den Küsten Norwegens bei den Bäreninseln und bei Spitzbergen (Fischdampfer und Kutter).

6. Offenbar ziemlich reger Verkehr Norwegen–Spitzbergen (Kohle), der mit Dampfern durchgeführt wird, die bisher, wenighin von seiten der Marine, noch nicht erfaßt sind.

7. Östlich Vardö muß mit russischen Streitkräften gerechnet werden. Das Hineinstoßen in dieses Gebiet kann leicht zu kritischen Situationen führen, wenn die Fahrzeuge nicht sofort als russische erkannt werden. Es fragt sich, ob nicht doch eine stärkere Beobachtung des russischen Verkehrs der Seestreitkräfte zweckmäßig ist oder ob nicht zwischen deutschen und russischen Einheiten ein bestimmtes Erkennungssignal ausgemacht wird.

8. Ein weiterer Ausbau des noch bestehenden norwegischen Küstenmeldedienstes – was dem Kommando unbekannt war – erscheint schon für den Küstenverkehr zweckmäßig. Ebenso dürfte die Funkstelle Vardö unter Neueinrichtung einer Signalstelle von Wert

---

[1] Das soll wohl westlich heißen.

für die Überwachung des Verkehrs von und nach Petsamo sein. Die Stationierung eines Hilfsschiffes dürfte sich hier lohnen. In Vardö liegt zur Zeit ein kleines SS-Kommando und in der Funkstation ein Maat mit einigen Funkgästen.

9. Bei den Lofoten ausgedehnte Fischerei (im And-Fjord). Eine stärkere Beobachtung dieses Gebietes, das einen sehr viel reicheren und ergiebigeren Eindruck macht als die sonstigen Fjorde Nordnorwegens, erscheint zweckmäßig.

10. Es muß mit allen Mitteln angestrebt werden, den unmittelbaren Funkverkehr mit den eingesetzten Luftstreitkräften sicherzustellen. Andernfalls sind die Ergebnisse der Aufklärung nicht mehr auszuwerten. In einem Falle wurde festgestellt, daß z. B. eine Kette der Luftstreitkräfte auf der verabredeten Welle eine Abweichung von 30 kHz von der Sollwelle benutzte.

11. Die Funkempfangsverhältnisse sind sehr schlecht und stark wechselnd. Zahlreiche Wellen waren überhaupt unbrauchbar. Die meisten Kurzsignale des Kommandos sind nicht aufgenommen worden. Eine Ergänzung des für solche Operationen bewährten Kurzsignalheftes ist notwendig. Das bisherige Kurzsignalheft ist nur für Atlantikkriegführung zugeschnitten.

Über alle Fragen des Nachrichtendienstes wird Sonderbericht eingelegt.

12. Der Ausbau von Drontheim als Stützpunkt für größere Einheiten und längere Operationen genügt noch nicht. Erforderlich sind unter anderem bessere Reparaturmöglichkeiten, Ersatzteil- und Verbrauchsstofflager und Marineproviantlager. Das Heeresproviantamt genügt nicht den Ansprüchen eines für Bordverhältnisse geeigneten Proviantes.

13. Das Troßschiff hat sich bewährt. Die Schwierigkeiten der Funkübermittlung sind bereits erwähnt. Bei Treffpunkten und Zeitbestimmungen muß damit gerechnet werden, daß durch Wetter und Feindlagen sowohl der Ort wie die Zeit der Brennstoffübernahme sich wesentlich verschieben können. Mit einer höheren Pumpenleistung als 250 t in der Stunde kann auch bei zwei Schläuchen nicht gerechnet werden. Die Möglichkeit des Bruchs der nicht mehr neuen Schläuche oder auch der Schleppleinen muß bei Vorüberlegungen berücksichtigt werden.

14. Die Verbesserung der navigatorischen Hilfsmittel (Funkfeuer) an der mittelnorwegischen Küste und in der Deutschen Bucht ist dringend. Die bisherigen Maßnahmen genügen nicht. Für die Ansteuerung der Einfahrten der mittelnorwegischen Küste wie des Skagerraks sowie der deutschen Minenfelder und der Wege in die Deutsche Bucht ist ein genauer Schiffsort ab Stadtlandet notwendig, der mindestens jede Stunde kontrolliert werden kann. Funkfeuer, die zu spitze Winkel ergeben, in zu großen Intervallen angestellt werden oder über Land führen, sind ungeeignet. Es muß dabei berücksichtigt werden, daß allein schon das dauernde starke Zick-Zack-Fahren erhebliche Besteckversetzungen mit sich bringt.

Die Möglichkeit des kurzfristigen Zeigens der Außenfeuer an der norwegischen, dänischen und deutschen Küste ist für solche Operationen wichtig . . .«

Klar für ›Seelöwe‹; Fall A und Fall B

Zur Lage: Hitlers und des OKW's Überzeugung, England müsse nach dem Frankreichfeldzug nachgeben, erwies sich als Irrtum. Nach dem von den Deutschen verpaßten Dünkirchen erklärte die englische Regierung mit Nachdruck, daß sie unter allen Umständen weiterkämpfen wolle.

Im Widerstreit der Vorschläge und Meinungen zwischen Hitler und Raeder erläßt das OKW (endlich) am 2. Juli die erste Weisung für die Operation Seelöwe, die Landung in England. Unter starker Anspannung ihrer letzten Kräfte versammelte die Marine 155 Transporter, 1277 Prähme und Leichter, 471 Schlepper, 1161 Motorboote. Die Vorbereitungen ziehen sich hin, der Feind holt zum Gegenschlag aus, er bombardiert die Invasionsflotte.

Der 4. September:

Heye geht. Er wird Chef des Stabes BSO[1]. Die Besatzung ist erstaunt, verwundert, ja verbittert, sie trennt sich nur schwer von ihrem verehrten und beliebten Kommandanten. Sie bereitet ihm einen fürstlichen Abschied. In seiner Gig wird Kapitän zur See Hellmuth Heye von Bord gepullt.

Der neue Kommandant heißt Wilhelm Meisel. Wie Heye ist er Kapitän zur See und ein Offizier alter Schule. Er ist befahren und erfahren, im Krieg als Chef der 1. Z-Flottille, danach als Chef des Stabes des Befehlshabers der Seestreitkräfte Ostsee (BSO), eine Dienststellung, die nun Heye übernimmt. Wie sein Vorgänger[2] ist er zudem ein alter Torpedoboot-Kommandant[3] und – was wohl noch schwerer wiegt für einen Handelskrieg mit diesem Schiff –: Meisel war von 1915 bis 1917 Adjutant und Torpedooffizier auf dem berühmten Hilfskreuzer SMS *Möwe*, der im Nord- und Südatlantik Handelskrieg führte. Außerdem vermerken die stets zum Aberglauben neigenden Lords die Tatsache auf der Seite der Aktiva, daß der neue Alte als junger Offizier auf dem Schlachtkreuzer SMS *Moltke* unmittelbar unter dem Befehl des Befehlshabers, Vizeadmiral von Hipper, gestanden hatte.

Der Neue, er hat es nicht leicht auf einem Schiff, das seinen alten,

---

1 BSO = Befehlshaber der Seestreitkräfte Ostsee.

2 Von 1925–1927 war Heye Kommandant von G-7 von der I.T.-Flottille; 1932–1934 Chef der 4. T.-Halbflottille in Swinemünde.

3 Am Schluß des Ersten Weltkrieges war er es von V-83; später, 1920–1923 war er Kmdt. in der I.T.-Flottille, bei der Heye von 1920–1922 als WO fuhr.

so beliebten Kommandanten vermißt, zeigt sich, die Männer spüren so etwas schnell, des Vorgängers würdig. Er wird das Schiff, wir werden es sehen, nicht weniger glückhaft und selbstsicher überlegen führen.

Daß sich etwas Ungewöhnliches, Phantastisches tut, merken sie auch auf *Admiral Hipper*. In der Werft werden Hunderte von kleinen Küstenfahrzeugen zum Transport von Panzern und Kraftfahrzeugen umgebaut. Der schwere Kreuzer, er hat am 9. ausgedockt, verlegt am 13. September nach Kiel:

Schon seit dem 12. ist ›Klar für *Seelöwe*‹ befohlen: *Admiral Hipper* soll im Rahmen der Ablenkungsmanöver, die auch eine vorzutäuschende Landung an der Ostküste Schottlands vorsehen, operieren, ursprünglich war sogar, wie Kapitän zur See Zollenkopf erklärt, ein Durchbruch in den Atlantik nördlich von Irland zur Diversionswirkung an der Westküste während des Seelöwen vorgesehen. Damit sollte der Abzug britischer Seestreitkräfte aus dem Kanal in Richtung Irland zur Jagd auf *Admiral Hipper* bezweckt werden[1].

Seeklar für den 15. September.

Seeklar wieder auf Null.

Inzwischen war das marineeigene Troßschiff *Uckermark*, das die Versorgung des schweren Kreuzers in See durchführen sollte und das am 12. September in Kristiansand eingelaufen war, im Karmsund, südlich von Haugesund auf eine Mine gelaufen. Es fällt somit aus.

Der 17.:

Wieder seeklar.

Das Schiff läuft aus, durch den Großen Belt, nachts ankert es vor Seelands Rev, am 18. ist es zusammen mit der *Uckermark* wieder in Kiel.

Wieder nichts.

Die Nervosität und Unsicherheit um *Seelöwe* kann nicht deutlicher werden.

Großadmiral Raeder, der ObdM, spricht in Kiel-Wik zu den auf dem Kasernenhof angetretenen Besatzungen. Der Rede ist nichts Wesentliches zu entnehmen, was soll er hier vor den Augen der Öffentlichkeit auch sagen. Dafür wird er in einer Sondersitzung in der Marineschule vor seinen Offizieren um so deutlicher.

Der 24. September: am Tage, da vor 357 Jahren Wallenstein geboren wurde, folgt der zweite Anlauf, nachdem schon vorher, am 19. September, der Motortanker *Friedrich Breme*[2] aus Kiel ausgelaufen und gleichzeitig auch der Tanker *Thorn*, die ehemals nor-

---

[1] Vizeadmiral Wegener: Fall A ›Schottland‹, B ›Irland‹.

[2] Via Ärmelkanal, Cherbourg, Brest (am 23.) und nach St. Nazaire als Basishafen.

wegische *Ruth*, verfügbar war. Das Schiff ankert erneut bei Seelands Rev, und das Personal der Artillerie-Schaltstelle mit seinem Obermechaniker Gietz hat eine schlaflose Nacht. Sein eifriger Artilleriemechanikergast Diehl hatte den Wandler des achteren RWHW-Gebers mit dem Justierbolzen gedreht. Die ganze Apparatur ist nun festgefahren:

damit ist das wichtigste Kommando-Gerät der SA ausgefallen.

Bastelstunde statt Koje.

Aber die Emsigen kriegen das Gerät wieder hin.

Im Skagerrak die zweite Maschinenpanne:

Die Welle der Turbo-Kühlwasserpumpe, die das Kühlwasser für den Kondensator der Steuerbordturbine zu liefern hat, ist gebrochen und die Steuerbordturbine muß gestoppt werden. Immerhin kann das Schiff mit der Backbord- und Mittelwelle bis zu einer Höchstgeschwindigkeit von 27 kn[1] weiterlaufen. Genug, um einen etwaigen U-Boot-Angriff auszumanövrieren.

Der durch den Fahrtstrom über die Steuerbord-Schiffsschraube in Rotation gehaltenen Turbine muß in diesem Falle zur Kühlung und um ein Verwerfen des Turbinenrotors und damit den völligen Ausfall der Turbine zu verhindern, etwas Frischdampf zugeleitet werden. Doch genügt der Wasserdruck des Fahrtstromes, um den Kondensator hinreichend mit Kühlwasser zu versorgen, aber eben nur solange das Schiff in Fahrt ist. Eine Reparatur der Pumpe in See ist nicht möglich. Die Ersatzteile fehlen. Das Schiff geht nach Kristiansand-Süd. Ersatzteile sind durch FT bestellt worden. Die Luftwaffe wird sie einfliegen. Im KTB der Seekriegsleitung, Teil A, Heft XIII, wird auf Seite 341 später vermerkt, daß die Störungen an der Maschinenanlage des neuen Kreuzers in der Tat ›erschütternd‹ seien.

Beim Einlaufen in den Hafen und den damit notwendig werdenden Manövern beginnen für Schiffsführung und Maschinenleitung die Schwierigkeiten, große Schwierigkeiten. Sobald der Kreuzer keine Fahrt voraus oder zurück mehr macht, wird der Steuerbordkondensator nicht mehr durch Fahrtstromwasser gekühlt. Er muß also bis zum endgültigen Ankern möglichst lange in Fahrt gehalten werden. Für langatmige Erklärungen des ›LI an Kommandant‹ über Telefon ist keine Zeit, sie wären wohl auch nicht richtig verstanden worden.

Da zeigt es sich, wie wichtig es auf einem Kriegsschiff ist, daß ein vertrauensvolles Zusammenspiel zwischen Führung und *allen* Waffenabschnitten herrscht.

Der Kommandant bittet kurz entschlossen den LI auf die Brücke,

---

[1] Falsch bei Hümmelchen ›Handelsstörer‹: Der Schaden trat nicht an der Hauptkühlwasserpumpe auf, das Schiff vermochte dennoch nicht 21, sondern, wie mir vom LI bestätigt, noch 27 kn zu laufen.

damit ihn dieser bei den schwierigen Einlauf- und Ankermanövern auf eine sich entwickelnde Gefahrenlage der Steuerbordturbine aufmerksam machen kann. Andererseits sieht der LI die jeweilige Schiffssituation. Er versteht, daß in gewissen Augenblicken in der Maschinenanlage bis zur Grenze des Möglichen gegangen werden muß.

So wird die technische Sprache des Hd-Heißdampfes mit der seemännischen Sprache verbunden[1].

Ohne es zu wissen, erfüllt die *Admiral Hipper* noch einen diplomatischen Trick. Reichskommissar Terboven[2] hatte in Kristiansand gerade eine wuchtige Rede gehalten und den Norwegern mit scharfen Maßnahmen gedroht, da lief wie zur Bekräftigung ein deutscher schwerer Kreuzer ein. Die Wirkung war ungeheuer, verstärkt durch die Überraschung, daß die Deutschen so etwas überhaupt noch besitzen.

Nach zwei Tagen ist die Steuerbordturbine wieder betriebsklar.

Es ist der 27. September 1940, als *Admiral Hippers* Schrauben wieder drehen und dieser 27. ist wie der 13. wieder ein Freitag.

Auf der Höhe von Scapa Flow überfällt das Schiff das zweite Mißgeschick mit der Steuerbordturbine, diesmal viel gefährlicher für das Schiff und noch lebensbedrohlicher für die Besatzung. Aber auch hier helfen, wie schon dargestellt[3], neben eisernen Nerven, technischem Geschick, sehr viel Mut, auch noch das Glück.

Doch die klebrige Pechsträhne ist damit noch nicht zu Ende gespult. Dem Schiff soll wirklich nichts erspart bleiben. Als es in den Vormittagsstunden des 29. die Schäreneinfahrt nach Bergen erreicht[4], warten dort schon einige Boote, um den schweren Kreuzer durch die Minenfelder zu geleiten.

Als *Admiral Hipper* stoppen will, um von dem während des Norwegenfeldzuges so berühmt gewordenen Minensuchboot M-1 den Begleitoffizier aufzunehmen, läßt sich das Manövrierventil der Mittelturbine nicht mehr schließen. Nach wenigen Sekunden sitzt es völlig fest. Die Turbine macht unentwegt Umdrehungen für etwas mehr als 12 kn.

Welch ungeheuerliche, bedrohliche, völlig verrückte Situation für die Schiffsführung:

Rechts und links die Felsenwände des Fjordes, vor sich M-1 und andere kleine Fahrzeuge, deren Kommandanten zunächst nicht be-

---

1 Wer bei der Kriegs- und Handelsmarine zur See gefahren hat, weiß, daß dieser Teamgeist, der auf *Admiral Hipper* herrschte, keineswegs Selbstverständlichkeit war.

2 Der Vertreter des Dritten Reiches in Norwegen, kurz Reichskommissar genannt.

3 Siehe die Seiten 12 bis 18.

4 Nach Hümmelchen ›Handelsstörer‹ mußte das Schiff nach der Brandbekämpfung ›umkehren‹, das ist falsch, denn es lief ja, wie H. dann auch richtig schreibt, nach dem nödlich gelegenen Bergen ein.

greifen, weshalb *Admiral Hipper* ihre Fahrt nicht endlich herabsetzt und weshalb sie nicht endlich stoppt. Und dann noch die wenig erbauliche Aussicht, in die der Schiffsführung nicht genau bekannten deutschen Minenfelder hineinzulaufen.

Die auf der Brücke von *Admiral Hipper* kommen sich vor wie auf einem Zehntonner-Lkw, dessen Lenkung auf steil-abschüssiger Straße versagt.

Das verzweifelte Bemühen, den Dampf für die Turbine abzusperren, bleibt ohne Erfolg. Der Schnellschluß ist mit dem Manövrierventil gekoppelt. Es bleibt nichts anderes übrig, als ein Zwischenventil in der Hauptzudampfleitung, das normalerweise bei Gefechts- und Betriebsschaltung offen gefahren wird, zu schließen. Das Schließen eines solchen, unter Höchstdruck stehenden gewaltigen Ventils dauert wenigstens sieben bis acht Minuten, es liegt viel zu ungünstig zwischen anderen Hd-Dampfleitungen, die eine ungeheure trockene Hitze[1] ausströmen. Die Männer, die sich ungefähr alle zwei Minuten ablösen und von denen einige wegen der Hitze und der körperlichen Anstrengung ohnmächtig werden, ziehen sie an den Beinen wieder heraus. Dann kriecht der nächste Freiwillige zwischen die Leitungen. Endlich ist es geschafft. In dieser halben Stunde haben Brücke und Maschine gleichermaßen den Atem angehalten, alle standen mit ›weichen Knien‹ an Deck, in den Räumen und auf den Flurplatten in der Maschine bereit, eine Minendetonation federnd aufzufangen.

Durch diese Störung war zunächst auch die Mittelmaschine ausgefallen.

Das Schiff quält sich mit der Backbordmaschine an seinen Liegeplatz in einem Bergener Fjord.

Der Bedarf an Maschinenstörungen ist jetzt mehr als reichlich gedeckt, die Nerven des Maschinenpersonals sind nun doch etwas angekratzt.

Das Kriegstagebuch der Skl, Teil A, Heft XIII, vermerkt auf Seite 381: »Dieser Ausfall der *Hipper* ist ein Glied in der Kette zahlreicher schwerwiegender Versager auf schiffs- und maschinenbaulichem Gebiet, die im Laufe des Krieges bei unseren modernen Einheiten zu den bedauerlichen Einschränkungen ihrer Operationsmöglichkeiten geführt haben.«

Die ersten Untersuchungen durch den LI, Fregattenkapitän Moritz, ergeben, daß in dem Curtisrad, der Hochleistungsstufe der Steuerbordturbine, Schaufeln gebrochen sein müssen. Dieses wiederum hat die Unwucht des Läufers[1] zur Folge.

Reparieren kann das nur eine Werft.

---

1 ca. 450 Grad Überhitzung.

2 Läufer = Turbinenmotor.

Beim Manövrierventil, so stellt Moritz fest, haben sich zwei den Ventilkörper festhaltende Muttern gelöst, weil sie während der Werftliegezeit nicht wieder genügend gesichert worden waren.

Sabotage oder Fahrlässigkeit?

Wer will das jetzt noch beweisen.

Das Unternehmen wird aufgegeben. Auch aus anderen Gründen, denn der *Seelöwe* ist offenbar endgültig in den Bach gefallen und aufs Frühjahr vertagt[1]. *Admiral Hipper* marschiert zurück[2], ist am Montag, dem 30. in Kiel[3] und wird von hier nach Hamburg, nach ›ihrem‹ Hamburg, weiterbeordert, denn sie muß in die Werft.

Hier ergreifen die Techniker von Blohm & Voss mutig und entschieden die Partei des Schiffes und seiner Maschinenleitung.

Einer von den neuen Offizieren, die in Hamburg an Bord gekommen sind, ist der Oberassistenzarzt Dr. Jehn:

»Die Tage, die wir noch in Hamburg liegen, verwende ich zur Schiffskunde. Dauernd verläuft man sich in dem Stahlhaus. Nie komme ich an, wohin ich will. Sonst aber lebe ich mich recht schnell ein. Ich fühle mich wohl auf diesem Schiff.«

Der vom EKK ›ausgeliehene‹ LI, Fregattenkapitän Moritz, steigt wieder aus, um die Erprobungsgruppe *Tirpitz* zu übernehmen. Sein Nachfolger wird der bisherige Ing.-Offizier für die E-Anlage: Korvettenkapitän Goeldner.

Admiral Hipper verläßt am 28. Oktober die Werft, macht Dampf auf, geht in die Ostsee und macht nach den Übungsfahrten zum Wochenende, am 3. November, im geliebten Swinemünde fest.

Torpedoschießen vor Rügen, Kaliberschießen vor Arkona ... das ist das Programm der Woche. Am 9. und 10. November liegt das Schiff in Danzig. Die Bordzeitung der *Admiral Hipper* entsteht, ein Verdienst des großen Idealisten Oberleutnant zur See Kai Lerchen[4]. Erst wollte sie niemand, schließlich wurde sie vom ObdM für alle ›dicken Schiffe‹ befohlen.

---

[1] Einer der Gründe, daß *Seelöwe* nicht ausgeführt wurde, war die Tatsache, daß man vorgesehenen Zeitpunkt von allen größeren deutschen Kriegsschiffen nur *Admiral Hipper* und die drei leichten Kreuzer *Nürnberg, Köln* und *Emden* einsatzbereit gewesen sind.

[2] Eine Feststellung, die später aktenkundig wird, sei erwähnt: Skl und Gruppe Nord waren bei der Vorbereitung des Unternehmens von einem sehr optimistischen Ölverbrauch ausgegangen. In der Ursprungsplanung war der erste Treffpunkt mit dem ersten und einzigen Tanker an der Westküste Grönlands vorgesehen. Der heute geradezu ›glückhaft‹ zu nennende Mißerfolg der ersten Unternehmung hat die verantwortlichen Kommandobehörden zu einer Überprüfung ihrer Befehle in der Richtung veranlaßt, daß der möglichen Ungunst von Wetter, taktischen Situationen und last not least menschlichem Versagen z. B. bei Tanker-Treffpunkten mehr Rechnung getragen wurde.

[3] Auf dem Marsch dorthin fielen übrigens von der vorgesehenen Torpedoboot-Sicherung T-10 und T-12 ebenfalls wegen Schäden an der Maschinenanlage aus, sie mußten Stavanger bzw. Kristiansand anlaufen.

[4] Später auf einem U-Boot gefallen.

Es folgt eine Fahrt um Gotland: Maschinenerprobung: *Admiral Hipper* fährt alle Fahrtstufen. Das Material wird bis zur Belastungsgrenze beansprucht. Das Schiff verholt von der Boje noch einmal in das große Schwimmdock. Der Unterwasserteil wird noch einmal geprüft. Einige Kleinigkeiten müssen noch in Ordnung gebracht werden. Tröstlich für alle, wie sorgfältig das Schiff gepflegt wird.

In der Zeit vom 20. bis 26. November bekommen Schiff und Besatzung – wieder mal – den letzten Schliff. Muß aber sein. Je härter, um so höher klettert das Quecksilber im Barometer der Hoffnung, wieder heimzukehren, wenn . . .

Das Unternehmen Nordseetour
Das Gefecht mit HMS *Berwick* und ihrer Begleitung im Atlantik

Zur Lage: Der Krieg scheint nach erfolgreichem Frankreichfeldzug zum Stillstand gekommen zu sein. Es gilt, durch verstärkte Schädigung des englischen Handels nunmehr auch England friedensreif zu stimmen. U-Boote allein versprechen es noch nicht zu schaffen. Die Unternehmungen des mit Dieselmotoren ausgerüsteten Panzerschiffes Admiral Graf Spee *und die angelaufene ozeanische Operation des schweren Kreuzers* Admiral Scheer *haben bewiesen, daß auch schwere Überwasserstreitkräfte als Einzelschiffe Erfolge im feindlichen Handelskrieg haben können, wobei erwähnt werden muß, daß diese Typen nicht nur einen großen Fahrbereich, sondern auch die schwere Artillerie eines Schlachtkreuzers hatten, was im Vergleich zur* Admiral Hipper *vieles erleichterte. So entschließt sich die deutsche Seekriegsleitung, auch* Admiral Hipper *in den Nordatlantik zum Handelskrieg auf den nördlichen, von Halifax in Kanada nach Nordengland führenden Geleitzugweg zu entsenden. Das Schiff soll, so sah der Operationsbefehl gleich nach Abbruch des Seelöwen vor, in St. Nazaire als Ausgangsbasis stationiert werden. Seine Hauptaufgabe soll es sein, Geleitzüge anzugreifen, während einem Kampf mit schweren Streitkräften nach Möglichkeit ausgewichen werden soll. Eine solche Unternehmung bedarf allerdings sorgfältiger Vorbereitungen. Es gilt, mehrere Tanker in das Nordmeer bzw. in den Nordatlantik zu entsenden, damit die ölhungrige* Admiral Hipper *bei ihrem so geringen Operationsbereich aus diesen Brennstoff ergänzen kann. Danach sollen aufgestellt werden:*

im Nordmeer bei der Insel Jan Mayen der Motortanker Adria, *auf dem Treffpunkt Stiel im Quadrat AJ 12, südwestlich der Südspitze Grönlands gelegen, das marineeigene Troßschiff* Dithmarschen *und*

später, auf dem Punkt Spatz, in Höhe der Azoren gelegen, der Motortanker Thorn.

Eine Reparatur an der Steuerbordschraube der Admiral Hipper *verzögert diesen Plan. Die Herstellung der Auslaufbereitschaft wird auf den 26. November befohlen und auch gehalten. Nach dem Inseegehen der* Dithmarschen *(Datum unbekannt) und dem der* Adria *(aus Drontheim am 7. November) verläßt die von Kiel am 27. November nach Brunsbüttel verlegte* Admiral Hipper *am 30. ihren*

Liegeplatz zu der dem Schiff gestellten Aufgabe. Ein Sperrbrecher und vier Flugzeuge der Luftwaffe sichern den schweren Kreuzer bei seinem Ausmarsch aus der Elbe und später in der Nordsee, während der Nacht übernehmen dann vier Boote der 1. T.-Flottille den weiteren Schutz.

... Man hatte übrigens, das verdient der Erwähnung, versucht, das Auslaufen zu dem Unternehmen *Nordseetour* mit allen Mitteln geheimzuhalten, und das scheint eigentlich auch recht gutgegangen zu sein. Der Kommandant hatte den BdK[1] gebeten, ein Fernschreiben über beabsichtigte Übungsvorhaben an *Admiral Hipper* zu geben, und so erhielten die Betreffenden, die so etwas eventuell interessieren könnte, ein Fernschreiben vom BdK. In diesem stand zu lesen, daß *Admiral Hipper* vom 28. November ab mit den Schlachtkreuzern *Scharnhorst* und *Gneisenau* in der Ostsee üben sollte: »... Anlaufen Gotenhafen zum Wochenende freigestellt ...«

Auf der Elbe mußte das Schiff dann allerdings noch warten. Das Wetter war zu klar, erst am Samstag, dem 30. November, bezog sich der Himmel, gab es Wind.

Admiral Hipper hievt die Anker, die Schrauben drehen, die Unternehmung beginnt.

Wie gut diese Verzögerung, denn die Britische Admiralität hatte doch Wind bekommen. Am 29. November fotografierte ein britischer Aufklärer das Schiff bei Brunsbüttel. Doch wurde diese Beobachtung in ihrer Bedeutung nicht erkannt und also auch nicht ausgewertet.

Shetland–Bergen wird in dunkler Nacht passiert. Fünf Torpedoboote lotsen den schweren Kreuzer am 1. Dezember in den Elte-Fjord bei Bergen hinein:

Beölung bis zum Ansatzstutzen aus dem Tanker *Wollin*, 'raus am Abend, wieder geleitet und noch ein Stück des Weges gesichert von den Torpedobooten. Erst gegen zehn Uhr kann Tagschaltung befohlen werden, ab jetzt erst wird es dämmrig, hell wird es überhaupt nicht richtig und gegen 15.00 Uhr ist's wieder Nacht, aber eine helle, viel zu klare Nacht.

Südlich von Jan Mayen, die Uhr ist inzwischen um zwei Stunden zurückgestellt worden, wartet der Tanker *Adria*. Er tankt die Bunker wieder auf. Sie warten auf den Durchbruchbefehl, auf schlechtes Wetter. Während dieser Wartezeit erfahren sie, daß die *Dithmarschen* wegen Maschinenschadens umkehren mußte und daß an deren Stelle der am 1. Dezember ausgelaufene Motortanker *Friedrich Breme* tritt. Auch die *Thorn* ist in Marsch gesetzt worden. Am 2. Dezember hat sie ihren Basishafen St. Nazaire mit Kurs Punkt *Spatz*

---

[1] BdK = Befehlshaber der Kreuzer.

verlassen. Alles funktioniert wie ein Uhrwerk ... nur der Durchbruch nicht. Immer wieder füllt die brave *Adria* nach, wenn der schwere Kreuzer in den Morgenstunden von der Ausgangsposition zum Durchbruch durch die Dänemarkstraße zurückkehrt. Dieses Auf- und Abstehen zehrt an der Nervensubstanz. Oberassi Dr. Jehn hilft sich auf seine Weise über diese Zeit hinweg. Er liest, endlich mit Muße und Genuß, Eugen Roths ›Die Frau in der Weltgeschichte‹. Und das auf dem 70. Breitengrad.

Der 6. Dezember scheint günstig. Es herrscht Neumond, es stürmt auch ein wenig. Die Skl funkt das Stichwort: »Durchbruch frei.« Als sie in der Mitte der Dänemarkstraße stehen, verzaubert ein ungewöhnlich schönes Nordlicht die Nacht, heller als der hellste Mond. »Na, das hat uns gerade noch gefehlt.« Der Rest geht in einem zentnerschweren Seemannsfluch unter und ist nicht mehr zu analysieren.

Die Temperatur sinkt auf 15 Grad minus ab. Es fehlt, so vermerkt der Sanitätsabschnitt, an genügend geeigneter Bekleidung wie Pelzkappen[1], speziell wollenes Unterzeug, Wachmäntel, vor allem für die exponierten Posten der Brücke im Vormars ...

Von einer einheitlichen Uniformierung des Deckpersonals ist nichts mehr übriggeblieben. Jeder, der unsere wärmenden Mäntel oder ein anderes Kleidungsstück erwischt hat, ist glücklich zu schätzen. Selbst in den Türmen frieren die Männer, denn auch hier kommt es zu Eisbildungen. Erkältungen und Mandelentzündungen machen den Ärzten zu schaffen.

Admiral Hipper weicht einem erkannten Schatten, einem der britischen Kontroll-Kreuzer, rechtzeitig aus und schiebt sich weiter durch Eisschlamm hindurch, der die See jetzt wie ein Leichentuch überzieht.

Das Schiff ist über und über mit Eis bedeckt.

Niemand mehr darf das Deck betreten.

Der 7. Dezember:

Die Südspitze Grönlands ist erreicht. Die Uhr wird erneut um zwei Stunden zurückgestellt. *Admiral Hipper* ist ›durch‹.

Hinter ihr, irgendwo in der in Seefahrerkreisen aller Nationen so übelbeleumdeten Straße, lauern und warten die britischen Bewacher dieses Flaschenhalses. Ihre Kommandanten und Besatzungen fluchen. Verbalinjurien, die in keinen Spind passen: auf die Seefahrt, das Wetter, die Germans, die hohen Herren bei der Admiralty in London, kurzum auf alles.

Der Nordatlantik empfängt Schiff und Besatzung würdig:
mit zunehmendem Wind, mit sich immer aufsteilender See.

---

[1] Die Pelzmäntel und Pelzmützen, welche der tüchtige Rollenoffizier, Kapitänleutnant Piontek, in einem norwegischen Militärbeutelager für die *Admiral-Hipper*-Besatzung ›organisiert‹ hatte, bewähren sich in dieser Situation vorzüglich.

Nachmittags röhrt ein handfester Orkan um das Schiff. Der Himmel sieht aus wie eine fleckige Decke, die Seen, diese langgestreckten sich in sich bewegenden, rollenden Berge, wirken jetzt marmoriert.

Viele Männer sehen und erleben das erstemal den Nordatlantik, jenes Revier, in dem Männer noch Männer sind.

»Man sollte meinen, die See, die Wellen müßten uns erdrücken, uns einfach zerschlagen«, sagt ein Ausguckposten, ein bleichgesichtiger Junge, der bei der Marine das große Geheimnis des Lebens zu finden hoffte und nun feststellt:

Seefahrt ist eine Not, sie ist anders, hart, sehr hart sogar.

»Wie wütende, riesige Schimmel drängen sie uns entgegen«, bekräftigt sein Makker, auch ein bißchen gelb-grün im Gesicht.

»Gemerkt, wie der Alte das Schiff hingelegt hat?«

»Jenau zwei bis drei Strich an Backbord. Er erklärte nichts, als er diesen Kurs bestimmte, aber man merkte ihm an, daß er sich viel dabei gedacht hat.«

»Liegt jetzt viel ruhiger.«

Ja, *Admiral Hipper* bleibt auf Meisels Befehl erst einmal auf diesem Kurs liegen, gleich, ob dieser nun zu einem Geleitzug hinführt oder nicht. Es sind keine harten Stöße mehr zu verspüren, obgleich die See bis zur Brücke hinauflangt und Spritzer selbst die Seeleute im Vormars zwingen, sich Ölzeug überzuziehen.

»Liegt wie'n Holzdampfer«, lacht der Prisenoffizier und steckt seine Hände noch tiefer in die Außentaschen seines Pelzmantels. Er, im Frieden Kapitän bei der Christlichen, verspürt echtes Behagen, man sieht es ihm an, so wie er auf seiner kalten Pfeife herumkaut, so wie er breitbeinig auf den Teakholzplanken steht und mit den Knien die Schlingerbewegungen des Schiffes wie ein Automat ausgleicht. Der Wind meißelt sein Gesicht, in den Salings heult und orgelt Rasmus, irgendwo klappert ein Schäkel.

Von der Brücke verschwindet der Horizont hinter den Wellenbergen. Sie müssen höher als 14 Meter sein. Die Komponenten[1] kippen um, denn der Schlingerwinkel liegt bei über 30 Grad. Flakleitstände und die Dreikommasieben sind längst festgezurrt, die Zehnkommafünfkanonen sind elektrisch ausgefallen, fahren sie doch meist unter Wasser, sind sie doch für solche Seefahrten offenbar nicht gebaut.

Wasser dringt in das Schiff, durch den Schornstein und die Stände. Wasser im Panzerdeck. Wasser selbst in den Kesselräumen, durch die großen Kesselraumlüfter, deren Anschlußöffnungen hoch oben liegen. Trotz vorgesetzter Panzerblenden zertrümmert die See auch das daumendicke Glas einiger Seitenfenster.

---

[1] Zentrale Stabilisiergeräte der SA.

Die Bugseespritzer fegen bis über den Vormars hinweg.

Das Meisterpersonal und die Bootsmannsgruppe unter Führung des Oberbootsmanns Woehrle sind unermüdlich tätig, mittels Leckbalken und Hängematten die eingeschlagenen Seitenfenster abzudichten und sonstige Oberdeckschäden unter Lebensgefahr zu beseitigen.

Und dann die Kälte.

Boden sagt zu dem mit der Stummelpfeife, der auch auf dieser Kriegsschiffbrücke in der so verunglückten Stellung als Sonderführer-Leutnant wie ein Kapitän wirkt: »Es gibt bei der Marine einen schönen Spruch: ›Nur die Dummen fahren zur See, die ganz Dummen im Winter.‹«

»Und die Verrückten sogar im Nordatlantik«, knurrt der Gast.

Wer jetzt keine Seebeine bekommt, bekommt sie nie.

Das Essen wird zur Akrobatik, gar kein Spaß, mit dem Teller heißer Suppe in der Hand mit dem Stuhl durch die Messe zu fahren. Geschirr kracht an Deck, Stühle fallen dazwischen und zerschlagen, was noch heil blieb. Die Altbefahrenen, die mit dem konservativen Seemannsinstinkt, grinsen.

Unten, unter Deck herrscht Zustand.

»Mach bloß das Schott nicht so weit auf«, die Sorge aller an jeden, der eintritt. Diese Luft heißt hier Mief, echter Seemannsmief, vermischt mit den Düften von Stiefelwichse, Tran, Zwiebeln, Ölzeug, Menschen.

Das ist die Luft, die Hein Seemann erfreut, die seine Lungen labt und die Muskeln stärkt. Sie ist ihm Strom zum Aufladen der psychischen und physischen Akkus.

Das Tagesetmal am 8. Dezember liegt bei 250 Seemeilen. Der Ölverbrauch beträgt während dieser 24 Stunden 370 Kubikmeter.

Am 9. abends aber flaut es ab. Im Orkan wurde der HX-Geleitzugweg passiert. *Admiral Hipper* schlingert ›nur‹ noch acht bis zehn Grad.

Dafür aber fällt am 10. Dezember die Steuerbordmaschine aus.

Der schwere Sturm vor der grönländischen Küste hat harte Anforderungen an Mannschaft, Schiffskörper und auch an die Antriebsanlagen gestellt, so daß Schäden nicht ausbleiben.

In den Morgenstunden hören sie es: Krachen und Erschütterungen im Hauptturbinenraum. Der Niederdruckläufer der Steuerbordturbine hat sich durch Wärmeeinwirkung gedehnt und dabei seine Stopfbuchse, das heißt seine Wellenabdichtung gegen die Außenluft, stark beschädigt.

Die Steuerbordwelle wird abgekuppelt und die beschädigte Stopfbuchse ausgebaut.

Keine Kleinigkeit, bei den heftigen Schiffsbewegungen die schweren Maschinenteile an einen Platz zu bringen, wo ihre Instandsetzung versucht werden kann.

Die vielfältigen feinen Dichtungslamellen sind völlig verbogen, zum Teil gebrochen.

Wird es gelingen, sie wieder so zu richten, daß eine Abdichtung erzielt wird? Der Abschnittsoffizier der Turbinenanlage[1] weicht nicht aus dem Turbinenraum E.

So kann die Unternehmung fortgesetzt werden.

Der Kommandant beschließt, über die ohnehin fällig gewordene Beölung über den Treffpunkt mit der *Friedrich Breme* direkt nach Brest zu gehen, wenn es nicht gelingen sollte, den Schaden zu beheben. Einzig und größte Sorge ist daher jetzt: wo ist der Tanker?

Die Männer vor dem De-Te-Gerät entdecken schließlich einen hin und her torkelnden Zacken.

Das ist er, der gesuchte Tanker ... nur sonderbar, daß die Zacken bei der gemessenen Distanz reichlich klein scheinen.

Er ist es nicht.

Was da in Sicht kommt, ist ein Fischdampfer. Dem Typ nach könnte er ebenso ein Brite wie ein Kanadier oder Däne sein. Für die Brücke aber ist er ein hier erwartetes deutsches Fahrzeug: der nur 650 BRT große Wetterbeobachtungsdampfer *Sachsenwald.* Kommandant ist sein ehemaliger Kapitän, der Leutnant zur See (S) Schütte, auch ein Sonderführer, auch mißvergnügt über diese, wie er sagt, ›alberne‹ Regelung einiger Herren am grünen Tisch.

Einer schreibt, was sie alle empfinden, in sein Tagebuch hinein:

»... Die Einrichtung der Wetterschiffe erfordert stilles Heldentum, dem auf den Tankern in etwa zu vergleichen. Da schwabbern diese armen Männer nun ein Vierteljahr und länger einsam im Atlantik als verkappte Fischdampfer herum und melden der Heimat die Wetterlage ... den Barometerstand, die Temperaturen, Regen oder Sonne, Wolkenhöhe und Wolkenart, den Wind in Stärken und Richtung ... Kein Mensch, kein Wehrmachtsbericht nennt die Namen dieser großartigen Seeleute, die an vielen Waffenerfolgen der Kriegsmarine und der Luftwaffe ganz entscheidenden Anteil haben ...«

Endlich, nach vielen Mühen, ist die Stopfbuchse wieder eingebaut. Der Probelauf kann beginnen.

Das Ergebnis ist befriedigend.

Das Vakuum im Stb.-Kondensator hat sich nur unwesentlich verschlechtert, und praktisch erreicht die Stb.-Turbine sogar wieder ihre volle Leistung.

Die Absicht, nach Brest zu gehen, kann nach Behebung der Störung an der Maschinenanlage nun wieder fallengelassen werden.

---

[1] Kapitänleutnant (Ing.) Kirschstein, jetzt Direktor bei der BP in Hamburg.

Es spricht für den Geist der Besatzung, daß sich und wie sich die Männer darüber freuen, alle, ohne Ausnahme.

Wo aber steht die *Friedrich Breme*? Sie ist nicht zu finden. Ist das Schiff versetzt worden? Stimmt sein oder des schweren Kreuzers Besteck nicht? Der Punkt, den die Seekriegsleitung dem Versorger zugewiesen hat, der Punkt *Spatz*, ist sehr geschickt gewählt. Er liegt genau auf einem der beiden großen Dampferwege, die in Friedenszeiten von der Kanalinsel Ouessant zum Panamakanal hin und zurück führen.

Abends, erst gegen 23.00 Uhr, findet *Admiral Hipper* in mondheller Nacht und nach vierzehnstündigem, verzweifeltem Suchen – ebenfalls zuerst durch De-Te aufgefaßt – den Tanker. Zwei Stunden später hätte die *Admiral Hipper* nach Osten mit Kurs Dänemarkstraße zum Treffpunkt mit der *Adria* ablaufen müssen. Deutlicher können die Sorgen der Schiffsführung nicht werden, als dies diese zwei Stunden, diese zweimal 60 Minuten ausdrücken.

Sie tanken am nächsten Tag bei sonnigem Wetter, aber ziemlich hoher See. Die Lufttemperatur mißt jetzt 15 Grad plus; vor fünf Tagen zeigte das Thermometer noch 16 Grad minus. Das Seewasser ist mit 16 Grad warm genug, um darin zu baden. Ein unmöglicher Gedanke auf Kriegsmarsch, aber ein beruhigender für den Fall, daß bei dem schwierigen Leinenmanöver ein Seemann in den Bach fallen sollte. Es fällt aber keiner, denn aus den Soldaten sind inzwischen Seeleute geworden.

Diese Beölung ist in der Tat eine Meisterleistung.

Nur ein Fachmann vermag diese schwierige Arbeit zu würdigen, den 18 000 t schweren, in der Dünung schwer arbeitenden Kreuzer mit dem 10 397 BRT großen Tanker über eine Entfernung von 600 Metern zu verbinden und diese Verbindung, an der zwei dicke Schlauchleitungen nachgezogen werden, auch permanent zu halten.

Höchstes Lob allen, die damit zu tun haben, der Tankerbesatzung voran, dem bei der Ölübernahme wachhabenden Offizier, Kapitänleutnant Bernadelli, der Ölübernahmegruppe, dem Ersten Offizier als dem Verantwortlichen und seinem Smarting, Oberbootsmann Woehrle.

Einer von der *Friedrich Breme*, der Matrose und heutige Reedereiinspektor Martin Maass in sein Tagebuch: »... Es läßt sich so leicht darüber schreiben, war aber eine unheimliche Asterei. Immer wieder hakte der mit Preßluft gefüllte Schlauch an einer Tankluke. Schließlich war es aber geschafft, beide Geräte wurden durch den Kreuzer aufgenommen. Stündlich wurden nun 375 t Brennstoff über den hier 5000 Meter tiefen Atlantik auf die *Admiral Hipper* gepumpt. Gefährlich wurde es oft genug, wenn die Schlepptrossen mit dem Schlauchgerät steif kamen, immer, wenn wir mit dem

Steven tief in die See eintauchten und der Kreuzer ausgerechnet in diesem Augenblick in ein Wellental rutschte.

Ein Gerät wurde leck. Es mußte stückweise bis zur schadhaften Stelle eingehievt werden. Reparatur ... schon ging die Beölung weiter. Keiner kam aus den Klamotten, mußte doch neben der Ölübergabe auch die Wache besetzt werden. Schnell wurde in vollem Zeug auf der harten Bank in der Messe ein Auge voll Schlaf genommen.

Endlich hatte unser Kreuzer den Kanal voll. Die Schläuche wurden mit Preßluft leergedrückt, dichtgesetzt und von uns wieder an Bord genommen. Wie aber sah das Geschirr aus! Die schweren Schläuche waren teilweise um den Draht gewickelt, beschädigt und zur nochmaligen Beölung unbrauchbar geworden. Stahlklampen als Befestigung hatten sich gar nicht bewährt ...«

Es waren 1650 Kubik, die der schwere Kreuzer bis 23.00 Uhr am 12. Dezember übernahm.

Weil der Tanker während seiner Wartezeit von vier Dampfern gesichtet worden war, schickt ihn Meisel 150 Seemeilen nach Süden. Der neue Treffpunkt liegt auf 45° 40' Nord und 29° 50' West[1].

Der deutsche Nachrichtendienst hat einen Hx-Geleitzug auf der Route Halifax–England aus dem Funkbild herausgefischt. Ihn soll *Admiral Hipper* angreifen. Zur gleichen Zeit operiert *Admiral Scheer* 2700 Seemeilen südlicher, hier mit der Weisung, sich um Einzelfahrer zu kümmern. Meisel kreuzt bei wieder einmal stark aufbrisenden Winden zwischen 45 bis 50 Grad Nord und 30 bis 40 Grad West:

Nichts, nichts, nichts ...

Jede Stunde, jeden Tag, jede Nacht.

Bei dem Geleitzug, den sie suchen, handelt es sich, das hat der deutsche B-Dienst herausgeschnüffelt, um den Convoy Hx-94.

Die Männer sehen abgespannt, richtig müde aus. Anstrengender noch als der aktive Einsatz ist dieses Warten, dieses tägliche Umsonst.

Admiral Hipper findet den Geleitzug nicht. Wohl sichten sie einige Einzelfahrer. Sie weichen diesen, wie befohlen, aus, schlagen einen Haken nach dem anderen um die vom Ausguck gemeldeten Mastspitzen. *Admiral Hipper* setzt für alle Fälle und zur Tarnung die britische Kriegsflagge, das White Ensign.

Eine regelrechte Psychose bemächtigt sich der Besatzung. Der NO erfindet die aufpeitschende Parole:

»Geleitzuggefahr.«

Die Schiffsführung erkennt, was es mit den Einzelfahrern für eine Bewandtnis hat:

---

[1] Nach Journal der *Friedrich Breme.*

Der Kommandant, Kapitän zur See Meisel, kommt bei dieser Lage zu der Überlegung und dem Entschluß:

Der Geleitzug ist durch den Orkan aufgelöst, die Schiffe sind sehr weit auseinandergezogen und nunmehr Einzelfahrer, sind also nicht mehr im Convoy-Schutz. Dadurch ist für sie und für das angreifende Schiff eine völlig andere Lage entstanden. *Admiral Hipper* hätte die einzelnen Schiffe gemäß den Gesetzen anhalten, die Besatzung übernehmen müssen und dann erst das Schiff versenken können. Boote auszusetzen und die Besatzung zu übernehmen war bei der Wetterlage nicht möglich.

Außerdem wäre vielleicht durch ein angegriffenes und versenktes Schiff die Anwesenheit der *Admiral Hipper* verraten worden. Somit aber wäre der verlangte und beabsichtigte Angriff auf Geleitzüge sehr fraglich geworden.

Der 14. Dezember.

Wieder singt es im Gestrüpp der Stagen und Wanten, wieder herrscht Sturm und ein gar nicht schöner Seegang.

Und aus dem Sturm wird über Nacht ein Orkan.

Die Ärzte beobachten mit Sorge die schlechte Lüftung der Räume, bei der schweren See ist sie noch schlechter geworden. Viele Lüfter sind durch Wassereinbrüche ausgefallen. Bedingt dadurch und durch die fehlende Schlaftiefe bei den wilden Schlingerbewegungen zeigen sich bei der Besatzung typische Ermüdungserscheinungen. Die Männer klagen, so heißt es im Schiffsarztbericht, über Kopfschmerzen und Abgeschlagenheit.

Der 16. Dezember:

Das Tanken bei *Friedrich Breme* verläuft absolut planmäßig, nur mit dem kleinen Unterschied, daß aus dem Punkt *Spatz* jetzt ein Punkt *Sperling* geworden ist, wie dieser Treffpunkt in den Gekados-Akten heißt.

Oberassistenzarzt Dr. Jehn hat praktisch nichts zu tun, denn die Männer sind kerngesund.

Die Seekrankheit ist wie fortgeblasen.

»Es ist zur Zeit langweilig«, so notiert er. »Ich habe heute Kesslers Briefe zweier Liebenden ›Eines Tages öffnet sich die Tür‹ gelesen. Die Typen sind Idealmenschen, wie man sie sich kaum vorstellen kann.«

Wieder auf Suchkurs auf der Halifax-Geleitzug-Route. *Admiral Hipper* operiert mit Nordwestkursen gegen die durch den B-Dienst erfaßten Geleitzüge SC-15 und HX-95 ohne Erfolg, nicht zuletzt wegen des wieder einmal schlechter gewordenen Wetters. Der Atlantik im Winter ist nun mal keine Spielwiese für Sonntagssegler. Aber auch denen, die als Cap Horniers das Recht haben, zwei Beine auf die Back zu legen, entlockt er Worte, die in Damengesellschaft besser unausgesprochen bleiben.

Öl, Öl, Öl ... Dieses Wort bewegt den Kommandanten, den Ersten Offizier, den Leitenden, den Kesselingenieur und den ›Ölprinzen‹, wie der Leutnant zur See der Reserve Bose, außer Leutnant (Ing.) Dr. von Pawel, der 2. Ing.-Offizier aus dem Reservistenstand[1], genannt wird ...

Der 19. Dezember:

Wieder Kurs Punkt *Spatz*. Am 20. Dezember sind sie wieder beim Tanker *Friedrich Breme*. Sie stehen auf 45° 20′ Nord und 30° 30′ West. Wieder werden die dicken Schläuche an den großen Stutzen geschlagen ... wieder werden sie über Manilatrossen mit dem Tanker verbunden ...

Wieder gellt ein langer Pfiff durch das Deck und eine Stimme singt den Befehl aus:

»Heizölübernahme beginnt. Rauchen an Oberdeck verboten.«

Leutnant (Ing.) Bose kontrolliert den stündlichen Durchgang an einer Art Kilometerzähler, der so groß wie eine Normaluhr ist.

Die ersten Arbeitsgruppen kehren zurück, die ersten Bunker sind gefüllt. Neue Zettel, neue Befehle, neue Stationen. Das Heizöl fließt jetzt in die anderen Bunker.

Zur Sicherheit wird eine Heizölprobe in das Schiffslabor geschickt. Dort prüfen sie das spezifische Gewicht, die Farbe, die Zähigkeit, den Flammpunkt, Siedepunkt, Rückstand und Heizwert.

Außer 1100 Kubik Öl übernimmt *Admiral Hipper* bei diesem Treffen auch einen Schwerkranken. Der Kutter kommt trotz der hohen Dünung gut zu Wasser, und der Kranke, ein Ingenieur-Assistent, unter Führung des Leutnants zur See Schmoeckel, wohlbehalten in des schweren Kreuzers Schiffslazarett. Der Patient leidet an einer chronischen Otitis media. Das klingt sehr gefährlich, ist aber an sich ›nur‹ eine Mittelohrentzündung.

Friedrich Breme setzt sich sofort nach der Beölung auf 43° 50′ Nord und 32° 00′ West ab. Der Ölfleck, der bei jedem Tanken nicht ausbleibt, könnte zum Verräter werden ...

Martin Maass dazu »... am 21. stehen wir auf der Höhe der Nordspitze Spaniens, mitten im Atlantik. Das Geschirr wird wieder in Ordnung gebracht, da uns noch eine weitere Beölung bevorsteht. Viele Schlauchlängen müssen ausgewechselt, neue Befestigungsmanschetten angefertigt und angebracht werden ... genug Arbeit, um den Hafen nicht zu missen ...«

In diesen Tagen fällt auf *Admiral Hipper* die Kühlmaschine aus. Die Temperaturen in der Kühllast klettern auf 6 bis 7 Grad Celsius. Der Vau-Null[2] und sein Proviantmeister Höfler machen lange Gesichter, den Seelords dagegen tönt diese Nachricht wie Musik in den

---

1 Im Zivilberuf Ing. bei den Atlaswerken.

2 SVO = Schiffsverwaltungsoffizier, hier im Marinejargon ›Vau-Null‹ geheißen.

Ohren. Was sie vermuten, trifft ein: Schiffsverwaltungsoffizier Korvettenkapitän (V) Suhrcke beschleunigt die Ausgabe von Fleisch. Die Rationen werden größer. Das freut einen Seemann denn ja auch, hatte er doch schon über die seit Tagen kriegsmarschbedingten ›halben Schläge‹ gemosert.

Kummer macht das an Bord gebackene Brot. Der SVO spricht mit den Ärzten: es kann erst am 7. Tage zum Verbrauch ausgegeben werden. Feuchtigkeit und wenig glückliche Lagerungsmöglichkeiten erschweren diesen Ausweg. Das Brot ist schimmelig, zum Teil ungenießbar. Magen- und Darmstörungen sind die Folgen.

Eine nicht voll gesunde und nicht zufriedene Besatzung auf einem Schiff ist ein Schiff mit nur halbem Gefechtswert. Die Sorgen sind beträchtlich, die den Kommandanten bewegen und seine weiteren Entschlüsse bestimmen.

Der 20. Dezember:

Kapitän zur See Meisel gibt an der Halifax-England-Route auf. Der geringe Aktionsradius verdammt ihn zur Erfolglosigkeit in diesem Gebiet. Er macht ein Kurzsignal aus vier Buchstaben und diese besagen, daß er südlich verlegen und an der Nord-Süd-Geleitzug-Route zum Mittelmeer ... nach Sierra Leone ... ums Kap der Guten Hoffnung, sein Glück versuchen will.

Die Skl ist einverstanden.

Im neuen Operationsgebiet, in dem Meisel gegen die wieder einmal vom B-Dienst erfaßten Convoys SL-58 und SLS-58 vorstößt, meldet die ›Bordluftwaffe‹ auch ihre Vögel wieder flügge. Leutnant zur See Nowak und sein Flugzeugführer .... brennen darauf, dem Schiff einen der beiden Geleitzüge zu melden. Er startet die Arado 196 in aller Frühe, bereits 7.05 Uhr; er meldet, wie abgesprochen ... dann funkt er nicht mehr.

Der Kommandant verbirgt nur mühsam seine Unruhe, denn es ist ein sonniger, ruhiger Tag, es weht eine flaue Brise.

Stunde um Stunde wächst die Sorge, wird es zur Gewißheit, daß dem Flugzeug etwas passiert sein muß.

»Vielleicht hat es während der Sturmtage Schäden erlitten, die dem Personal nicht aufgefallen sind?«

»Dabei sind es doch erfahrene Praktiker.«

Der Kommandant will und möchte es nicht glauben, was am Ende doch bittere Wahrheit ist:

Sie finden die Maschine nicht, obgleich sie kleine und große Kreise fahren und überall suchen, wo sie Erfolg zu haben glauben.

So endet der 4. Advent.

Die Stimmung ist deprimiert. Die Sorge quält alle, daß die beiden noch leben, noch schwimmen könnten ... irgendwo auf diesem gnadenlosen Atlantik.

Der 23. Dezember:

Admiral Hipper steht zwischen den Azoren und dem spanischen Festland.

Das Schiff beölt erneut aus seinem Versorgungstanker, heute bei herrlichem Wetter. Es ist warm, der Wind bläst mäßig und stetig. Die wachfreie Besatzung sonnt sich an Oberdeck.

Die Dünung ist länger geworden. Einzige Lebewesen außerhalb vom Schiff sind vereinzelt dahinziehende Seevögel und Schwärme von Tümmlern. Mit großen, lustigen Sprüngen vergnügen sie sich um das Schiff. Sie sind, Gelehrte haben das festgestellt, die klügsten Tiere der Welt.

Die Nacht ist dunkel und klar. Die Ausguckposten bewachen ihre Sektoren.

»Ist es einer oder ist es keiner?« rätselt die Brücke.

Es ist einer, dieser Schatten, der eben vor Eintritt der Dunkelheit entdeckt wurde. Sie verfolgen das abgeblendete Schiff, dann wissen sie bald, daß es ein Tanker ist.

Meisel: »Klar zum Torpedoangriff.«

Nach Ablauf der Torpedolaufzeit sollte die SA einfallen.

Ganz klar scheint die Sache den jungen Offizieren nicht ... entweder der Aal trifft, dann buddelt der Tanker ab, oder er trifft nicht, dann schießt man einen zweiten. Die Ari raubt ihm doch die Illusion, von einem U-Boot attackiert worden zu sein ...

Na schön, wann wissen es die Jungen nicht besser! Das war zu Brommys, Nelsons und Xerxes' Zeiten nicht anders.

In diesem Augenblick knipst da drüben einer die Positionslichter an.

Ein Seelord findet zuerst die Sprache wieder. Zu seinen Makkern sagt er laut, zu laut: »Nun steht nicht da wie'n ausrangiertes Seezeichen. Das is'n Panama-Tanker. Man kann auch Ami dazu sagen.«

Ein Funkspruch bekräftigt die Begegnung. Der Tanker meldet: »Werde von abgeblendetem Fahrzeug verfolgt.«

Danach ist wieder Ruhe im Äther. *Admiral Hipper* hat den angeblichen Panamesen ziehen lassen. Man hätte den warnenden Funkspruch auch anders auslegen und beantworten können, wahrscheinlich, wie der Kommandant feststellt, zum Nachteil des Schiffes.

Doch noch etwas geschah ... wieder eine Maschinenstörung, wieder neue Sorge, wieder Probleme und wieder Männer, die damit fertig werden, als dem Abschnittsoffizier der Hauptturbinenanlage gemeldet wird:

»Ein Tragelager der Mittelwelle wird warm.«

Zur Feststellung der Ursache müssen die Lagerschalen ausgebaut werden. Die Mittelwelle ist im Gegensatz zu den Seitenwellen mit einer beweglichen Zahnkupplung ausgerüstet.

Es ist also nicht schwierig, die Mittelwelle von der Turbine zu lösen und sie mittels der Wellenbremse festzusetzen, so daß ihr Mitlaufen im Fahrstrom verhindert werden kann — wenn die Geschwindigkeit nicht zu groß wird.

Die Schiffsführung hatte ein Gebiet aufgesucht, wo Schiffsverkehr nicht zu erwarten war und niedrige Fahrtstufen gehalten werden können. Aber mit des Geschickes Mächten . . . der Lagerdeckel war gerade abgenommen und die untere Lagerschale halb herausgedreht — da kam die Meldung vom Sichten eines fremden Fahrzeuges.

Die Fahrt mußte notgedrungen erhöht werden, um dem anderen auszuweichen.

Die Wellenbremse knackte schon verdächtig.

Lange wird sie bei der Fahrterhöhung nicht mehr halten; und wenn die Welle bei der halb herausgedrehten Lagerschale anfängt mitzudrehen, dann gibt's Kleinholz. Mit äußerster Beschleunigung gelang es, die Schale ganz zu entfernen. Dann wurde die Bremse gelöst. Die Welle begann mitzulaufen. Jetzt kam es nur darauf an, welche Schwingungen sich bei dem Fehlen eines Tragelagers einstellen werden. Aber es zeigt sich nichts Besonderes.

Nach einer halben Stunde geriet das fremde Schiff dann, wie schon geschildert, wieder außer Sicht. Die Fahrt konnte wieder herabgesetzt werden. In der Zwischenzeit hatte der Instandsetzungstrupp im Wellentunnel die beschädigte Lagerschale wieder glattgeschabt.

Die Mittelwelle wurde wieder abgebremst und der Wiedereinbau des Lagers vollzog sich ohne weitere Komplikationen.

Immerhin . . .

Der 24. Dezember.

Weihnachten.

Alles ist vorbereitet: die selbstgefertigten Bäume, die Ausschmükkung der Räume, die Geschenke, die Reden . . .

Zur gleichen Zeit stampft der Truppentransporter-Geleitzug WS 5 A gute 700 Seemeilen von Kap Finisterre seinen ihm von der Britischen Admiralität befohlenen Weg. Die 20 Transporter sind für den Mittleren Osten bestimmt, sie sind, seit sie England verlassen haben, unverhältnismäßig stark gesichert:

durch den schweren Kreuzer HMS *Berwick*, die leichten Kreuzer HMS *Bonaventure* und HMS *Dunedin*, den Träger *Furious* und sechs Zerstörer[1].

16.48 Uhr Bordzeit und 20.48 Uhr DSZ:

---

[1] *Berwick:* 10 000 t, 31,5 kn, 8–20,3-cm-SA, 8–10,2-cm-MA; *Bonaventure:* 5450 t, 31,5 kn, 10–13,2 cm; *Dunedin:* 4850 t, 29 kn, 6–15,2 cm; *Furious:* 22 450 t, 31 kn, 10–14 cm, 33 Wasserflugzeuge (Torpedoflugzeuge).

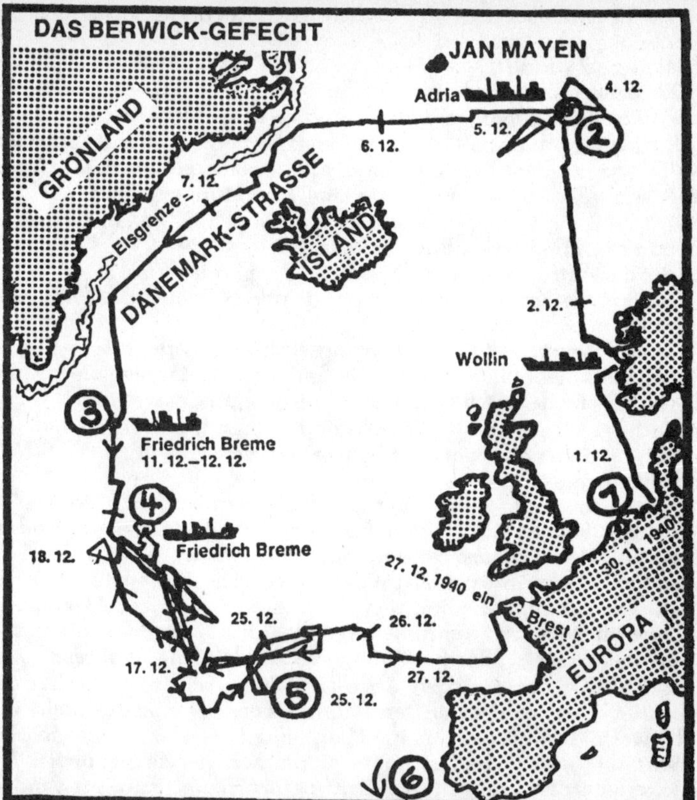

Der Angriff auf den Truppentransport-Convoy WS 5 A und das Gefecht mit dessen unerwartet starken Sicherungsstreitkräften.

① Auslaufen aus Brunsbüttel nach vorheriger Tarnung, durch die Nordsee nach Bergen, wo Admiral Hipper aus dem Tanker Wollin beölt.

② Beölung aus dem Tanker Adria und Wartestellung für Durchbruch Dänemark-Straße.

③ Beölungspunkt mit Tanker Friedrich Breme.

④ Neuer Beölungspunkt mit Friedrich Breme.

⑤ Die Position des Gefechts mit HMS Berwick und weiterer Sicherung beim Convoy WS 5 A.

⑥ Hapag-Frachter Baden wird bei der Jagd auf Admiral Hipper in der Nähe vor Santa Cruz am 26. 12. 1940 gestellt. Schiff versenkte sich (befehlsgemäß) selbst bei Annäherung von HMS Berwick.

»De-Te an Brücke: in 70 ° rechtweisend mehrere Zacken auf 150 hundert.«

Mehrere Zacken?

Das kann nur ein Geleitzug sein.

IO Zollenkopf hat gerade dem Vorschlag des Proviantmeisters Höfler zugestimmt, daß es am 1. Feiertag Bockwurst mit Grünkohl aus Dosen geben solle, da rasen die Alarmglocken, *Admiral Hipper* fühlt sich von achtern her an die De-Te-Sichtungen heran.

»Da sind sie wieder ... sieben, acht, ja zehn Zacken. Gemessen auf 220 hm, eine erstaunliche Distanz.«

»Bei der Entfernung scheinen das größere Schiffe zu sein.«

Dieser Überzeugung pflichten auch der NO und die Funkmeßspezialisten bei.

»Und das sind wohl die Sicherungsschiffe«, überlegt der AO [1], als er das Funkmeßbild betrachtet. Er meint jene Zacken, die da drei bis fünf Seemeilen nach vorn und achtern herausgesetzt sind.

»Richtig, ich denke, wir können noch näher herangehen.«

Jetzt tauchen noch weitere, kleinere Zacken auf dem De-Te-Schirm auf: die Dampfer.

19.00 Uhr wird, völlig überraschend, in nur 72 hm ein De-Te-Zeichen aufgefaßt. Es steht näher heran als der Geleitzug und an einer Stelle, wo sich kurz vorher kein Schiff befand.

Im Gefechtsbericht von Kapitän zur See Meisel ist später zu lesen:

»... Ich entschließe mich, den Geleitzug erst in der Morgendämmerung anzugreifen, wenn die Lage hinsichtlich der Sichtung besser zu übersehen ist ... Die Besatzung soll erst Weihnachten feiern ...«

Boden über den Heiligen Abend: »... Obermaat Schulz hat den kleinsten, aber wohl schönsten Baum, Obermaat Rodatus steht ihm nicht viel nach und auch meine Hauptschaltstelle hat, sogar in aller Heimlichkeit, ein wunderschönes Bäumchen hervorgezaubert. Die Flakwerkstatt ist unter Schulz' Leitung überhaupt ganz verwandelt. Die Werkbank ist mit Papier belegt. Es ist mit Tannenzweigen bemalt. Unter dem Weihnachtsbaum stehen die Bilder der Mütter, der Frauen, der Bräute und der kleinen Mädchen von zu Hause. Alles atmet weihnachtliche Luft. Und allerorts wird beim Glanze des Weihnachtsbaumes das Lied von der Heiligen Nacht angestimmt; auch dort, wo nur zwei oder drei Mann zusammensitzen. Nicht zu glauben, daß diese Männer ohne Aufmunterung von oben mit solcher Innigkeit und mit so weichem Blick dieses Lied singen würden ...

Draußen ist es stockdunkel.

Ich habe große Mühe, alle meine Männer zu finden, um jedem die Hand zu drücken. Besonders die Torpedoleute muß ich erst

[1] AO = allein immer IAO.

suchen. Zu vielen Stationen muß ich zweimal gehen, um beide Wachen zu sehen ...«

Hinter den Panzerblenden brennen die Kerzen ...:

»Friede auf Erden und den Menschen ein Wohlgefallen ...«

In Reichweite der Artillerie und in den Nachtoptiken Schatten neben Schatten ...: Die britische Sicherung ... die kostbaren Dampfer mit Truppen, Waffen und Material an Bord.

24.00 Uhr: »Beide Kriegswachen auf Station.«

Außer den Schatten beobachten sie hier und dort aufblinkende und wieder erlöschende Lichter. Die weihnachtsseligen Briten fühlen sich im Bereich der sie sichernden Kanonen ihrer Begleitschiffe sicher und geborgen. Sie beachten die Verdunkelung nicht wie befohlen.

Es ist 1.00 Uhr: Steuerbord achteraus vom Geleitzug zeichnet sich ein großes Ziel ab.

»Nehme an Hilfskreuzer«, meint Meisel.

»Kann sein«, vorsichtig der AO. Korvettenkäpitän Wegener betrachtet das Ziel sehr genau. Es ist hochbordig und hat eine breite Silhouette.

»Wenn wir die Geleitzugsicherung so schwächen können, daß wir beim Angriff auf die Schiffe nicht mehr gestört werden, das wäre gut.«

»Sie meinen, es wird gut sein, dieses Sicherungsschiff, diesen Hilfskreuzer, zu vernichten.«

»Ich denke an einen Torpedoangriff. Der Gegner rechnet hier ja mit U-Booten.«

»Gute Idee, Herr Kapitän.«

1.53 Uhr fällt auf 46 hm 44 ° 14 ′ N; 25 ° 00 ′ W ein Dreierfächer. Er verfehlt sein Ziel. Der ITO[1] war, bevor er den Befehl für den Fächer gab, noch einmal von der Optik weggetreten. Als er seine Augen wieder an die Optik preßt, ist inzwischen ein anderes Ziel in diese eingelaufen, auf das die Vorhalte nicht berechnet sind.

Auf diesen Schatten wird nun der Dreierfächer losgemacht.

Meisel hatte sofort abgedreht, nun läuft er wieder auf den Geleitzug zu. Alle Ziele sind noch da, die alte Formation ist auch die gleiche. Der Gegner hat auch sonst nichts gemerkt.

Meisel: »... Ich beabsichtige, im Morgengrauen aus dem dunklen Westhorizont kommend, unter Umgehung der vorgeschobenen Sicherung den Geleitzug schräg von vorn anzugreifen. Der Angriffskurs liegt so, daß Wind und See annähernd von achtern stehen, so daß ich bei dem regnerischen Wetter möglichst wenig Sichtbehinderung habe und, falls notwendig, vor der See laufend, meine Geschwindigkeit ausnutzen kann.«

---

[1] ITO = Erster Torpedooffizier.

6.00 Uhr am 1. Weihnachtsfeiertag morgens hetzen die Alarmglocken die Männer auf ihre Stationen: »Klarschiff zum Gefecht.«

Die Schiffsführung befindet sich im Kommandostand. Im Sprühregen beschlagen die Optiken, und die noch herrschende Dämmerung gebietet es, daß Kommandant und NO auf der vorderen Brücke bleiben, so wie auch während des später folgenden Gefechts eine Führung vom Stand aus unmöglich ist. Die Befehle müssen durch Zuruf von der vorderen Brücke in den Kommandostand hineingerufen werden.

6.38 Uhr kommt an Steuerbord auf 43° 58′ Nord und 24° 15′ West ein großer Schatten in Sicht.

Die SA meldet klar. Sie bekommt noch keine Feuererlaubnis. *Admiral Hipper,* vom Gegner offenkundig immer noch nicht entdeckt, soll für einen Torpedoansatz möglichst lange unbemerkt bleiben.

Der ITO, Kapitänleutnant Bülter, wählt einen Sechserfächer. Mit Streuwinkel 1 Grad. Er will möglichst mehrere Torpedos ins Ziel bringen.

»Sechserfächer klar.«

»Herr Kapitän, das ist ein Kreuzer«, eine Stimme im Telefon. Es ist die des II. AO's, Korvettenkapitän Busse.

»Möglich.«

Pause.

Dann: »Stimmt, das ist ein schwerer Kreuzer.« Er wird als ein Schiff der *London*-Klasse angesprochen. Er hat drei Schornsteine, vorn und achtern die SA in je zwei Türmen. Daß er hinter dem dritten Schornstein noch über eine Flugzeughalle verfügt, also kein Typ der *London*-Klasse sein kann, wird nicht erkannt. Wohl aber, daß sich hinter diesem Schatten gerade ein zweiter hervorschiebt. Es scheint ein zweiter Kreuzer zu sein. Kapitän zur See Meisel überlegt schnell. Er will für dieses zweite Ziel noch an Steuerbord Torpedos in Reserve halten. Er korrigiert die erste Absicht und befiehlt:

»Torpedowaffe Feuererlaubnis für Dreierfächer.«

Kommandos, für Umschalten vom Sechserfächer auf Dreierfächer, Rückmeldungen, Richtschwierigkeiten, beim inzwischen beginnenden Drehen, um auf entgegengesetzten Parallelkurs des Gegners zu kommen, verzögern die Schußabgabe.

Die SA erhielt inzwischen Feuererlaubnis auf den Kreuzer in Richtung 50°, denn, so meint die Brücke, die Aale müßten jetzt 'raus sein. Sie sind es aber noch nicht. Durch den Luftdruck der SA-Salve fällt der Anlasser des Schwenkarmes ab. Der achtere Rohrsatz steht.

»Vorderer Rohrsatz Fächer los.« Der schnelle Ausweg[1].

---

[1] Im Gefechtsbericht soll dies erst später erfolgt sein, Augenzeuge verbürgt sich aber, daß sofort umgeschaltet wurde, die Panne als solche findet indessen auch in Meisels Gefechtsbericht Erwähnung.

In diesem Augenblick fällt der erste Schuß der Steuerbord I. Zehnkommafünf. Das Schott zur Bootswerkstatt springt auf. Es klemmt den Rohrsatz fest. Auch die vorderen Torpedos bleiben im Rohr.

So entgeht der britische Kreuzer seinem Schicksal.

Wind treibt den Pulverqualm vor *Admiral Hipper* her. So kann auch der im vorderen Stand befindliche IAO, Korvettenkapitän Wegener, den Aufschlag der auf 60 hm bekannten Gegenwerte 6.39,5 Uhr gefeuerten Salven nicht beobachten. Nur ganz kurz sieht er zwei Kurzaufschläge, beide in geringem Abstand zur Gegnermitte. Bei der 2. Vollsalve mit Standverbesserungen kann wegen des Qualms nun überhaupt nichts mehr beobachtet werden.

Der Kommandant befiehlt der Artillerie, sich um die jetzt hinter den Kreuzer einwandfrei als Dampfer anzunehmenden Fahrzeuge zu kümmern.

So geschieht es.

Kapitän zur See Meisel in seinem Gefechtsbericht:

»Ich habe den Eindruck, daß ich nicht auf den Geleitzug selbst gestoßen bin, sondern auf seine Vorhut, und schlage deshalb einen etwas abliegenden Kurs — 315° — ein unter Fahrterhöhung auf 29 kn. Etwa 6.42 Uhr dreht der Gegner nach Steuerbord heran. Wenig später wird das Feuer von ihm erwidert (d. h. etwa 3 Minuten nach der 1. Salve *Hipper*). Zugleich erkenne ich an Steuerbord etwas vorlicher als querab einen anlaufenden Zerstörer, kurz danach wird hinter den Dampfern hervorbrechend in benachbarter Peilung ein 2. anlaufender und bald auch feuernder Zerstörer gemeldet. Gleichzeitig schießen mehrere andere (3 bis 4 Fahrzeuge) aus nunmehr achterlichen Richtungen.

Um der von den Zerstörern drohenden Torpedogefahr zu entgehen, drehe ich 6.44 Uhr mit Hartruder nach Backbord auf 255° und gehe auf Höchstfahrt. 6.49 Uhr werden 33 kn nach Fahrtmeß erreicht. In der Maschinenanlage verläuft alles reibungslos . . .

. . . Beide gemeldeten Zerstörer werden in der Drehung von der SA und LA[1] beschossen. Der 1. Zerstörer erhält 6.46 Uhr 2 Teilsalven vom vorderen Stand aus. Der 2. Zerstörer nach der Drehung vom achteren Stand aus, 6.48 Uhr, ebenfalls zwei Teilsalven. Zwischendurch wechselt der leitende Stand wegen der unübersichtlichen Lage mehrfach. Kurze Zeit auftauchende Ziele sind meist wieder verschwunden, bevor das Feuer wieder eröffnet werden kann.

Die feuernden Fahrzeuge befinden sich nach der Drehung sämtlich in achterlichen Peilungen. Am ganzen Horizont 4 Strich achterlicher als dwars an beiden Seiten blitzen jetzt Abschüsse auf, die zu den Abschüssen gehörenden Fahrzeuge sind nur zum Teil und

---

[1] LA = leichte Artillerie im Gegensatz zur SA, auch MA = Mittel-Artillerie geheißen; allerdings war auf *Admiral Hipper* die LA (MA) die schwere Flak.

dann nur kurz zu sehen. Die SA schießt noch einmal kurz auf den achteraus stehenden Kreuzer, zu gleicher Zeit, als die LA den 2. Zerstörer beschießt.

Die Übersicht von der vorderen Brücke nach achtern ist durch die Aufbauten sehr erschwert. Es können ab und zu nur einzelne Gegner beobachtet werden, so daß die Entschlußfassung von den von den Waffenleitern eingehenden Meldungen abhängig ist. Welcher Art die von achtern schießenden Fahrzeuge sind, ist nicht einwandfrei festgestellt worden. Mit Sicherheit als feuernd ausgemacht werden der 10 000-t-Kreuzer, 2 Zerstörer und der vorderste Dampfer, mit hohen Mittschiffsaufbauten und einem Schornstein, der nunmehr als Hilfskreuzer angesprochen wird. Außer diesen 4 Schiffen haben noch 1 bis 3 weitere Fahrzeuge gefeuert. Ob es sich dabei um einen weiteren Kreuzer, weitere Zerstörer oder auch um noch mehr feuernde Dampfer gehandelt hat, ist nicht zu erkennen, weil bei der zeitlich schnell ablaufenden und infolge der Drehung sich schnell ändernden Lage und bei der noch immer herrschenden Dämmerung und schlechten Sicht sich für keinen einzigen Beobachter an Bord ein umfassendes und klares Bild ergibt.

Die Artillerie-Aufschläge des Gegners liegen regellos bald näher, bald weiter ab.

Es ist zu erkennen, daß keinem Gegner ein geregeltes Schießen möglich ist. Trotz der großen Sprünge, die die Aufschläge hin und her machen, ist auffällig, daß die Streuungen durchweg ganz außergewöhnlich gering sind. Alle Aufschläge – von den Zerstörern meist 5 bis 6 – liegen auf einem Fleck. Die Zerstörer werden als solche vom Typ *Jervis* ausgemacht.

Es kann beobachtet werden, daß sie sehr gut in der See liegen. Sie bringen im Verfolgungsgefecht ihre ganze 6-Schuß-Batterie zum Tragen, indem sie zu jeder Salve etwas abdrehen. Dadurch ist ihre Feuergeschwindigkeit gering. Die Aufschläge liegen meist achteraus. Doch kommen auch Aufschläge querab vom Schiff in Abständen bis zu 50 m vor ...«

Soweit der Gefechtsbericht des Kommandanten.

An mehreren Stellen des im Dunst verborgenen Horizonts blitzen jetzt unaufhörlich die Mündungsfeuer der Abschüsse auf. Auf einem Handelsschiff fallen Schüsse in rascher Reihenfolge. Plötzlich stehen, wie von Geisterhand hingezaubert, an Steuerbordseite etwas achterlicher als dwars vier schwere Einschläge, vier riesige blütenweiß leuchtende Wassersäulen. Rund um das Schiff kleinere und größere Wassersäulen.

Leutnant zur See Hackländer, der II. Fla-MW-Offizier, neu an Bord der *Admiral Hipper*, vermerkt: »... Plötzlich schwebt über uns ein heller, leuchtender Ball, der langsam herabsinkt. Im ersten Augenblick denke ich an eine Fliegerleuchtbombe, aber das ist natürlich unter diesen Verhältnissen ausgeschlossen. Da stehen schon wieder zwei Gruppen zu je zwei leuchtenden Bällen; der Gegner schießt Leuchtgranaten, weil er infolge der schlechten Sicht sein Ziel – uns also – nicht erkennen kann. Da der Gegner die Entfernung offensichtlich nicht kennt, liegen seine Leuchtgranaten falsch. Daß unsere Entfernung richtig ist, sehen wir plötzlich. Wir greifen weiter an. Das ist viel sicherer. Greife den Feind an und du entgehst der Kugel. Ziehe dich zurück, oder betrüge, und die Kugel wird dich bestimmt nicht verfehlen.«

Doch folgen wir jetzt wieder dem Gefechtsbericht des Kommandanten.

»... Bei Beginn des Feuers der Zerstörer werden ca. 10 Lg.-Sterne, also die von Hackländer bereits erwähnten Leuchtgranaten, beobachtet. Ein Sinn dieser Lg.'s ist nicht zu erkennen, da es für Lg.-Verwendung zu hell ist. Möglicherweise haben die Zerstörer mit Leuchtgranaten geladene Geschütze freigeschossen oder sich in der Bereitschaftsmunition vergriffen. Zeitweise verfeuern die Zerstörer Munition mit Zeitzündern, die ziemlich hoch über Wasser detonieren. Auch diese Sprengstücke liegen achteraus. Außerdem wurden zweimal Sternsignale des Gegners beobachtet. (Zwei weiß und ein rot, ein weiß). Möglicherweise hat es sich dabei um Führungssignale gehandelt.

Mit dem Feuer auf die achteraus stehenden Zerstörer ist der 1. Gefechtsabschnitt beendet.

Er dauert von 6.38 Uhr bis 6.49 Uhr.

Es ist mir in den letzten Minuten klargeworden, daß ich nicht den Geleitzug selbst gefaßt habe, sondern auf eine vorlich oder seitlich herausgesetzte starke Sicherung gestoßen bin.

Da ein Niederkämpfen dieser überlegenen Sicherheitsstreitkräfte fraglich ist und außerdem noch mit weiteren Feindstreitkräften gerechnet werden muß, entschließe ich mich, unter Führung eines Heckgefechtes, mit hoher Fahrt abzulaufen. Der Kurs vor der See läßt die Ausnutzung meiner vollen Geschwindigkeit zu.

6.49 Uhr gehe ich deshalb zunächst auf 270°:

Nach einer Feuerpause von zwei Minuten, in der vom Gegner nichts gesehen wird, kommt 6.51 Uhr Backbord achteraus wiederum ein Kreuzer der *London*-Klasse auf annähernd parallelem Kurs in Sicht, bei dem es sich wahrscheinlich um das zu Anfang des Gefechtes bekämpfte Schiff handelt.

Hiermit beginnt der 2. Abschnitt des Gefechtes, der bis 7.14 Uhr dauert und der bei der achterlichen Schußrichtung nur von den achterlichen Türmen geführt wird.

Um 6.52 Uhr geht das Schiff auf Kurs 280°.

Die schwere Artillerie nimmt das Ziel vom Vormars aus mit zwei

Salven unter Feuer. Die Entfernung beträgt ca. 75 hm[1]. Trotz der geringen Distanz ist das Schiff hinsichtlich Lageschätzung und Haltepunkt sehr schlecht zu sehen.

Der IAO, bisher im vorderen Stand, geht auf den Vormars und übernimmt dort die Leitung. 6.53 Uhr kommt das Ziel nach kurzem Aussichtkommen in 195° wieder aus dem Dunst heraus. Leider fassen die E-Geräte — das Vormars-EM ist durch Schornsteingase, das auf dem achteren Stand durch Geschützqualm verdeckt — das Ziel nicht sofort wieder auf, so daß zunächst mit geschätzter Entfernung gefeuert werden muß.

Ab 6.58 Uhr ist der Gegner trotz inzwischen größer gewordener Entfernung gut auszumachen. Er schießt in etwas langsamerer Salvenfolge als das eigene Schiff aus beiden vorderen Türmen. Sein Vorschiff nimmt mehrfach stark Wasser über, das bis über die Brücke spritzt. Die EM-Geräte können jetzt das Ziel auffassen. Die Lage ist gut zu schätzen, die Gegnerfahrt dürfte bei 30 kn liegen. Spätere Nachprüfung am Koppelblatt aufgrund der Artillerie-Foto-Unterlagen ergibt eine mittlere Fahrt von 29 kn. Es ist zum erstenmal seit Gefechtsbeginn möglich, ein regelrechtes Schießverfahren mit Beobachtung durchzuführen.

Gegen 7.00 Uhr dreht der Gegner um einige Dez ab[2], um seine achteren Türme ins Gefecht zu bringen. Etwa vier Minuten lang feuert der Gegner aus vier Türmen. Wie von mehreren Stellen beobachtet wird, wird in dieser Phase ein Treffer in der Nähe der hinteren Türme erzielt. Unmittelbar nach diesem Treffer dreht der Gegner wieder heran, auf etwa parallelen Kurs. Von da an feuern nur die vorderen Türme.

Die eigenen Aufschläge liegen nach Länge und Seite gut am Ziel.

Weitaufschläge sind mehrfach nicht auszumachen.

Die Sicht ist wechselnd.

Das Schießen wird mehrfach durch Standkommandos über das Ziel hin und her geholt.

Ein Treffer in der Schiffsmitte wird beobachtet (7.06 Uhr zwischen den Schornsteinen). Daraufhin qualmt der Gegner für kurze Zeit stark. Bei zunehmender Entfernung erfolgt Übergang auf Psgr.[3]. Der Gegner schießt offenbar KZ-Munition. Seine 20,3-cm-Aufschläge sind überraschend klein. Sie liegen meist kurz, oft im Kielwasser.

Doch gehen gelegentlich auch Geschosse über das Schiff hinweg.

Einige liegen dicht am Schiff.

Sprengstücke fallen an Deck.

---

1 Lt. Gefechtsbericht; Teilnehmer dieser Aktion bezeichnen sie als viel größer.

2 Nach Koppelblatt etwa 50°.

3 Panzersprenggranaten.

Das eigene Schiff weicht durch mehrfache geringe Kursänderung den Aufschlägen aus. Die Freiheit für dieses Manöver ist gering, da bei stärkerem Abdrehen vom Gegner Rauchbehinderung für den Vormars eintritt.

Um 7.10 Uhr wird auf 290° gegangen. Dieser Kurs vor der See ist für das mit hoher Geschwindigkeit laufende Schiff der beste. Es fährt in verschiedenen Regenböen hinein und am meisten vom Feind hinweg. Zu gleicher Zeit, 7.09 Uhr, wird ein Treffer beim Gegner im Vorschiff beobachtet. Bald darauf dreht er wieder um zwei bis drei Dez ab, ohne jedoch seine achteren Türme ins Gefecht zu bringen.

Nach diesem Manöver wird die Entfernung schnell größer.

Das Ziel ist kaum noch auszumachen.

Der Gegner stellt das Feuer ein. Es gelingt noch, in größeren Abständen Einzelsalven zu schießen, sobald das Ziel angeschnitten werden kann. 7.14 Uhr kommt der Gegner in rechtweisend 126° auf 180 hm außer Sicht.

Während des ganzen Gefechtes gegen den Kreuzer war je ein Zerstörer an Backbord und Steuerbord achteraus in Sicht, die gelegentlich eine Salve schossen. Ob es sich hier um die gleichen Boote handelt, die zu Beginn des Gefechtes beschossen wurden, ist nicht mit Sicherheit festgestellt worden. Nach dem Außersichtkommen des Kreuzers soll zunächst der zur Zeit rechts achteraus stehende Zerstörer beschossen werden. Er kann aber nicht mehr hinreichend ausgemacht werden. Danach wird um 7.16 Uhr mit einer Teilsalve Panzersprenggranaten auf 150 hm vom achteren Stand aus der Zerstörer Steuerbord achteraus beschossen. Die Aufschläge liegen kurz. Der Zerstörer schert unmittelbar in die Aufschläge hinein, dreht dann ab und kommt schnell außer Sicht. Noch ein- oder zweimal blitzt Mündungsfeuer achteraus auf. Es gelingt jedoch nicht mehr, die Ziele aufzufassen. Die Fühlung reißt ab. 7.25 Uhr erschwert eine Regenbö dem Gegner, die Fühlung wieder zu gewinnen.

Die Zähigkeit der feindlichen Zerstörer, Fühlung zu halten, ist bemerkenswert.

Das Schiff läuft mit 290° und Höchstfahrt ab . . .[1]«

Während der Gegner jetzt damit beschäftigt sein wird, seine Verwundeten zu bergen und zu versorgen, seine Gefechtsschäden zu

---

[1] Eigene Schäden sind im Gegensatz zu den britischen Meldungen nirgends eingetreten. In der schweren Artillerie wurden im ganzen 174 Chargierungen (66 KZ.; 81 Bdz.; 38 Psgr.); bei der LA 113 KZ-Patronen verschossen. Die Feuergeschwindigkeit der achteren Türme betrug im Gutschnellschießen 25 sec. Der Ausfall des Schwenkwerkes von Turm D infolge Erschütterung wurde ohne Unterbrechung des Feuers durch Inbetriebnahme des Hilfsschwenkwerkes behoben. Im Turm C trat im letzten Teil des Gefechtes eine Verstimmung im Weisegerät um 1° ein, wodurch große Streuungen hervorgerufen sein müssen. Glücklicherweise trat die Störung erst ein, als durch Schlechterwerden der Sicht ohnehin kein wirkungsvolles Schießen mehr möglich war. Nach Bemerken der Störung war der Turm wieder voll klar.

untersuchen, Feuer zu bekämpfen und die Lecksicherung einzusetzen, atmet auf *Admiral Hipper* alles auf. Den Morgenkaffee haben sie sich alle redlich verdient. Sie feiern ja in diesen Stunden auch den ersten Weihnachtsmorgen: »Mit Weißbrot und Kakao.«

». . . Abschließend bemerke ich«, so meldet der Gefechtsbericht von Kapitän zur See Meisel, »daß die Artillerieleitung durch den I. Artillerieoffizier, Korvettenkapitän Wegener, allen Anforderungen im Gefecht entsprach:

Sie war sicher, überlegt, energisch.

Die viele Arbeit und Mühe, die auf Ausbildung und Wartung der Artilleriewaffe verwandt worden ist, ist durch einen guten Erfolg belohnt worden. Dem Gegner wurden Treffer beigebracht, so daß er das Gefecht abbrechen mußte und ihm eine anscheinend angestrebte Umstellung der *Admiral Hipper* nicht gelang.

Das Heranfühlen an den Geleitzug durch sorgfältiges Navigieren während vieler Stunden ist in erster Linie dem Navigationsoffizier, Fregattenkapitän Hintze, zu verdanken und schließlich ist die hohe Leistung der Maschinenanlage, durch die das Schiff seine Operationsfreiheit behielt, auf die sorgfältige, wochenlange Arbeit unter schwierigsten Verhältnissen des leitenden Ingenieurs, Korvettenkapitän (Ing.) Goeldner, zurückzuführen . . .«

Auf *Admiral Hipper* werden die Gefechtsstationen aufgeklart, neue Munition wird gemannt. Das Leben an Bord geht weiter. Die Aufmerksamkeit ist noch gesteigert worden, denn der Gegner ist mobilisiert. Radio London funkt stündlich Warnungen an die Schiffahrt. Starker, gegnerischer, von Kriegsschiffen herrührender Funkverkehr läßt auf die Nähe anderer britischer Einheiten schließen. Wie sie auf *Admiral Hipper* entschlüsseln, ist die ›Force H‹ nur 60 Seemeilen von der Position des schweren Kreuzers entfernt.

Die Borduhr zeigt auf die zehnte Tagesstunde, als Mastspitzen gemeldet werden, als die Welle der Erregung erneut das Schiff durchflutet. Unter den Mastspitzen hängt ein Dampfer. Es ist die 6078 BRT große britische *Jumna*.

Der *Admiral Hipper* sitzt der Feind im Nacken, es ist absolut sicher, daß der Engländer alle nur einsatzklaren Seestreitkräfte mobilisiert hat. Kapitän zur See Meisel kann sich mit einer Aufbringung des Gegnerfrachters nicht aufhalten. Das Schiff wird mit einer Vollsalve und zwei Torpedos versenkt. Um die überlebende Besatzung muß sich die englische Flotte kümmern . . .

Das ist hart, aber hier ein Gebot der Selbsterhaltung.

Admiral Hipper braucht wieder einmal Brennstoff. Die nächste ›Tankstelle‹ schwimmt östlich der Azoren, da aber der Gegner alarmiert ist, ja in unmittelbarer Nähe steht, dürfte La Pallice die sicherste sein. Später entscheidet sich Meisel für Brest. Um aber die Verfolger und die vor Brest lauernden britischen U-Boote irrezuführen, läuft *Admiral Hipper* zunächst mit Nord-Kurs vom Kampfplatz ab. Erst am 26. läßt Meisel auf Ostkurs drehen.

Außerdem, es bedarf schon gar nicht mehr der Erwähnung, müssen die Maschinenanlagen überholt werden, wieder einmal.

Brest verfügt über Docks und Werften, also werden auch diese Probleme bald keine mehr sein.

Noch bevor sie in diesem französischen Hafen festmachen, geht ein Gekados-FT von Großadmiral Raeder ein:

»geheime kommandosache.

kreuzer *admiral hipper* hat als erstes schiff der heimatstreitkräfte trotz ungünstiger wetterlage mehrwöchentliche operation im nordatlantik erfolgreich durchgeführt.

neben unmittelbaren erfolgen hat operation bereits große strategische auswirkung gehabt. ich spreche dem kommandanten und der besatzung für die energische und zähe durchführung der operation meine volle anerkennung aus.

oberbefehlshaber der kriegsmarine«

Fest in Brest am 27. Dezember, 17.00 Uhr, zunächst an der Boje, fest nach 24 Stunden AK-Marsch mit 32 Knoten ... entlang an Spaniens Nordküste durch eine spiegelglatte Biskaya ... herrlichster Sonnenschein ... 13.40 Uhr von deutschen Flugzeugen erfaßt und ab 15.00 Uhr ... auf der letzten Strecke ... gesichert und geleitet von dem Torpedoboot *Jaguar.*

Es ist alles ein bißchen verdreht an Bord. Auf *Admiral Hipper* leben sie noch nach der Atlantik-Zeit: also zwei Stunden zurück. IO Fregattenkapitän Zollenkopf, Hildesheimer von Geburt, in Ostpreußen groß geworden und daher ein Mann der Ruhe und auch echter Zivilcourage, läßt die Besatzung bis 9.00 Uhr Bordzeit schlafen.

Um 10.00 Uhr Brester Zeit aber klettert ein Admiral auf das Schiff, der Besatzung ein Willkommen zu bieten und seine herzlichen Glückwünsche darzubringen.

Was er vorfindet, ist ein schlafender Untersatz, denn nach Brester Zeit und des IO's ausdrücklichen Befehl soll erst um 11.00 Uhr geweckt werden. Der WO ist durch den Wind, denn auch der IO ruht sich noch aus.

Aber der Admiral ist ein Seemann: »Lassen Sie die Männer schlafen. Ich komme später wieder.«

Am 29. Dezember 1940 sagt der Wehrmachtsbericht über dieses Geleitzuggefecht: »Deutsche Überwasserstreitkräfte melden einen erfolgreichen Angriff auf einen stark gesicherten Geleitzug im Nordatlantik. Es gelang ihnen, einen 6000-Tonnen-Dampfer durch Einsatz der Artillerie und Torpedowaffe zu versenken, einen weiteren

Dampfer schwer zu beschädigen und im kurzen Gefecht einem feindlichen schweren Kreuzer der starken Deckungsstreitkräfte mehrere schwere Artillerietreffer beizubringen, so daß der Gegner das Gefecht abbrach. Die eigenen Streitkräfte erlitten keine Beschädigung ...«

Ein bißchen übertrieben ... dieser Bericht, sonst aber eine durchaus gerechtfertigte Anerkennung der Männer von der Feldpostnummer 17 209, ansonsten, soweit es den Plural der deutschen Kräfte betrifft, eine von Berlin bewußte Täuschung in der Hoffnung, daß der Feind seine Maßnahmen gegen mehrere deutsche Einheiten ergreifen würde.

Daß die Männer der *Admiral Hipper* wieder einmal um eine verdiente Erwähnung und Würdigung in Verbindung mit dem Namen ihres Schiffes vor der Öffentlichkeit kommen, ist die Antipode zu ihrem Erfolg und ihrem Glück. Hier versagt sich Fortuna der Besatzung. Diese muß auch in diesem Falle anonym bleiben.

Später, am 17. Oktober 1944, wird im Internierungslager ›Dulag Nord‹ bei Darmstadt vom OKM Skl. 3. Abteilung[1] ein britischer Seemann vernommen.

Das sagte er aus:

»... So getarnt begleitete die *Berwick* einen von Gibraltar nach Freetown fahrenden, aus 20 Schiffen bestehenden Geleitzug, der außerdem durch den Kreuzer *Bonaventure*, einen Kreuzer unbekannten Namens und ungefähr sechs Zerstörer gesichert wurde. Die *Berwick* fuhr achtern in der äußersten Steuerbordkolonne.

Am 25. Dezember 1940 morgens befand sich der Geleitzug etwa auf der Höhe der Azoren. Das Wetter war diesig und die See ziemlich bewegt. Während einer zeitweiligen Aufklärung der Sicht konnte in etwa 10 sm Entfernung ein Kriegsschiff ausgemacht werden, welches sich als der deutsche Kreuzer *Hipper* erwies. Dieser eröffnete auf etwa 8 sm das Feuer und zwar sofort auf den vermeintlichen Tanker. Um ihre Tarnung nicht vorzeitig zu verraten, erwiderte die *Berwick* das Feuer erst später, etwa gleichzeitig mit dem in größerer Entfernung fahrenden Kreuzer *Bonaventure*. Der dritte Kreuzer verblieb als Sicherung beim Geleitzug und nahm am Gefecht nicht teil. *Hipper* hatte sich schnell eingeschossen und erzielte auf der *Berwick* folgende Treffer, die sich sämtlich an Steuerbord befanden:

1. Durchschlagen des Schutzschildes der vorderen der beiden mittschiffs aufgestellten 10,5-cm-Flak und eines Schotts. Explosion im Innern des Schiffes. Wie durch ein Wunder wurde eine in der Nähe

---

1 Briefbuch Nr. G 2032/44 vom 30. 9. 44.

befindliche Munitionslast nicht in Mitleidenschaft gezogen; vier Mann Flakbedienung gefallen, einige weitere Leute verwundet.

2. Durchschlagen des X-Turmes und Explosion in einer Proviantlast. Durchmesser des Einschusses 20–30 cm. Turm ausgefallen. Mehrere Tote und Verwundete.

3. Durchschlagen der Bordwand beim X-Turm. Explosion in einer in der Nähe der Offizierswohnräume gelegenen Last.

4. Weitere Treffer an Steuerbord, darunter ein Durchschlag durch die Bordwand von Granaten, die jedoch nicht explodierten.

Während des etwa halbstündigen Gefechts wurde dem Kommandanten ein auf *Hipper* achterlich des zweiten Mastes ausgebrochener Brand gemeldet. Kurz darauf kam *Hipper* außer Sicht. Die *Berwick* brach das Gefecht ab, während die *Bonaventure* weiterschoß. Diese hatte keine Treffer erhalten.

In den Stützpunkten traf die Nachricht vom Gefecht während des ersten Weihnachtsfeiertages ein. Das Weihnachtsessen wurde daraufhin zum Mißvergnügen vieler Offiziere unterbrochen. Zur Verfolgung der *Hipper* lief die H-Force aus. Die Jagd dauerte etwa sechs Tage und führte zur Versenkung des Versorgungsschiffes der *Hipper*.

Die *Berwick* war nach dem Gefecht nach Gibraltar zurückgekehrt und fuhr anschließend nach Portsmouth, wo sie am 8. Januar 1941 festmachte. Die notwendigen Reparaturen nahmen ungefähr vier Monate in Anspruch.

Kommandant und Besatzung waren vom Verhalten des Kreuzers *Hipper* stark beeindruckt. Ihr Vorgehen wurde als ›a pretty smart move[1]‹ und das Schiff selbst als ein sehr gefährlicher Gegner bezeichnet. Man bedauerte das durch schlechte Sicht bedingte vorzeitige Abbrechen des Gefechts. Wurden bei späteren Unternehmen schwere deutsche Seestreitkräfte gemeldet, fragte man immer, ob wohl noch ›our old friend, the *Hipper*[2]‹ dabei wäre ...«

Ein Versorgungsschiff der *Admiral Hipper* war es nicht, das HMS *Berwick* noch erwischte, so gern die an dem Gefecht Beteiligten diesen Erfolg mit dem schweren Kreuzer in Verbindung gebracht hätten. Bei dem Frachter handelte es sich um den HAPAG-Frachter *Baden*, ein 8204 BRT großes Schiff, das bei dem Versuch, die britische Blockade zu durchbrechen, in der Nähe von Santa Cruz von der *Berwick* gesichtet wurde. Die *Baden* wurde auch nicht versenkt, sie versenkte sich vielmehr selbst, als sie von dem englischen Kreuzer zum Stoppen aufgefordert wurde.

Von der Gegenseite war außer der *Berwick* der Truppentranspor-

---

1 = eine recht geschickte Taktik.

2 = unser alter Freund, die *Hipper*.

ter *Empire Trooper* so schwer beschädigt worden, daß er wie die *Berwick* ebenfalls Gibraltar anlaufen mußte.

In Brest:

Monsieur Robert, ein schlanker, dunkelhaariger Franzose mit den Bewegungen eines Grandseigneurs, sorgt sich um die deutschen Offiziere mit der gleichen Liebenswürdigkeit und Hochachtung, wie noch vor einem Jahr um die britischen. Als Geschäftsführer der Conti-Bar bedient er die Deutschen, wie es in Deutschland schon lang niemand mehr tut. Er fragt nie nach der Zeche. Bei jedem Drink erhält der Gast einen Scheck, einen kleinen Zettel. Je nach Temperament, Naturell und Charakter verschwindet dieser in der Jackentasche oder wird sorgsam in die Brieftasche gelegt oder auch, er bleibt auf dem Tisch als sichtbare Kontrolle liegen. Wer gehen will, überreicht Monsieur Robert (mit P gesprochen) sein Zettelpäckchen — oder er rechnet selbst ab. Dann fragt der Monsieur nur, ob die zehn Prozent Bedienung berechnet worden seien oder nicht, wenn nicht, zählt er sie selbst hinzu. Die ihm genannte Summe des Schecks prüft er nie.

Was ein Wunder, daß diese Conti-Bar zieht, von den Mädchen — die Deutschen haben sie nach den Briten übernommen — ganz zu schweigen, auch von der Lieblingsplatte der Gäste aus dem Reich: ›I'll sending you to the Siegfried-Line, to hang your washing on.‹ Dieses Lied beflügelt die Stimmung, scheinen doch die Aussichten, den Krieg zu gewinnen oder zu einem günstigen Ende zu bringen, gar nicht so schlecht. Keiner ist unter den Gästen, der auch nur in Gedanken mit der Möglichkeit spielt, die Engländer könnten wirklich einmal ihre Wäsche an der ›Siegfried-Linie‹, Hitlers Mammutwall aus Stahlbeton an der Westgrenze des Reiches, zum Trocknen aufhängen.

Immerhin, als man auf *Admiral Hipper* Weihnachten und Neujahr gleichzeitig feiert, ergeht der Befehl, zusätzliche, verstärkte Wachen zu stellen. Die Franzosen verhalten sich zwar ruhig, aber man weiß, daß 80 von 100 von ihnen begeisterte Anhänger de Gaulles sind. Über die bretonischen Fischer blüht trotz aller Sicherungsmaßnahmen ein recht munterer Verkehr mit England. Abgeschossene britische Flieger verschwinden so spurlos, als hätten sie sich in Luft aufgelöst. In Wirklichkeit werden sie von den Bretonen in Sicherheit und nicht selten nach England gebracht.

Die Sorge um einen Aufstand der Bevölkerung ist jedenfalls nicht unberechtigt. Aber es bleibt ruhig. Um so unruhiger geht es an diesen Tagen an Bord zu, verständlich bei der vorausgegangenen Belastung und den seebedingten Entbehrungen.

Dieses einst von Richelieu geplante Brest ist, Hein Seelord hat das im Gespür, eine ausgesprochene Marinestadt. Interessant die alte

Festung, die Vauban, im 17. Jahrhundert Generalinspekteur aller französischen Festungen, angelegt hat; für den Seemann weniger interessant die Werft: ein Riesenbetrieb, der ein riesiges Tal mit seinen Anlagen und Lärm vollkommen ausfüllt, in dem aber noch überall Zerstörungen und Sprengungen an den Abzug der Engländer erinnern. In seiner Art sehenswert dagegen ist wieder das Hafenviertel mit seinen Slums. Hier wohnen und leben Menschen in alten Autos. Kriegsbedingt oder nicht, es ist nicht schön, so etwas zu sehen ... In vier Jahren, wer ahnt das schon, werden sich Millionen glücklich schätzen, in einem solchen Notbehelf Unterschlupf zu finden.

Der Markt wird zum Anziehungspunkt, und die hier feilgebotenen, herrlichen bretonischen Spitzen haben es vielen angetan, die hauchzarten Damenstrümpfe nicht minder. Offiziere wie Seeleute scheuen sich nicht, beraten von den Verehelichten, solcherlei, ähnliche und noch intimere Textilien zu kaufen. Es wimmelt von deutschen Soldaten vom Heer, von der Luftwaffe und der Kriegsmarine vor allem, Männer in der Uniform des Arbeitsdienstes, der Organisation Todt und der NSKK: Hakenkreuze überall.

Sie fahren hinaus nach Le Conquet und zum Point de St. Mathieu, dem westlichsten Punkt Frankreichs, von dem das Auge einen wundervollen Ausblick über die Einfahrt in die Bucht von Brest genießt.

»Sehenswert«, so vermerkt Boden, »ist hier auch die Ruine eines Klosters, anziehend aber eine kleine Bar, die der Signalmaat der hier tätigen Signalstelle eingerichtet hat. Als Barmixer im Zivilberuf versteht er sein Geschäft. Seine Mixturen sind köstlich und für den deutschen Gaumen ungewohnt. Was ein Wunder bei den Zutaten aus französischen Kellereien ...

... Wir lernen auf Ausflügen die schönsten und urwüchsigsten bretonischen Städte kennen. An sich wirken sie, auch die Dörfer, ein wenig düster. Aus dem grauen Urgestein des Landes erbaut, verraten sie indessen einen hohen Stand der Architektur, farblich gesehen aber sind sie nun einmal grau in grau. Nur wenn die Sonne scheint, hellen sie sich auf. In jedem Ort herrliche Dorfkirchen mit einem Anklang an unser Barock, aber unbestimmbar in ihrem Alter.

Und dann die bretonische Landschaft ... Leicht gewellt, von tiefen Tälern durchzogen, hat sie etwa den Aufbau Mittelsachsens, im kleinen aber erinnert sie, vor allem durch die ›Knicks‹, an das dem Seelord vertraute Schleswig-Holstein.

Stundenlang kann man zwischen zwei hohen Steinmauern durch die Felder fahren, in diesen die oft romantisch eingebetteten Châteaus, viele an der Zahl, doch eher Herrenhäuser als Schlösser in unserem Sinne. Nein, auch die Bezeichnung Herrenhaus ist nicht das rechte Wort. Man sollte diese bretonischen Gutshäuser besser unübersetzt lassen, diese Châteaus, mit all ihrer Romantik, die ihre im Grünen verborgenen grauen Gemäuer erahnen lassen.

Eigenartig und charaktervoll wie diese Landschaft, diese Städte und diese Dörfer die Bevölkerung. Sie sind die de-Gaulle-Anhänger durch und durch, sie lassen sich darin durch nichts beirren[1]. Typisch für die Männer sind die breiten Hüte, für die Frauen die wunderschönen weißen Spitzenhauben. Weiß der Teufel, wie es kommt, daß sie sie stets makellos sauberhalten ...«

Sorgenlos scheint diese Zeit; die Herren Seelords leben wie der liebe Gott in Frankreich:

Hennessy, Martell, Armagnac ... französische Liqueurs ... für die älteren Knaben ausgesuchte Rotweine ... Abendessen mit bretonischen Delikatessen, wie Austern, roh oder überbacken, Hummern, Omelettes flambées ... Das L'ascargot wird zum geliebten Futtertrog, in dem sie anderes verzehren, als die bewährte Bordwurst zum Abendbrot ...

Und dann, nicht zu vergessen, die unkomplizierten aber klugen und temperamentvollen Madeleines, Jacquelines, Annettes ... wie die Mademoiselles auch heißen mögen, die, wohl aus einem sozialistischen Ehrgeiz heraus, den Seemann dem Dienstgrad vorziehen ...

All das aber scheint nur ohne Sorgen ...

Die Seeschäden auf *Admiral Hipper* sind viel schwerer, als man anfangs annahm, und die hiesige Werft ist auch bei gutem Willen in keiner Weise für Schiffe dieser Größe geeignet, dazu kommt noch dies: viel Papier, zuviel Papier und zuwenig Arbeiter. Ein Admiral ist vorhanden, viele Bauräte und Offiziere sind da, aber dem Artillerie-Ressort stehen, als Beispiel, nur ganze vier Facharbeiter zur Verfügung. Aber auch alle Ersatzteile müssen erst aus Deutschland herangeschafft werden. 27 Kisten mit hochempfindlichen optischen Gläsern, die an Ort und Stelle nicht überholt werden können, gehen, begleitet von dem Mechaniker Deckert, auf die Reise nach Jena, und von dort wird ein Spezialist, Herr Läkmäler, eigens nach Brest entsandt. Er soll die Leitstände in Ordnung bringen. Alles ein bißchen umständlich. Die kleinste Reparatur löst eine Kette von Arbeiten, Wegen, Mühen und Ärger aus.

Trotz erheblicher Bedenken des Kommandanten erfolgt ein größerer Personalwechsel. Das Marinepersonalamt erachtet diese Maßnahme im Interesse für die Bereitstellung der U-Boot-Personalreserve für notwendig und äußerst dringend.

Den Engländer wurmt der Angriff eines einzigen deutschen Kreuzers auf seinen so schwer gesicherten Geleitzug natürlich sehr. Am 4. Januar erst schickt er die ersten Flugzeuge nach Brest. Bis zu die-

---

[1] Dies sind keineswegs zeitnahe Elogen für die Bretonen und de Gaulle; Oberleutnant (W) Boden vermerkte dies ausdrücklich in seinem während des Krieges geschriebenen Tagebuch.

sem Tage nämlich vermutet die Britische Admiralität den schweren Kreuzer noch in See. Dieser Irrtum kostet den Gegner Brennstoff, Nerven und Verschleiß, sicherten doch Einheiten der Home Fleet die Dänemarkstraße und die Enge Island—Faröer, der Schlachtkreuzer HMS *Repulse* und der leichte Kreuzer *Nigeria* liefen aus Scapa aus, um zwei Convoys im Westatlantik zu sichern, der leichte Kreuzer *Kenya* wurde von Plymouth aus zur Deckung der Sierra-Leone-Route entsandt, und die beschädigte *Berwick* durch den leichten Kreuzer *Najad* ersetzt.

Für einen Tages- und Überraschungsangriff kann das Wetter nicht besser sein: eine dichte, zusammenhängende Kumulusdecke liegt in tausend Meter Höhe über Land, Küste und Biskaya.

Gegen 18.00 Uhr werden Flugzeugmotorengeräusche gehört.

Es ist 18.11 Uhr, als die Briten die erste Attacke fliegen, taktisch geschickt, das muß man ihnen lassen. Je eine[1] Maschine stößt aus Nordosten, Nordwesten und Südwesten durch die Wolken hindurch. Zwei Flugzeuge drehen ab, ziehen hoch und suchen in den Wolken Schutz vor dem Flakfeuer, eines aber kurvt auf das Dock mit *Admiral Hipper* ein. Vier Bomben fallen. Vier für die spätere Zeit lächerlich kleine 50-Kilo-Bomben. An Backbordseite vom Dock fahren sie ins Wasser, detonieren und richten keinen Schaden an.

Stunden später sind die Tommys wieder da, eine der Maschinen behält stur ihren Nordost-Kurs bei. Im Gleitflug fliegt sie die *Admiral Hipper* an. Die Männer von der Flak und alle anderen, die das sehen, schütteln den Kopf:

»Der Kerl hat aber Nerven.«

So wichtig ist dem Briten also dieses Ziel.

Die Steuerbord I. 3,7 cm erzielt zwei Treffer ohne sichtbaren Erfolg.

Jetzt aber kurvt der Engländer ein. Aber auch seine Bomben fallen ins Wasser. Backbord achtern krepieren sie.

Von deutschen Jägern verfolgt, verschwindet der Angreifer in den Wolken.

Wenige Minuten später bricht, aus Nordosten kommend, ein weiteres Flugzeug, eine ›Bristol-Beaufort‹, durch die Wolken. Wieder fallen vier Bomben, wieder detonieren sie bei *Admiral Hipper* Backbord achteraus im Wasser.

21.50 Uhr gibt das Flagruko[2] erneut Fliegeralarm. Eine einzelne Maschine wird von den Scheinwerfern erfaßt, von der Flak vergeblich unter Feuer genommen, ehe sie dem Bereich der silbernen Lichtfinger entflieht.

---

[1] Nur je eine (!), denn in solchen dürftigen Größenordnungen rechnete man damals noch bei der Royal Air Force.

[2] Fla-Gruppenkommando = Flug-Abwehr-Gruppenkommando.

Zwei Flugzeuge sollen, so heißt es später, durch Jäger abgeschossen worden sein.

Das aber hindert die Briten nicht, am nächsten Tag wieder und nun mit vier ›Bristol-Blenheims‹ zu erscheinen. Zwei laden ihre tödliche Last ab, einige der Bomben gehen ziemlich dicht bei dem Troßschiff *Ermland* hoch. Als eigene Jäger auftauchen, werden diese von der deutschen Landflak beschossen. Es muß sich eben alles erst einspielen.

Am 9. Januar sind die Briten wieder da. Jetzt kommen sie in der Nacht. Es ist sehr kalt, sternenklar und der Mond scheint hell. Von 20.00 Uhr abends bis morgens 5.00 Uhr greifen sie laufend an.

2.50 Uhr sieht's böse aus, ein Reihenwurf geht in 200 Meter Querabstand in den Hafen. Eine Bombe krepiert hinter dem großen Schuppen, eine querab der achteraus liegenden Halle und eine direkt neben der *Friedrich Breme.*

Admiral Hippers eigene Flak schoß nicht. Es fehlt das Ziel, außerdem will der Kommandant dem Gegner den Abwurf nicht durch eigenes Mündungsfeuer erleichtern.

Neue Angriffe in der Nacht vom 10. zum 11. Januar:

20.34: Bomben voraus am Kopf des Docks.

20.45: Flugzeug im Scheinwerfer, eigene 3,7 feuert; Maschine fliegt direkt über das Schiff hinweg, Bomben 500 bis 1000 Meter querab.

In der Nacht vom 12. zum 13. kommen sie, die günstige Wetterlage ausnutzend, noch häufiger:

19.59: Leuchtbomben.

20.22: Sprengbomben im rechten Gebäude neben dem Schiff, 800 bis 1000 Meter Entfernung.

20.28: Sprengbomben 400 bis 600 m entfernt.

21.07: Mehrere Sprengbomben 800 bis 1000 m Distanz.

21.37: Vier Sprengbomben 800 m Distanz.

21.35: Zwei bis drei Sprengbomben, in unmittelbarer Nähe vom Schiff in Höhe vom Steuerbordanker auf die durch die Decksohle und Deckwand gebildete Kante, Sprengstücke beschädigen *Admiral Hippers* Außenhaut.

Im Hafen schwimmt ein Meer von weißem Dampf. Irgendwie müssen die Dampfheizungsschläuche gerissen sein.

21.52: Neue Angriffe, Bomben in 150 bis 300 Meter Distanz.

21.57: Bomben 500 bis 800 Meter vom Schiff entfernt.

21.59: Neue Bomben, 800 bis 1000 Meter entfernt.

22.15: Bomben 400 Meter entfernt, dazu Brandbomben mit Sprengsatz.

22.20: Sprengbomben 800 bis 1000 m entfernt.

22.22: Brandbomben, 300 m vom Schiff.

Eine bewegte Nacht und in allen Männern ist ein Wundern:

Warum trafen sie nicht.

Ein Wunder? Eine höhere Fügung? Von den 85 Tonnen Bomben, die in der Folgezeit bei insgesamt 175 Angriffen auf *Admiral Hipper* geworfen werden, trifft keine ihr Ziel.

Soviel aber zeichnet sich bereits mit aller Deutlichkeit ab: auf die Dauer gesehen, wird Brest für die deutschen Überwasserstreitkräfte kein geeigneter Basishafen bleiben, die Luftangriffe werden stärker werden, die Bomben größer, die Zielgeräte besser ... Wird die Luftabwehr damit Schritt halten? Ihre Abwehrerfolge, die der Flak an Land wie auch jene an Bord, waren, soweit es Brest betrifft, nicht sehr überzeugend.

Der 18. Januar: Dies ist für *Admiral Hipper* ein Tag ganz besonderer Bedeutung. Die Weihnachtspost ist da. Daß sie so spät kommt, sind die vom alten Stamm gewohnt ... In Drontheim warteten sie vier Wochen auf das erste Lebenszeichen von daheim ... in der Ostsee reiste die Post, immer wegen der geheimen Feldpostnummer, wochenlang hinter dem Schiff hinterher, und nun trifft Post ein, die vor sieben Wochen aufgegeben wurde: Freude und Enttäuschungen, denn so manches Festtagsgeschenk ist verdorben. Die Würste waren dem Amtsweg nicht gewachsen, sie stanken.

Übrigens bekam *Admiral Hipper* noch hohen, für die damalige Zeit bemerkenswerten Besuch. Der Reichsorganisationsleiter Robert Ley, Erfinder von ›Kraft durch Freude‹, Leiter der DAF, der Deutschen Arbeitsfront, die er anstelle der gewaltsam aufgelösten Gewerkschaften setzte, kam an Bord, um Schiff und Besatzung zu sehen[1].

Ganz gerecht scheint der Ausgleich nicht: Die Verheirateten dürfen neun Tage nach Hause fahren, die Junggesellen dafür drei Tage nach Paris. Gruppen zu je 50 Unteroffizieren werden gebildet. Sie reisen unter Führung eines Offiziers.

Der Verantwortliche der 2. Gruppe, ein Oberleutnant, fährt mit einem Pkw zum Bahnhof voraus, wer nicht erscheint, sind seine Männer. Mit einem von der Panzertruppe entliehenen Lkw sucht er sie in der Anfahrtsstraße von Brest. Sie sind nicht zu finden. 19.25 Uhr, fünf Minuten, bevor der Zug abfahren soll, tauchen sie auf. Der Grund, die Drehbrücke in der Werft, die sie auf *Admiral Hipper* während dieser Zeit bisher nie geöffnet sahen, mußte bewegt werden, um einen Dampfer durchzulassen.

Nun, der Verein ist endlich da, bloß der Sonderwagen nicht. Aber unter die Franzosen in den ›Zivilabteilen‹ verteilt, fühlen sich die

---

1 Ley, Chemiker von Beruf, entzog sich nach dem Krieg während seiner Haft dem Internationalen Militärgericht durch Selbstmord.

Männer ganz wohl. In Paris verpassen die Herren das Aussteigen, so gut, so tief sind sie in den Schlaf gesunken.

Das Hotel ist ein einfaches, aber, wie man zu sagen pflegt, schlichtsauberes Haus. Und dann zeigt sich Paris mit all seinen Schönheiten:

Invalidendom, Place de la Concorde, Madeleine, Louvre, Pantheon, Notre-Dame ...

Für den Abend hat der französische Führer das Chantilly empfohlen. Das bereut keiner. Die Damen, die da tanzen, sind das Ballett der Oper von Paris. Nachher, im Omnibus, ist hier und dort ein im Ton zu hohes Lachen zu hören. Was soll ein Gruppenführer in einem solchen Falle tun, wenn die Gören schon im Auto sind.

Versailles und das Napoleon-Schloß Malmaison sind die nächsten Ziele am Tage, abends heißt es Folies Bergère. Kommentar überflüssig.

Dann aber naht die Katastrophe.

Der Boß der fünfzig Unteroffiziere, der Oberleutnant, hat klipp und klar befohlen:

»Ich bitte mir aus, daß keine Mädchen mit dem Bus mitfahren, ich möchte nicht sagen, wieder mitfahren.«

»Woll, Herr Oberleu'nt«, die einmütige Antwort. »Keine Mademoiselles.«

Dem armen Oberleutnant wurden die Knie weich, als sie vor dem Hotel ankommen: 50 Mädchen, alle hübsch, alle schlank, alle elegant, alle in eine Wolke edelster Parfüme gehüllt, warten vor oder neben dem Hotel auf die chargierten Herren Seelords.

Dem Oberleutnant geht der Hut hoch.

Weiterfeiern im Hotel?

Kommt überhaupt nicht in Frage.

»Kein Mädchen darf in das Haus. Außerdem, meine Herren, ist es jetzt 23.00 Uhr, keiner von Ihnen verläßt mehr das Hotel. Ich denke, ich habe mich klar genug ausgedrückt.«

»Woll, Herr Oberleu'nt.«

Doch der Oberleutnant hat zu kurz gedacht. Wohl hat er seine 50 Mannen in die Unterkunft geschleust, was aber soll aus den 50 Mädchen werden? Die stehen nun draußen. Die letzte Bahn der Metro ist weg. Die meisten der Mädchen haben für die Zeit nach 23.00 Uhr keinen Passierschein, jene Erlaubnis der deutschen Stadtkommandantur von Paris, wie sie alle Franzosen haben müssen, wenn sie nach der Sperrstunde, nach 23.00 Uhr also, noch die Straße betreten wollen. Am besten wäre es, so sinnt der Oberleutnant, wenn wir die Ladys auf einen Lkw verfrachten. Aber ein Lkw ist nicht da, ein Omnibus schon gar nicht. Da überkommt den Oberleutnant ein grandioser Einfall. Er sagt zu den ihm anvertrauten Unteroffizieren sehr ernst und sehr betont, aber doch mit einem in seinen Augenwinkeln aufblitzenden, schalkhaften Lächeln: »Ich gehe mal auf Schlemmers Zimmer. Will mit ihm mal den Fall bereden, wie wir die Damen wegkriegen. Dauert so an zehn Minuten . . .«

Als der Oberleutnant nach dieser Zeit vor das Hotel tritt, ist kein Mädchen mehr zu sehen.

So löst man Probleme.

Der Oberleutnant fährt zu Chez Elle. Er kommt noch zur rechten Zeit, um noch die letzten Töne vom ›Parlez-moi d'amour‹ von Lucienne Boyer zu hören.

Dann schließt auch ›Sie‹.

Im Zusammenspiel der Kräfte: *Admiral Hipper* vernichtet den Convoy SLS-64

Zur Lage: Der Optimismus, der die deutsche Seekriegsleitung hinsichtlich der ozeanischen Kriegführung bewegt, erscheint durchaus berechtigt. Abgesehen von dem schmerzlichen Verlust des Panzerschiffes Graf Spee, *das quasi am Ende seiner Operationen von seinem Kommandanten vor Montevideo selbst versenkt wurde, sind bisher alle Handelskriegsunternehmen der deutschen Überwasserseestreitkräfte mehr oder weniger erfolgreich, in allen Fällen aber glücklich verlaufen, auch die Flottenvorstöße. Lediglich bei dem Versuch, einen unter der schottischen Küste segelnden Geleitzug in der Nacht vom 7. zum 8. November 1940 durch sieben der neuen Torpedoboote anzugreifen, mißlang und endete mit dem Verlust von T-6, das in der britischen Minensperre auf eine Mine lief und sank.*

Zu der Zeit, da Admiral Hipper *im Atlantik operierte, und auch später, da der schwere Kreuzer in Brest überholte, stand der schwere Kreuzer* Admiral Scheer *im mittleren und südlichen Atlantik und ist nach bisher guten taktischen und großen strategischen Erfolgen jetzt, Ende Januar, auf dem Wege in den westlichen Indischen Ozean.*

Der Versuch, Scharnhorst *und* Gneisenau *Ende Dezember ebenfalls zum Handelskrieg in den Atlantik zu schicken, scheiterte. Der am 27. Dezember aus Kiel ausgelaufene Verband mußte am 29. wegen schwerer Seeschäden im Sturm vor der norwegischen Küste wieder umkehren. Inzwischen sind die beiden Schiffe, wieder geführt vom Flottenchef Admiral Lütjens, am 22. Januar zu einer neuen atlantischen Unternehmung ausgelaufen. Die Operation läuft unter dem Decknamen Berlin. Fünf Troßschiffe stehen im Atlantik bereit. Da die beiden Einheiten nach Passieren des Großen Belts durch Agenten der Britischen Admiralität gemeldet worden waren, lief die Home Fleet aus. Beim Versuch, am 28. Januar die Island-Faröer-Enge zu passieren, stieß der deutsche Verband auf die Vorhut der britischen Streitkräfte, lief zurück, bezog in der Arktis Wartestellung und setzte, beölt aus der* Adria, *erneut zum Durchbruch, diesmal durch die Dänemarkstraße an, während die Home Fleet während der Wartestellungszeit der beiden deutschen Schiffe in der Arktis inzwischen, am 30. Januar, wieder in Scapa Flow eingelaufen ist.*

Der Durchbruch der deutschen Einheiten, das sei vorausgeschickt, glückt, die Schiffe operieren mit großen Erfolgen im Atlantik, wobei sie mit 19° Nord den südlichsten Punkt während dieser Unternehmung erreichen.

Während der gleichen Zeitspanne operieren auf allen Meeren der Welt, gesucht, gejagt, aber bisher nie von aktiven Kriegsschiffen gestellt, deutsche Hilfskreuzer an den Hauptverkehrswegen der so wichtigen britischen Seeversorgung.

Es wundert daher nicht, wenn die Seekriegsleitung beschließt, auch den inzwischen überholten schweren Kreuzer Admiral Hipper *in den Atlantik zu schicken, nachdem das Marine-Gruppenkommando West bereits am 16. Januar 1941 einen Operationsbefehl erlassen hatte*[1].

Der 1. Februar ist ein Samstag. Da sind genügend Anzeichen, daß dieser Samstag, wie zuvor andere, eine längst fällige Überraschung beschert. Die Drontheim-Unternehmung nämlich begann an einem solchen Wochentag, die erste Atlantikunternehmung und die erste Feindfahrt des schweren Kreuzers ebenfalls. Zufall? Oder von seemännischem Aberglauben begünstigte Absicht. Wenn es so wäre, erfahren wird man es nie.

Soviel steht fest: *Admiral Hipper* hat nicht nur die Werftliegezeit beendet, sie ist auch sonst wieder ›fit‹, in allem.

Munition aller Kaliber ist übernommen worden, vom Oberfeuerwerker mit dem IAO nach den letzten Erfahrungen bei dem Gefecht mit den britischen Kriegsschiffen abgestimmt. Das ist wichtig, sehr wichtig sogar.

Die Männer hatten zwei schwere, harte Tage, als sie die noch während der Nacht aus den Landbunkern auf den Pier herangefahrene Munition an Bord schaffen und verstauen mußten ... die Granaten vom Oberdeck durch kaum mannsbreite Luken in das Schiff hinein, hinunter auf die Geschoßplattform und dort in die Racks hinein. Obwohl oben, an Deck, eine recht frische, frühlingshafte Brise wehte, hier unten herrschte eine elende, ermüdende Hitze. Den Granaten folgten die Kartuschen. Sie dürfen nicht mechanisch transportiert werden. Der Empfindlichkeit und der Explosionsgefahr wegen werden sie ›von Hand‹ an Deck geschafft ... die Niedergänge hinunter und über die über der Geschoßplattform liegende Kartuschenplattform in die Munitionskammern hinein.

Im Vortopp, an der Signalrah, wehte während dieser beiden Tage eine Flagge, eine Flagge aus schwarzem Tuch.

Lag diese Arbeit im Verantwortungsbereich des Oberfeuerwerkers, so hatten Oberbootsmann und Proviantmeister Kummer und

[1] Siehe Anhang 6.

Arbeit genug, die Verpflegung zu übernehmen. Dazu bedurfte es nicht nur seemännischer Muskeln, denn es wird Ärger geben, wenn durch einen unsachgemäßen Stauplan etwa der an Sonntagen so begehrte Bohnenkaffee unter einige Tonnen Mehl gerät und am Ende nicht mal einer mehr weiß, wohin er verschwunden ist.

Mißvergnügte Seelords auf einem Kriegsdampfer sind so wenig wert wie feucht gewordenes Pulver.

Jedenfalls stellt auch der routinierteste Proviantmeister einen Stauplan nicht mit der linken Hand auf, sofern er echte Verantwortung in sich fühlt. Und die haben diese Portepeeunteroffiziere der KM, auf allen Einheiten der Grauen Dampferkompanie, sie, und auch die Unteroffiziere.

Beliebt oder nicht, eine solche Proviantübernahme ist nun einmal ein notwendiges Übel. So gelangen Kisten über Kisten, Säcke über Säcke, Flaschen, Demions und Fässer an Bord . . . über die vordere Stelling das Fleisch, der Kaffee, der Tee, weil vorn die Trockenlasten und mittschiffs die Kühlräume liegen . . . über die achtere Stelling jede Menge Konserven, Hülsenfrüchte, Teigwaren, Brot, Mehl oder Eier . . .

So an die dreihundert Schweinehälften wandern auf den Schultern der stöhnenden Seelords die steilen Niedergänge hinab, durch das Zwischendeck und durch das Panzerdeck, bis auf das mittlere Plattformdeck. Im Kühlraum dirigierte sie ein Obermaat auf die eine Seite, die andere ließ er mit den Rinderhälften behängen: damit der Koch jederzeit die Auswahl hat.

Sie nennen ihn nicht Koch, der für das leibliche Wohl der fast 1600 zu sorgen hat. Er, der fast so wichtig wie der Alte auf der Brücke ist, lebt tiefer im Bewußtsein (und Unterbewußtsein) der Seeleute, das beweisen seine vielen Namen: Smut, Smutje, Smutji, Smörer, Smölter, Smirgel, Fettprinz, Doktor, Frikadellenschmied . . . oder auch, wenn er sich das Wohlwollen der Mannen verscherzt hat — und wie leicht kann er sich und der Besatzung die Suppe versalzen — Smerjack und Smerlappen. Solche wenig liebenswürdigen Attribute sind dann nicht selten.

Schwer hat es ein Koch auf einem Kriegsschiff, sehr schwer. Wenn er klug ist, paßt er mit auf, wenn die Verpflegung an Bord kommt, hakt mit ab, was er später braucht, so die vielen Kilogramm Salz, die sechzig Kilo Pfeffer, die viertausendfünfhundert Kilo Zucker, die hundertzehn Flaschen Suppenwürze, die gleiche Zahl an Essigessenz. Was ihn nichts angeht, aber mit Sorgfalt beachtet werden muß, das sind die zweieinhalb Millionen Zigaretten, die fast zehntausend Liter Bier, Zigarren und Tabak . . .

Der Weg vom Pier bis in die Last: Arbeit genug, Schweiß genug, und irgendwo an Bord ist da ein Seemann, der sich mit unnachahmlichem Talent überall dort herumzudrücken weiß, wo seine Anwesenheit gerade nicht erforderlich ist. Auch dieses Bild gehört ins Bild.

Daß die M-Böcke, wie sie die Boote der meist in Brest stationierten 2. Minensuch-Flottille nennen, wieder einmal ausgelaufen sind, verwundert weder die auf *Admiral Hipper* noch die Franzosen. Nur, daß die Boote in der Nacht zum 1. Februar gründlicher, breiter und weiter in See suchen, das erstaunt die Besatzung dieser Einheiten. Aber nicht einmal deren Chef, der Korvettenkapitän Thoma, weiß Näheres. Er hat einen Befehl erhalten und dieser kommt vom Chef der 3. Sicherungsdivision, Kapitän zur See Schiller.

Mit der Flagge ›Karl gelb‹ sind die Boote ausgelaufen.

›Karl gelb‹ heißt ›Im Kielwasser folgen‹, jetzt, draußen auf See, weht ›Lucy gelb‹ im Mast. Die Boote nehmen Dwarslinie ein, in breiter Front arbeiten sie gegen die Biskaya-See an.

Der Flottillenchef wartet ab, bis alle Boote den ›Ärger‹, also den blauweißen Doppelstander, der das Klarmachen der Minensuchgeräte anzeigt, vorgeheißt haben, dann geht der Stander auf ›halb‹, der Befehl, daß die Geräte ausgebracht werden sollen ... Scheerbojen, viel Leinen, viele Drähte, auf denen bei deren Auslaufen in Abständen ein Sprenggreifer aufgesetzt wird ...

Die Minensucher wettern über diese Knochenarbeit ... sie schimpfen die ganzen 365 Tage im Jahr, sofern das Boot diese Zeitspanne überhaupt überlebt. Aber solange sie schimpfen, so lange sind sie gesund.

Geschimpft wird zwar nicht bei der Schiffsführung der *Admiral Hipper,* aber ausgesprochen freundlich sind die Äußerungen auch nicht, wenn das Gespräch auf das befohlene Auslaufen kommt[1]. Die durch den plötzlichen Personalwechsel heraufbeschworenen Bedenken sind durchaus berechtigt und die Sorgen des Kommandanten nicht geringer als des IAO oder anderer Offiziere und Abschnittsleiter. Die aus dem Personalwechsel resultierenden und so notwendigen Artillerie- und Torpedoschießübungen durchzuführen, verbieten jedoch Minen- und U-Boot-Gefahren im Seegebiet vor Brest.

»Wir müssen diese Nachteile eben in Kauf nehmen«, stellt der Kommandant fest und bestimmt als Auslauftermin die achte Abendstunde an diesem Samstag, dem 1. Februar.

Der generelle Operationsbefehl lautet: »Kreuzerkrieg auf der Sierra-Leone-Route führen.« Das heißt, am Geleitzugweg der Engländer operieren, der von Norden nach Süden verläuft.

Im Gegensatz zum Operationsbefehl der ersten atlantischen Unternehmung darf der Kommandant jetzt auch Einzelfahrer und solche Geleitzüge angreifen, die nur leicht gesichert sind.

---

1 Obwohl die Besatzung, wie immer, froh ist, wieder auslaufen zu können.

Unter der Sicherung von U-Booten gegen U-Boote ausgelaufen und ohne irgendeine Behinderung die freie See erreicht, sieht es für die Besatzung gar nicht so aus, daß die *Admiral Hipper* einer solchen Aufgabe ernsthaft zustrebt. Vorerst nämlich soll das Schiff für *Scharnhorst* und *Gneisenau* divisionieren, es soll den Gegner von den beiden Schlachtkreuzern, die am Tage des Inseegehens der *Admiral Hipper* noch immer vor der Dänemarkstraße auf und ab stehen, ablenken. Des schweren Kreuzers plötzliche Abwesenheit dürfte, so folgern die Seekriegsleitung in Berlin und die Marine-Gruppe West in Paris, der Briten Aufmerksamkeit von der Dänemarkstraße anderen Seegebieten zuwenden lassen.

Während die *Admiral Hipper* im entlegensten Teil des Atlantiks auf langen Törns hin und her karrt und immer wieder zu ihrem 9323 BRT großen Tanker *Spichern*[1] auf dem Punkt *Gerda* zurückfindet, um den verbrauchten Brennstoff wieder zu ergänzen, glückt den beiden Schlachtkreuzern der Durchbruch.

Am 4. Februar, am gleichen Tag, da britische Aufklärer über Brest die *Admiral Hipper* im französischen Basishafen vermissen, am gleichen Tag, da während der Nachtbeölung durch MT *Spichern* auf Punkt *Gerda*[2] Ausschläge im De-Te-Gerät zum Abbruch des Tankens und Absetzen zwingen, haben beide Schiffe die Dänemarkstraße hinter sich, am 5. und 6. beölen sie wieder aus dem für sie südlich von Grönland und 1000 Seemeilen westlich von Kap Finisterre auf Position gelegten Tanker. Das ist in der Tat ein Zusammenspiel, das so gut und bisher ohne einen Mißklang funktioniert wie ein Sinfonieorchester unter der Leitung eines Furtwängler, Knappertsbusch oder Karajan.

Es kommt sogar noch besser, noch überzeugender: Am 8. Februar, 10.47 Uhr, sichtet *Scharnhorst* auf der Suche nach Handelsschiffen auf der Route Halifax–England den Convoy HX-106 und das diesen sichernde Schlachtschiff *Ramillies*. Wegen der starken Sicherung unterbleibt der Angriff.

Die zwei deutschen Einheiten laufen nach Nordwesten ab. Die *Ramillies*, die nur die *Scharnhorst* in Sicht bekam, meldet den Gegner als *Admiral Hipper*. So bleibt der Durchbruch der beiden deutschen Schlachtkreuzer der britischen Admiralität auch weiterhin unbekannt.

Welch eine großartige Großraumkonzeption der deutschen Seekriegsleitung!

Nicht auszudenken, wenn zur damaligen Zeit auch die beiden

---

[1] ex norw. *Krossfon*, eine Prise des HSK *Widder* vom 26. Juni 1940. Die Besatzung dieses nun deutschen Tankers ist noch nicht eingefahren. Die erste Übernahme von 1460 Kubik Brennstoff dauerte daher ganze 24 Stunden.

[2] 34° Nord 47° West.

Schlachtschiffe der *Bismarck*-Klasse bereits KB gewesen wären ... oder sogar das Schlachtschiff ›H‹ fertig und klar zum Einsatz gewesen wäre ...

Einer auf *Admiral Hipper* während dieser Zeit in sein Tagebuch: »Tage mit schönem Wetter gehen über uns hinweg. Wir sind im Azorengebiet und haben Frühling, manchmal aber bricht auch Wind aus dem rauhen Norden bis zu uns durch. Wir schimpfen auf die Marine, auf die Gruppe, auf die Schlachtschiffe, denn wir wollen angreifen. Und dann bekommen wir am 8. Februar die Meldung von einem deutschen U-Boot, von U-37, das an einem Geleitzug aus 18 Dampfern steht ... an dem Convoy HG-53.

Der BdU Admiral Dönitz gibt dem Kommandanten von U-37, Kapitänleutnant Nicolai Clausen, den sie Nico nennen, den Angriffsbefehl. Am 9. Februar, einem Sonntag, meldet der U-Boot-Kommandant die Versenkung von fünf Frachtern mit geschätzten 21 500 BRT[1].

Aber noch immer muß *Admiral Hipper* auf der Stelle treten, denn am nächsten Tag, am Montag, mischt sich die deutsche Luftwaffe ein. Wenn man ihren Berichten Glauben schenken darf, dann haben die fünf Focke-Wulf 200 vom I./KG 40[2] unter Hauptmann Fliegel fünf Dampfer mit sogar 26 000 BRT vernichtet, alles Schiffe also, die im Durchschnitt über 5000 BRT groß sein sollen[3].

»Bleiben also«, so rechnen sie auf dem schweren Kreuzer, auf dem sie auch über den B-Dienst-Offizier, Kapitänleutnant Herrmann, mit dessen aus Berlin gekommenen und Stunden vor dem Auslaufen in Brest eingestiegenen Entschlüsselungsspezialisten über die Lage bei den Briten informiert werden, »noch ganze acht Schiffe übrig. Fast zuwenig, um *Admiral Hipper* darauf anzusetzen.«

Inzwischen aber ist eine Meldung von eminenter Wichtigkeit eingegangen ...

---

1 In Wirklichkeit waren es nur drei Schiffe mit 4781 BRT. Nach Hümmelchen, *Marine Rundschau I/1961:* »Auch er (Clausen) wußte nicht, daß auf dieser Route hauptsächlich Frachter zwischen 1000 und 2500 BRT fuhren, und überschätzte die Größe der torpedierten Schiffe ebenfalls ganz erheblich.« U-37 versenkte die britischen Dampfer *Courland* (1325 BRT), *Estrellano* (1983 BRT) am 9. Februar und die britische *Brandenburg* (1473 BRT); die beiden zuerst genannten Schiffe auf 35° 53′ N, 13° 13′ W, das dritte auf 36° 10′ N, 16° 38′ W.

2 Nach Hümmelchen an anderer Stelle im gleichen Artikel in *Marine Rundschau I/1961* soll die II./KG 40 die Schiffe versenkt haben, während an anderer Stelle davon die Rede ist, es sei die I./KG 40 gewesen (wie hier), die am 7. Januar dem BdU taktisch unterstellt worden sei. ». . . Seit jener Zeit flogen täglich eine oder zwei FW-200 von Bordeaux aus Fernaufklärung über den Atlantik, um britische Convoys zu erfassen und durch Funk U-Boote an die Geleite (wohl Geleitzüge) heranzuführen . . .« — Am 9. Februar indessen war es dann genau umgekehrt: das U-Boot führte FW-200 C heran, die allerdings nur als ›Behelfsbomber‹ anzusprechen waren.

3 Es waren fünf, die versenkt wurden, aber sie hatten nur 9201 BRT zusammen. Versenkt wurden die britischen Dampfer *Britannic* (2490 BRT), *Jura* (1759 BRT), *Dagmar* (2471 BRT), *Varna* (1514 BRT) und der Norweger *Tejo* (967 BRT) auf 35° 42′ N, 14° 38′ W.

Es war um die Zeit des Wachwechsels in den Abendstunden ...

Kriegsberichter Sprang, auf *Admiral Hipper* für die Dauer der Unternehmung eingestiegen, schildert, was um diese Zeit geschah[1]:

... Im Funkraum wird es für Augenblicke dunkel. Nach und nach betreten die Männer der neuen Wache durch das Schott den Raum. Geräuschlos, nach dem ewigen Gleichmaß des eingedrillten Dienstes, nehmen sie ihre Plätze ein. Am Empfänger werden die Kopfhörer gewechselt, am Sender die Einstellungen kurz überprüft.

»Gab's was Neues?«

»Nein, Ruhe überall! Kein Funkspruch! Gute Wache!«

»Gute Wache!«

Der Stabsoberfunkmeister hockt sich auf seinen Platz, nimmt ein Buch und liest ...

Hier und dort hört man das schrille, schnelle Geben eines Handelssenders. Zerrissene Klänge von später Nachtmusik wehen herein, wenn der Drehkreis abgesucht wird. Es ist so unwirklich fern, daß irgendwo Menschen tanzen ... fröhlich sind ... unbekümmert dahinleben können ...

Ein Empfänger ist auf Gruppenwelle geschaltet. Hier kommen die direkten Befehle für das Schiff an, Nachrichten, Mitteilungen, Wettervorhersagen. Es ist die einzige Verbindung, die direkt mit der Heimat besteht. Der Funkgefreite an diesem Empfänger lauscht angestrengt Stunde um Stunde ... Nichts ... Alles Ruhe ...

Plötzlich horcht er angespannt:

»Herr Stabsoberfunkmeister, da muß was los sein! Der Tommy funkt wie toll ... Auch die italienische Welle funkt fortgesetzt!«

Der Funkmeister ist im Nu hellwach, nimmt selbst den Kopfhörer um die Ohren, sucht den Drehkreis ab.

»... Mein Jott, wat e Gedöns!« Jetzt das alles mitlesen können! Leider ist natürlich alles verschlüsselt! Aber da muß schon etwas los sein!

»Junge, genau aufpassen, mir schwant was! Ohren steif halten!«

Wieder gibt es allen einen Ruck. Noch angespannter als sonst wird die Aufmerksamkeit.

Da!

Die Hände des Aufnehmenden fliegen über das Papier. Buchstaben und Zahlen reihen sich in wirrem Durcheinander. Dann wieder Schweigen, Ruhe ...

Die Buchstaben werden in die Entschlüsselungsmaschine gejagt, bleiben unverständlich — wieder ein Durcheinander.

»Funkspruch Offizier!«

Ein wichtiger Funkspruch, nur durch den FTO selbst zu ent-

---

[1] Herbert Sprang ›Jagd im Atlantik – von der Kriegsgefahr eines schweren Kreuzers‹, Steiniger-Verlag, Berlin, 1942.

schlüsseln! Der Stabsoberfunkmeister reißt dem Funkgasten den Zettel aus der Hand, eilt auf die Brücke, baut sich vor dem Kapitänleutnant Kölzer auf und überreicht den Zettel. Der Kapitänleutnant rast den Niedergang hinunter, setzt sich selbst hinter die Maschine. Aus dem hochgeschlagenen Pelzkragen ragt ein energisches Gesicht heraus.

Er liest den Funkspruch vor sich hin. Er ahnt, daß er mit ihm das Schicksal des Kreuzers für die nächste Zeit in den Händen hält.

Wieder hoch zum Kriegswachleiter.

»Melde Herrn Kapitän gehorsamst, wichtiger Funkspruch. Ich glaube, wir müssen den Kommandanten wecken . . .!«

Der Kriegswachleiter prüft kurz.

»Ja, Sie haben recht. Aber weiß Gott, gern tue ich das nicht. Der Kommandant hat sich gerade hingelegt.«

Langsam geht er den Niedergang hinunter, tritt ins Kartenhaus, legt seine Mütze auf den großen Kartentisch.

»Schläft er?«

Ein fragender Blick trifft den Obersteuermann. Der zeigt in eine Ecke, in der ein kleiner, brauner Vorhang einen Raum abtrennt, in dem ein schmales Sofa aufgestellt ist.

»Jawoll, Herr Kapitän. Wieder auf seinem alten Platz!«

Fregattenkapitän H.[1] tritt leise an den Vorhang, zieht ihn beiseite und blickt in das Gesicht seines Vorgesetzten. Mein Gott, ist das schmal geworden. Im Schlaf werden die eingefallenen Backen, die hervortretenden Knochen besonders bemerkbar. Um die Augen liegen dunkle Ränder, Zeugen vieler durchwachter Nächte. Der schwere Wachmantel, dessen Beschläge schon grün vom Seewasser sind, liegt über ihm.

»Herr Kapitän?«

Leise und vorsichtig weckt der NO seinen Kommandanten. Der schreckt hoch.

»Ja, was gibt's?«

Stumm reicht er ihm den Zettel mit dem Funkspruch. Der Kommandant liest. Sofort ist er hellwach.

Donnerwetter!

Die englische Gibraltargruppe vor Genua? Im Augenblick wird dort geschossen?

Das ist wichtig!

»Handeln nach eigenem Ermessen!« So steht es in dem Spruch der Gruppe.

Nach eigenem Ermessen?

Der Funkspruch der Marine-Gruppe West entspricht der Wirklichkeit. Tatsächlich sind die britischen Schlachtschiffe HMS *Renown*

---

[1] Gemeint ist Fregattenkapitän Hintze, der NO.

und HMS *Malaya*, der Flugzeugträger *Ark Royal* mit 60 Flugzeugen an Bord, der leichte Kreuzer *Sheffield* und zehn Zerstörer in den Golf von Genua vorgestoßen. In den Abendstunden werden Genua, Leghorn und Spezia beschossen und mit Bomben belegt. Die Überraschung bei den Italienern konnte nicht größer sein. Die Angreifer kehren, soviel wissen wir heute, ohne einen einzigen Verlust zurück.

Kapitän zur See Meisel ist entschlossen, den Sierra-Leone-Geleitzug [1] anzugreifen. Die Lage kann nie günstiger sein, denn die aus Gibraltar unter dem Befehl von Admiral Sommerville in die Bucht von Genua vorgestoßene ›Force H‹ wird gut einen Tag bis zur Rückkehr in ihre Ausgangsbasen benötigen, die Schiffe müssen Brennstoff übernehmen, munitionieren . . . das wird, ehe sie wieder seeklar sind, bestimmt zwei Tage dauern. Erst am vierten Tage dürfen diese Streitkräfte an der Sierra-Leone-Route erwartet werden.

Vier Tage, vier Nächte, die *Admiral Hipper* an Zeit bleiben, um den Convoy zu suchen und anzugreifen, ohne Sorgen haben zu müssen, auf die überlegenen Seestreitkräfte der ›Force H‹ zu stoßen.

Zu allem Überfluß hat das U-Boot wegen schlechter Sicht die Fühlung verloren [2]. So müssen sie auf *Admiral Hipper* den schon lange vorher durch den B-Dienst erfaßten Geleitzug alleine suchen, eine wenig aussichtsreiche Aufgabe bei dem in diesen Tagen herrschenden ausgesprochen mistigen Wetter:

Regenböen, immer wieder Regenböen, Dunst, Nebel.

Es ist genau 14.00 Uhr, Kommandant und NO stehen im Kartenhaus über die Karte gebeugt, da bricht die Sonne mit einem breiten Strahl durch die aufgerissene Wolkendecke. Sie beleuchtet wie der Strahl eines gerichteten Scheinwerfers einen Dampfer, einen kleinen, mutterseelenallein durch die See zuckelnden Frachter, ein fast beängstigendes Bild auf der weiten, weiten Wasserwüste.

Auf der Brücke des schweren Kreuzers schätzen sie die Größe des Schiffes auf ein bißchen mehr als tausend BRT. Und da der in 30° Schiffspeilung schwimmende Untersatz ohne Frage ein Engländer ist, kommt Kapitän zur See Meisel zu dem naheliegenden Schluß, es könnte sich hier nur um einen Nachzügler des gesuchten Geleitzuges handeln.

Auf den Warnschuß vor den Bug stoppt der Kapitän des Kleinen sofort, gleichzeitig fieren sie die Boote. Die Besatzung steigt aus.

Die schwere Flak, jetzt als MA eingesetzt, soll das Schiff ver-

---

1 Wie wir heute wissen, war es ja der Convoy HG 53, den das U-Boot gemeldet hatte, also ein Geleitzug auf der HG-OG-Route (England–Gibraltar und umgekehrt).

2 Nach Boden. Außerdem wissen wir heute, daß der Convoy HG 53, der am 6. Februar aus Gibraltar ausgelaufen war, nach den Angriffen aus der Luft und unter Wasser aufgelöst wurde und daß die restlichen Frachter die Reise ohne Sicherung fortgesetzt haben.

senken. Die Entfernung beträgt nur 43 hm. Schon die ersten Granaten krepieren im Ziel, einige treffen die Brücke und eine rasiert die FT-Bude hinweg.

Neue Treffer: Sie haben in Höhe der Wasserlinie drei große Löcher aus der Bordwand herausgestanzt. Immer, wenn die sich aufteilende hohe Dünung an dem Frachter vorbeiläuft, dringt Wasser in das schon verlorene, schon abgeschriebene, verlassene Schiff hinein.

Es dauert, bis das Achterschiff ein wenig tiefer einsackt, und es kann noch Stunden dauern, bis der wracke Frachter bei diesen Schäden absäuft.

Es hilft nichts: neue Salven, neue Treffer.

Brände brechen aus, aber das Opfer macht noch immer keine Anstalten, auf Tiefe zu gehen.

Erstaunen überall, wie zäh doch das Leben eines solch kleinen Schiffes sein kann und was es für Anstrengungen kostet, es auszulöschen.

Ein Torpedo, aus ›Rohr vier‹ geschossen, soll vollenden, was die Zehnkommafünfer bisher vergeblich versuchen.

Eine dumpfe Explosion, gefolgt von schrillem Kreischen. Der Aal traf in Höhe der Maschinenanlage. Die Kessel sind in die Luft geflogen.

Der schwerbeschädigte Frachter sackt achtern tiefer ein, kentert und versinkt.

Auf 37° 12' Nord und 21° 20' West.

Was auftreibt, ist eine gelbliche Masse. Durch das Glas betrachtet, sind es Tausende und Abertausende Apfelsinen.

Mit langsamer Fahrt läuft *Admiral Hipper* den in der See auf und nieder schwoienden Booten entgegen, behutsam, vorsichtig, um keinen der Kutter zu rammen, um andererseits aber so nahe wie nur möglich zu stehen. Bei der rauhen See sind das recht schwierige Manöver.

Kapitän zur See Meisel tut noch mehr:

Er läßt stoppen und macht mit seinem Schiff Lee für die kleinen Boote. Der Oberbootsmann Woehrle, in grüner Lederhose, leitet mit seiner Bootsmannsgruppe die Anbordnahme.

Das Seefallreep ist gefiert, das erste Boot wird mit Tampen heranmanövriert, der erste Mann soll überspringen ...

Er muß den Bruchteil der Sekunde abpassen, jenen Augenblick, da das Boot auf dem Rücken einer sich aufbäumenden See in gleicher Höhe mit dem Fallreep schwimmt. Allen, bis auf einen, glückt das Übersteigen, auch dem Laskaren[1], der am ganzen Leib vor Kälte

---

[1] Indische Besatzungsmitglieder, wie sie häufig auf englischen Schiffen fuhren.

und wohl noch mehr als Angst zittert. Dieser ist ein alter, eisgrauer Fahrensmann. Nur mit Hilfe von Tampen und ein paar kräftigen Seemannsarmen kann er auf das Deck der *Admiral Hipper* befördert werden.

Das zweite Boot treibt etwas abseits. Seine Insassen haben die Riemen eingezogen. Erst, als ihnen der Oberbootsmann mehrmals energisch zuwinkt, längsseits zu kommen, als sie sehen, daß ihren Kameraden nichts geschieht, daß keiner von diesen an die Rah geknüpft, erschossen oder mißhandelt wird, packen sie wieder die Riemen an, pullen und kommen näher.

24 Mann sind es, ein Neger und ein Inder unter diesen.

Nicht zu vergessen sei der Hund, so eine Mischung zwischen Portsmouth und Port Said.

Das Schiff, ein englischer Frachter, heißt *Iceland,* sein Kapitän Charles Dickson, dessen Erster Offizier Evans und sein Chief, ein spindeldürrer nervöser Schotte, Lions.

Dickson, nur zu deutlich froh, gerettet zu sein, gibt knappe aber prompte Antworten. So erfahren sie auf dem schweren Kreuzer, daß die *Iceland,* die übrigens früher einmal *Delta* hieß und unter deutscher Flagge fuhr[1], zu einem Geleitzug gehörte, der aus Lissabon komme, der auf dem Wege von England nach Portugal bereits dreimal von Flugzeugen angegriffen worden wäre und der auf seinem Weitermarsch erneut Bomben und Torpedos bekommen hätte. Sie, die *Iceland,* sei schließlich wegen eines Ruderschadens achteraus gesegelt[2].

»Wohin ist der Convoy bestimmt?« will der Verhöroffizier, Kapitänleutnant Hermann, wissen.

Kapitän Dickson zieht die Schultern hoch. Der Deutsche dringt nicht weiter in ihn ein, er sagt nur, was er vom B-Dienst-Offizier weiß. »Also gut, dann nicht, Sie brauchen uns ja nicht zu sagen, daß sie für Freetown deklariert sind[3].«

»Und Sie uns nicht, daß dieses Schiff ein von der deutschen Navy beschlagnahmter französischer Kreuzer ist.«

»Ich bewundere Ihren Scharfsinn«, sagt der Verhöroffizier mit einer Verbeugung und großem Ernst.

Auf die Frage, ob der Geleitzug gesichert sei, nicken Dickson und Evans eifrig.

»Ja, ja, gewiß doch. Je ein Zerstörer der V- und der W-Klasse stehen bei den Schiffen«, sagt Dickson.

---

1 Bei der Dampfschiffahrtsgesellschaft *Neptun,* Bremen, 1919 an England abgeliefert.

2 Was jedoch nicht den Tatsachen entsprach.

3 Der Ruderschaden entstand, wie der eine Steuermann, ein Inder, dem Chef der eingeschifften B-Dienst-Gruppe, Kapitänleutnant Hermann, erzählte, durch Bombennahtreffer beim Schiff.

»Und ein Kanonenboot«, ergänzt Evans.

»Und ein Kanonenboot dazu, richtig«, echot Dickson hinterher.

»Und was waren das für Schiffe, mit denen Sie im Geleitzug zusammen fuhren?«

»Kenne die Namen nicht ... meist britische ... natürlich, nur britische.«

»Die Namen interessieren nicht so sehr. Ich meine die Größe.«

»Die Größe ...? Ach so, ja die Größe, so groß wie wir, der eine Untersatz ein bißchen mehr, der andere ein bißchen weniger.«

Der Inder verschweigt nicht, daß sich der bombardierte Convoy mit einem anderen Convoy ursprünglich treffen wollte, wie der Name des Kommodore hieß, der den Geleitzug befehligte, und daß sie in Gibraltar den Befehl erhielten, eine Schlüssel-H-Tafel[1] gegen eine andere umzutauschen, daß also von dort an die alte Schlüsseltafel keine Gültigkeit mehr hätte. Der deutschen B-Dienst-Gruppe ist damit ein sehr wertvoller Hinweis gegeben worden, um bei der weiteren Arbeit disponieren zu können.

An der Abteilung I werden die Männer von der *Iceland*, soweit notwendig, mit warmer Kleidung versorgt, an einer Back erhalten sie, von zwei deutschen Seeleuten bewacht, erst heißen Kaffee, dann zu essen.

Daß ihnen auf dem Teller echte Butter serviert wird, wollen sie erst gar nicht glauben.

Für einen an Bord schaffen die Gefangenen zusätzliche Bewegung ...: Den Zahnarzt, Dr. Schlemmer, ein Wiener. Er überholt die Gefangenen, die ja bei ihrer dauernden Seefahrt wenig Gelegenheit hatten, einen Zahnarzt aufzusuchen, und daher so mancherlei Kümmernisse haben, mit aller ihm zur Verfügung stehenden Technik. In seinem Labor werden Plomben fabriziert, Gebisse geformt. Es macht mal wieder Spaß, Zahnarzt zu sein.

Auf *Admiral Hipper* ist inzwischen, 15.17 Uhr, ein von der Marinegruppe West gefunkter Befehl eingegangen. Danach soll Kapitän zur See Meisel den Convoy HG-53 angreifen, eine Maßnahme, die bereits mit dem Befehl, nach eigenem Ermessen zu handeln, ausgelöst worden ist.

Auf dem Marsch nach Südwesten werden so gegen 23.30 Uhr im Funkmeßgerät im vorausliegenden Quadrat CS 8420 Zacken ausgemacht. Die Entfernung beträgt 120 hm.

Kapitän zur See Meisel dreht zunächst ab.

»Wir müssen erst einmal Kurs der gesichteten Schiffe und deren Art feststellen.«

---

[1] Code für die Handelsmarine.

Das Ergebnis: bis zu sieben Schiffe, Grundkreis 20°, mit Sicherheit handelt es sich um einen Geleitzug.

Bis 4.00 morgens hält der schwere Kreuzer im Osten vom Convoy die Führung, dann läßt Meisel den Kurs des Gegners kreuzen und setzt sich in Fühlunghalterentfernung westlich neben die ahnungslosen Schiffe.

Kapitän zur See Meisel zur Lage:

»Es wird angenommen, daß es sich bei den angetroffenen Fahrzeugen um den Restgeleitzug handelt, der bereits durch FW 200 und U-37 angegriffen wurde und auf den *Admiral Hipper* seit dem 9. Februar abends operiert. Nach Ort, Kurs und Zahl der Fahrzeuge ist diese Annahme berechtigt. Nach mehreren vorliegenden Meldungen und Aussagen der Gefangenen des am 11. Februar versenkten Dampfers *Iceland*, der zum gleichen Geleitzug gehört hatte, ist damit zu rechnen, daß der Geleitzug von einem Zerstörer, Typ V und W-Klasse, und einem Kanonenboot gesichert ist.

Ich entschließe mich deshalb zum überraschenden Angriff in der Morgendämmerung aus dem dunklen Westhorizont heraus. Die Angriffsposition wird so gewählt, daß mit östlichem Kurs eine vorliche Stellung zum Gegner erreicht wird ...«

Um 6.05 Uhr Bordzeit und 10.05 DSZ bricht die erste Helligkeit ein.

Der Vormarsch wird angetreten.

Es ist die gleiche hochgespannte Erwartung wie damals ... bei der *Berwick* ... die gleiche graue Morgendämmerung ... es sind die gleichen Fragen: wen treffen wir an, welche Sicherungsstreitkräfte stehen am Convoy ...

Es ist 6.09 Uhr: die ersten Schatten schälen sich über der Kimm heraus.

»Das sind aber mehr, als es nach unseren Berechnungen sein dürften«, wendet sich der NO an den Kommandanten.

»Merke ich auch schon. Wieviel haben Sie?«

»Zehn, und zwölf dürfen es höchstens sein, wenn das mit den U-Booten und den ›Focke-Wulf‹ stimmt.«

6.14 Uhr: Die Zahl der Dampfer hat sich auf 14 erhöht. Außerdem sind die Schiffe auch noch größer als erwartet ... so zwischen 4000 bis 10 000 BRT. Da sie in mehreren Staffeln hintereinander fahren und sich dabei mehr oder weniger verdecken, ist das Zählen nicht ganz einfach. Erst später, während der Kampfhandlung, kommt man auf 18 Frachter und einige Nachzügler, während der Convoy SLS-64, um diesen und nicht um den Rest vom Convoy HG-53 handelt es sich in Wirklichkeit, nach englischen Berichten aus 19 Frachtern besteht ...

»Auf feindliche Kriegsschiffe achten ... auf feindliche Kriegsschiffe achten ...«, werden die Stellen zusätzlich alarmiert.

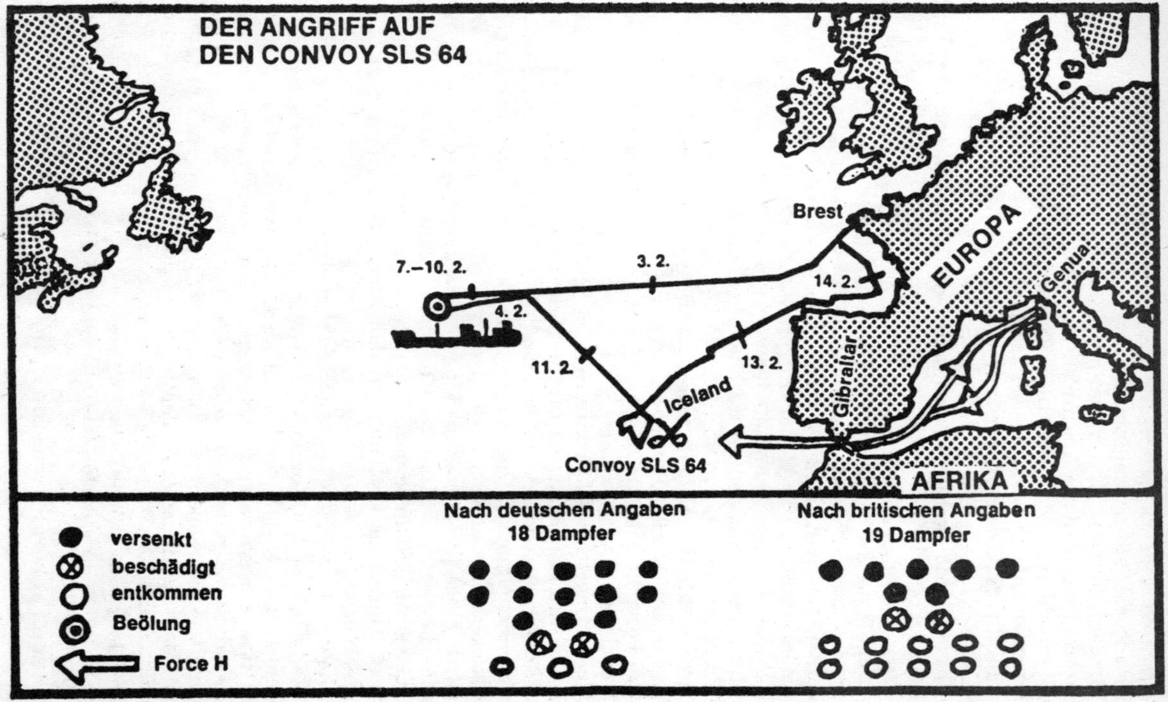
DER ANGRIFF AUF
DEN CONVOY SLS 64
Brest
EUROPA
Genua
7.–10. 2.
3. 2.
14. 2.
4. 2.
11. 2.
13. 2.
Gibraltar
Iceland
Convoy SLS 64
AFRIKA
versenkt
beschädigt
entkommen
Beölung
Force H
Nach deutschen Angaben
18 Dampfer
Nach britischen Angaben
19 Dampfer

Doch so angestrengt sie den Geleitzug[1] und dessen Umgebung auch absuchen, Sicherungsstreitkräfte sind nicht auszumachen.

Schiffe, die unter Umständen als Hilfskreuzer angesprochen werden könnten, sind auch nicht zu entdecken, haben die Engländer doch nur Passagierschiffe für diese Zwecke umgebaut.

»Immerhin«, so stellt Meisel sachlich fest, »wir müssen bei der Größe dieses Geleitzuges mit einer stärkeren Fernsicherung rechnen.«

Diese Überlegung wird dann auch bei seinen weiteren Entschlüssen maßgeblich berücksichtigt.

Daß es sich bei diesem Convoy nicht mehr um jenen handelt, den U-Boote und die Focke-Wulf angriffen, scheint jetzt klar. Dieser hier, der Convoy SLS-64, so bekommt der B-Dienst heraus, kommt von der westafrikanischen Küste, von Freetown, dem so bedeutungsvollen britischen Flottenstützpunkt, aus dem er, wie wir heute wissen, am 30. Januar ausgelaufen war.

»Sie müßten uns doch jetzt schon erkennen«, sagt einer.

»Unbedingt.«

»Aber wahrscheinlich halten sie uns für ein englisches Schiff.«

»Was, ein Wunder . . .«

Ja, dieses Mißverständnis ist berechtigt; fährt doch *Admiral Hipper* noch unter britischer Flagge[2].

Endlich, werden die drüben denken, endlich ein Schiff aus HMS' Grand Fleet. Was kann uns jetzt noch passieren . . . Welcome!

»Sie heißen den Tod willkommen[3].«

Admiral Hipper tut noch mehr, um die Täuschung zu vertiefen. Sie morst den Geleitzug an und sie stellt Fragen, die auf der Vernehmung der *Iceland*-Überlebenden beruhen, Fragen also, die nur ein in die letzten Phasen des Convoy-Verkehrs in diesen Gebieten Eingeweihter stellen kann.

6.18 Uhr: Stur und unbeirrt behalten die Frachter Kurs und Formation bei.

Die Rohre der *Admiral Hipper* sind geladen.

Der IAO ist im Vormars. Von hier will er das Feuer der SA leiten, zunächst, so hat er es sich überlegt, über Zentralabfeuerung Rw. Hw. Die schweren Flak-Gruppen sollen entsprechend der Gefechtsschaltung getrennt eingesetzt werden.

IIAO, Korvettenkapitän Busse, hat sich mit dem IAO abgesprochen, daß zusammen mit der SA möglichst viele Dampfer unter

---

[1] Der ja keiner mehr ist, da jetzt ohne Sicherung.

[2] Nach Kptlt. Hermann als die einschornsteinige *Ajax* der *Leander*-Klasse (8–15,2 cm in Doppeltürmen, wie bei HP je zwei vorn und achtern). – Zur B-Dienst-Gruppe unter Kptlt. Hermann gehörten übrigens acht Mann, Funkmeister und Funkmaate, alles besonders ausgesuchtes und geschultes Personal.

[3] Zitat aus der Bordzeitung vom 13. Februar 1941. gez. – heiko –.

Feuer genommen werden. Die einzelnen Flak-Gruppen sollen selbständig Zielwechsel durchführen, wenn sie beobachten, daß ihr altes Ziel von der SA beschossen wird.

Inzwischen spielt der deutsche Kreuzer unter englischer Flagge weiter den friedlichen, zum Schutze der ahnungslosen Frachter befohlenen Briten. An der Reling auf der Back, direkt unter den Rohren der Kanonen tummeln sich Besatzungsmitglieder. Einige winken, andere schütten Küchenabfälle aus.

So gelingt, was Meisel beabsichtigt, er kommt den Schiffen des Convoys so nahe, daß er mit Sicherheit auch die Torpedowaffe einsetzen kann, die wie alle anderen Waffen ihre Ziele erhält.

Das Wetter ist diesig. Es weht ein ziemlich starker Wind. Die See läuft ziemlich hoch.

6.19 Uhr: Kapitän zur See Meisel gibt die Feuererlaubnis, auch an die Torpedowaffe.

Unmittelbar vor dem Befehl der Feuereröffnung wird die britische Flagge gestrichen, steigt das rote Tuch der deutschen Kriegsflagge in den Mast.

Der von der Backbordseite des Geleitzuges dahinpreschende schwere Kreuzer wird zum feuerspeienden Berg:

Da die taktische Lage ein Herangehen an die Dampfer auf geringste Entfernung und damit ein für die Munitionsersparnis einfachstes Schießen erlaubt, läßt Korvettenkapitän Wegener die SA ›4-Schuß-Salven‹ feuern. Einschießen und Durchführung eines Schießverfahrens erübrigen sich, denn von der ersten Salve an werden Treffer beobachtet, für jede Salve einer oder zwei mindestens.

Schwierig ist es nur, so stellt der IAO fest, bei den Eigenbewegungen der *Admiral Hipper* und dem ›Ein- und Auftauchen‹ der Frachter in der atlantischen Dünung die Wasserlinie zu treffen.

So kommt es, daß die einen Dampfer viel, andere wieder weniger Munition kosten, der eine 12 Schuß KZ, der andere 50 Schuß KZ und jener, der ›Dampfer H[1]‹ wieder nur 18 Schuß KZ.

Gleich nach der Feuereröffnung sind die Schiffe, prompt wie auf ein vorbereitetes Manöver, nach Steuerbord abgedreht und auf östliche Kurse gegangen. Einige schießen sogar mit ihren Heckkanonen. Jene aber, die bei *Admiral Hipper* stehen, gehen mit der Fahrt herunter und bringen die Boote zu Wasser.

Dadurch bietet sich eine solche Fülle an Zielen, daß Meisel den Waffen die Wahl der Ziele überläßt.

Die Torpedowaffe sucht sich zunächst Ziele, die von der Artillerie unbeschossen sind, später solche, die zwar Treffer erhalten haben, aber nicht sinken wollen, um ihnen den Fangschuß zu geben:

---

1 Laut Gefechtsskizze, auf der die Schiffe alphabetisch ›geordnet‹ und eingezeichnet wurden.

Das Bild ist furios, aber nicht klassisch im Sinne der Erinnyen.

Dieses Bild hier ist furchtbar, es ist grausam und entsetzlich in seiner Erbarmungslosigkeit, in seiner gnadenlosen Konsequenz eines modernen Krieges.

Es ist das einzigemal in der gesamten Seekriegsgeschichte, daß die Torpedoarmierung eines großen Schiffes mit vollem Erfolg eingesetzt wird[1].

Es war kein leichter Entschluß für den Kommandanten, seine Torpedowaffe restlos einzusetzen, denn jeden Augenblick konnte er mit feindlichen Streitkräften ins Gefecht kommen, wofür dann die Torpedos fehlten.

Aber jetzt ist es die ausschließliche Aufgabe, den Geleitzug – bei gegebener Lage in möglichst kurzer Zeit – zu vernichten.

Das lang erstrebte Ziel ist ja nun endlich erreicht.

Und die Torpedowaffe erfüllt die in sie gesetzten Hoffnungen.

Admiral Hipper greift an wie ein Zerstörer.

Zahlreiche Dampfer brennen.

Sie treiben wie den Himmel anklagende Fackeln auf der blauen Decke der See. Auf dem einen explodiert auf dem Heck liegende Bereitschaftsmunition, sie flammt auf wie Zelluloidstreifen. Auf dem anderen fliegen die Kessel in die Luft.

Die einen kentern, manche schnell, ein anderer quälend langsam, wieder andere brechen auseinander oder steilen sich auf, bevor sie hinabfahren. In das Bild der wild flackernden Brände mischt sich das Rot der Schiffsbodenfarbe.

Zwischen den Schiffen, die noch fahren, ein Wald von Fontänen, auf den Frachtern immer wieder grelle orangerote Feuerbälle krepierender Granaten ... bizarre Rauchsäulen, aus denen von den Granaten abgerissene und zerfetzte Trümmer herausschießen ... und dazwischen, zwischen diesem Inferno, Menschen, noch an Bord der Schiffe oder bereits in den Rettungsbooten.

Wer hier nachdenkt und nach dem tieferen Sinn eines solchen Krieges unter zivilisierten Menschen fragt, muß wahnsinnig werden. Da bleibt nur noch die Pflicht, die solch ein Denken, solches Empfinden mit stählerner Fessel einklammert und da ist noch das Gefühl des tiefeingegrabenen Bewußtseins, ›rechtens‹ zu handeln ... für die Nation, für die Heimat[2].

Näher 'ran an die Schiffe wäre natürlich besser, aber der Kommandant hat wohlüberlegte Gründe: »... Um bei eventuell vorhandener Torpedoarmierung eines der Dampfer Torpedos ausweichen zu können, halte ich das Schiff dauernd in Fahrt und auf

---

[1] 12 Torpedos = 12 Treffer.

[2] Es sei an die Kontroverse Foertsch-Hubaleck in Sachen Stalingrad erinnert; wie aktuell doch die Geschichtsschreibung sein kann, wenn man sie ernst und mit Rankescher Objektivität betreibt.

Entfernungen zwischen 30 und 50 hm. Ich wurde bestärkt in diesem Entschluß durch zweimalige Falschmeldung von Schaum von Blasenbahnen, unter Umständen solchen von eigenen Torpedos, und später durch ein starkes Bajonett eines eigenen Torpedos, da bei dem herrschenden Seegang Kreisläufer nicht ausgeschlossen scheinen. Ich nehme in Kauf, daß die SA noch immer 4-Schuß-Salven benötigt, um Treffer zu erzielen und sich aus Munitionsgründen nicht mit Einzelschüssen begnügen kann ...«

6.30 Uhr meldet der ITO, Kapitänleutnant Bülter, daß sämtliche Torpedos der Steuerbordseite verschossen sind.

Admiral Hipper dreht auf Gegenkurs.

Ein zweitesmal fährt der schwere Kreuzer an dem Geleitzug entlang, an einer Allee der Vernichtung. Die Bekämpfung der restlichen Schiffe wird mit allen Waffen fortgesetzt ...

»... Der hat genug ... Zielwechsel links ... Der nächste ...«

An den Geschützen, halbnackt, die Ladenummern. Sie schaffen die Zufuhr nicht allein, obschon der Schweiß in Strömen rinnt. Die Fla-MW-Bedienungen, die Heizer-Freiwache, die Bordflieger, alles, was an Oberdeck nicht unmittelbar schießt, schleppt Granaten, Granaten, Granaten.

Mehr als einmal fragt der NO den Signaloffizier »Kriegen Sie auch alles mit? Können Sie auch alles aufschreiben?«

Die Signalgasten schreiben sich fast die Finger wund, alle Beobachtungen zu notieren.

Im Funk ist Whooling. Alle Dampfer, soweit sie noch schwimmen oder deren Brückenaufbauten nicht brennen und nicht gestört sind, schreien ihre Not in den Äther.

Plötzlich ist da ein starker Sender ...

Er gebietet Ruhe.

Dann folgt in englischem Klartext:

»Von keiner Stelle etwas Besonderes«, gefunkt von der FT der *Admiral Hipper,* im Rhythmus der englischen Handelsschiffsfunker.

6.44 Uhr: Der IAO meldet, er habe zwei Drittel der KZ-Munition verschossen. Zu dieser Zeit sind zwölf der bei Beginn des Gefechtes geladenen Torpedos aus den Rohren. Das Nachladen von zwei Reservetorpedos ist soeben gemeldet worden.

Kapitän zur See Meisel befiehlt: »Feuer einstellen.«

Hier sein Bericht für die Zeit danach:

»... Um der schweren Artillerie die Möglichkeit zu geben, mit geringstem Munitionsaufwand weitere Versenkungen zu erzielen, entschließe ich mich, jetzt auf geringste Entfernung an die noch schwimmenden Dampfer heranzugehen. Im Einzelrohrfeuer der SA und durch 10,5 cm sollen nun Treffer in der Wasserlinie erzielt werden.

6.57 Uhr steuere ich mitten durch die Untergangsstellen mehrerer Dampfer hindurch.

Der 12. Torpedo wird 7.00 Uhr auf ein besonders lohnendes Ziel losgemacht. Darauf bekommt die Artillerie Gelegenheit, noch auf vier Nachzügler zum Schuß zu kommen. Die beiden inzwischen nachgeladenen Reservetorpedos will ich jetzt nicht verschießen, um sie bei etwa nachfolgenden Kampfhandlungen bereit zu haben.

Ich entschließe mich um 7.18 Uhr, obwohl noch sechs Dampfer auszumachen sind, das Gefecht abzubrechen. Begründung für das KTB:

Es sind bisher zwölf Dampfer gesunken . . .

Von den sechs noch schwimmenden Dampfern sind noch zwei in Fahrt.

Vier haben gestoppt. Von diesen vier sind zwei oder drei sichtbar beschädigt.

Sie haben Schlagseite oder brennen. Von ihnen sinkt noch einer. Es kann angenommen werden, daß von den beschädigten Dampfern vielleicht ein weiterer noch nachträglich sinkt.

An einen der beiden noch in Fahrt befindlichen Dampfer mache ich das Signal:

›Shave the crews![1]‹

Ich selbst kann mich wegen der Möglichkeit, daß starke Sicherung auf dem Gefechtsfeld auftaucht, nicht länger auf dem Gefechtsfeld aufhalten, zumal das Aufnehmen der zahlreichen auf ein großes Gebiet verstreuten Rettungsboote mehrere Stunden beansprucht haben würde . . .«

Schließlich, nach einer Beurteilung der Kampftätigkeit der einzelnen Waffen[2] und der Feststellung,

daß die Gegenwehr der Dampfer gering war,

daß die meisten Kapitäne darauf verzichteten, die Heckgeschütze zu besetzen,

daß eigentlich nur zwei bis drei Dampfer zurückgeschossen haben und

daß deren gelblich gefärbte Geschoßeinschläge bis auf zwei oder drei Meter weit vom eigenen Schiff ablagen,

kommt Meisel zu dem Ergebnis:

---

[1] Vorher besprochen mit Kptlt. Hermann vom B-Dienst. Außerdem wurde später ein offener Funkspruch nach Gibraltar geschickt, in dem es hieß (dem Sinne nach): »Retten Sie an die tausend britische Seeleute . . .« (folgte die genaue Position). Ferner erhielt der letzte Dampfer einen Spruch, auf keinen Fall zu funken. Der Dampfer hat dann aber doch, allerdings viel später, als *Admiral Hipper* bereits bei Kap Finisterre stand, ein FT abgegeben. Die Funksprüche, die die Dampfer während des Gefechts abgesandt haben, wurden von uns so intensiv und so geschickt durch sich überlagernde Funksprüche gestört, daß kein einziges FT vom Gegner als verstanden quittiert werden konnte, auch, daß der Gegner nicht auf den Gedanken kam, daß dort eine Geleitzugsschlacht im Gange war.

[2] Siehe Anhang 8.

»Die Größe der Dampfer konnte wegen Unübersichtlichkeit des Gefechtsfeldes nicht in jedem Einzelfall bestimmt oder geschätzt werden. Namentlich festgestellt wurden folgende Schiffe:

Perseus	10 000 t
Oswestry Grange	4 689 t
Shrewsbury	4 542 t
Borgestad	3 924 t

Unter den anderen Dampfern befanden sich mehrere 5-Luken-Schiffe, die mit ca. 7000 t zu schätzen sind. Ein oder zwei Dampfer wurden mit 8000 t geschätzt. Die übrigen waren in ihrer Größe zwischen 4000 bis 6000 t. Ein Mittelwert von 6000 t pro Dampfer wird dem tatsächlichen Tonnage-Erfolg am nächsten kommen.

Bei 13 versenkten Dampfern ergibt sich dabei eine Gesamtversenkungsziffer von 78 000 t ...«

Soweit der Kommandant, Kapitän zur See Meisel, in seinem Gefechtsbericht.

Obwohl in Spanien an Land gekommene Schiffbrüchige aus dem Concoy SLS-64 aussagen, daß bei der Geleitzugsschlacht – übrigens ein wenig glückliches Wort bei der unterschiedlichen Bewaffnung und eindeutigen Unterlegenheit des direkten Gegners[1] – nicht 13, sondern 14 Schiffe sanken, behauptet später die Britische Admiralität ein anderes Ergebnis.

Danach seien aus dem 19 und nicht 18 Frachter starken Convoy SLS-64 nur sieben Schiffe mit 32 806 BRT versenkt und zwei mit zusammen 9899 BRT beschädigt worden.

Versenkt wurden nach dieser britischen Darstellung

die Engländer:	*Warlaby*	4876 BRT;
	Westbury	4712 BRT;
	Oswestry Grange	4684 BRT;
	Shrewsbury	4542 BRT;
	Derrynane	4896 BRT;
der Grieche:	*Perseus*	5172 BRT;
und der Norweger:	*Borgestad*	3924 BRT.

Schwer beschädigt wurden der Engländer *Lornaston*, 4934 BRT, und der Grieche *Kalliopi*, 4965 BRT.

Da sich aber alle Augenzeugen von *Admiral Hipper* verbürgen, daß sie die vom Kommando genannte Zahl an Schiffen auch sinken sahen, steht hier Aussage gegen Aussage. Ähnlich verhält es sich auch mit der Zahl der aus dem Geleitzug HX-84 am 5. November 1940 vom schweren Kreuzer *Admiral Scheer* als versenkt gemelde-

[1] In dessen zwar nicht unmittelbarer Nähe drohte die weit überlegene ›Force H‹, eine Tatsache, die auch Laien das große Risiko eines solchen Geleitzugangriffes deutlich macht.

ten Schiffe[1]. Auch hier differieren die deutschen und englischen Angaben stark, die englischen wieder zuungunsten der Deutschen[2].

Die Lösung der dem Schiff gestellten Aufgaben findet ihre äußere Anerkennung in einem Funkspruch des Oberbefehlshabers der Kriegsmarine, Großadmiral Dr. h. c. Raeder:

»kommandant und besatzung ausspreche ich glückwünsche und anerkennung für vorzüglichen erfolg.«

Die Bordzeitung (später) in überschwenglichem, befohlenem Optimismus dieser Zeit: ». . . Wo waren die englischen Schlachtschiffe, Flugzeugträger und Kreuzer? Kann England solch einen starken und wertvollen Geleitzug nicht mehr sichern, oder ist es wichtiger, seine Kriegsflotte vor italienischen Häfen zu sammeln und eine friedliche Stadt zu beschießen und Frauen und Kinder zu morden?

Das soll uns nicht kümmern. Für uns gilt nach wie vor das Wort des Führers ›Wir schlagen den Feind, wo wir ihn treffen!‹

Heute haben wir es aufs neue bewiesen . . .«

Das sind fremd klingende Worte für heute . . .

Doch zurück zur *Admiral Hipper,* auf der der Kommandant auch seine Techniker nicht vergißt, hier jene Männer, die am 10. Dezember den so komplizierten Schaden mit Bordmitteln beseitigt haben und denen er es verdankt, daß *Admiral Hipper* die volle Geschwindigkeit auszunutzen vermochte. Während der schwere Kreuzer seine ganze Maschinenleistung einsetzen konnte, mußte der ihn verfolgende Zerstörer mit der Fahrt heruntergehen.

Das Funkbild läßt in der Nähe des schweren Kreuzers alte Bekannte ahnen: die Einheiten der inzwischen in Gibraltar ausgelaufenen ›Force H‹, die nun mit AK auf das Gefechtsfeld zubrausen. Es erscheint Meisel sehr unwahrscheinlich, daß der schwere Kreuzer den nordöstlich der Azoren placierten Tanker zur dringend gewordenen Brennstoffergänzung erreicht, ohne vom Feind gesichtet zu werden. Für ein neues, längeres Gefecht hätte der Brennstoff nicht gereicht. Auch die so stark reduzierten Munitionsvorräte und die sich erneut bemerkbar machende Störanfälligkeit der abgenutzten Maschinenanlage bestimmen den Kommandanten, die Unternehmung abzubrechen und den französischen Basishafen St. Nazaire[3] anzulaufen. Von der Heimat aber kommt der Befehl, nach Brest zu gehen.

---

1 Siehe auch Krancke-Brennecke: ›RRR. Das glückhafte Schiff‹. Die Kreuzerfahrten des schweren Kreuzers *Admiral Scheer;* bei Koehlers Verlagsgesellschaft in Jugenheim.

2 Nur mit dem Unterschied, daß in den meisten deutschen Nachkriegsveröffentlichungen bei *Admiral Scheer* den Briten die Möglichkeit eines Irrtums von den gleichen Autoren, die den Engländern in Sachen *Admiral Hipper* einen solchen als durchaus möglich konzidieren, nicht eingeräumt wird. Warum messen diese allerdings nicht seebefahrenen Historiker mit zweierlei Maß?

3 Oder Bordeaux.

Mit hoher Fahrt ab nach Norden.

Auf dem Wege nach Brest verdichten sich die Nachrichten, ein größerer britischer Kreuzer- und Zerstörerverband sei auf dem Marsch in dieses von *Admiral Hipper* zu durchlaufende Seegebiet.

Ein Dampfer, der auf diesem Wege *Admiral Hippers* Kurs kreuzt, ist ein Portugiese. Meisel läßt ihn laufen. Mag schon sein, daß er Bannware an Bord hat, wie einige mißvergnügt unken. Solches festzustellen hieße aber ein Prisenkommando aussetzen, Zeit verlieren . . . womöglich umsonst.

Ein britisches U-Boot wird bei der morgendlichen Ansteuerung von Kap Finisterre beobachtet[1]. Eine Sichtmeldung funkt das Boot nicht. Die eigene Luftaufklärung und vor allem der B-Dienst in Berlin funktionieren wie erhofft und erfleht. So kann *Admiral Hipper* den gemeldeten britischen Kräften mit AK davonlaufen.

Es gibt manchen an Bord, der sich freut, die vertraute Küste Spaniens zu sehen. Sie entbietet sich, wie so oft während der Spanienfahrten, mit ihrem sonnenbeschienenen Strand und den leuchtenden Schneefeldern auf den Bergen.

In der Nacht dreht *Admiral Hipper* von Spaniens Nordküste auf Nordkurs, sie marschiert unter der französischen Atlantikküste entlang und wird um die Mittagsstunde des 14. Februar von einem Zerstörer und zwei Torpedobooten aufgenommen. Doch die kleinen T-Boote können die hohe Fahrt nicht halten.

Boden: ». . . Die Kringel, die sonst der Geleitsicherung zustehen, fahren wir. Die Kleinen halten geraden Kurs. Hoffentlich verwechselt nun auch der Engländer Große und Kleine. Aber es sind ja gar keine Engländer da.

In Brest werden wir zünftig empfangen.

An unserer Rah flattern 14 Wimpel. Der oberste trägt die Zahl 79 000. Die Besatzungen der Hilfsschiffe und kleinen Fahrzeuge stehen angetreten an Oberdeck und von jedem dieser Boote werden wir mit einem donnernden Hurra begrüßt. Die Kommandanten dieser kleinen Fahrzeuge freuen sich über den Erfolg ihres großen Bruders.

Sie wissen, der kann auch nur fahren, wenn sie fahren.

Sein Erfolg ist ihr Erfolg. Ihre Aufnahme atmet einen Geist, den wir alle spüren: Frontgeist . . .«

Daß *Admiral Hipper* diesen großen Erfolg nur 900 Seemeilen westlich vor Gibraltar der Tatsache verdankt, daß die ›Force H‹ gerade vor Genua operierte, schmälert den Erfolg nicht, im Gegenteil: die Zusammenarbeit zwischen Front und Heimat machte ihn erst möglich.

---

[1] Nach Vizeadmiral E. Wegener, damals IAO auf HP, war es wahrscheinlich ein deutsches U-Boot.

Nachher, im Hafen, werden viele Reden gehalten, zuviel fast, die verliehenen EK's indessen sind noch nicht da. Der schwere Kreuzer kam wieder mal früher als die ›Post‹. Aber das trübt der Männer Freude nicht, wieder Land unter den Füßen zu haben.

Da die großen Docks für *Scharnhorst* und *Gneisenau* freigehalten werden, erhält *Admiral Hipper* das kleine Trockendock im Handelshafen zugewiesen. Der schwere Kreuzer paßt auf den Millimeter genau hinein, vorher aber hat er sich bei einer Grundberührung die Steuerbordschraube verbogen [1]. Das ist eine ausgesprochen dumme Sache, muß doch die neue Schraube in mühsamem Bahntransport von Kiel nach Brest geschafft werden.

---

1 Vizeadmiral Wegener, Ex-IAO auf *Hipper*, ergänzend dazu: »Die Grundberührung war hervorgerufen durch im Hafen versenkte französische Lkw's, sie war für HP unverschuldet, da diese Lkw's in keiner Hafenkarte von Brest vermerkt waren.«

Der Marsch in die Heimat
Ein Durchbruch unter vollendeter Skl-Regie

Zur Lage: Zur gleichen Zeit, da es Admiral Hipper *glückt, unbehelligt vom alarmierten Gegner, den Basishafen Brest zu erreichen, stehen — außer den verschiedenen Hilfskreuzern im Atlantik, Indik und Pazifik — noch immer die beiden im Verband operierenden Schlachtkreuzer* Scharnhorst *und* Gneisenau *in See, und zwar am 14./15. Februar auf dem Beölungspunkt südlich von Grönland, während sich am gleichen Tag der schwere Kreuzer* Admiral Scheer *im Indischen Ozean weit östlich von Nord-Madagaskar mit dem Hilfskreuzer* Atlantis *und dessen Prisen trifft.*

Es ist verständlich, daß die Engländer ihre Anstrengungen vervielfachen, wenigstens einen dieser gespensterhaft operierenden Handelsstörer zu vernichten. Die auf *Admiral Hipper* sind daher gar nicht erstaunt, daß schon am nächsten Tag drei Aufklärer über Brest erscheinen. Lange zu suchen brauchen sie nicht, denn das kleine Dock ist immer zu finden, solange die Wetterlage ein Erkennen des Wassers aus der Luft erlaubt. Dieses Dock liegt so wunderschön und zielgerecht in der Ecke des Handelshafens, daß ein Flugzeug seine Bomben nur in diese Richtung abzuwerfen braucht.

Die drei Aufklärer finden das Dock und die gesuchte *Admiral Hipper* auch prompt, nicht aber den Weg zurück. Sie werden abgeschossen, und dem schweren Kreuzer wird noch eine Ruhepause gegönnt, weil den Engländern die Aufklärung fehlt.

Am 24. Februar aber kommt es dick.

Oberleutnant Boden[1] hatte die Wache von seinem Kameraden, Oberleutnant Bernadelli, dem Sperrwaffenoffizier, übernommen, er trägt den von Eichenlaub umkränzten Anker, das WO-Abzeichen, gerade eine halbe Stunde, da geht der Rummel los.

Das Feuerwerk der Flak und die Zahl der von den Scheinwerfern erfaßten Flugzeuge lassen darauf schließen, daß der Brite mit einer ganzen Mahalla gekommen ist, den Geleitzug zu rächen. Auch die Flak der *Admiral Hipper* fällt in das Abwehrfeuer ein, denn die spinnigen, kalkweiß leuchtenden Angreifer im Scheine der sich kreuzenden Lichtfinger am Himmelsdom erlauben ein gezieltes Schießen.

---

[1] B. war ursprünglich Waffenoffizier und wurde später in die Seeoffizierslaufbahn übernommen.

Boden sieht sich wegen der Splittergefahr gezwungen, während des Alarms sämtliche Posten einzuziehen. Er bringt die Wachen in den beiden Munitionsmannerhäusern unter. Gerade als er unter die Backbord III. Zehnkommafünf tritt, um mal zu sehen, was nun eigentlich anliegt, pfeift es verdächtig laut ... ein dumpfer Aufschlag dicht neben dem Dock ... ein metallenes Klirren am Kran ... ein helles, schneidendes Klirren von Fensterscheiben, dann ... noch ein dumpfer Aufschlag, aber keine Explosion. Kaum zehn Meter von Boden entfernt war eine 150-Kilo-Bombe heruntergefahren, nicht krepiert und als Blindgänger wieder hochgesprungen. Sie flog am Kran vorbei, streifte diesen, irrte durch den Wachwagen eines neben *Admiral Hipper* abgestellten Güterzuges hindurch und blieb neben der Wand des Lagerschuppens liegen.

Die Männer von der Wachmannschaft des Güterzuges sind leicht durcheinandergewirbelt worden, als die Bombe ihr Abteil passierte, keiner aber ist verletzt. Etwas verstört und benommen klettern sie auf den schweren Kreuzer. Boden schickt sie unter das Panzerdeck.

Apropos: der Güterzug:

Er besteht aus zwanzig Waggons, jeder Waggon ist ein Tankwagen, jeder Tankwagen ist mit Fliegerbenzin für die Luftwaffe vollgepumpt. Entfernung Güterzug—*Admiral Hipper:* knappe 15 Meter. Man hatte es am Abend vergessen, ihn gemäß Vorschrift aus dem Hafen zu ziehen. Als nach dem Alarm die von den Bomben ermunterten deutschen und französischen Eisenbahnbeamten erscheinen, um nachzuholen, was sie versäumten, gibt es einen zweiten Knall: »Lassen Sie nun den Zug schon stehen. Zum Teufel auch, was meinen Sie, wenn da noch mehr Blindgänger neben und auf den Gleisen liegen ... So was geht nur einmal gut.«

Das sehen die ›Bahner‹ sehr schnell ein.

Als der Morgen graut, zählen sie von *Admiral Hipper* mit leichtem Kribbeln in den Fingerspitzen allein neun Bombentrichter im Umkreis von 100 Metern neben dem Dock, einer, auch ein Blindgänger wie der ungebetene poltrige Besucher im Abteil der Güterzug-Wachmannschaft, hat sich nur einen Meter neben den Schienen in die Erde gewühlt. Die Schiene ist unterhöhlt, das Gleis verbogen, der Waggon ist unbeschädigt.

Fortuna en gros darf man dazu wohl sagen.

Allein 15 schwere Bomben fielen im Umkreis von nur 350 m um den schweren Kreuzer.

Später, als *Admiral Hipper* aus dem kleinen Trockendock neben die großen, noch immer freien Schwimmdocks verholt, ist das Schiff aus der Luft schon schwerer zu finden.

Die Luftangriffe werden zur Alltäglichkeit. Was alltäglich wird, wird zur Gewohnheit ...

Und keine Bombe trifft.

Diese erhöhte Luftgefahr, die so notwendige Generalüberholung der Maschinen und die Bedrohungen, mit denen im nahen Küstengebiet bei Fahr- und Schießübungen nicht nur aus der Luft, sondern auch durch U-Boote und Minen gerechnet werden muß, veranlassen die Skl, den Rückmarsch des schweren Kreuzers zu befehlen. Kapitän zur See Meisel wird freigestellt, den kürzeren Weg durch den Ärmelkanal oder die längere Route um Island herum zu wählen.

Meisel entscheidet sich für die Dänemarkstraße. Dort durchzubrechen erscheint ihm weniger gefahrvoll. Die Skl ist einverstanden.

Der 11. März: Unter der Sicherung von Flugzeugen und eines Torpedobootes geht *Admiral Hipper* in See. In der Bucht von Brest fährt das Schiff die sehr notwendige, wenn auch kurze Maschinenerprobung. Die Sonne scheint. Frühling ist in der Luft. Die mimosenhaft empfindlichen Anlagen arbeiten aber zur Zufriedenheit des Leitenden, Korvettenkapitän Goeldner.

Dessen wie auch des Kommandanten Dank gilt nicht nur der Werft, sondern vor allem dem E-Ingenieur, Kapitänleutnant (Ing.) Stähr, und dessen Vertreter, dem II. EI, Oberleutnant (Ing.) Wicke, dem MI, Kapitänleutnant (Ing.) Kirschstein, dem KI, Kapitänleutnant (Ing.) Töppe, dem Öl-Ing., Leutnant (Ing.) d. R. Bose, dem Hilfsmaschineningenieur, Kapitänleutnant (Ing.) Streckfuß, den WI's Leutnant (Ing.) d. R. Dr. von Pawel-Rammingen, einziger Reservist unter den Technikern, der über drei Jahre alle Unternehmungen mitmachte, Leutnant (Ing.) Danial und dem Leckwehr-Ing. Kapitänleutnant (Ing.) Fischer, genauso wie den großartigen Portepeeunteroffizieren, Unteroffizieren und den Soldaten der Laufbahn Zwo.

Jeder ein Könner. Jeder ein Spezialist.

Der 16. März: »Wegen Fliegergefahr verholt das Schiff heute abend 20.00 Uhr wieder in die Bucht. Es gibt deshalb heute keinen Landurlaub.«

»Welch ein Rees an Backbord«, wiehert die *Admiral Hipper*, denn schon um die Mittagszeit war allen klar, daß der schwere Kreuzer auslaufen wird. Ob nach Hause oder auf einen neuen Geleitzug, das indessen weiß nur der Alte mit seinem engbegrenzten Stab. »Issa auch ejal ... Hauptsache, wir fahren wieder«, einer für alle.

In diesen Tagen, das ist zur Übersicht der Lage wichtig, operieren *Scharnhorst* und *Gneisenau* im Seegebiet zwischen 40° und 46° Nord und 43° und 46° West. 16 Einzelfahrer werden am 15. und 16. aus aufgelösten Convoys versenkt, abends werden die beiden Schlachtkreuzer vom Schlachtschiff HMS *Rodney* gesichtet, das den Convoy HX-114 sichert. Ein Angriff auf diesen stark gesicherten Geleitzug unterbleibt, wieder einmal und wie befohlen.

Admiral Scheer trifft etwa in der Mitte der Enge zwischen Natal und Freetown, zwischen der Ostküste von Südamerika und der Westküste Afrikas also, an diesem 16. März den Hilfskreuzer *Kormoran* und U-124, nachdem sie im Indik im Raum nördlich von Madagaskar vier Schiffe gestellt, drei davon versenkt und eines, den Tanker *British Advocate,* als Prise deklariert hat. Wie *Admiral Hipper* soll auch *Admiral Scheer* durch die Dänemarkstraße in die Heimat durchbrechen.

Wieder einmal kommt die Skl in der fernen Heimat zu Überlegungen, die sich später als richtig erweisen und die den Gegner nicht nur täuschen, sondern auch materiell und personell äußerst beanspruchen. Berlin ordnet folgendes an:

Der deutsche Flottenchef erhält Funkbefehl[1], den Atlantik zu verlassen und Brest anzulaufen, damit die britische Flottenkonzentration um Island nicht die Heimkehr von *Hipper* und *Scheer* erschwert, denn dort will die Home Fleet die zwei Schlachtkreuzer ja abfangen.

Nach einer neuen Versorgung am 18. und 19. im Mittelatlantik, das darf für die Unternehmung der Schlachtkreuzer gleich vorausgegriffen werden, wird der Weitermarsch nach Osten fortgesetzt.

Am 20. März, 18.30 Uhr (MEZ), sichtet ein Flugzeug des Flugzeugträgers *Ark Royal,* der von Gibraltar nach NW steuert, die deutschen Schiffe ca. 600 sm WNW von Kap Finisterre. Der Flottenchef ändert nach der Sichtung seinen Kurs sofort von NO auf N, bis die Fühlung abgerissen ist und dreht dann zurück auf NO. Dieses Manöver lenkt, wie von der Skl in Berlin gewünscht, die Suchmaßnahmen der Gegner in falsche Richtungen.

Am 21. 20.55 Uhr (MEZ) sichtet ein Landflugzeug den deutschen Verband 200 sm westlich der französischen Küste, und in den Vormittagsstunden des 22. März laufen, wie von der Skl beabsichtigt, *Scharnhorst* und *Gneisenau* in Brest ein.

Am 16. März verholt *Admiral Hipper,* wie der Besatzung angekündigt, in die Bucht von Brest. Nach Einbruch der Dunkelheit hieven die Spille die Anker ein, haben die Kessel Dampf für Höchstfahrt, beginnen die Schrauben das Wasser unter dem Heck zu zermahlen. Es ist 20.45 Uhr, als der schwere Kreuzer unter dem Schutz des Zerstörers Z-4, *Richard Beitzen,* Brest verläßt, für immer, wie sich zeigen soll. Die ganz wenigen, die trotz der Hochkonjunktur der deutschen Überwassereinheiten und der von Tag zu Tag mehr erstarkenden deutschen U-Boot-Waffe auf dem Atlantik solches zu ahnen glauben, sprechen es nicht aus, wahrscheinlich gab es unter der Marine überhaupt keine solchen Hellseher um diese Zeit, wie

---

[1] Allerdings erst am 17. März.

manche von sich und anderen heute, nach dem verlorenen Krieg, behaupten.

Der Mond scheint. Die Sicht ist gut, die See glatt. Das ist für den Ausbruch aus der Biskaya keinem so recht an Bord. Aber es bleibt ruhig.

Während *Admiral Hipper* Kurs auf den Versorgungstreffpunkt *Rot* auf 56° 30′ Nord und 47° West nimmt, unterrichtet Berlin den schweren Kreuzer *Admiral Scheer*, daß sich auch *Admiral Hipper* auf der Durchbruchsfahrt durch die Dänemarkstraße befinde.

Die Beunruhigung auf *Sophie Cäsar*[1] ist nicht gering. Wie wird ein Zusammenstoß mit *Hans Paula*[2] zu vermeiden sein, denn Krancke weiß nicht, wo Meisel mit seinem Schiff jetzt steckt und wann er zum Durchbruch ansetzen wird. Doch die Skl, der ja auch der Standort von *Admiral Scheer* nicht bekannt ist, hat auch hier ›weitergedacht‹. Sie bestimmt:

Admiral Hipper hat Befehl, möglichst bis zum 28. März die Dänemarkstraße zu passieren, wenn nicht, dann *Grün* für *Admiral Scheer,* Vorfahrt für Theodor Krancke, den Kommandanten von *Sophie Cäsar.*

Durchbruch, ein Begriff, der auf *Admiral Hipper* durch alle Decks geistert, denn Durchbrüche sind des Alten strategische Spezialität... durch die HX-Geleitzug-Route, die NS-Convoy-Route, das Nordmeer, die Dänemarkstraße, die Shetland-Enge ...

Oberleutnant Boden notiert über diese so entscheidenden taktischen Manöver:

»Manche Durchbrüche, der durch die Dänemarkstraße in jedem Falle ausgenommen, sind vielleicht gar keine, aber: wer Durchbruch fährt, ist wachsam, der schläft nicht.«

Der durch die NS-Route der Engländer klappt unbehindert, allerdings beginnt es wieder mal zu wehen, die Dünung wird höher, die Seen steilen sich auf.

Am 18.: Nebel, so dicht, daß sie kaum die Back sehen können. An Bord ist keiner, dem das unangenehm ist. Neuer Durchbruch: der durch die HX-Route. Es geht ohne Sichtung klar.

Der 19.: Der Seegang nimmt weiter zu, der Nebel ist weg, die Luft ist diesig.

Kritisch wird die Sache vor dem berüchtigten ›Flaschenhals‹ zwischen Island und der Heimat der Eskimos, also vor der Dänemarkstraße.

Der Tanker *Thorn* meldet sich nicht.

Von Rasmus wieder einmal arg durchgeschüttelt und von diversen

[1] Der Signalname des schweren Kreuzers *Admiral Scheer.*

[2] Der Signalname für *Admiral Hipper.*

tausend Tonnen atlantischer See übergossen, finden sie den Tanker dann aber doch, nachdem er um die Mitternachtsstunde des 20. ein Kurzsignal funkte.

Admiral Hipper übernimmt 2130 Kubik Öl. Es ist die 25. Brennstoffversorgung in See [1].

Jawohl, es ist das fünfundzwanzigstemal, daß der schwere Kreuzer einen Treffpunkt ansteuert, den dort deponierten Tanker auch trifft und sich die Ölübernahme ohne Zwischenfälle vollzieht.

Der Erste Offizier, Fregattenkapitän Zollenkopf, der Letztverantwortliche für diese oft schwierigen Beölungsmanöver, begießt das Jubiläum mit seiner Bootsmanns- und der Ölübernahmegruppe mit echtem Rum. Das ist ein Wort, das die Männer besser verstehen als eine lange Rede.

Am 21. gegen 15.00 Uhr abgelaufen, tastet sich *Admiral Hipper* mit nur 15 Knoten Fahrt auf östlichem Kurs voran. Am nächsten Tag herrscht wieder Nebel. Der ist zwar willkommen, aber wie sieht es in der Enge selbst aus? Ist es dort ebenfalls dick? Ist sie breit genug? Wie sieht es mit dem Eis aus?

Als es gegen Abend aufklart, fühlt sich Meisel an die Eisgrenze heran.

An Backbord Eis, an Steuerbord Land.

Plötzlich an Backbord und Steuerbord Eis!

Eine Sackgasse.

»Fehlt bloß noch der Engländer!«

Gegen das Eis anzurennen scheint der Schiffsführung nicht ratsam, nachdem man es kurz vorher schon einmal versucht hat. Es hatte fürchterlich gerumst und gebumst, und dann war *Admiral Hipper* stehengeblieben.

Ob der Bug überhaupt noch heil ist? Keiner weiß das so genau.

So ziehen sie es vor, in dieser Sackgasse kehrtzumachen. Das kostet Zeit. Aber die ist zu berechnen.

Dr. Frank, der neue Wetterfrosch auf *Admiral Hipper,* wertet neue Wettermeldungen der U-Boote aus. Dann geht eine sehr wichtige Beobachtung von einem deutschen Wetterdampfer ein. Danach sei der Weg nördlich Island auf einer Breite von 30 Seemeilen eisfrei. Die Temperatur liege bei 5 Grad minus.

Es ist Nacht, finsterste Nacht, so dunkel wie das Innere einer Teertonne.

20.30 Uhr: »Alarm.«

»De-Te-Gerät hat ein Zeichen!«

Auf etwa 4000 Meter Entfernung [2] wird dann ein Schatten sicht-

---

[1] Insgesamt, also bei allen Unternehmen.

[2] Die Entfernung, den Gefechtsunterlagen entnommen, ist strittig, nach Ansicht maßgeblicher Offiziere auf HP sei sie größer gewesen. Eine definitive Klärung war bisher nicht möglich.

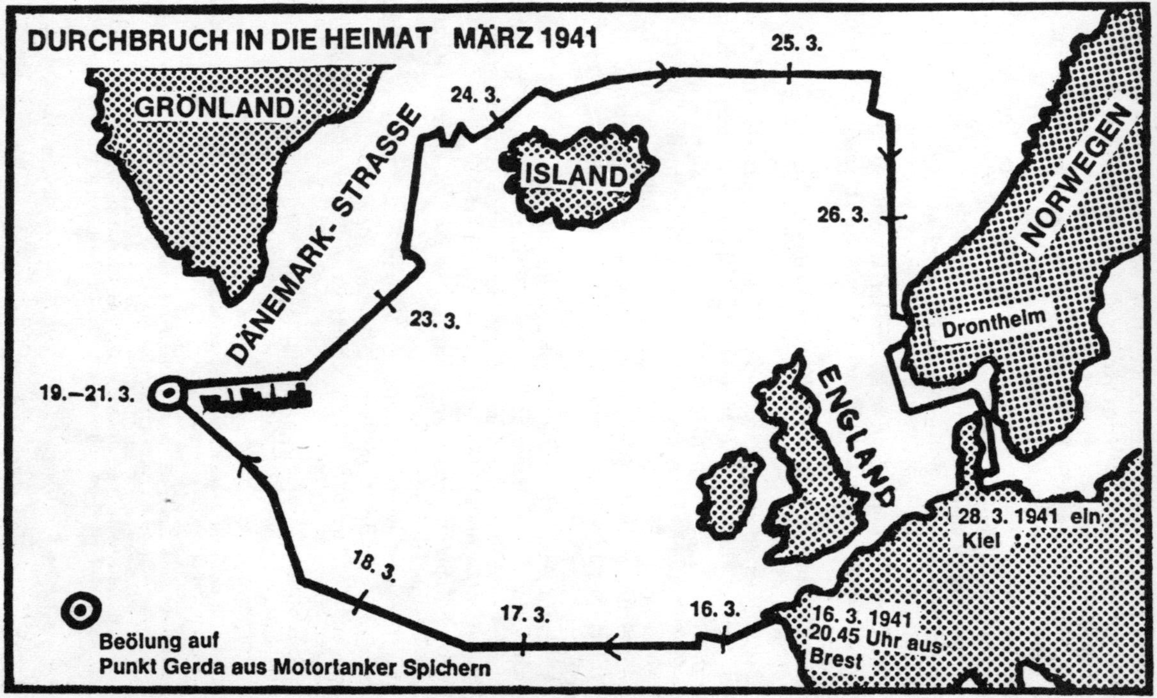
DURCHBRUCH IN DIE HEIMAT MÄRZ 1941
GRÖNLAND
DÄNEMARK- STRASSE
ISLAND
NORWEGEN
Drontheim
ENGLAND
25. 3.
24. 3.
26. 3.
23. 3.
19.–21. 3.
18. 3.
17. 3.
16. 3.
16. 3. 1941
20.45 Uhr aus
Brest
28. 3. 1941 ein
Kiel
Beölung auf
Punkt Gerda aus Motortanker Spichern

bar. Bei der an sich recht nahen Entfernung muß aber ein Torpedoschuß unterbleiben, weil sich *Admiral Hipper* nicht nur durch dicke Eisschollen hindurchboxen muß, sondern vor allem, wie auch der IAO, Korvettenkapitän E. Wegener, in seinen Notizen betont, die Absicht (und Hoffnung) unbemerkt zu bleiben. Als noch ein zweites Ziel, ein wesentlich größeres, vom De-Te-Gerät angesprochen wird, werden solche Überlegungen sowieso illusorisch. Die Vermutungen, um wen und was es sich bei den Schiffen handeln könne, gehen ziemlich auseinander, nur in einem Punkt nicht, daß es britische Bewachungseinheiten sind.

Das eine Ziel könnte ein Hilfskreuzer, das andere möglicherweise ebenfalls eine solche Einheit sein. Genaues ist aber nicht festzustellen.

Meisel drängt den schweren Kreuzer in das Eis hinein.

22.00 Uhr: »Alarm beendet.«

Der Gegner scheint zu schlafen ... Das tut er natürlich nicht, aber noch verfügt die britische Marine nicht über ein drehbares Radargerät. Erst einige Wochen später, im Mai 1941, kann sie den ersten mit einer solchen Anlage ausgerüsteten Kreuzer in die Dänemarkstraße schicken: HMS *Suffolk*, die zusammen mit HMS *Norfolk* die *Bismarck* und *Prinz Eugen* bei deren Durchbruch beschatten ...

Mit Kurs 70° und 32 Knoten Fahrt passiert *Admiral Hipper* die Enge.

Als beim Auslaufen aus der Straße im diffusen Licht der Dämmerung ein Zacken über der Kimm sichtbar wird, gibt es erneut Alarm. Kenner sprechen diese Sichtung als den Gefechtsmast des Schlachtschiffes *Nelson* [1] an.

Minuten später weiß man mehr. Diese *Nelson* ist ein Eisberg [2].

Die Temperatur fällt, fällt, fällt.

Am nächsten Morgen werden 18 Grad Kälte gemessen. Jeder überkommende Spritzer gefriert. Die Aufbauten, die Rohre der Kanonen, die Türme, die Reling, alles ist mit einer dicken Eiskruste überzogen.

Boden notiert: »Ein prachtvoller Anblick. Für die Beweglichkeit

---

1 Nach Boden und nach anderen Aussagen wurde die Sichtung als der Gefechtsmast des Schlachtkreuzers *Hood* angesprochen. Nach britischen Quellen ist dies jedoch sehr unwahrscheinlich, da *Hood* zu diesem Zeitpunkt noch mit dem Gros der Home Fleet südlich von Island stand, wo sie *Scharnhorst* und *Gneisenau* den Weg verlegen sollte. Die Britische Admiralität nahm ja noch bis zum Abend des 21. an, daß auch die beiden Schlachtkreuzer nach Deutschland heimkehren würden. Erst 20.55 Uhr MEZ erfuhr sie, daß die beiden Schlachtkreuzer von ihrem Nordkurs wieder auf Südkurs gedreht haben müßten, denn nun wurde der Verband 200 sm unter der französischen Küste gesichtet.

2 Ähnliches erlebte auch *Admiral Scheer*, nur wurde hier der Eisberg nicht als die *Nelson*, sondern als der Schlachtkreuzer *Hood* angesprochen, siehe auch Krancke/Brennecke: ›RRR. Das glückhafte Schiff‹, Koehlers Verlagsgesellschaft, Jugenheim/Bergstraße.

der Waffen ist das natürlich weniger schön. Lötlampen und die Richtmaschine treten kräftig in Tätigkeit.«

Inzwischen ist eine Sondermeldung über *Scharnhorst* und *Gneisenau* über den Äther auch bei *Admiral Hippers* FT eingefallen. Beide Schiffe haben danach während ihrer Atlantikunternehmung 112 000 BRT[1] versenkt, sind acht Wochen in See gewesen und nun in Brest eingelaufen.

»Unseren Namen nennt keiner«, diese Feststellung trifft nicht nur einer von *Admiral Hipper*.

»Wir sind immer ›deutsche Überwasser-Streitkräfte‹, immer Plural, dabei haben wir es schwerer als die anderen.«

»Vornehm ist, wer bescheiden ist. Begnügen wir uns.«

»Ach was, der Mensch möchte sich am liebsten immer mit dem begnügen, was er nicht hat. Also begnügen wir uns in diesem Falle nicht.«

»Was an der Tatsache nichts ändert.«

Der 24. März: *Admiral Hipper* schwimmt im Bereich der englischen Luftaufklärung, die, wie wir heute wissen, noch bis zum 21. März, dem Tag, da *Scharnhorst* und *Gneisenau* auf einem anderen als einen zur Dänemarkstraße führenden Kurs entdeckt wurden, sehr energisch, sehr konzentriert, sehr routiniert gewesen ist.

Der 25. März: Es wird wärmer und wieder sichtiger, bis auf gelegentliche Schneeschauer. Und auch die werden weniger.

Der neue Kurs heißt Süden!

Rauchfahnen kommen in Sicht, sie sind kaum von den grauschwarzen Wolken zu unterscheiden.

Sie möchten ihn gern mitnehmen, wenn es ein Frachter ist ...

Spangenberg, Obersteuermann an Bord, versichert: »Nach Kopplung muß es ein Handelsdampfer sein.«

Meisel ist durchaus nicht anderer Meinung, seine Besatzung aber enttäuscht es doch, wenn er den anderen fahren läßt.

Es könnte, so lautet sein Argument, auch ein Sowjet sein.

»Und dem dürfen wir nichts tun.«

Natürlich nicht, aber wenn der andere doch ein Brite ist?

Wenn aber nicht ... wenn dieser Frachter doch Hammer und Sichel in seiner Flagge führt, was, wenn er die *Admiral Hipper* verrät ...? So nur aus Versehen in die Tasten seiner FT drückt: »... Verdächtiger Zehntausendtonnenkreuzer, Klipperburg, vier Türme ...« Es folgen Position und Uhrzeit.

»Aber die Russen sind doch unsere Freunde?!«

Manchem scheint da etwas unerklärlich.

Monate später sehen auch sie klarer, als aus den Freunden wieder Feinde werden, Todfeinde bis zum bitteren Ende.

---

[1] Nach Captain Roskill: 22 Schiffe, Dampfer und Tanker mit 115 622 BRT.

Am 26. März ruht sich der schwere Kreuzer im Elte-Fjord bei Bergen aus. Wieder norwegische Berge, deren untere Felsen das winterliche Schneehemd gerade ausgezogen haben.

Wieder das klare, giftgrüne Wasser der Fjorde ...

Boden notiert: »Wir fühlen uns geborgen. Wir sind hier schon wie zu Hause.«

Aber noch sind sie nicht in der Heimat. Der Kommandant fährt nach erneuter Beölung aus der *Wollin* den letzten Durchbruch dieser Unternehmung.

Sonne bei dem Marsch längs der Küste. Zerstörer und Flugzeuge sichern diesen Weg.

Bei guter, zu guter und zu klarer Sicht setzt *Admiral Hipper* zum Durchbruch durch die Enge Bergen-Shetland an. Kein Gegner zeigt sich, weder auf See noch in der Luft.

Ein Sperrbrecher schiebt sich am Nachmittag vor das Schiff ... Der Große Belt, vielen ein vertrautes Segelrevier ... der Hessenstein grüßt ... das Marine-Ehrenmal taucht auf ...

Boden am 28. März 1941: »Kiel ist um uns. Eine erfolgreiche Zeit hat ihr Ende gefunden. Wir sind stolz.«

Friedrichsort blinkt den Heimkehrern einen Signalspruch entgegen. Nichts Besonderes, nur, daß der schwere Kreuzer am Liegeplatz [4] festmachen soll. Dort reichen ein paar Arbeiter die Leinen an den verwitterten Schiffsrumpf herauf.

Das ist zunächst alles.

Wenige Tage später, am 1. April, dreht auch die *Admiral Scheer* in die Kieler Bucht ein. Die von *Admiral Hipper* fahren ihr mit dem V-Boot entgegen. In dem großen Kutter hat sich der Bordmusikzug etabliert, der den Kumpel ozeanischer Abenteuer, gemeinsamer Sorgen und Probleme und überzeugender Erfolge mit schmetternden Klängen begrüßt. Eine Begrüßung ›unter Brüdern‹, wenn es auch *Admiral Scheer,* das ehemalige Panzerschiff, mit ihren Dieselmotoren und ihrem riesigen Aktionsradius zumindest in dieser Beziehung leichter gehabt hat, auch in anderer, psychologischer, kam doch der Ob.d.M., Großadmiral Raeder, höchstpersönlich nach Kiel, um Schiff und Besatzung zu ehren.

Es heißt, *Admiral Hipper* soll sieben bis acht Wochen in die Werft der Deutschen Werke in Kiel. Keiner ahnt, daß es sieben bis acht Monate werden.

Ergebnis der Auswertung der Einsatzberichte ist nämlich, daß eine erfolgreiche Handelskriegführung mit diesem Schiffstyp bei zunehmender Feindabwehr nur durch Erweiterung seines geringen Aktionsradius Aussicht auf Erfolg verspricht. Der Oberbefehlshaber entschließt sich, *Admiral Hipper* nun doch für eine weitere ozeanische Kriegführung umzubauen, einen Teil der Trinkwasserzellen als Ölzellen zu verwenden. Das ist eine Arbeit, die mehr als neun Monate erfordert.

Diese Fahrpause nutzt das Personalamt zu einem größeren Stellenwechsel an Bord. Im Rahmen dieser Veränderungen wird der Erste Offizier, Fregattenkapitän Herbert Zollenkopf, durch Fregattenkapitän Fritz Krauss abgelöst[1], während Zollenkopf Leiter der Personalabteilung beim 2. Admiral der Nordsee-Station[2] wird.

Das Ergebnis der Anstrengungen der deutschen Kriegsmarine während der ersten Monate des Jahres 1941 in der Schlacht um den Atlantik ist überzeugend. Der Verfasser hat es in seinem Buch über das Schlachtschiff *Bismarck*[3] wie folgt zusammengefaßt:

»... Während der ersten drei Monate des Jahres 1941 schädigten die deutschen Überwasserstreitkräfte die britische Zufuhrschiffahrt direkt, also taktisch, um 289 501 BRT Schiffsraum und um noch einiges mehr an Ladetonnen zum Teil kriegswichtiger, in allen Fällen aber lebensnotwendiger Güter. Auf die indirekten, also strategischen Folgen der deutschen Operationen wurde bereits vorstehend grundsätzlich eingegangen, ebenso auf die Diversionswirkungen, die nachweislich eine Zersplitterung der gegnerischen Abwehrkräfte zur Folge hatten.

In der gleichen Zeit versenkte die zahlenmäßig noch immer schwache U-Boot-Waffe im Januar 126 782 BRT, im Februar 196 783 BRT, im März 243 020 BRT, also zusammen 566 585 BRT.

Unzweifelhaft geht aus dieser Gegenüberstellung hervor, wie richtig die operativen Planungen der Skl im Rahmen der seestrategischen Gesamtkonzeption waren.

Daß bei der Stationierung von Kriegsschiffen in französischen Häfen sehr bald schon die Nachteile die Vorteile überwogen, weil man der kriegsbedingt forciert vorangetriebenen und indirekt durch die Amerikaner beeinflußten gegnerischen Flugzeugindustrie und -entwicklung und der daraus resultierenden zunehmenden Luftüberlegenheit der Gegner in zuständigen deutschen Kreisen nicht genügend Beachtung schenkte, sollte sich bald schon zeigen.

Tatsache blieb zunächst, daß alle Überwassereinheiten, die in nahen und fernen ozeanischen Gebieten eingesetzt worden waren, bisher keine Verluste hatten, beziehungsweise mit Ausnahme von *Admiral Graf Spee* wieder glücklich in ihre Stützpunkte zurückgekehrt sind. Am Tirpitzufer wurde hieraus noch immer auf eine gewisse Ohnmacht bei dem Gegner geschlossen ...«

---

1 Krauss war vorher, vom April 1938 bis Januar 1940, NO auf dem Panzerschiff *Deutschland*, dann, bis Juni 1940, IO auf dem schweren Kreuzer *Lützow*, der ehemaligen *Deutschland*, danach Chef des Stabes im Stabe des Marine-Befehlshabers Westfrankreich.

2 2. AdN.

3 Schlachtschiff ›*Bismarck* – Höhepunkt und Ende einer Epoche‹, bei Koehlers Verlagsgesellschaft, Jugenheim an der Bergstraße.

Werftliegezeit, Probefahrten und wieder mal in Hamburg

Wie gesagt, die Werftliegezeit der *Admiral Hipper* muß verlängert werden. Einer auf dem Schiff vermerkt sehr drastisch: ». . . Es ist zu dumm, daß nicht etwas besser disponiert worden ist. Da werden am Anfang einer solchen Werftzeit die Termine gedrückt, weil das Schiff angeblich sofort wieder gebraucht wird.

Die Termine können aber nur unter Zurückstellung von soundsoviel anderen Arbeiten gehalten werden.

Dann aber stellt sich heraus, daß das Schiff doch wieder länger in der Werft bleiben muß. Die nun entstehende Gesamtzeit hätte zur Ausführung größerer Arbeiten ohne weiteres gereicht, nunmehr aber ist trotz der Verlängerung die Zeit wieder zu kurz. Der Enderfolg ist, daß das Schiff trotz halbjähriger Werftzeit schon wieder nach der nächsten schreit, wenn die jeweilige noch gar nicht vorbei ist . . .«

Und weiter im Zitat:

». . . Unsere Verheirateten sind Hahn im Korb. Sie mieteten sofort nach Bekanntwerden der Verlängerung Wohnungen in Kiel und Laboe und holten ihre Familie nach. Und das ist ihnen auch zu gönnen.

Kapitänleutnant (W) Döring hat auf der Werft das Kind beim Namen genannt; er hat erkannt, die Lieferung der Ersatzteile, die Vorratswirtschaft der Werften und die Sollaufstellung kann so nicht weitergehen. Mit der ihm eigenen Energie eines Ingenieurs aus der Privatindustrie versucht er mit den ihm zur Verfügung stehenden Mitteln und einem Vertreter der Front, den er mit zu den Firmen nimmt, Wandlung zu schaffen. Zunächst soll erst einmal Ordnung in die Unklarheit der Bezeichnung der Systeme gebracht werden . . .«

Eine besondere und auch erwähnenswerte Rolle spielen während der Werftliegezeit die Wohnverhältnisse. Da das halbe Schiff auseinandergerissen worden ist, hat man die Besatzung auf die *Monte Olivia*[1] übergesiedelt, nur der Stab wohnt an Bord von *Gorch Fock*[2]

---

1 Ein Schiff der HSDG = Hamburg-Südamerikanische Dampfschiffahrtsgesellschaft, 13 750 BRT, am 3. April 1945 bei Luftangriff in Kiel zwar beschädigt, 1948 verschrottet.

2 Segelschulschiff (Bark); 1354 t; erbaut bei Blohm & Voss, Stapellauf 3. Mai 1933; Kriegsbeute der UdSSR, fährt heute bei der Roten Flotte als Segelschulschiff *Tovarisch*.

und einige ganz Kühne bleiben auf *Admiral Hipper* zurück, in erster Linie die Mastbewohner. Einer von diesen knurrt für alle:

»Das ist ein ganz übles Leben:

Dienst an Bord, Wohnung an Bord oder woanders, Messe auf der *Monte Olivia,* die Wohnung der Männer auf der *Monte Olivia,* und wer einen Vorgesetzten haben will, der muß ihn auf der *Gorch Fock* suchen. Die *Monte Olivia* verfügt sage und schreibe über ein ganzes Telefon, *Gorch Fock* über vier in den Kammern. Die Boote legen zeitweise von der *Monte Olivia,* teilweise von der Schwimmkombüse, teilweise von der *Gorch Fock* ab. Abends muß jeder mit mehr oder weniger klarem Kopf im Dunkeln durch die halbe Werft mit ihrem Schienengewirr tappen. Als sich auf der *Monte Olivia* alles so einigermaßen etabliert hat, müssen die Männer auf die *Monte Sarmiento* [1] umziehen ...« Und am 21. Oktober vermerkt er: »... Werftprobefahrt.

Man kann es kaum für möglich halten, daß es so etwas gibt. Aber es ist so.

Unser Schiff schwimmt seit ein paar Tagen, und nun laufen die Maschinen. Wir kommen aber nicht weit, im Fehmarnbelt verfängt sich der Tampen einer Boje in der Schraube. Zurück nach Kiel. Die nächsten drei Wochen sind mit Restarbeiten, Abnahmen und neuen Probefahrten ausgefüllt ...«

Vom 15. November bis 22. Dezember:

Zwei bemerkenswerte Tatsachen sind es, die diesen Winter charakterisieren:

die unbeirrbare Absicht des Kommandanten, mit seinem Schiff so oder so, und auf alle Fälle zu exerzieren

und die zudem noch jahreszeitlich bedingte und besonders verschärfte Ölknappheit.

Beide Fakten stehen zueinander in diametralem Widerspruch, wie sonst nur Feuer zum Wasser.

Dennoch: Es wird wieder gefahren und weitergearbeitet: Artillerieschießen, Torpedoschießen, Gefechtsbilder am laufenden Band. Jede Minute wird ausgenutzt. Eine besondere ›Freude‹ sind die Vorbereitungen für die Gefechtsbilder.

»... Wir haben«, so stellt der zum Kapitänleutnant beförderte Heinz Boden fest, »für Übungszwecke insgesamt sechs verschiedene Bilder zusammengestellt, jedes hat vier bis fünf Treffer, so daß wir auf die stolze Zahl von 27 Treffern gekommen sind. Da steckt schon Arbeit dahinter, ein Artillerist wird das gern bestätigen.«

Nicht nur die Artillerie hat Trefferbilder ausgearbeitet. Ein Gefechtsbild mit mehreren Treffern erfaßt ja stets das ganze Schiff, in

---

[1] Ein HSDG-Schiff; 1924 erbaut; 13 625 BRT; am 26. 2. 1942 durch Luftangriff auf Kiel schwer beschädigt; 1943 in Hamburg verschrottet.

Zusammenarbeit mit allen Stellen. Federführend ist theoretisch der IO, praktisch die Maschine, um dieses ominöse Wort zu gebrauchen.

Eine ganz besondere Note erhält die letzte der Übungswochen vor Weihnachten durch die Kommandierung der Artilleriemannschaften der *Prinz Eugen,* da sich dieser schwere Kreuzer ohne massierte Sicherung nicht aus Brest herauswagen kann. Diese Männer sollen nun auf der *Admiral Hipper* ihr Übungsschießen durchführen. Das ist für die von *Admiral Hipper* ebenso lehrreich wie anregend, lassen sich dabei doch Ausbildungsstände und Methoden der beiden Artilleriemannschaften vergleichen. Auf *Admiral Hipper* buchen sie, so wird behauptet, ein erhebliches Plus. Die von *Prinz Eugen* behaupten ähnliches von sich. Wie dem auch sei, Nutzen haben beide.

Vom 21. Dezember 1941 bis 18. Januar 1942 verbleibt der schwere Kreuzer in Gotenhafen. Und da der strenge Winter die Lage auf dem Brennstoffsektor noch mehr verschlechtert hat, fallen vorerst weitere Seefahrten aus. In erster Linie steht Hafengefechtsdienst auf dem Plan.

Torpedoschießen in der mittleren Ostsee vom 18. bis 23. Januar, dann, vom 23. bis 24., in Kiel im Scheer-Hafen, vom 25. Januar ab wieder in Hamburg, wieder bei Blohm & Voss und vom 25. bis 28. Februar für wenige Tage in Kiel.

Diese Fahrt wird ein Erlebnis eigener Art:

»... Im zugefrorenen Kaiser-Wilhelm-Kanal bleibt nur die schmale Fahrrinne, die ein Eisbrecher unmittelbar vor uns aufbricht, den Rest schiebt der breite Bauch des Schiffes zur Seite. Mit gewaltigem Getöse kracht es auch in der Eisdecke neben *Admiral Hipper,* verursacht durch das Absinken des Wasserspiegels, der durch die Strömung zwischen Schiff und Kanalböschung entsteht. Bewohner am Kanal – Männlein, Weiblein und Kinder – können sich aber noch zu Fuß fast bis an den schweren Kreuzer heranwagen. Hunde laufen bellend nebenher . . . ein kurioses Bild.«

In Kiel erleben die von *Admiral Hipper* einen heftigen Fliegerangriff, jenen, bei dem die *Gneisenau* den verhängnisvollen Treffer in den vorderen Turm erhält.

Die Bombe traf das Schiff zwischen den Türmen Anton und Berta. Sie fuhr durch einen Entlüftungskanal in die vordere Munitionskammer hinein. Die hier lagernde Kartuschmunition explodierte. 112 Besatzungsmitglieder wurden getötet.

Es bleibt weiter bitter kalt. Die Förde ist nahezu dicht gefroren.

Vom 1. bis 5. März: Mit ähnlichem Getöse wie bei der Hinfahrt erkämpft sich die *Admiral Hipper* bei der Rückfahrt nach Brunsbüttelkoog einen Weg durch den zugefrorenen Kanal.

Sie müssen ziemlich hohe Fahrt laufen, um sich durch das Eis zu arbeiten. Das tut den Kanalwänden gar nicht gut. Die Ausspülungen sind vom Schiff deutlich zu erkennen.

Fest in Brunsbüttel, vor der Schleuse, an einem Dalben. Das Fallreep ruht auf dem Eis, das ist eine ebenso ungewohnte, originelle wie wundervolle Landverbindung.

Gefechtsdienst im Hafen, mit Klarschiffbildern an dem Pier, füllen diese Tage aus.

Vom 6. bis 14. März: Noch einmal Hamburg.

Damit aber ist der Frieden für *Admiral Hipper* wieder vorbei. Beinah ein Jahr wurde das Schiff in der Heimat festgehalten.

Boden notiert: »Wir lassen nun zu gern die Heimat weit hinter uns, wir glauben an unser altes *Hipper*-Glück, das über den Einsatz auch den Erfolg bringen wird. Aber wir sollen bitter enttäuscht werden . . .«

»In Norwegen auf Einsatz warten«, heißt die nächste Aufgabe.

Als Fleet in being
und Florett der Flotte wieder in Norwegen

Zur Lage: Der tragische Zufallstreffer, der am 27. Mai 1941 zum Verlust des Schlachtschiffes Bismarck führte, wirkte sich in der Führungsspitze für die weiteren Pläne ozeanischer Kriegführung hemmend aus, zumal Hitler als Oberbefehlshaber der Wehrmacht immer mehr die Überzeugnug vertrat, die U-Boote könnten ›das viel besser machen‹. Zwar vermochte sich der Großadmiral gegenüber solchen, auch innerhalb seiner Marine vorgebrachten Einwände durchzusetzen — ob sie aus heutiger Sicht zu Recht bestanden oder nicht, steht auf einem anderen Blatt —, aber die für den schweren Kreuzer Lützow im Frühsommer 1941 eingeplante atlantische Unternehmung fand, fast schicksalhaft, ein frühzeitiges Ende. Lützow wurde auf dem Weg nach Drontheim, wo sie vor dem Durchbruch in den freien Atlantik noch Torpedoschießen durchführen sollte, am 13. Juni auf der Höhe von Egersund von einem einzeln fliegenden britischen Torpedoflugzeug angegriffen und torpediert. Das Unternehmen wurde abgebrochen, denn das Schiff mußte in die Werft. Später, im Mai 1942, verlegte sie nach beendeter Reparatur nach Norwegen, im August ging sie zur Reparatur einer Grundberührung nach Kiel in die Werft, im Dezember wieder 'rauf nach Norwegen und im September 1943 wieder zurück in die Heimat.

Die in Brest eingelaufene Scharnhorst wurde wegen Maschinenschadens an der Teilnahme am Unternehmen Rheinübung, also der Bismarck-Unternehmung, gehindert, später, nach der Verlegung von Brest nach La Pallice so gebombt, daß sie nach Brest zurücklaufen mußte, um dort einzudocken. Hier wiederum beschädigten die Briten dann das Dock, so daß ein Ausdocken für einen ganzen Monat unmöglich wurde.

Gneisenau, die in Brest am 5. April 1941 für einen Tag ausgedockt hatte, damit ein am 4. in das Dock gefallener Blindgänger entfernt werden konnte, wurde am 6., vor Anker liegend, von einem Torpedoflugzeug torpediert und schwer beschädigt. Damit fiel auch dieses Schiff, das in der Nacht vom 10. zum 11. April im Dock von Brest noch vier Bombentreffer erhielt, für die Rheinübung aus. Bei den zahllosen weiteren Luftangriffen blieb Gneisenau bis auf leichte Nahtrefferschäden (in der Nacht vom 17. zum 18. Dezember 1941) unbeschädigt, so daß alle Überholungsarbeiten und Reparaturen bis Anfang Februar abgeschlossen werden konnten.

Die wegen Maschinenschadens ebenfalls in Brest liegende Prinz Eugen, ein Schwesterschiff der Admiral Hipper, hatte in der Nacht vom 1. und 2. Juli im Dock von Brest ebenfalls Bombentreffer erhalten.

Die Gefährdung der deutschen Schiffe in französischen Kanalhäfen wird immer kritischer. Und damit wird deutlich, daß diese als Basishäfen für atlantische Unternehmen immer mehr ausfallen, je größer die Eindringtiefe auch schwerer und schwerster Gegnerbomber wird. Das Fehlen einer Marine-Luftwaffe ist ein weiterer Punkt, der die atlantische Kriegführung belastet. Außerdem erfordert die Lage eine Schwerpunktverlagerung auf die Bekämpfung der Murmansk-Geleitzüge, um die Ostfront zu entlasten.

Am 12. Januar 1942 befahl Hitler dann die Verlegung von Scharnhorst, Gneisenau und Prinz Eugen nach Norwegen.

Aber erst am 11. Februar konnte der Verband zum Durchbruch ansetzen. Scharnhorst erhielt zwei Minentreffer, einen vor der Scheldemündung, den zweiten vor Terschelling, erreichte aber am 13. Februar Wilhelmshaven. Gneisenau, die vor Terschelling einen Minentreffer bekam, lief zusammen mit Prinz Eugen am 13. Februar in die Elbe ein. Nach Ausfall der beiden Schlachtkreuzer setzte Vizeadmiral Ciliax, Befehlshaber der Schlachtschiffe, seine Flagge nun auf Prinz Eugen, diese trat dann zusammen mit Admiral Scheer den Marsch nach Norwegen an, ein wenig befriedigendes Ergebnis für die von Hitler befohlene neue Aufgabe. Hier wurde Prinz Eugen am 23. Februar durch das britische U-Boot Trident torpediert. Ciliax stieg auf das — ebenfalls auf Hitlers Befehl — bereits am 16. Januar nach Norwegen verlegte Schlachtschiff Tirpitz, Schwesterschiff der unglücklichen Bismarck, um.

Gneisenau, die dann in Kiel im Dock den schon erwähnten Bombentreffer erhielt, wird später, das sei vorausgeschickt, wegen zu schwerer Schäden 1943 nach Gotenhafen verlegt und außer Dienst gestellt. Wo das Schiff gemäß Vorschlag der Seekriegsleitung und Hitlers ausdrücklicher Billigung auf 3- bis 38-cm-Türme umarmiert werden soll[1], dann aber später im Zuge der allgemeinen Außerdienststellung außer Dienst kommt[2].

Scharnhorst, auch hier sei vorgegriffen, kann nach ihrer Werftzeit erst nach zwei vergeblichen Anläufen vom 8. bis 11. März 1943

---

1 Hitler befahl bei diesem Punkt (dem 3. Vorschlag, den das OKM lt. Anlage 3 zu 1. Skl. I b 588/42 gKdos Chefs. nach Prüfung mit zwei anderen vorlegte), daß die beiden intakten 28-cm-Türme baldigst zur Küstenverteidigung eingesetzt werden sollten.

2 Generaladmiral a. D. Wilhelm Marschall: »Ein sehr einschneidender Punkt ist nicht erwähnt; durch die Aufrollung der gesamten Nachschubschiffe im Atlantik durch die Engländer war die Seekriegsleitung sich bewußt geworden, daß der Überwasser-Handelskrieg im Atlantik zu Ende war. Die Entwicklung der englischen Luftwaffe war ebenfalls ausschlaggebend für diese richtige, wenn auch schmerzliche Entscheidung.«

nach Norwegen verlegen, während Prinz Eugen *inzwischen dem Ausbildungsverband der Flotte zugeteilt worden ist.*

Die im Frühjahr 1942 in Norwegen liegenden schweren deutschen Streitkräfte, nämlich das Schlachtschiff Tirpitz, *die torpedierte* Prinz Eugen, *der schwere Kreuzer* Admiral Scheer *sollen jetzt durch die wieder voll kriegsbereite* Admiral Hipper *verstärkt werden, nicht nur um Hitlers Furcht vor einer Invasion zu bannen, auch, um bei der Bekämpfung der nach Murmansk und Archangelsk gehenden alliierten Geleitzüge und deren Sicherung eingesetzt zu werden.*

Der 15. März ist ein milder, sonniger Vorfrühlingstag. Hamburgs Hafen liegt im Dunst der Temperaturunterschiede zwischen kalter Nacht und warmem Tag. Geschäftige wild und gewichtig tuende Fährdampfer schaffen viele Frauen zum Kaiser-Wilhelm-Höft. Hier fesseln dicke Stahltrossen den eisengrauen Leib der *Admiral Hipper* an den Pier. Auf diesem Seelords aller Dienstgrade. Abschiedsbummel mit der Mutti, mit der seuten Dirn, mit der Braut aus Hamburg oder anderswo.

14.00 Uhr: Pfiff: »Seeklar.«

Nichts ist da mit einem ›Aus-dem-Hafen-Schleichen‹ wie ehedem. Wenn ein Schiff sechs Wochen in Hamburg gelegen hat, ist der Kreis der *Admiral-Hipper*-Familie noch größer geworden. Ist das Auslaufen bekannt, bleibt es denen auf Land nicht verborgen. War es ein Wunder also, wenn sich eine so zahlreiche ›Trauergemeinde‹ einfindet, dem Schiff und seiner Besatzung ein freudig-wehmütiges Lebewohl zu sagen. Der Krieg dauert länger, als die meisten glaubten oder ahnten, er ist härter geworden, die Abschiede, des Seemanns Los, werden herzlicher, inniger, schwerer, je mehr die Hoffnung auf ein glückliches Ende schwindet.

Auf der Brücke von Altona bis hinunter nach Blankenese winken Hände, Taschentücher wehen im Winde den Abschiedsgruß.

Aus irgendwelchen, nicht mehr zu erforschenden Gründen bleibt *Admiral Hipper* in der Schleuse von Brunsbüttelkoog liegen. Die Parolen gedeihen wie Blumen nach einem warmen Regen: ... Ostsee ... Schießen vor Helgoland ... Dabei weiß jeder, daß es nach Norwegen geht. Bloß glauben will keiner daran.

Am Dienstag dreht das Schiff. Es liegt jetzt mit dem Bug zur Elbe. Dabei bleibt es. Am Mittwoch abends pflügt es die Elbe abwärts. Wieder Halt, die Anker fallen vor Feuerschiff Elbe I.

Der Kommandant wartet auf die Scheibe. Er will, nur so eben beim Auslaufen, noch ein Schießen zelebrieren. Aber die Scheibe kommt nicht. So feuern denn die Rohre die Granaten in den Bach, damit es auch für die jungen Soldaten an Bord einmal knallt. Die Bordzeitung nennt dieses neue Verfahren ›Gewichtserleichterungsschießen‹.

Dann aber: ab nach Norden. Endlich wieder Klarschiffzustand seit über einem Jahr.

Zwei Zerstörer und drei Torpedoboote sichern.

Im Morgengrauen verschwindet der schwere Kreuzer in den Schären bei Stavanger. Frühlingssonne liegt über den Fjorden und den noch schneebedeckten Gipfeln der Berge. Wer Freiwache hat, streckt sich wohlig an Deck aus, und zum Ärger des Kommandanten kurven die *Admiral Hipper* sichernden Jäger mit viel Lärm und noch mehr Elan um das Schiff herum.

Boden: ». . . Wir haben das Gefühl, eine sonnige Fahrt in den Frieden zu machen. In dieser Empfindung stört uns auch niemand. Der Engländer, der sonst alle Schiffe in irgendeiner Form belämmert, unternimmt nichts. Ein angekündigter Fliegeralarm[1] bringt etwas Aufregung, wird aber bald zurückgemacht.

Norwegens Fjordlandschaft gleitet draußen vorüber. Stavanger, die Einfahrt nach Bergen, bekannte und unbekannte Fjorde. Abends steuern wir wieder aus den schützenden Schären heraus und gehen draußen um Stadtlandet herum. Dahinter verschwinden wir wieder im Fjord.

Am Samstag vormittag laufen wir wieder in den Drontheim-Fjord ein. Nach anderthalb Jahren: Die scharfe Biegung bei Agdenes, die Einfahrt zum Orkdal-Fjord, der Graakallen – und da liegt auch Drontheim an Steuerbord.

Das alte, liebe Drontheim!

Wir aber laufen weiter. Weiter nach Osten . . .«

Sie passieren den Faetten-Fjord, in dem die *Tirpitz* liegt, dann, vor der kleinen Bucht, den Hoppelfjord, in dem einige Zerstörer geankert haben, kommt eine schmale Einfahrt in ein kleines Loch in Sicht. Hier führt der Weg in den Lo-Fjord hinein. Der wie ein Felsen aus dem Wasser herausragende Buckel ist, wie sie beim Näherkommen feststellen, der schwere Kreuzer *Admiral Scheer*. Er ist dicht an die Fjordfelsen herangelegt, daneben, im Netzkasten, die beschädigte *Prinz Eugen*.

Hier also ist der *Admiral Hipper* neue Heimat.

»Du meine Güte, dachten wir, in Hamburg den Winter schon hinter uns zu haben, hier geraten wir ja wieder mitten hinein.

Hier liegt noch über ein Meter Schnee. An Land nur Wälder und Felsen, hier und dort ein paar verschneite Felder und ganze zwei weit auseinanderliegende Gehöfte. Die nächste Bahnlinie und Straße führt 15 Kilometer am Liegeplatz vorbei. Wenn das nicht der Mors der Welt ist, dann gibt es keinen . . .«

Unvergessen für alle, die um diese Zeit in Norwegen leben, bleibt

---

1 Das Auslaufen aus Brunsbüttel blieb dem Gegner nicht verborgen, aber die auf *Admiral Hipper* angesetzten Torpedoflugzeuge finden ihr Ziel nicht.

die ›Kartoffelnot‹. Auch in einem der besten Hotels von Drontheim, im Britannia, werden Steckrüben zum Lachs serviert. Als dann später in Deutschland die ersten Frühkartoffeln geerntet werden, lassen sich die Männer die viele Monate entbehrten Erdäpfel in kleinen Päckchen schicken. Aus der so selbstverständlichen Kartoffel ist eine edle, sehr begehrte Frucht geworden.

Das Essen steht hoch im Kurs ...

»Gourmets wie von Pawel«, so berichtet Boden, »wissen immer Ausgefallenes, Besonderes herzurichten. Waren die jüngsten Kapitänleutnante früher einmal an die ›BB-Welle‹ gesetzt worden, so haben wir jetzt eine neue und kleine Back aufgemacht: Jehn, Streckfuß, von Pawel und ich. Das hat große Vorteile, denn zu viert lassen sich viel leichter Bratkartoffeln schmirgeln als an einer größeren Back.

Auch das Land hat (dennoch) einiges zu bieten. Wir besorgen uns Miesmuscheln, nur in Wasser gekocht schmecken sie fad, in Essigwasser mit Lorbeerblättern munden sie ausgezeichnet, mit Butter gebraten und Pfeffer gewürzt sind sie eine Delikatesse.

Kaum sind wir der Muscheln satt, meldet sich die Morchelzeit an. Streckfuß und ich finden bei einem Ausflug erst ein paar, dann bringen wir sie beutelweise heim ... gekocht und mit Buttercreme serviert, ein paar Lachsstückchen dazu und ein Rührei darüber lassen Frankreich vergessen ...«

Aber so harmlos wie es scheint, geht die Zeit nun doch nicht ins Land. Die Engländer bevölkern den Himmel. Zwar werden viele abgeschossen, aber die, die wiederkommen, bleiben auch weiterhin gefährlich für die deutschen Schiffe.

Admiral Hipper läuft eine ganze Woche lang tagsüber aus, kehrt erst kurz vor der Dunkelheit heim und verkriecht sich in eine stille Ecke. Als es mit den ersten Maitagen auch in der Nacht hell bleibt, werden die lästigen Himmelsgäste vorerst nicht mehr gesehen.

Der Frühling ist da. Ein Frühling in Norwegen ist ein Erlebnis besonderer Art, tiefer, gründlicher, heftiger.

Am 16. Mai setzt sich *Prinz Eugen* mit eigener Kraft in Richtung Heimat in Marsch, um sich ein neues Heck anflicken zu lassen (die Seeleute sagten es anders, deutlicher, drastischer).

Admiral Hipper verholt während des Auslaufens des Schwesterschiffes in den Orkdalfjord, dann legt sie sich auf den Platz des ›Prinzen‹, um diesen vorzutäuschen. Aber alle klugen und raffinierten Überlegungen nutzen nichts. Die Briten entdecken *Prinz Eugen.* In der Höhe Lister greifen sie mit Torpedofliegern in starken Verbänden an. Viele werden abgeschossen, auf dem schweren Kreuzer wird kein Treffer erzielt. Der Name *Prinz Eugen* ist wieder einmal in aller Munde. Wenn Männer der *Admiral Hipper* in Urlaub fahren, fragen die daheim: »*Admiral Hipper*? Wer ist das denn?«

Aber die *Prinz Eugen*, die kennt jeder ... Sie war bei der *Bismarck* dabei, als die *Hood* versenkt wurde, sie war dabei, als die Schlachtkreuzer den in Presse und Rundfunk gefeierten Kanaldurchbruch fuhren ...[1]

Ersatz für *Prinz Eugen* stellt der schwere Kreuzer *Lützow*. Es ist der 20. Mai, als im Lo-Fjord seine Anker aus der Klüse rauschen. Später verlegt er in die Bogenbucht bei Narvik.

In diese Zeit fällt auch der Wechsel des LI's, Korvettenkapitän (Ing.) Goeldner, der schwer erkrankt und durch Fregattenkapitän (Ing.) Dipl.-Ing. Schäfer[2] abgelöst wird, durch einen nicht minder hochqualifizierten Techniker und Offizier und großartigen Menschen in einer Person.

5. Juni 1942. Boden notiert:

»... Die von *Tirpitz* sind ziemlich landfest geworden. Sie haben eine Insel ›Tipitö‹ genannt und sich darauf feste Häuser gebaut und diese mit viel Geschick und Geschmack eingerichtet. Unser Kommandant mag das nicht. Er will nicht landfest werden. Wir sollen zelten, die Ansicht ist nicht verkehrt ...«

Der 2. Juli: »... Die IATO soll sofort auf die Kammer des IAO kommen.« So lautet ein Anruf in Turm Berta. Kapitänleutnant (W) Boden eilt zu seinem Chef.

»16 Uhr seeklar. Fahren Sie die Anlage durch.«

An dieses Wunder hat keiner mehr geglaubt.

Zur Lage:

Am 27. Juni hatte ein großer Geleitzug, der Convoy PQ-17, Island verlassen: 36 Frachter, 1 Tanker, 3 Rettungsschiffe sind auf dem Wege nach dem russischen Hafen Archangelsk. 24 leichte Einheiten der Royal Navy bilden die Nahsicherung: sechs Zerstörer, zwei Flak-Kreuzer, zwei U-Boote, vier Korvetten und sieben Minensuchboote und bewaffnete Fischdampfer. Die Fernsicherung haben zwei Schlachtschiffe, die Duke of York *und die* Washington, *ein Träger, die* Victorious, *der schwere Kreuzer* Cumberland, *der leichte Kreuzer* Nigeria *und vierzehn Zerstörer in den Gewässern von Jan Mayen übernommen.*

Unter dem Befehl von Konteradmiral Hamilton stehend, sollen die britischen schweren Kreuzer London *(als Flaggschiff) und* Norfolk *und die US-amerikanischen schweren Kreuzer* Tuscaloosa *und*

---

1 Der im Grunde genommen ein Rückzug war.

2 Fregattenkapitän (Ing.) Dipl.-Ing. Wolfheinz Schäfer kommt aus Berlin, wo er Referent für (See-)Transportfragen bei der 1/Skl war. Später, nach der *Admiral-Hipper*-Zeit, war er Verbandsingenieur im Stab des Ausbildungsverbandes der Flotte, danach der letzte Flotten-Ingenieur; er ist heute Ministerialrat im Ministerium für Wirtschaft, Mittelstand und Verkehr des Landes Nordrhein-Westfalen, Düsseldorf. Goeldner wurde nicht mehr gesund, er starb am 20. Februar 1943.

Wichita zusammen mit drei Zerstörern den Raum um die Bäreninsel sichern.

Vor dem norwegischen Seeraum werden die U-Boote Ursula, Tribune, Seawolf, Trident, Sahib, Sturgeon, Minerve (französisch) Unrivalled und Unshaken angesetzt. Direkt vor dem Alta-Fjord und Nordkap-Seeraum wird russischen U-Booten (2!) ein Operationsgebiet eingeplant.

Welch eine Verbeugung vor Stalin, der im Seekrieg dieses Orlogs so wenig erfahrenen russischen Marine die erste Chance einzuräumen ...

Dieser große Aufwand ist der Westalliierten Antwort auf Stalins böse Worte über die unzulängliche Versorgung über den Seeweg durch das Nordmeer.

Churchill hatte sich damit entschuldigt, daß die Tirpitz zusammen mit den anderen deutschen Einheiten einen solchen ›Sommer-Convoy‹ zu einer großangelegten Flottenoperation werden lasse. Rußland möge auch seinerseits seine Luft- und Seestreitkräfte für die PQ-Geleitzüge stärker einsetzen.

Aber der rote Diktator stellte lakonisch fest, daß seine Luftwaffe an allen Fronten benötigt würde und daß die russischen Seestreitkräfte, wie man wisse und auch vor dem Vertrag gewußt habe, zahlenmäßig sehr klein seien.

Der Westen mußte also etwas tun, um den roten Boß im Kreml nicht noch mehr zu verärgern ... Auch auf deutscher Seite war, wie der Verfasser bereits in seinem Buch über das Schlachtschiff Tirpitz schrieb[1], das PQ-17-Geleit, Gegenstand einer längeren Besprechung im Führerhauptquartier, nach der von der deutschen Seekriegsleitung die Pläne für eine großangelegte arktische Unternehmung ausgearbeitet wurden. In Gegenwart von Admiral Krancke als Verbindungsoffizier OKM zum Führerhauptquartier detailliert Großadmiral Raeder an der Karte den beabsichtigten Angriff auf PQ-17.

Die geheimen Vorbereitungen laufen unter dem Decknamen ›Operation Rösselsprung‹.

Es sollen zwei Kampfgruppen bereitgestellt werden.

In Drontheim wird die Gruppe Schlachtschiff Tirpitz und der schwere Kreuzer Admiral Hipper durch die sechs Zerstörer Z-14, Friedrich Ihn, Z-10, Hans Lody, Z-20, Karl Galster, Z-6 Theodor Riedel, Z-16, Friedrich Eckoldt, Z-15, Erich Steinbrinck verstärkt werden. Im Augenblick stehen aber nur die Zerstörer Z-14, Friedrich Ihn, und Z-10, Hans Lody, zur Verfügung. Die anderen Ein-

---

1 ›Schlachtschiff *Tirpitz*. Das Drama der einsamen Königin des Nordens‹, bei Koehlers Verlagsgesellschaft, Jugenheim/Bergstraße, 1953, deutsche Auflage 53 000; übersetzt ins Englische und Französische. Passagen dieses Kursivschriftteils sind diesem Buch entnommen. Der Leser wolle bitte diese Wiederholung verstehen, denn das, was im Zusammenhang mit der *Tirpitz* gesagt wurde, trifft auch auf *Admiral Hipper* zu. Es muß in diesem Zusammenhang wiederholt werden.

heiten sollen auf dem schnellsten Wege von Deutschland heraufgezogen werden. Inzwischen sollen bis zum Eintreffen der restlichen Zerstörer einige Torpedoboote die Sicherung übernehmen.

Zur sogenannten Narvik-Gruppe sollen gehören die beiden schweren Kreuzer Lützow *(mit dem Befehlshaber der Kreuzer an Bord) und* Admiral Scheer, *weiter sollen ihr lt. Plan die modernen Zerstörer Z-24, Z-27, Z-28, Z-29, Z-30 und der ältere Z-4,* Richard Beitzen *zugeteilt werden.*

Ab 10. Juni sollen drei Unterseeboote im Raum nordöstlich von Island stationiert werden. Sie haben die Aufgabe, Suchstreifen zu fahren, um den für diese Zeit vom B-Dienst avisierten Geleitzug bei Insichtkommen zu melden. Andere U-Boote – es werden drei bis fünf vorgesehen – werden auf Positionen zwischen der Insel Jan Mayen und der Bäreninsel befohlen.

Die operative Leitung der Gesamtunternehmung untersteht der Gruppe Nord in Kiel.

Wie das Netz einer Spinne ziehen sich die Fäden der taktischen Vorbereitungen über den gesamten fraglichen Seeraum über Hunderte von Seemeilen hinweg.

Die Ausführung sieht vor: Sobald das Geleit PQ-17 ausgemacht ist, nehmen die Kampfgruppen ihre Ausgangspositionen ein. Die Drontheim-Gruppe soll zu diesem Zweck zum nördlichen Ausgang des Alten-Fjordes vorstoßen, um dort sofort beölt zu werden. Dort soll sie dann, gemäß Weisung der Gruppe Nord, auf ein Stichwort hin, zu ihren eigentlichen Operationen auslaufen. Der Befehlshaber wird dann mit äußerster Kraft den Geleitzug ansteuern. Die Narvik-Gruppe hat Befehl, sich mit der Hauptkampfgruppe zu vereinen.

Hauptziel der Unternehmung ist, die feindlichen Frachtschiffe so schnell wie möglich zu vernichten. Wenn notwendig, soll der Geleitzug nur dezimiert werden, um die Restarbeit den U-Booten und der Luftwaffe zu überlassen. Die gegnerischen Sicherungsstreitkräfte sollen nur angegriffen werden, wenn dies zur Erfüllung der gestellten Hauptaufgabe unumgänglich erscheint. In einem solchen Fall übernehmen das Schlachtschiff Tirpitz *und der schwere Kreuzer* Admiral Hipper *die Aufgabe, die feindlichen Sicherungsstreitkräfte zu beschäftigen, abzudrängen oder niederzukämpfen, während* Admiral Scheer *und* Lützow *sich in der Zwischenzeit weiter mit dem Geleitzug befassen sollen.*

Eine Begegnung mit überlegenen feindlichen Streitkräften sei unbedingt zu vermeiden. Die Operation soll daher mit äußerster Schnelligkeit[1] durchgeführt werden. Es darf dann auch mit großer Sicherheit erwartet werden, daß das Unternehmen bereits beendet ist, bevor noch schwere und vor allem überlegene gegnerische Streit-

---

[1] Nach der, wie es im Englischen so treffend heißt, hit-and-run-Taktik also.

kräfte auf den Plan treten können. Man rechnet damit, daß das Gros der gegnerischen Kampfschiffe zwischen Island und Faröer, also außerhalb der Reichweite der deutschen Bomberflugzeuge, stehen wird. Die Operation kann beendet werden durch den Befehlshaber der Kampfgruppen selbst oder durch die Gruppe Nord in Kiel.

Auch für die Luftwaffe sind detaillierte Operationspläne ausgearbeitet worden.

Sie soll nach Sichten des Convoys ununterbrochen Fühlung zu halten versuchen. Sie soll aufklären, wie stark das Geleit ist, aus wie vielen und aus welchen Schiffen es besteht, und sie soll vor allem die Stärke der gegnerischen Sicherungsstreitkräfte melden. Sie soll weiter die Seegebiete zwischen Schottland—Faröer—Island und Jan Mayen nach gegnerischen Geschwadern absuchen. Sie wird angewiesen, vor allem die britischen Flottenstützpunkte in Scapa, Firth of Forth und Moray Firth wie auch den Stützpunkt Reykjavik auf Island zu beobachten. Solange die zu erwartenden gegnerischen schweren Streitkräfte noch nicht in Sicht sind, sollen andere Flugzeug-Gruppen das Geleit im Umkreis von 250 Seemeilen abschirmen, um eventuelle Kampfeinheiten bei deren Annäherung sofort zu melden.

Die Luftwaffe erhält Befehl, ausschließlich Flugzeugträger und feindliche Handelsschiffe anzugreifen. Die Gruppe Nord wird hierzu noch Spezialorders erhalten.

Raeder bemerkt noch unter anderem, daß die Ölversorgung im norwegischen Raum nun endlich einmal so liege, daß eine Operation von solchen Ausmaßen gefahren werden könne. Das Wetter sei günstig. Die Frühjahrsstürme seien vorüber und die starken Sommernebel dürften nicht vor Juli zu erwarten sein. Auch die Eislage sei im Monat Juni für eine derartige Unternehmung besonders günstig. Der Packeisgürtel sei jetzt noch nicht zurückgeschmolzen, so daß es dem Gegner unmöglich sein würde, weit nach Norden auszuweichen. Rund 150 Seemeilen westlich der Bäreninsel würde das Geleit gezwungen sein, bis auf 200 oder 250 Seemeilen unter die norwegische Küste zu laufen. Hier aber käme es in den Aktionsbereich der deutschen Bomber.

Die Operation soll nur gestartet werden, wenn Gewähr besteht, daß keine Begegnung mit überlegenen gegnerischen Streitkräften zu erwarten sei.

Dies entsprach einem grundsätzlichen Führerbefehl, wonach beim Einsatz der großen Schiffe jedes Risiko zu vermeiden sei. Dieser Befehl, dem Feind natürlich unbekannt, stand im schärfsten Gegensatz zu der bisher von der deutschen Kriegsmarine geübten, beinahe tollkühn zu bezeichnenden Methodik der Seekriegführung.

Daß die Kommandanten und die Besatzung der deutschen Über-

wasserstreitkräfte bereit sind, auch überlegenen Streitkräften gegenüber bis zur letzten Granate zu kämpfen, bedarf keiner Erwähnung. Sie haben bereits in diesem Kriege mehrfach bewiesen, vermöge ihres artilleristischen Könnens und ihrer seemännischen Tüchtigkeit, auch mit überlegenen Streitkräften fertig zu werden, diese abzudrängen oder sogar zu vernichten.

Die deutsche Seekriegführung kann aber nach dem Verlust der Bismarck, *der* Graf Spee, *nach dem Ausfall des Schlachtkreuzers* Gneisenau *und dem Verlust schwerer und leichter Kreuzer in der Norwegen-Unternehmung keines der letzten Überwasserkriegsschiffe einer Gefahr aussetzen, die rechnerisch mindestens zu einem Eigenverlust führen muß. Selbst die Vernichtung von einem oder zwei gegnerischen Schlachtschiffen oder von mehreren feindlichen Kreuzern würde einen Eigenverlust nie und nimmer aufwiegen. Schwere Gefechtsschäden sind nicht weniger bedenklich, da den Schiffen im norwegischen Raum keine leistungsfähige Werft zur Verfügung steht. Die Schiffe müßten durch das Kattegatt in die Ostsee gefahren werden und würden auf diesem Marsch erneut Gefahren ausgesetzt sein.*

Der Gegner hat Reserven. Deutschland verfügt über keine mehr.

Der Gegner hat weitere, neue und moderne Großkampfschiffe im Bau.

Für das Unternehmen PQ-17 marschieren also auf:

Auf der deutschen Seite:

ein Schlachtschiff,
drei schwere Kreuzer (unter diesen zwei ehemalige Panzerschiffe mit je sechs 28-cm-Geschützen in Drillingstürmen) und
zwölf Zerstörer.

Auf der britischen Seite marschieren, summarisch gesehen, auf:

zwei Schlachtschiffe,
ein Flugzeugträger,
sieben Kreuzer,
einundzwanzig Zerstörer,
zwei Flak-Kreuzer,
elf U-Boote,
vier Korvetten,
neun Minensucher und bewaffnete Trawler und
drei Marinebergungsschiffe,

um die vierunddreißig schwer beladenen Frachtschiffe (den Tanker hinzugerechnet), deren Wert die Millionen weit überschreitet, zu sichern.

Die Deutschen haben außerdem auf Positionen in verschiedenen Quadraten sieben Unterseeboote vorgesehen.

Die Westalliierten stationieren längs der Nordküste Norwegens neun britische und zwei russische U-Boote, zusammen also elf Unterseeboote.

Die U-Boote haben den Befehl, die deutschen Streitkräfte ohne Rücksicht auf Eigenverluste anzugreifen und in jedem Falle zu melden.

Doch betrachten wir den Ablauf des Unternehmens ›Rösselsprung‹ nun aus der Sicht derer von *Admiral Hipper,* hier aus der Feder von Kapitänleutnant (W) Boden:

»Draußen im Nordmeer schwimmt also ein Geleitzug herum, den wir mit *Tirpitz* und den fünf Zerstörern vom Hoppla-Fjord angreifen sollen. Im Norden soll dann die Kampfgruppe *Scheer, Lützow* mit fünf Zerstörern zu uns stoßen[1]. Das wird ein Mordsunternehmen geben. Die Wogen der Begeisterung gehen hoch.

Wir sind ein stolzer Verband, der da nach Norden marschiert. 2.00 Uhr, in heller Nacht, wird Rörvik passiert, dann führt der Weg durch die Schären, umjubelt von den Soldaten des Küstenschutzes, die sich freuen, endlich auch einmal ihre Flotte fahren zu sehen.

Am Vormittag des 3. kommt Bodö querab und über den Vestfjord wird der Gimsöy-Sund angelaufen.

Da empfängt unsere Begeisterung die ersten Dämpfer. Vormittag hatte *Lützow* Grundberührung gehabt. Sie fällt voraussichtlich aus. Beim Einlaufen in den Gimsöy-Sund liegen zwei vom Norden hierher verlegte Zerstörer verdächtig ruhig auf See. Kein Wunder: sie sitzen ebenfalls fest. Auch sie werden an der Unternehmung nicht teilnehmen können[2].

Damit dürfen wir ein Fünftel unseres Geschwaders abschreiben, ohne daß wir den Feind auch nur gesehen haben.

Das ist kein guter Anfang.

Im Gimsöy-Sund ergänzen die Zerstörer Öl aus zwei Tankern, darunter aus dem marineeigenen Versorger *Nordmark.* Abends marschiert der Verband durch die Lofoten weiter nordwärts. Wieder sind wir von dieser wundervollen Lofotenlandschaft mit ihren tausend Gipfeln, mit ihren Schluchten und engen Fjorden eingeschlossen.

Am 4. früh liegen wir im Alten-Fjord vor Bukta.

Die Unternehmung ist inzwischen abgebrochen worden.

Im Laufe des Vormittags verholen wir zum Kaafjord. Ein Fünk-

---

1 Die Gründe für das reduzierte Plansoll der Zerstörer zu untersuchen gehört nicht hierher.

2 Nach Dr. Michaux verlegten *Tirpitz* und *Admiral Hipper* von Drontheim zum Vestfjord nur mit vier Zerstörern. Dabei liefen im Raum von Narvik von den sichernden Zerstörern Z-6, *Theodor Riedel,* Z-10, *Hans Lody,* und Z-20, *Karl Galster,* auf bis dahin unbekannte Felsen auf. Das gleiche geschah fast gleichzeitig und an fast gleicher Stelle dem schweren Kreuzer *Lützow.* Die drei Zerstörer kamen wieder frei, können auch repariert werden, fallen aber für Monate aus.

chen Hoffnung auf einen Einsatz haben wir noch, da der Flottenchef noch einmal den Einsatz erbeten hat.

5.–8. Juli: Der Auslaufbefehl kommt nun doch noch. Vormittags machen wir wieder seeklar. Wir laufen am Nordkap vorbei nach NO. Abends läßt uns die imposante Schönheit der nordischen Sommernacht – eine Sinfonie aus Farben, wie sie wohl keine Palette herzugeben vermag – fast unsere harte Aufgabe vergessen. Aber die gegnerischen Operationsfunksprüche, die Notrufe gebombter und torpedierter Frachter lassen nur wenig Spielraum, sich solcher Offenbarungen der Natur zu erfreuen.

An Bord werden eifrig die vom B-Dienst kontrollierten Feindbewegungen diskutiert. Wir haben an sich nur die Fernsicherung zu fürchten. Bevor diese auftritt, müssen wir, wenn uns der Angriff auf den Geleitzug glückt, wieder in den Fjorden verschwunden sein.

Laufend umschwirren uns die Flugzeuge. Sie kehren von ihrem Einsatz gegen den Geleitzug zurück. Laufend erhalten wir auch die Meldungen der U-Boote, die dem Convoy schwer zusetzen.

Abends, gegen 22.00 Uhr, stehe ich auf dem Haupt-Flak-Einsatzstand, der I. Flak-AO neben mir. Plötzlich murmelt er:

›Rot.‹

Rot bedeutet doch: Wendung nach Backbord um 180°!

Ich sehe zur Signalstange.

Richtig, da flattert die Flagge Rot.

Da kommt auch schon ›Nieder‹. Der Verband macht eine schneidige Kehrtwendung. Man hätte sich daran begeistern können, wenn es nicht so traurig gewesen wäre:

Admiral Hipper, Tirpitz, Admiral Scheer in Kiellinie, vorgestaffelt die acht Zerstörer[1].

An diesem Bild voll Kraft und Schönheit hatten wir uns schon den ganzen Nachmittag begeistert.

In dieser Formation wird nun um 180 Grad gedreht und auf Gegenkurs gegangen. Ein Zerstörer fällt dabei etwas aus der Reihe. Er hatte sicher erst noch einmal im Signalbuch nachgeschlagen, ob es für Rot auch noch eine andere Deutung gäbe.

Es gibt keine andere. Rot bedeutet: Kehrtwendung *auf der Stelle.*

Am Morgen des 6. laufen wir in den Porsangerfjord ein und verlegen in den Schären nach Süden. Gegen Mittag sind wir am Alta-Fjord, wir ankern im Langen-Fjord. Nachmittags laufen wir weiter südlich, und da gegen Mitternacht Nebel aufkommt, wird im schönen Lyngen-Fjord geankert. Wir erleben wieder eine farbenprächtige Mitternachtssonne in einem Fjord, der von Norwegenkennern als einer der schönsten Nordnordwegens bezeichnet wird.

---

[1] Nach Dr. Michaux war der Verband von sieben Zerstörern und zwei T-Booten gesichert.

Am Morgen des 7. marschieren wir weiter. Ein Aufklärer bringt Fliegeralarm in unseren friedlichen Rückzug. Als ich am 8. aufwache, liegt das Schiff wieder in der Bogenbucht.«

Soweit Heinz Boden.

Wir wissen heute, daß der Convoy PQ-17, laufend von U-Booten und von Flugzeugen angegriffen, nach seiner Aufklärung fast dezimiert wurde und daß U-Boote und Flugzeuge von den 34 Schiffen[1] und eines der Rettungsschiffe (U-Boote zehn und die Luftwaffe 14 plus eins) versenkten[2].

Die Tatsache, daß die Verluste des Geleitzuges so schwer waren, daß sich ein Einsatz von Überwasserseestreitkräften nicht mehr lohnte, war der Hauptgrund der Skl in Berlin, den am 5. Juli ca. 18.00 Uhr MEZ erst durch das sowjetische U-Boot K-21 45 Seemeilen westlich des Nordkaps gesichteten, dann 16.16 Uhr MEZ von britischen Flugzeugen entdeckten und schließlich 21.29 Uhr MEZ von dem britischen U-Boot *Unshaken* gemeldeten deutschen Verband eine Stunde später, 22.30 Uhr MEZ, zurückzurufen. Die deutsche Kampfgruppe steht zu dieser Zeit 120 Seemeilen östlich vom Nordkap. Vermutungen, daß dies erfolgt wäre, weil die britische Fernkampfgruppe den deutschen Verband, nachdem dieser gemeldet worden war, bedroht hätte, treffen nicht zu, denn zu dieser Stunde bewegte sich die Home Fleet zwischen Spitzbergen und Jan Mayen auf südwestlichem Kurs.

Über die Bewegungen und Maßnahmen der Briten bliebe noch zu sagen: Am 4. Juli, 22.23 Uhr, bereits hatte die Britische Admiralität befohlen, daß der Geleitzug PQ-17 wegen der Bedrohung durch die deutschen Überwasserstreitkräfte aufgelöst wird und seine Sicherung, bestehend aus Kreuzern, Zerstörern und Korvetten, sich nach Westen absetzt. Ca. 23.15 MEZ wurde dieser Befehl ausgeführt.

Der Geleitzug befand sich um diese Zeit in etwa 76° N, 28° O, das heißt ca. 70 Seemeilen südöstlich der Hoffnungsinsel. Das als Fernsicherung fahrende Gros der Home Fleet, zwei Schlachtschiffe, ein Träger, zwei Kreuzer, 14 Zerstörer, stand noch in etwa 75° N,

---

1 Zwei der 37 Frachter waren auf dem Anmarsch in ihre Ausgangshäfen zurückgekehrt.

2 Die Ladung der versenkten Frachter belief sich nach Georges Blond in seinem bei Stalling, Oldenburg, erschienenen Werk ›Kurs Murmansk‹ auf 123 000 t von 188 000 t, nach Nachkriegsangaben der Britischen Admiralität auf 100 296 t bei an die UdSSR ausgelieferten 58 423 t.
Wie dem auch sei, nach britischen Angaben erreichten ihr Ziel nicht
3 350 Panzer,
430 Kraftfahrzeuge,
210 Flugzeuge und
99 316 Tonnen an anderem in Rußland dringend benötigten Kriegsmaterial. Kurzum, die Ausrüstung für eine ganze Armee!

5° O, also rund 280 Seemeilen westlich der Bäreninsel. Der deutsche Verband, dessentwegen die Auflösung erfolgte, lag zu diesem Zeitpunkt noch im Alten-Fjord.

Britische Vorbereitungen am 6. Juli, den heimkehrenden deutschen Verband mit Trägerflugzeugen und U-Booten anzugreifen, blieben ohne Ergebnis.

Für die nächste Zeit schickt der Gegner keine Rußlandgeleitzüge mehr, solange jedenfalls nicht, solange die Mitternachtssonne scheint und die Nächte hell sind. Das ist ein großer Erfolg. Eckpfeiler, nicht nur ein Baustein, ist dabei die *Admiral Hipper*. Die Bedeutung der deutschen ›Fleet in being‹ in Norwegen kann nicht deutlicher werden.

Erst im September versuchen es die Alliierten mit der aufkommenden Polarnacht mit einem weiteren Rußland-Geleitzug, mit dem fälligen PQ-18.

Es ist schon sehr notwendig, Trost für die Enttäuschung zu sagen, und in die Zukunft zu weisen, gleich, ob der Sprecher noch innerlich an einen glücklichen Ausgang glaubt. Korvettenkapitän Wegener, der IAO, muntert die Besatzung über die Bordzeitung mit einem ›Das Warten im Seekrieg‹ überschriebenen, ausgezeichneten und auch heute voll gültigen Artikel auf:

»Wir alle haben in den letzten Tagen eine Enttäuschung erlebt. Hochgespannte Hoffnungen zerrannen. Der Lohn für langes Warten, die Gelegenheit sich zu bewähren und eigenes Können zu zeigen, bleibt aus.

Kameraden, wir wollen uns dadurch nicht entmutigen lassen! Wir müssen unseren Blick von der engeren Gegenwart in weitergesteckte Bezirke schweifen lassen.

Zunächst in die Vergangenheit. Warten und jene Stunde abpassen – das ist seit alters her das Schicksal von Kriegsschiffbesatzungen gewesen. Flotten sind keine Heere, mit denen man schlägt, erobert, wieder schlägt und dann irgendwo am Ziel steht. Im Seekrieg reifen Entwicklungen langsam. Alles ist abhängig von den geographischen Positionen, die man besitzt oder die man für sich erobert, abhängig vom politischen oder vom kriegerischen Geschehen in anderen Weltteilen, die das Kräfteverhältnis und die Bindungen der Flottenführer weitgehend beeinflussen können. Da kann man nicht einfach bei Kriegsausbruch das Signal hissen:

›Ran an den Feind‹ und dann zur Attacke ›AK voraus‹ befehlen.

So einfach liegen die Verhältnisse niemals, daß man so primitiv vorgehen könnte. Sondern es muß viel, viel häufiger gewartet, gewacht, immer wieder geschult und exerziert werden, bis dann die Stunde eines Einsatzes da ist. Eines ›Einsatzes‹, aber noch lange nicht die Stunde des Kampfes. Viel häufiger als Seegefechte sind in der Seekriegsgeschichte die Beispiele, wo Einsätze vergeblich waren, wo der Gegner nicht gefunden wurde, der Erfolg ausblieb oder das Unternehmen abgebrochen werden mußte. Auch im Weltkrieg[1] war es nicht anders. Immer wieder, nach monatelanger Kriegswache auf Schillig-Reede, ging es zu vergeblichen Vorstößen hinaus. Viele hatten damals schon längst die Hoffnung aufgegeben, jemals an den Feind zu kommen. Und dann kam – nach fast zweijährigem Warten und Enttäuschungen – die Skagerrakschlacht, wo mit einem Schlage das Warten all der vielen Monate wie weggewischt war, durch den Glanz des Sieges, durch den Stolz auf den Erfolg und durch das Bewußtsein, daß sich das Aushalten und das ewige Üben reichlich gelohnt hatten.

Im jetzigen Kriege, in dem wir mit Überwasserschiffen stark unterlegen sind, gilt es noch mehr als im Weltkrieg, klug zu wägen, ehe man wagt. So klein unsere Flotte auch ist, sie ist ein starkes Gewicht in unserer Kriegspolitik. Sie darf nicht leichtfertig für nicht kriegsentscheidende Aufgaben geopfert oder geschwächt werden. Wenn man im Kriege auch niemals das Risiko ausschalten kann, so muß die Führung gerade in unserer Lage daran denken, daß das unvermeidliche Risiko des Einsatzes nicht zur Wahrscheinlichkeit schwerer Rückschläge wird. Hinter den Maßnahmen der Führung stehen – für uns unsichtbar – die für spätere Kriegsabschnitte gegebenen Möglichkeiten erfolgreicher Flottenverwendung. Wir wissen, daß in ihnen unserer Flotte große Aufgaben zugedacht sind. Man muß aus so weit gesteckter Perspektive mitdenken, wenn es auch bei uns einmal wieder, wie in der Seekriegsgeschichte so oft, heißt: ›Risiko steht diesmal nicht im Einklang zum Erfolg. Deshalb diesmal kehrt!‹

Ein solcher Entschluß ist ja gerade ein Beweis dafür, daß unsere Schiffe für andere Aufgaben gebraucht werden und deshalb zu wertvoll sind, um für eine nicht kriegsentscheidende Aufgabe bis aufs äußerste aufs Spiel gesetzt zu werden. Wir müssen uns vor Augen halten, daß ein solcher Entschluß gerade der Führung ungeheuer schwer wird. Denn die soldatische Führung kennt ebenso wie die Front kein höheres Ideal, als das ›Ran an den Feind‹.

Aber es ist das Wesen einer höheren Führung, daß sie weiter sieht als nur den Augenblick. Und wir alle müssen uns bemühen, auch in unserem kleinen Bezirk solche Weitsicht zu lernen. Wenn es nun wieder warten heißt, muß die Parole sein: Weiterhin echt soldatischer Geist in allen Decks in der Gewißheit: ›Einst kommt der Tag auch wieder für uns.‹«

Das ist die Bogenbucht:

Von allen Seiten steigen die Berge an. Ihre Gipfel hängen in den meist niedrig schwebenden Wolken.

---

1 Der Autor dieser Zeilen meint den Ersten Weltkrieg.

Es ist trübe um diese Zeit. Und regnerisch. Dort, wo sich die Bucht nach dem Ofotfjord öffnet, ist meist überhaupt kein Ufer zu sehen.

Wenn es stürmt — und das tut es nicht selten — toben die Fallböen heulend die Berge hinab, wühlen das Wasser auf und bringen das Schiff in Gefahr, in die Netze geschoben zu werden oder von den leichten Pollern abzutreiben.

Dann ist Zustand an Bord.

Wenn aber einmal eine solche Bö den Nebel und die Wolken verjagt, entbietet sich ein Bild grandioser Schönheit:

Unmittelbar hinter *Admiral Hipper* steigt eine grauschwarze Felswand auf, nahezu senkrecht. Bis in gut 400 Meter Höhe ist sie zu verfolgen. Wasserfälle, kleine und große, beleben diese Wand. Silberfarben stürzen sie in die Tiefe.

Hinter den 400 Metern Höhe steigt der Berg bis auf 800 Meter dann sanfter an, dahinter krönt der gratige Lillitind mit seinen 1137 Metern diese Landschaft.

An Backbord schmiegt sich das Dorf Bogen an die Berge und Seen, heute ein kleines Gemeinwesen, das früher einmal von einem Eisenbergwerk lebte, jetzt aber wegen dessen Unrentabilität verfällt.

Hinter Bogen klettert die Felswand bis zu 750 Meter hinauf, und dahinter reckt sich die Pyramide des Niingen. An Steuerbord und auch nach voraus ist die Bogenbucht nur von niedrigen Bergen gesäumt, aber hinter dem Ofotfjord zeigen sich der lange Rücken und das Haupt der ›Schlafenden Königin‹, das Wahrzeichen von Narvik.

Der letzte Schnee taut gerade weg und nachts, wenn die Mitternachtssonne erstrahlt, erglühen die Berge hinter dem Ofotfjord in einem tiefen, satten Rot, in den Farben der alten holländischen Meister.

Der schwere Kreuzer ankert so dicht unter Land, daß über eine Schwimmbrücke leicht und ohne viel Technik eine direkte Landverbindung hergestellt werden konnte.

Ein dicht neben dem Ankerplatz zu Tal tobender Wasserfall spendet Trink- und Waschwasser für die Besatzung. Das Wasser wird durch zahlreiche Schlauchleitungen direkt an Bord und in die Tanks gelenkt. Und was für ein Wasser. Es ist so klar wie Kristall, und so schmeckt es auch.

Besonderes ist über die *Admiral Hipper* im Augenblick nicht zu melden, höchstens die Übungswochen vom 27.—31. Juli und 17. bis 21. August draußen im Vestfjord, bei denen der schwere Kreuzer abends mal im Raftsund, im Gimsörsund, im Sagfjord oder bei Svalör ankerte.

Ein Wunderland, diese Lofoten.

Boden notiert: »Unsere Jäger haben in diesen Abenden, da wir in den verschiedenen Fjorden herumschnüffelten, eine gewaltige Strecke Enten erlegt. Welch ein Festschmaus.

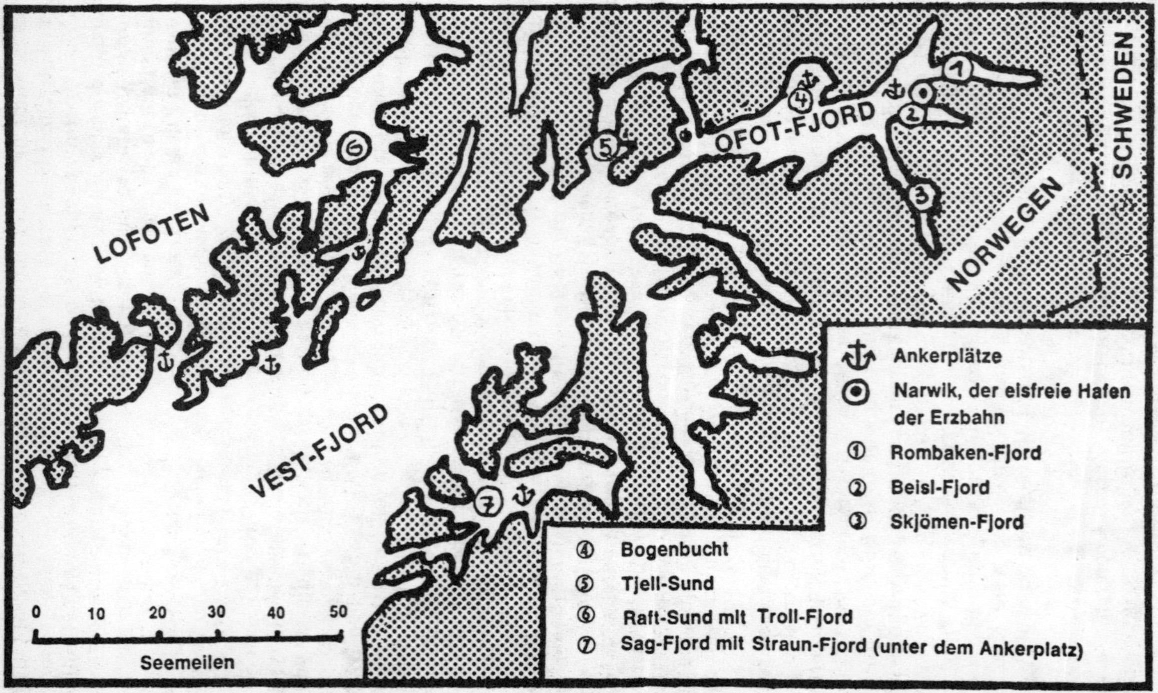
LOFOTEN
VEST-FJORD
OFOT-FJORD
NORWEGEN
SCHWEDEN
0 10 20 30 40 50
Seemeilen
Ankerplätze
Narwik, der eisfreie Hafen der Erzbahn
① Rombaken-Fjord
② Beisl-Fjord
③ Skjömen-Fjord
④ Bogenbucht
⑤ Tjell-Sund
⑥ Raft-Sund mit Troll-Fjord
⑦ Sag-Fjord mit Straun-Fjord (unter dem Ankerplatz)

Wir sammeln Pilze und am 1. September wird unser Alter zum Konteradmiral befördert.

Bald tut sich wieder etwas. Seltsame Leute steigen ein: der eine ist ein Rußlandspezialist, der andere ein ausgesuchter Kenner der Arktis, der dritte ein Dolmetscher fürs Russische.

Der 6. September: Rätselhaft bei diesen Vorbereitungen zu einer Unternehmung ist, daß wir weiter in Sechsstundenbereitschaft liegen . . .«

Am 8. September wird die Übernahme von Minen in Ramsund geübt.

Während dieser Zeit war das Unternehmen *Doppelschlag* geplant. In Fortführung und Ergänzung des Unternehmens *Wunderland*, das *Admiral Scheer* vom 16.–31. August durchführte, sollten *Admiral Hipper, Admiral Scheer* und drei Zerstörer zu Operationen vor Rußlands Nordküste auslaufen. Drei Tage lang sollen *Admiral Hipper* vor der Ob-Mündung und *Admiral Scheer* vor der Jenissei-Mündung operieren. Beide Schiffe sollen auf dem Heimweg zwischen Nowaja Semlja und Spitzbergen Einzelfahrer jagen.

Der Plan wird aufgegeben, als der Skl der Abschlußbericht des Kommandanten der *Admiral Scheer*, Kapitän zur See Meendsen-Bohlken, über das Unternehmen *Wunderland* vorliegt, aus dem die Schwierigkeiten der Eisnavigation und der überholungsbedürftige Zustand der Motoren der *Admiral Scheer* zu entnehmen sind[1].

Am gleichen Tage wird nördlich von Island von der Luftaufklärung der Convoy PQ-18 erfaßt.

Böse, diese Lage, als am 10. September ein Nordweststurm in die Bogenbucht bläst. Der Wind fällt mit solcher Wucht ein, daß die Anker das Schiff nicht mehr halten. Die Flunken finden auf dem felsigen Grund nicht genügend Halt.

Nur schnelles Dampfaufmachen verhindert drohende Gefahren.

Admiral Hipper, der schwere Kreuzer *Admiral Scheer* und der am 6. August in Narvik eingetroffene leichte Kreuzer *Köln* und fünf Zerstörer verlegen zum Alten-Fjord. Klar für PQ-18, dem ersten PQ-Convoy nach der Tragödie Ende Juni und Anfang Juli.

Auf jener Strecke, wo der Verband nördlich der Lofoten aus den Schären heraustreten muß, knallt es plötzlich hinter einem der Zerstörer.

Eine riesige Wassersäule bricht aus der See.

»Wird 'ne Wasserbombe gewesen sein«, einer.

»Ja, das macht der prophylaktisch«, ein anderer.

»Gut so«, ein dritter.

Nur der Zerstörerkommandant reagiert sauer, als er gefragt wird,

---

[1] Siehe Brennecke: ›RRR. Das glückhafte Schiff. Die Kreuzerfahrten der *Admiral Scheer*‹, bei Koehlers Verlagsgesellschaft, Jugenheim/Bergstraße.

ob er die Bombe gezielt oder aber sie eben nur mal so prophylaktisch geworfen habe.

»Keins von beiden.« Seine Antwort.

Kaum hat er solches bekannt, knallt es wieder. Gleich zweimal, gefolgt von zwei riesigen Fontänen.

Flugzeuge? Bomben?

»Fliegeralarm!«

Wieder knallt es.

Wieder bricht Wasser auf.

Der Himmel ist wolkenlos. Kein Flugzeug ist zu sehen.

Einer gelassen und in gepflegten Worten in sein Tagebuch: »... Der Spuk hört auf. Wir nehmen an, durch ein gütiges Schicksal einigen Torpedos entgangen zu sein.«

Er hatte recht. Der Angreifer war das U-Boot HMS *Tigris*.

Die Bereitschaft gegen die beiden Geleitzüge wird auf ›Null gemacht‹. Sie werden den U-Booten und den Flugzeugen überlassen.

Die Stimmung auf den ›Dicken‹ sinkt unter den Gefrierpunkt. Man kommt sich überflüssig vor.

Am 11. verholt *Admiral Hipper* in den inneren Zipfel des Alten-Fjordes, in den Kaa-Fjord.

Die Männer haben ein neues Lied, ihr *Hipper*-Lied:

> Und da hab'n wir wieder klargemacht, klargemacht ...
> Und da sind wir wieder ausgelaufen, ausgelaufen ...
> Und da haben wir wieder beigedreht, beigedreht ...
> Und da sind wir wieder eingelaufen, eingelaufen ...
> Und dann haben wir wieder ferngewirkt, ferngewirkt ...
> Und dann sind wir wieder Ski gelaufen, Ski gelaufen ...
> Und dann haben wir wieder klargemacht, klargemacht[1].

Es wird Herbst. Das Laub hat sich bereits bunt gefärbt, und das kleine Dörfchen Kaafjord gefällt denen von *Admiral Hipper* so gut wie diese rotbraune Stimmung über den Fjorden. Es ist eine Streusiedlung um ein stillgelegtes Kupferbergwerk herum.

Das für den 13. September vorgesehene Auslaufen der drei Kreuzer auf dem Alten-Fjord wird auf Einspruch Hitlers widerrufen und unterbleibt. In Abänderung des ursprünglichen Planes sollten sie nicht den Convoy PQ-18, aus dem Flugzeuge zehn und U-Boote drei Schiffe versenkten, während 27 ihr Ziel erreichten, sondern den am 13. September von Archangelsk mit Westkurs in See gegangenen Geleitzug QP-M angreifen.

Der 23. September:

---

[1] Und hier noch ein anderes, aus der früheren Zeit des Schiffes:

Einmal noch nach Narvik
Einmal nach Bodö
Einmal noch nach Harstad
Und einmal nach Tromsö
Einmal noch nach Alta
Nowaja Semlja
Wieder um das Nordkap
Hamburg-Altona!

Die Minenunternehmung ist schon lange fällig gewesen, nun scheint sie Wirklichkeit zu werden. Auf der Schanz reihen sich die schwarzen Teufelskugeln, dicht an dicht, mit ihrem Gestell auf Schienen gelagert.

Admiral Hipper hat kaum die Sperre passiert, da legt der FTO Konteradmiral Meisel einen Funkspruch vor.

Zurück das Ganze.

Mit den auch an Land sichtbaren Minen an Deck wartet der schwere Kreuzer einen ganzen Tag im Fjord der Dinge, die da kommen sollen.

Der 24. September:

»Anker auf.«

»Langsam voraus.«

Das Unternehmen unter dem beziehungsreichen Decknamen *Zarin* ist angelaufen. Gegen 1.00 Uhr MEZ sind *Admiral Hipper* und die vier Zerstörer Z-23, Z-28, Z-29 und Z-30 mit Nordostkurs aus dem Alten-Fjord ausgelaufen. *Admiral Hipper* hat 96 Minen an Bord. Das ist nicht viel, um eine in der Breite wirksame Sperre zu legen, genug aber, um den Convoy-Verkehr zu stören, den Gegner zu zwingen, in Zukunft südlicher, also näher an den deutschen Stützpunkten vorzufahren, von Direktverlusten ganz abgesehen. Natürlich könnte eine solche Sperre geräumt werden. Das wird aber, da sehr abgelegen, viel Öl, viel Schiffsmaterial und viel Zeit und Mühen kosten.

Der Wind brist auf. Bald ist aus dem Streifen ein handiger Sturm geworden. Der Zerstörer wegen kann *Admiral Hipper* ihre Höchstgeschwindigkeit nicht ausnutzen. Sie muß langsam marschieren, damit sie mitkommen.

Der Kurs zeigt auf Nordost.

Zwei Tage später, am 26. September 9.00 Uhr MEZ, muß Meisel die Sicherungseinheiten westlich von Nowaja Semlja zurücklassen.

Das jetzige Stadium des Unternehmens wie auch die Position verlangen ›2mal Große‹. Es ist Nachmittag, als sich vereiste Bergzipfel über die Kimm schieben. Das Ziel, die Doppelinsel Nowaja Semlja, ist in Sicht. Zwischen der Barents-See und der Kara-See gelegen bildet der 60. Längengrad Ost den Schnitt durch die Mitte des Gesamtinselkomplexes. Dieser 60. Längengrad verläuft, wenn man ihn nach Süden hin verfolgt, quer durch den Ural, durch den Aral-See, den Golf von Oman und an den Seychellen im Indischen Ozean vorbei. Das russische Doppelwort Nowaja Semlja heißt zu deutsch ›Neues Land‹. Entdeckt hat es der Engländer Burrough, als er 1556 auf der Suche nach der nördlichsten Durchfahrt war, der Holländer Barents ›entdeckte‹ es 1557 ein zweitesmal.

An der südwestlichen Ecke der Südinsel sollen, das vermutet die deutsche Seekriegsleitung die Rußland-Geleitzüge vorbeiführen.

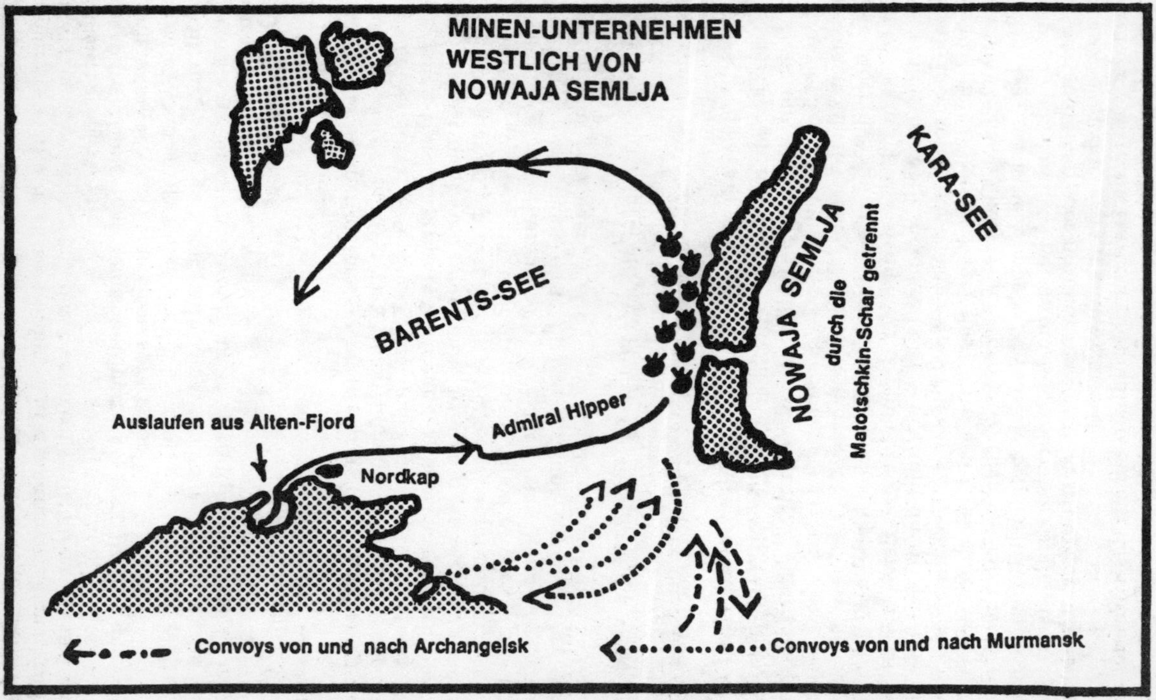
MINEN-UNTERNEHMEN
WESTLICH VON
NOWAJA SEMLJA
KARA-SEE
BARENTS-SEE
NOWAJA SEMLJA
durch die
Matotschkin-Schar getrennt
Admiral Hipper
Auslaufen aus Alten-Fjord
Nordkap
Convoys von und nach Archangelsk
Convoys von und nach Murmansk

Aber so unproblematisch wie es scheint, verläuft die Annäherung an diese russische Insel nicht. Es wird nachgerade ein Drama, denn die dunklen, V-förmigen Täler zwischen den verschneiten Hängen werden als Rauchfahnen von Schiffen angesprochen. Der Zahl nach muß da ein ganzer Geleitzug schwimmen.

Alarm auf dem schweren Kreuzer.

Schließlich setzt sich über das BÜ-Telefon die Stimme des ATO's durch:

»Aber was denn, das sind doch gar keine Rauchfahnen, das sind doch bloß die schneefreien Hänge.«

»So machen sich des ATO's oft strapaziöse Wanderungen in Norwegens Bergwelt bezahlt«, lacht der Kommandant. Auch er ist sichtlich erleichtert.

Abends, als man sich auf der richtigen Position unter der Küste dieser polaren Insel glaubt, läßt Meisel die Minen werfen.

Sie fallen zwischen 18.30 Uhr und 23.00 Uhr MEZ.

Funksprüche von Dampfern werden der Brücke vorgelegt. Der Stärke nach müssen die Schiffe in unmittelbarer Nähe stehen.

Der Kommandant will sie suchen, will sie angreifen und versenken, aber der eingeschiffte Befehlshaber, Admiral Oskar Kummetz, ist anderer Meinung.

So unterbleibt eine Suchfahrt. *Admiral Hipper* geht auf AK, zurück zur Aufnahmestellung der Zerstörer.

Es ist gegen 12.00 Uhr MEZ, als *Admiral Hipper* die vier Zerstörer trifft und mit ihnen den Rückmarsch antritt.

Es ist der 28. September, als der Verband wieder im Kaa-Fjord eintrifft.

Einer über das Unternehmen: »Wir hatten das Gefühl, eine Fahrt zur Wehrbetreuung gemacht zu haben, so harmlos verlief die Minenoperation *Zarin.* Ob die Minen Erfolg gebracht haben, wissen wir nicht.«

Die Maschine macht wieder mal Kummer. Eine Werft gibt es nicht hier oben im Norden Norwegens, wohl aber ein bestausgerüstetes deutsches Werkstattschiff in der Bogenbucht, die *Neumark.* Dorthin also verlegt die *Admiral Hipper.* Am Abend des 2. Oktober rauschen am alten Platz des schweren Kreuzers die Anker aus den Klüsen. Der Smarting weiß die erforderlichen Meter Kette aus dem Kopf.

In der Geschichte des Schiffes ist der 11. September ein besonderer Tag.

Der Kommandant wechselt, Konteradmiral Wilhelm Meisel, von allen verehrt, geachtet, ja geliebt, geht, er soll Chef des Stabes beim

Marine-Gruppen-Kommando West werden, Kapitän zur See Hans Hartmann[1] kommt.

Die Bordzeitung der *Admiral Hipper*, die Flüstertüte vom 15. Oktober 1942, berichtet:

... An jenem Vormittag, als er zum letztenmal zu seiner Besatzung sprach, standen die Stunden gemeinschaftlichen Erlebens wieder auf. Mancher Blick ging gedankenabwesend über die wild zerklüftete Nordlandschaft, über die See und die massiven Berge, die heute von dunklen schiefergrauen Wolken umlagert sind. Man sah es wohl kaum, nur die Worte des Kommandanten wurden aufgenommen: »Kameraden, nach meiner zweijährigen Kommandoführung stehe ich heute das letztemal vor Ihnen. Sie werden verstehen, daß mir der Abschied vom Schiff und der vortrefflichen Besatzung sehr schwer fällt. Auf dem Schiff hat stets ein guter Geist gelebt. Die Erfolge, die das Schiff gehabt hat, sind getragen durch den Willen und das Können der ganzen Besatzung. Nicht allein der Kommandant kann mit seinem Schiff Erfolge erzielen, sondern er ist auf die Mitarbeit jedes einzelnen der Besatzung angewiesen, und in diesem Sinne hat auch jeder einzelne von Ihnen, als wir auf Feindfahrt oder in Ausbildungstätigkeit waren, mit allen Kräften gearbeitet. Deshalb ist es mir freudige Pflicht, jedem einzelnen von Ihnen aufrichtig zu danken.«

Ja, oft wurde *Admiral Hipper* als Glücksschiff bezeichnet. Aber das Glück wird nicht mit auf Stapel gelegt, oder nach erfolgreicher Sekttaufe eingeimpft, sondern das Glück und der gute Stern steht nur der besseren Schiffsführung, dem tüchtigsten Artilleristen und nicht zuletzt der schnelleren und immer intakten Maschine zur Seite. Aberglaube liegt einem *Hipper*-Fahrer von altem Schrot und Korn fern. Er weiß, daß er sich im Ernstfalle nicht auf Fortuna verlassen darf ...

Der Kommandant sprach weiter:

»*Admiral Hipper* hat immer einen guten Namen gehabt. Wir haben den Ruf des Schiffes noch verstärkt und verbessert. *Admiral Hipper* allen voran. So soll es in Zukunft bleiben.«

Diese Worte sind eine Verpflichtung. Wir wissen, daß ein Schiff schnell seinen guten Namen und Ruf verliert, daß ein Gammeluntersatz draus wird, wenn der alte Geist und die bewährte Art, der jeden einzelnen schon beim ersten Anbordkommen erfassen

---

[1] Hans Hartmann trat 1915 in die Marine ein. Bei Beginn des Krieges Kapitän zur See, fuhr Hartmann als Kommandant von Z-2, *George Thiele*, mehrere Handelskriegs- und Minenunternehmungen an der englischen Küste. Von der Zerstörerwaffe wurde er 1940 als A 1 zum BdP berufen. Beim Befehlshaber Norwegen-Südküste machte er das Norwegenunternehmen an Bord des leichten Kreuzers *Karlsruhe* mit. Von Juni 1940 bis November 1941 fand er als Asto beim Kommandierenden Admiral Norwegen Verwendung. Im Dezember 1941 übernahm er die dritte Sicherungsdivision, die er bis zum Antritt dieses Kommandos führte.

muß, allmählich verblaßt. Wir wollen nicht nur schlechthin weiter unsere Pflicht tun, denn diese ist ja selbstverständlich. Ganz bewußt wollen wir uns sagen:

»Es ist nicht der alltägliche Dienst, Gefechtsdienst, Maschinendienst usw., den wir alle zu verrichten haben, sondern die hohe Aufgabe, die uns der Kommandant ans Herz gelegt hat, die, daß der alte *Admiral-Hipper*-Geist für alle Zeit aufrechterhalten bleibe. *Admiral Hipper* allen voran, was auch kommen mag! Als Sturmkreuzer beim Freund geachtet und beim Feind gefürchtet.«

Soweit die Bordzeitung.

Ein Sturm zwingt *Admiral Hipper*, ausgerechnet an diesem Tage den Netzkasten zu verlassen. So beschert der Wettergott dem scheidenden Alten noch eine Abschiedsfahrt.

Sonntag abend bringt das Fjordboot Konteradmiral Meisel nach Narvik. Der SVO begleitet ihn. Lange winken die beiden, so lange, bis die einbrechende Dunkelheit sie aufgesogen hat. Manchen zuckte es in den Fingern, ebenfalls die Mütze hochzureißen, zurückzuwinken.

Einer: »... Wir haben mit ihm einen schneidigen Kommandanten abgegeben. Preußischer Offizier durch und durch. Er kannte nur seinen Dienst. Als Vorgesetzter nahm er seine Rechte wahr und lässig die ihm zustehenden Ovationen, ohne einen Verzicht anzudeuten. Aber noch mehr als seine Rechte kannte er seine Pflichten und ließ sich von ihnen leiten. Wenn er auch anders als unser verehrter Kapitän zur See Heye war, so war auch er ein hervorragender Kreuzer-Führer. Er hat uns das Leben nicht immer leichtgemacht, besonders, als wir ihn noch nicht kannten. Aber wir wissen nun, daß er auch sich selbst keine Schonung auferlegt, daß er von sich in allem das Höchstmaß forderte.«

Am 12. tritt Kapitän zur See Hartmann sein Kommando an. Die Besatzung gibt sich Mühe, Admiral Meisel nicht länger nachzutrauern, und die Offiziere organisieren ein Festessen mit Blasmusik ... Unter dem Siegesbanner ... An der schönen blauen Donau ... Treue Waffengefährten ... Kameraden zur See ...

Die jungen norwegischen Wildenten mit gestobten Brechbohnen und frischen Salzkartoffeln als Hauptgang der festlichen Speisefolge, meisterhaft von den Smuts der *Admiral Hipper* zubereitet, dürfen auch als ›good will‹ gelten, dem neuen Kommandanten das Einleben zu erleichtern.

Das sind so Kleinigkeiten, nur Kleinigkeiten auf einem großen Schiff. Aber es sind immer die Kleinigkeiten, die Großes auslösen.

Wie sagte übrigens Hartmann in seiner Antrittsrede:

»Das höchste Gut ist Kameradschaft, die sich gerade in den Zeiten des Stilliegens in diesem Fjord beweisen muß. Wir dürfen nicht rasten und rosten. Ich weiß, daß ich ein schweres Erbe antrete. Ich weiß auch, daß die Männer von der *Admiral Hipper* keinen Stillstand kennen. Wann unsere große Stunde kommt, weiß ich nicht, aber sie kommt, und dann dürfen wir keinen Rost angesetzt haben. Die Persönlichkeit meines Vorgängers ist mir Gewähr, daß Schiff und Besatzung vortrefflich in Ordnung sind ... Wenn mal einem eine Laus über die Leber läuft, dann soll er sich Luft machen. Ein ordentlicher Fluch ist ein halbes Gebet ...!«

Da schmunzeln die Jungen. Mit solchen Worten hat er sie schon im Griff.

Vom 19.–22. Oktober: Übungen in der Bogenbucht. Der neue Kommandant ›fährt sich ein‹. Sie benutzen diese Manöver gleich zum Schießen und für Gefechtsbilder. Am 28. verlegt *Admiral Hipper* in den Kaa-Fjord.

»Ungern tun wir das nicht. Sind doch die Einsatzmöglichkeiten nirgends so gut wie dort«, sagte einer für alle. Und außerdem lockt das bessere Skigelände.

Der Einsatz läßt nicht lange auf sich warten. *Admiral Hipper* unternimmt, begleitet

von Z-4, *Richard Beitzen*, unter Korvettenkapitän v. Davidson,
von Z-16, *Friedrich Eckoldt*, unter Korvettenkapitän Gerstung,
von Z-27, unter Korvettenkapitän Günter Schulz und
von Z-30, unter Kapitän zur See Kaiser, einen Vorstoß in das Nordmeer. Dieses Unternehmen läuft am 5. November unter dem Tarnnamen *Hoffnung* an, vielleicht weil man hofft, was der 5. November, Gedenktag der Schlacht bei Leuthen, schon einmal für Kreuzerkrieger erbrachte: den Convoy HX-84 nämlich am 5. November 1940 für die *Admiral Scheer*.

Das Operationsgebiet verläuft östlich der Linie Nordkap und Bäreninsel, das heißt also, der Verband stößt in die Barents-See vor.

Die Luftwaffe hat der Marine einige Anhaltspunkte gegeben und das Bordflugzeug setzt die Aufklärung fort.

Die Arado 196 hat auch Glück. Sie sichtet am 7. einen ziemlich großen Einzelfahrer, einen Tanker.

Doch *Admiral Hipper* selbst hat Pech, insofern, als Z-27 erst einen russischen Bewacher von 800 t aufspürt[1] und versenkt und dann, am äußersten Ende des Aufklärungsstreifens, auf den Tanker stößt. Dieser, ein Russe, ist 8000 BRT groß, heißt *Donbass* und macht keine Schwierigkeiten, als er versenkt werden soll. Z-27 ver-

---

1 Es handelte sich um den sowjetischen U-Boot-Jäger 78, von dem 43 Überlebende aufgenommen werden. Zeit der Aufbringung 5.00 Uhr MEZ.

senkt ihn mit drei Torpedos. Die Überlebenden werden als Internierte an Bord genommen.

In den Kelch der Tatenfreude mischen sich Wehmutstropfen. Die Alliierten sind an mehreren Punkten der Küste Nordafrikas gelandet. Ein Convoy von 500 Transportschiffen, geleitet und gesichert von 350 Einheiten der Royal Navy, alles – die Truppen der US-Army, die Einheiten der US-Navy und das Personal der Air Force zusammen mit den britischen Schiffen – unter dem Kommando eines amerikanischen Generals mit deutschklingendem Namen, des Lieutenant-Generals Dwight Eisenhower.

Was schon wiegt dagegen der Verlust der *Donbass* ...

Um das Maß der Unruhe und des Mißvergnügens vollzumachen, geht auch noch das FT mit dem Befehl zum Rückmarsch ein.

Fest am 9. im Kaa-Fjord, am gleichen Tage, da amerikanische Truppen östlich und westlich von Oran landen, bis zur Stadtgrenze vordringen, da britische Truppen an Algeriens Küsten an Land gehen, da in Casablanca das französische Schlachtschiff *Jean Bart* außer Gefecht gesetzt, eine französische Flottille ›ausgewischt‹ und ein Kreuzer von britischen Seestreitkräften beschädigt wird; da Vichy meldet, daß auch anderswo englische und amerikanische Truppen gelandet seien, in *Fedalah, Safi, Mogador, Agadir, Port Lyautey* und *Mehedia*.

Das sind fürwahr keine guten Nachrichten, weitere, noch weniger erfreuliche folgen; eine davon ist der Fall von Tobruk am 12.

Das Gefecht bei der Bäreninsel

Zur Lage:

In der Führerkonferenz, die im November 1942 auf dem Berghof in den Abendstunden durchgeführt wird, beklagt sich Großadmiral Raeder wieder einmal, daß die Aktivität der in Norwegen stationierten Marinestreitkräfte durch den erneut vorherrschenden Ölmangel gehemmt würde. Er stellt bedauernd fest, daß das Hauptkontingent der vorhandenen Ölreserven in das Mittelmeer fließe und daß auch keine Hoffnung auf Besserung bestehe, wie es der ständig wachsende Ölbedarf der Mittelmeerfront zeige.

Raeder läßt aber auch durchblicken, daß er eine Ölbelieferung der italienischen Flotte in diesem Umfange wie bisher nicht gutheißen könne. Über die deutsche Botschaft in Rom lägen ihm zuverlässige Nachrichten vor, daß die Italiener mehr Öl in Reserve halten, als sie selbst bei umfangreicheren Aktionen gebrauchen würden. Schließlich gibt Raeder einen Überblick über die Streitkräfte in Norwegen:

Danach befindet sich das Schlachtschiff Tirpitz wieder in Drontheim. Es wird notwendig sein, die Maschinenanlage gründlichst zu überholen. Es kann aber damit gerechnet werden, daß diese Arbeiten in kürzester Frist erledigt sind.

Der schwere Kreuzer Admiral Hipper und der leichte Kreuzer Köln sind im Alten-Fjord stationiert. Der leichte Kreuzer Nürnberg liegt in Drontheim.

Vier Zerstörer befinden sich im Alten-Fjord und drei im Raum Drontheim.

Die schweren Kreuzer Prinz Eugen und Lützow liegen in Deutschland. Sie sind klar, um Anfang Dezember nach Norwegen auslaufen zu können.

Schlachtkreuzer Scharnhorst steht nach Erledigung der durch die Minentreffer notwendig gewordenen Reparaturen zum Einsatz im Raum Norwegen zur Verfügung. Der schwere Kreuzer Admiral Scheer ist Anfang November nach Deutschland zurückgekehrt.

Raeder weist darauf hin, daß die wieder aufgelebten PQ-Convoys nicht übermäßig stark bewacht seien. 23 U-Boote stünden für die Operationen in der arktischen See bereit.

Hitler entscheidet, daß nur die Lützow zur Entlastung nach Norwegen gehen solle. Er motiviert seinen Standpunkt mit der schwierigen Ölversorgung des Nordraumes. Prinz Eugen habe dagegen in Deutschland zu verbleiben. Das Thema Scharnhorst sei im Januar erneut vorzutragen.

Admiral Hipper
läuft hohe Fahrt.

Eines der sichernden Torpedoboote will die Fahrt unbedingt halten und verschwindet dabei immer wieder in einer Glocke aus grünglasigem Wasser und sprühendem Gischt.

Im Atlantik bei Orkanfahrt:
Admiral Hipper
krängt beim Schlingern weit über den Krängungsanzeiger hinaus.

Bugaufnahme des schweren Kreuzers Admiral Hipper.
Die Ölbunker sind fast leer, das Schiff liegt daher hoch aus dem Hafenwasser von Brest heraus.

Hitler wünscht in erster Linie viele leichte Seestreitkräfte in Norwegen. Er fordert vor allem, die Versorgungs- und Vorratslager bis unter die Decke aufzufüllen, da er hier immer noch eine Invasion befürchtet. Hierfür scheinen ihm die langen Polarnächte günstig. Er meint, daß die Haltung Schwedens im Falle einer Invasion als äußerst unzuverlässig angesprochen werden müsse.

Tage, Wochen ohne Besonderheiten auf *Admiral Hipper.*

Das Nordlicht vielleicht ausgenommen. Wie der Strahl eines Scheinwerfers leuchtet es ganz plötzlich über den Berg über den Fjord hinweg, wird wie vom Wind verweht und zerzaust, löst sich auf in zarte grünlich leuchtende Wolken, wird wieder zu Strahlen, zu treppenähnlichen Gebilden aus fluoreszierendem Licht . . .

An einem Abend erstrahlt der Himmel in breiten Flächen, am anderen scheint er hinter Bossekop in Flammen zu stehen . . .

Fast jeden Abend ein Weben und Wogen, daß man sich manche nordische Sage, manche Mär um das Nordlicht erklären kann.

Als Raeder am 22. Dezember erneut zur Lage berichtet, hat ein Teil der Einheiten in Norwegen neue Liegeplätze eingenommen. *Admiral Hipper* indessen ist im Kaa-Fjord verblieben.

Der 30. Dezember:

»Seeklar!«

Dieses Seeklar kommt nun wirklich überraschend, der Zeitpunkt ist so ungewöhnlich, daß keiner an Bord es erwartete.

»Wir hatten uns«, so vermerkt einer in sein Tagebuch, »alle auf Skilauf und Gammel eingestellt, nun werden wir so unsanft aus unseren Träumen gerissen. Gern sogar, wenn ich ehrlich sein darf. Endlich passiert etwas. Die Herzen schlagen höher.«

Das ging voraus:

In der Barents-See hatte ein U-Boot, U-85, das außerplanmäßig von Kapitänleutnant Karl-Heinz Herbschtel geführt wurde, 70 Seemeilen südlich der Bäreninsel einen Geleitzug entdeckt. Dessen Schiffe sollen danach südlich der Bäreninsel schwimmen. Wie gemeldet, soll die Sicherung nur aus sechs Zerstörern oder Geleitbooten bestehen, der Geleitzug selbst aus zehn Dampfern.

Das Schlachtschiff *Tirpitz* in Drontheim ist noch nicht wieder einsatzbereit, wohl aber steht jetzt wieder der schwere Kreuzer *Lützow* zur Verfügung. Die im Alten-Fjord liegende *Köln* scheidet aus, ebenso die für *Admiral Hipper* wieder nach Norwegen, und zwar nach Narvik, verlegte *Nürnberg.*

In einer Kommandantensitzung beim BdK am 30. Dezember wird ganz klar herausgestellt, daß das Anpacken des Geleitzuges auf keinen Fall während der Dunkelheit erfolgen darf. Maßgebend für den eigenen Einsatz sind die Operationsbefehle der Gruppe Nord des Admirals Nordmeer, sowie die mündlichen Ausführungsbefehle des BdK. Bei Auftreffen auf den Geleitzug soll der sichtende Zerstörer Fühlung halten, die anderen Zerstörer auf ihn sammeln, die Kreuzer sich absetzen und erst bei Helligkeit angreifen. Wörtlich heißt es: »... Zum Anpacken des Geleites erst die Sicherung niederkämpfen, dann an die Dampfer herangehen, überlegenen Gegnern ausweichen.«

Captain Roskill, Großbritanniens Seekriegshistoriker, bemerkt zu den Überlegungen: »Der deutsche Naval Staff scheint eine bemerkenswerte Fähigkeit entwickelt zu haben, in See gehenden und in See stehenden Befehlshabern und Kommandanten alle Initiative zu entziehen, wobei es der Erwähnung verdient, daß solche Maßnahmen gewißlich durch Hitler in diese Richtung gelenkt wurden[1].« Roskill glaubt eine Erklärung für die bemerkenswerte ›Furchtsamkeit‹ der deutschen Schiffe in dem noch zu behandelnden Gefecht darin zu sehen, daß die *Lützow* nach deren Angriff auf den Convoy in den Atlantik soll. Das Schiff darf also, das sind doch Roskills Überlegungen, kein Risiko eingehen und nur Schiffe angreifen, von denen es keine ernsthaften Beschädigungen zu fürchten braucht, die zur Aufgabe des Atlantik-Plans führen könnten. Daß sich die Britische Admiralität aber sehr ernsthaft sorgt, die *Lützow* könnte in den freien Atlantik ausbrechen und dort die HX-Geleitzüge angreifen, das beweist die Maßnahme von Admiral Tovey, des Befehlshabers der Home Fleet, die Kontrolle der Dänemarkstraße wieder herzustellen. Bislang wurde diese nämlich nur über mehr oder weniger kurze Stichfahrten von Kreuzern überwacht. Nun verlegt er das Schlachtschiff HMS *Anson*, das zusammen mit dem schweren Kreuzer *Cumberland* und vier Zerstörern bis in die Mitte zwischen der Bäreninsel und Jan Mayen die Fernsicherung für den Convoy JW-51 B übernommen hatte, also bis auf die Position, von der ab eine andere Kampfgruppe, die des Konteradmirals Burnett, die weitere Fernsicherung übernehmen soll (auf etwa 72° N und 14° Ost), direkt in den Hval-Fjord von Island[2]. Von hier kann HMS *Anson*, sollte das einzige im Augenblick einsatzbereite ›pocket battleship‹ *Lützow* einen Durchbruch versuchen wollen, leicht die Dänemarkstraße wie auch die Enge zwischen Island und Faröer abdecken. Mit ihren 35,6-cm-Kanonen ist dieses erst im Februar 1940 vom Stapel gelaufene Schlachtschiff *Anson* [3] zwar ein weit überlegener Gegner, nicht aber, was die Geschwindigkeit betrifft, denn mit ihren 27 Kno-

---

[1] Nach Roskill Vol. II. pg. 292 frei übersetzt.

[2] Diese plötzliche Verlegung stimmt nachdenklich. Wahrscheinlich spielt auch hier wieder einmal der Verrat eine Rolle – oder leichtfertige Äußerungen derer von *Lützow*, die über diesen Plan wußten, irgendwelchen Norwegern (meist den begehrenswerten und auch entgegenkommenden Piken) gegenüber.

[3] Ex *Jellicoe*, wie die *King George V*, 35 750 t standard, 45 000 t voll ausgerüstet und mit einem Gürtelpanzer von 381 mm und 406/25 mm bei der Artillerie versehen.

ten liegt sie etwas unter der Höchstfahrt der Einheiten der *Deutschland*-Klasse[1].

Was die von einem U-Boot informierten deutschen Stellen über den Convoy JW-51 B, der zu der Zeit, da die *Anson*-Kampfgruppe kehrtmacht, auf 73 ° Nord und 13 ° Ost steht, ebenfalls nicht wissen, ist die Anwesenheit der Sicherungsstreitkräfte des Konteradmirals Burnett. Diese, die 32,5 Knoten schnellen leichten Kreuzer *Sheffield* und *Jamaica* und zwei Zerstörer, sind am 27. Dezember aus der russischen Kola-Bucht ausgelaufen, und zwar mit der Absicht, den Kurs des Geleitzuges frühestens am Silvesterabend zu kreuzen. Die Kampfgruppe hatte soeben ohne Zwischenfall den Convoy JW-51 A nach Rußland geleitet. Diese am 15. Dezember aus Loch Ewe in See gegangenen Schiffe waren am 25. Dezember 1942 ohne Zwischenfall in Murmansk eingetroffen.

Burnetts Absicht ist es zunächst, nachdem er am 29. in den frühen Nachmittagsstunden die ungefähre Position der *Anson*-Kampfgruppe mit SW-Kurs dort passierte, wo diese kehrtgemacht hatte, den Geleitzug JW-51 B achteraus in ungefähr vierzig Seemeilen Abstand vor den dessen Schiffen nachspürenden U-Booten abzusichern. Des britischen Admirals Überlegung geht dahin, daß der Gegner die Annäherung des Geleitzuges sicherlich schon in Erfahrung gebracht haben wird, daß er aber seine Geschwindigkeit nicht kennen dürfte. Mit aller Wahrscheinlichkeit, so meint Burnett, werden die aus dem Alten-Fjord zu erwartenden deutschen Überwassereinheiten den möglichen Geleitzugweg von West nach Ost abgrasen. Wenn ich nun die Nordflanke des Convoys sichere, so überlegt Burnett weiter, dann bietet sich mir der Vorteil der besseren Lichtposition[2], weil die gegnerischen Schiffe dann im Süden, also aus dem helleren Horizont heraus, anlaufen müssen.

Aber diese Absicht wurde bereits gestört, als der in der Heimat sitzende Commander-in-Chief, Admiral Sir Tovey, am 29. Dezember eine geschätzte Position des Convoys funkte, die völlig falsch war. Inzwischen hat Burnett am 29. 7.00 Uhr MEZ seine beiden Zerstörer mit Kurs England entlassen.

Am 30. Dezember, 17.00 Uhr MEZ: *Sheffield* und *Jamaica*, die schon etwa 72 ° N, 33 ° O stehen und den von ihnen zu schützenden Convoy viel weiter östlich und viel weiter nördlich vermuten, als er sich tatsächlich befindet[3], gehen für 14 Stunden auf NW-Kurs, um die rückwärtige Auffangstellung hinter dem Geleitzug, tatsächlich aber nördlich davon einzunehmen.

---

1 Wieder einmal läßt sich beweisen, wie genial und für die Engländer bedrohlich dieser deutsche Schiffstyp gewesen ist.

2 »The advantage of light.«

3 Sie haben ihn, das ist das interessante, im angebrochenen Zeitalter der Radar-Technik, während der ganzen Unternehmung niemals optisch gesichtet.

Die Wetterlage sieht, wie sie das deutsche U-Boot am 30. durchgegeben hat, so aus:

Dämmerung von 8.44 Uhr bis 10.15 Uhr und von 11.52 Uhr bis 13.21 Uhr. Büchsenlicht von 10.15 Uhr bis 11.52 Uhr. Wind NW 4—5, Seegang 2—3, Bedeckung 10/10.

Am Abend dieses 30., genau um 17.30 Uhr, zur gleichen Stunde, da der Captain Sherbrooke zu weit nach Osten am Convoy JW-51 B vorbeigestoßen war und nun für 14 Stunden auf NW-Kurs geht, um die eingeplante rückwärtige Stellung hinter dem Convoy einzunehmen[1], hieven die Schiffe des deutschen Verbandes die Anker:

Die *Admiral Hipper* als Flaggschiff mit Vizeadmiral Oskar Kummetz, dem Befehlshaber der Kreuzer[2], an Bord,

der schwere Kreuzer *Lützow* mit Kapitän zur See Rudolf Stange als Kommandant[3] und mit der Aufgabe, nach diesem Gefecht in den freien Atlantik auszubrechen, um dort wie ehemals die *Admiral Graf Spee* und die *Admiral Scheer,* letztere mit besonders großem Erfolg, Handelskrieg zu führen;

im Abstand folgen die sechs Zerstörer:

Z-4, *Richard Beitzen,* Kommandant Korvettenkapitän von Davidson;

Z-6,*Theodor Riedel,* Kommandant Fregattenkapitän Riede;

Z-16, *Friedrich Eckoldt,* deren Kommandant ausgefallen ist und durch den Flottenchef, Kapitän zur See Schemmel, vertreten wird;

Z-24, Kommandant Fregattenkapitän Rechel;

Z-30, Kommandant Kapitän zur See Kaiser und

Z-31, Kommandant Fregattenkapitän Alberts.

Das Unternehmen läuft unter dem Tarnnamen *Regenbogen.* Es soll der schwer ringenden deutschen Ostfront Entlastung bringen, es soll wenigstens einen Teil der Materialzufuhr vernichten. Gemessen an den Ladungsmengen nur eines Schiffes von 5000 BRT mit ca. 8000 t Ladefähigkeit lohnt der Einsatz schon, und die erhoffte Zerschlagung eines Geleitzuges von — wie in diesem Falle — zehn bis zwölf Schiffen kommt einer gewonnenen Schlacht in Rußland gleich, bedeutet weniger Materialaufwand und weniger Opfer auf deutscher Seite im Osten.

Nach Verlassen der Schären dreht der deutsche Verband von der Küste ab und geht auf 60° Kurs. Die letzte Fühlungshaltermeldung des U-Bootes von 17.30 Uhr des Tages zuvor gewährleistet ein ge-

---

1 Woher wußte Sherbrooke denn so genau, daß er zu der gleichen Stunde, da Kummetz aus Alten auslief, viel zu weit östlich und ebenso zu südlich vom Convoy JW-51 B stand?

2 BdK.

3 Vorher lange Zeit vom 10. 37 bis 6. 41 Gruppenleiter im OKM/1 Skl.

zieltes Finden des Geleitzuges nicht. Der deutsche Admiral befiehlt für den 31. Dezember ab 8.30 Uhr einen Aufklärungsstreifen. Die sechs Zerstörer sollen darin mit 15 Seemeilen Abstand fahren. Das sind innerhalb dieser Schiffe zusammen 65 Seemeilen, die bedeckt werden.

Etwas seitlich herausgesetzt marschieren dann hinter den beiden Flügelzerstörern in nur zehn Seemeilen Abstand die *Admiral Hipper* hinter dem nördlichen und die *Lützow* hinter dem südlichen, so daß der Aufklärungsstreifen total 85 Seemeilen überdeckt, was einer ungefähren Luftlinienstrecke von Köln bis nach Bielefeld entspricht.

Es ist vorgesehen, daß der Aufklärungsstreifen nach der Aufstellung, die 2.30 Uhr nördlich vom Nordkap mit dem Auseinanderziehen beginnen soll[1], so hinter dem Gegnergeleit steht, daß um 9.00 Uhr des 31. Dezember mit dem Vormarsch auf Ostkurs begonnen werden kann.

Die Zerstörer sollen dabei in der Reihenfolge

1. Z-16, *Friedrich Eckoldt*, 2. Z-29, 3. Z-4, *Richard Beitzen*, 4. Z-31, 5. Z-30 und 6. Z-6, *Theodor Riedel* marschieren. Die nördliche Position wird auf 30 Seemeilen südlich der Breite der Bäreninsel festgelegt.

Die Meinungen über die Verteilung der schweren Einheiten sind geteilt, die meisten der Offiziere sind anderer Auffassung, was nicht besagt, daß die Überlegungen aus der ›Menge‹ immer richtig sind und die des Befehlshabers etwa falsch. Jedenfalls argumentieren die untergebenen Dienstgrade:

»... Vorausgesetzt, daß wir auf den Geleitzug stoßen werden, dauert es immerhin zweieinhalb Stunden bis *Lützow* bei *Admiral Hipper* stehen und eingreifen kann. Die Dämmerung dauert hier aber zwei Stunden. Stoßen wir kurz vor der Dämmerung auf den Feind, kommt *Lützow* am Tage nicht mehr zu uns ...«

In der Schlußbetrachtung des HP-Kommandanten heißt es dann später, das sei vorab erwähnt: »... Falls der Zerstörer-Aufklärungsstreifen in der Dunkelheit auf den Geleitzug stoßen sollte, hatten die Zerstörer Fühlung zu halten, während die Kreuzer sich bis Beginn der Helligkeit abzusetzen hatten. Die Sichtung des Geleitzuges etwa eine bis anderthalb Stunden vor Beginn der Dämmerung ließ noch gerade genügend Zeit, um die im Süden stehenden Zerstörer und *Lützow* heranzuholen. *Admiral Hipper* sollte vom Norden angreifen. Die Vorbedingungen für die Vernichtung des Geleitzuges waren also durchaus gegeben ...«

Das alles deckt sich mit dem Operationsbefehl.

Doch folgen wir dem weiteren Verlauf der Unternehmung:

---

[1] Die *Admiral-Hipper*-Gruppe mit dem Generalkurs von 10°, die *Lützow*-Gruppe mit Generalkurs 50°.

Seit 7.00 Uhr befinden sich auf der *Admiral Hipper* beide Kriegswachen auf Station, denn die Errechnung hat ergeben, daß von diesem Zeitpunkt an mit dem Auftreffen auf den Geleitzug jederzeit gerechnet werden muß.

Sorgen machen der Schiffsführung und der Artillerieleitung der Umstand, daß bei der acht bis zehn Grad minus betragenden Außentemperatur die Optiken der E-Meßgeräte vereisen. Zwar sind die der Zehnkommafünf noch mit Schutzhauben abgedeckt, sie werden aber, so wird befürchtet (und so trifft es auch ein), durch das Spritzwasser sofort und bis zur Unbrauchbarkeit vereisen, wenn unmittelbar vor der Feuereröffnung die Hauben abgenommen werden. Auch die Optiken der beiden vorderen Türme lassen nach Feuereröffnung wegen Vereisung direktes Richten nur kurzfristig erwarten.

Auch die schweren Flakleitstände melden Besorgnisse an. Trotz rotierender Klarsichtscheiben leiden sie unter mehr oder weniger starker Vereisung. Die Ursache hier ist kein Spritzwasser. Die feuchte Abluft aus dem Turbinenraum zwo und drei sowie aus der Kombüse trägt die Schuld.

Außerdem kondensiert diese Feuchtigkeit zu Dampf. Dieser wieder behindert die Sicht.

»Wie können Sie die Sache abstellen?« will der Kommandant wissen.

»Gar nicht«, ist die Antwort der Fachleute.

Eine solche Lage ist neu, sie wurde jedenfalls bisher nicht in diesem Umfang beobachtet.

Es ist 7.30 Uhr — die Schiffe stehen noch auf dem Marsch auf die Positionen innerhalb des Aufklärungsstreifens und das Funk-Meßgerät hatte bereits die ersten Ortungen gehabt —, entdeckt Bootsmann Lubzik zwei Schatten in 60 °, eine Zufallssichtung.

Zunächst nimmt die Brücke auch an, daß es sich um eigene Zerstörer handelt, die sich auf die befohlene Position im Aufklärungsstreifen hin bewegen.

Die Steuerbord achteraus stehende Z-16, *Friedrich Eckoldt*, wird vom BdK vorgeschickt, um Näheres festzustellen. *Admiral Hipper* dreht unter Fahrtminderung vorsichtshalber auch auf die Schatten zu, denn so zeigt das Schiff keine Silhouette.

Soviel wird schnell klar: um eigene Zerstörer handelt es sich bei den Schatten nicht, denn die Schatten liegen auf Ost-Kurs.

7.58: Alarm auf *Admiral Hipper*.

Zur gleichen Zeit erhält das Schiff ›freies Manöver‹.

Über den Grad der Helligkeit während der Dämmerung können vor dem zu erwartenden Gefecht noch immer nur Vermutungen angestellt werden.

Kapitän zur See Hartmann rechnet aus, daß er den Geleitzug etwa 9.15 Uhr packen könne. Er hofft, daß es — entsprechend der gegebenen Weisungen, auf keinen Fall während der Dunkelheit anzugreifen – bis dahin für ein einwandfreies Taggefecht hell genug sein wird.

Admiral Hipper setzt sich also zunächst so ab, daß sie den Convoy von Norden her auflaufen kann. Durch den BdK wird diese Absicht dem Verband mitgeteilt[1].

Lützow erhält vom Admiral Befehl, den Convoy von Süden anzugreifen. Z-6, *Theodor Riedel,* Z-30 und Z-31 sollen auf *Lützow,* die drei anderen Zerstörer auf *Admiral Hipper* sammeln. Z-16, *Friedrich Eckoldt,* soll weiter Fühlung halten. Sie führt dies aus und gibt gute Fühlungshaltermeldungen.

8.42 Uhr meldet sie: »Zehn Fahrzeuge, Kurs 90°.«

8.44: Der Obersteuermann trägt in die Rubrik ›Ort und Wetter‹ des KTBs ein: ›Dämmerungsbeginn‹.

Aber nur auf dem Papier, denn die noch starke Bewölkung[2] vermindert das an sich schon geringe Dämmerlicht.

So sind dann, als *Admiral Hipper,* fast auf die Minute genau, 9.10 Uhr in 140° rechtweisend Schatten in Sicht bekommt, die Fahrzeuge auf 180 hm zwar in ihren Umrissen, nicht aber nach Typ, Art und Einzelheiten zu unterscheiden.

Nach und nach werden insgesamt zehn Schiffe gezählt, darunter einige Kriegsschiffe. Ob diese wirklich Zerstörer oder Kreuzer sind, kann nicht genau ermittelt werden.

Bis jetzt verläuft alles nach Plan. Unheimlich genau für den ahnungslosen Gegner, der, das bestätigt später auch Captain Roskill, bis zu dieser Stunde noch nichts über das Auslaufen der deutschen Einheiten weiß, obwohl die U-Boote *Graph, Unruly, Trespasser* und *Seadog* zwischen der Ausfahrt Alten-Fjord und dem Nordkap seit dem 29. Dezember auf Position liegen.

Auf der anderen Seite hat zu dieser Stunde aber auch der britische Konteradmiral Burnett keine Anhaltspunkte, wo der jetzt 150 Seemeilen nordwestlich vermutete Convoy JW-51 B nun wirklich steht. Die Schiffe des Admirals sind in ständiger Unruhe, ob der Radarkontakt oder eine Sichtung bei diesem trüben Zwielicht nun ein Feind oder ein Freund oder ein Nachzügler ist. Die Tatsache, daß der Geleitzug einen schweren Sturm abwettern mußte, macht die Ungewißheit nicht geringer.

In diesem Orkan, der den Convoy JW-51 B zwischen dem 28. bis 29. Dezember überfiel, waren, was Burnett nicht weiß, von den 14 Handelsschiffen fünf und von der aus sechs Zerstörern, zwei Kor-

---

[1] Vizeadmiral Wegener heute: »Das Auftreffen auf den Convoy – kurz nach dem Auseinanderziehen zum Aufklärungsstreifen – ergab die Aufteilung in zwei Gruppen und die Umstellung von Norden und Süden. Es muß als glücklicher Umstand gewertet werden, daß das Auftreffen gerade in diesem Moment erfolgte.«

[2] Schneetragende Nimbuswolken, die in Cumulonimbus überzugehen versprechen.

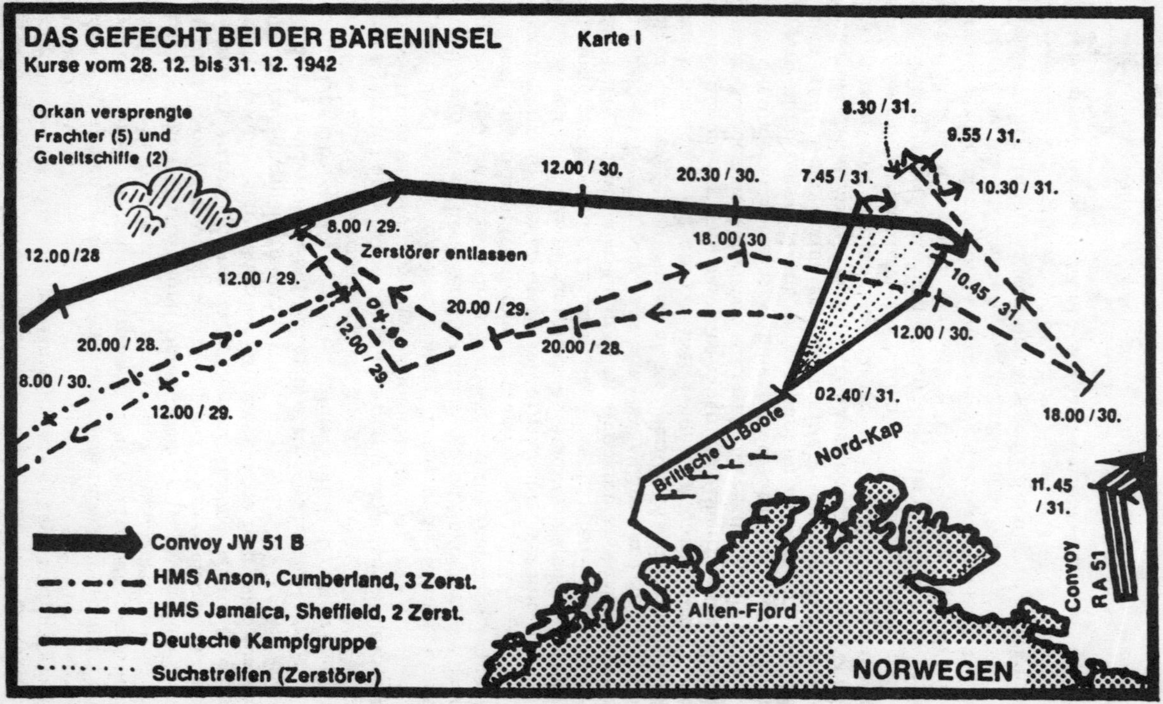
DAS GEFECHT BEI DER BÄRENINSEL
Kurse vom 28. 12. bis 31. 12. 1942
Karte I
Orkan versprengte Frachter (5) und Geleitschiffe (2)
12.00/28
8.00 / 29.
Zerstörer entlassen
12.00 / 29.
20.00 / 28.
8.00 / 30.
12.00 / 29.
04.00
12.00 / 29.
20.00 / 29.
20.00 / 28.
12.00 / 30.
20.30 / 30.
18.00 / 30
7.45 / 31.
8.30 / 31.
9.55 / 31.
10.30 / 31.
10.45 / 31.
12.00 / 30.
02.40 / 31.
18.00 / 30.
Britische U-Boote
Nord-Kap
11.45 / 31.
Alten-Fjord
NORWEGEN
Convoy RA 51
Convoy JW 51 B
HMS Anson, Cumberland, 3 Zerst.
HMS Jamaica, Sheffield, 2 Zerst.
Deutsche Kampfgruppe
Suchstreifen (Zerstörer)

vetten und zwei Trawlern bestehenden Sicherung zwei Eskortfahrzeuge zurückgefallen, beziehungsweise versetzt worden. Einige dieser Schiffe sind inzwischen wieder herangeschlossen.

Im Augenblick, da der Convoy von den deutschen Schiffen entdeckt worden ist, befinden sich vier Gruppen britischer Schiffe in der Nähe der 73. Nordbreite und dem 29. Grad östlicher Länge. Keine dieser Gruppen weiß von der anderen.

1. Da ist einmal der Hauptconvoy JW-51 B, der mit nur noch insgesamt acht Sicherungsschiffen auf Ostkurs liegt;

2. gute 25 Seemeilen nördlich davon schwimmt der Trawler *Vizalma* mit einem durch den Sturm versprengten Nachzügler;

3. ferner steht der Minensucher *Bramble* 15 Seemeilen nordöstlich vom Convoy und

4. sind da schließlich die beiden leichten Kreuzer von Konteradmiral Burnett, die sich 30 Seemeilen nördlich vom Convoy und 15 Seemeilen südöstlich von dem Bewacher *Vizalma* bewegen.

Gänzlich unbekannt ist dem Gegner die Anwesenheit der *Admiral Hipper*, die gerade das Geleitzug-Kielwasser in zwanzig Seemeilen Entfernung passiert hat, während die *Lützow* fünfzig Seemeilen davon absteht und von Süden her heranschließt.

Bevor Captain Sherbrooke, der Befehlshaber der Zerstörer und der anderen Sicherungsstreitkräfte des Geleitzuges, mit seinen Einheiten in See ging, hatte er seine Taktiken für den Fall entwickelt, wenn der Convoy von Überwasserstreitkräften angegriffen werden würde. Danach sollen die Flottenzerstörer die vom Feind bedrohte Flanke sichern, ein Manöver, das also vom Engländer genauso eingeplant wird, wie es die deutschen Befehlsstellungen in ihren taktischen Erwägungen einbezogen haben. Er, Sherbrooke, will den Gegner dann sofort dadurch behindern, daß er sich zwischen die Angreifer und die bedrohten Handelsschiffe des Geleitzuges setzt.

»Der Geleitzug«, so erklärte der Captain auf der Convoy-Konferenz, »wird dann sofort vom Feind abdrehen und Flöße mit Rauchtöpfen über Bord werfen. Die Eskortstreitkräfte haben Befehl, einen Nebel- und Rauchschleier zwischen den Gegner und unsere Handelsschiffe zu ziehen.«

Soweit, was der britische Sicherungsbefehlshaber vor dem Inseegehen des Convoys JW-51 B aus Loch Ewe plante und was vom C-in-C[1], in der Heimat, Admiral Tovey, gut befunden wurde.

Der Kampf mit dem Convoy und dessen Sicherung scheint für die Deutschen von Anbeginn nicht einfach. *Admiral Hipper* greift allein an, denn die Südgruppe kann erst später am Feind sein, je nachdem

---

1 C-in-C = Commander in Chief.

es gelingt, diesen durch die *Admiral Hipper* in Richtung Süden zu drücken.

Es ist außerdem schwer festzustellen, ob es sich bei den Zerstörern, von denen drei im Nordwesten des Convoys stehen, um eigene oder feindliche handelt, da Z-16, *Friedrich Eckoldt*, mit Z-4, *Richard Beitzen*, und Z-29 noch nicht klar in Sicht sind.

Eine böse Lage für den Kommandanten der *Admiral Hipper*.

Erst, als einzelne Zerstörer zum Angriff andrehen, erst, als diese das ES nicht beantworten, erst, als sie auf *Admiral Hipper* Mündungsfeuer beobachten, das aber nicht genau zu deuten ist, ist Hartmann sich im klaren, wen er im Augenblick vor sich hat[1].

Wegen zu großer Entfernung werden diese Gegner zunächst nicht beschossen. Erst 9.37 Uhr wird mit 130 hm[2] auf die Zerstörer zugedreht.

Beim Gegner hatte sich die Lage inzwischen wie folgt entwickelt: Es war 8.20 Uhr (DSZ und 7.20 Uhr MEZ), als die Korvette *Hyderabad*, eine Einheit der Nachsicherung, zwei fremde Zerstörer sichtete. Sonderbarerweise sprach sie diese als russische Zerstörer an und unterließ daher eine Meldung[3].

Zehn Minuten später, 8.30 Uhr, sichtet und meldet der vom Convoy querab stehende und zur Nachsicherung gehörende britische Zerstörer *Obdurate* die beiden gerade achtern um den Geleitzug herumscherenden Fremden in nordwestlicher Richtung und meldet sie. Sherbrooke antwortet sofort und befiehlt, die Identität der beiden festzustellen, um dann selbst den beiden Fremden zu folgen. Zur gleichen Zeit befiehlt Sherbrooke an Bord seines Schiffes, das Frühstück einzunehmen, sauberes Unterzeug anzuziehen.

»Dies ist eine der wenigen Gelegenheiten, daß diese für die Royal Navy traditionelle Order vor dem Gefecht gegeben werden konnte«, vermerkt Captain Roskill später, nach dem Krieg.

Inzwischen versucht die *Obdurate* mit hoher Fahrt den Befehl auszuführen, um die gegen eine dunkle Schneewolkenwand stehenden nunmehr drei Zerstörer zu identifizieren, die sie erst, als sie 9.30 Uhr auf vier Meilen herangelaufen ist, als deutsche Zerstörer anspricht, da diese das Feuer auf sie eröffnen. Während die *Obdurate* sofort auf Ostkurs abdreht, steuern die deutschen Zerstörer nach Kurswechsel NNW auf NO auf *Admiral Hipper* zu.

Es ist 9.39 Uhr, als Sherbrookes Flaggschiff, die *Onslow*, die *Admiral Hipper* sichtet, neben sich an Backbord den Zerstörer HMS *Achates*, hinter sich die *Orwell*. Die Engländer haben also den Geg-

---

[1] Lt. Gefechtsbericht; lt. Artillerie *Admiral Hipper* waren die Zerstörer am Convoy stets einwandfrei als Feindzerstörer erkannt.

[2] Zahl nicht genau lesbar im Gefechtsbericht, laut Wegener waren es 150 hm.

[3] Die Russen hatten nämlich Sicherungsstreitkräfte in Form von Zerstörern zugesagt, die aber nicht erschienen.

ner später erkannt als die *Admiral Hipper*, deren Rohre bereits laufend mitrichten und deren AO's den Feuerbefehl erwarten.

9.40 Uhr (DSZ und 8.40 MEZ) gibt Kapitän zur See Hartmann auf 150 hm das Feuer frei.

Die SA, dessen IAO sich im vorderen Stand befindet, eröffnet das Feuer auf einen Zerstörer Steuerbord voraus, auf jenen, der versucht, eine Nebelwand vor den Geleitzug zu legen.

Fünf Salven.

24 Schuß Munition.

Der Zerstörer nebelt sich ein.

»Zielwechsel links auf den Rottenmann«[1], der IAO.

Die Entfernung beträgt 130—125 hm.

Das Schiff erbebt: zwei Salven.

Acht Schuß.

Der IAO stellt fest: Aufschlagbeobachtung und Schätzung der Gegnerwerte sind sehr schwierig. Keine Trefferwirkung zu beobachten. Ende des Anlaufs wegen einer Drehung um 130° mit Hartruder:

Ausweichen vor einer Blasenbahn.

Gleichzeitig hat die schwere Flak 9.43 bis 9.45 Uhr einen auf 80 hm nur kurz sichtbaren Feindzerstörer beschossen. 40 Schuß verließen die Rohre. Trefferwirkung keine.

Gesucht wird der Matrose II[2] Fenninger. Einige wollen beobachtet haben, wie er über Bord fiel[3]. Auf Gegenkurs gehen? Jetzt, da die Gegnerzerstörer mit Torpedos angreifen? Den Mann suchen in einer eisigen See? Das Schiff und seine Besatzung gehen vor, denn *Admiral Hipper* hat mit Feuereröffnung den Hauptteil der Feindsicherung auf die Nordseite des Convoys gezogen, nämlich außer der *Obdurate* die *Onslow* mit Captain Sherbrooke an Bord[4], die *Orwell* und die *Obedient*. Lediglich der Zerstörer *Achates* und drei kleinere Sicherungsschiffe bleiben vorerst beim Convoy.

Die schlechten Beobachtungsverhältnisse, dieses ekelhafte diffuse Dämmerungslicht und die immer wieder unklaren, das heißt vereisenden Optiken erschweren den Deutschen den Kampf. Und die nun folgenden Einzelgefechte mit der sich taktisch geschickt und opferbereit verhaltenden Sicherung fressen Zeit. Sehr viel kostbare Zeit.

---

1 Also den zweiten Zerstörer einer stets aus zwei Einheiten bestehenden Rotte.

2 Ein Seemann der Laufbahn II = also der Maschine.

3 Im späteren Gefechtsbericht wird unter der Ruprik ›Eingetretene Personalverluste‹ unter Punkt 2 vermerkt: Matrose II Fenninger – O 2536/39 T – wahrscheinlich Tod durch Ertrinken nach Fall über Bord am 31. 12. 1942 um 9.45 Uhr.

4 9.41 Uhr funkt Sherbrooke die Meldung über die Feindberührung. Diese wird bereits fünf Minuten später vom Flaggschiff der Kreuzer der Fernsicherung quittiert. Admiral Burnett kennt nun nicht nur den Standort des Convoys, er weiß auch, daß sich die Sicherung bereits mit dem von ihm erwarteten Gegner im Gefecht befindet.

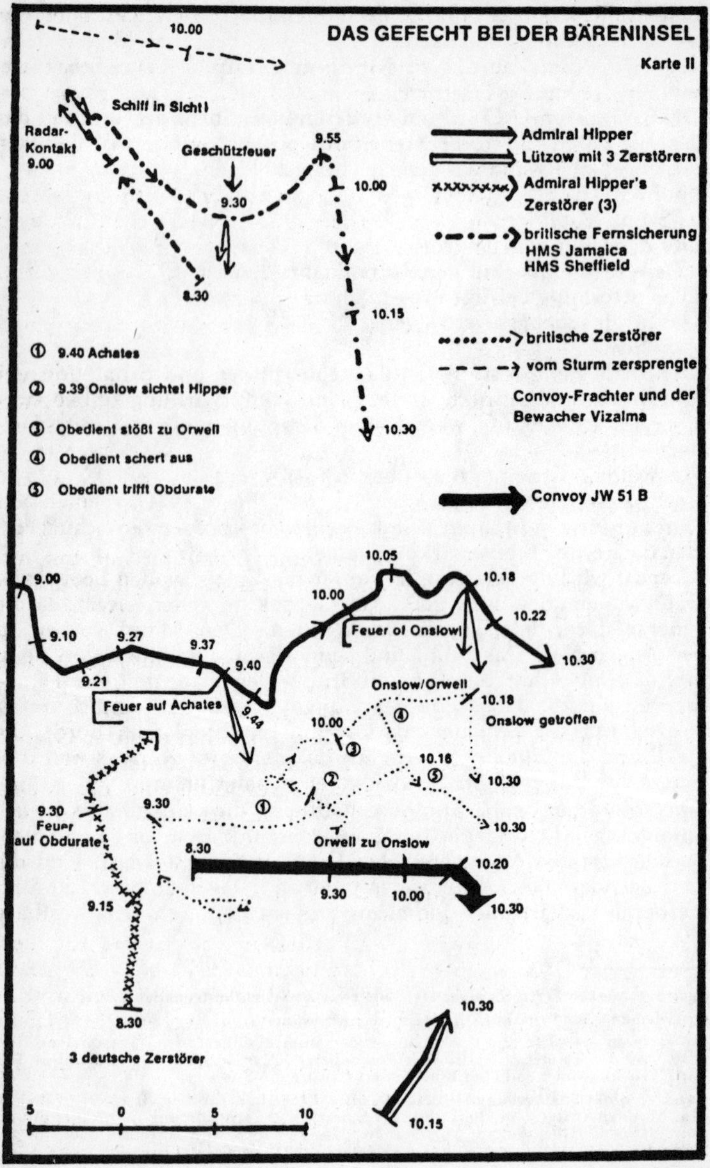

DAS GEFECHT BEI DER BÄRENINSEL
Karte II
Admiral Hipper
Lützow mit 3 Zerstörern
Admiral Hipper's Zerstörer (3)
britische Fernsicherung HMS Jamaica HMS Sheffield
britische Zerstörer
vom Sturm zersprengte Convoy-Frachter und der Bewacher Vizalma
Convoy JW 51 B
10.00
Schiff in Sicht!
Radar-Kontakt 9.00
Geschützfeuer
9.55
10.00
9.30
8.30
10.15
10.30
① 9.40 Achates
② 9.39 Onslow sichtet Hipper
③ Obedient stößt zu Orwell
④ Obedient schert aus
⑤ Obedient trifft Obdurate
9.00
9.10
9.21
9.27
9.37
9.40
9.44
10.00
10.05
10.18
10.22
10.30
Feuer of Onslow!
Feuer auf Achates
Onslow/Orwell
10.18
Onslow getroffen
10.00
10.16
10.30
10.30
9.30 Feuer auf Obdurate
9.30
Orwell zu Onslow
8.30
10.20
9.30
10.00
10.30
9.15
8.30
3 deutsche Zerstörer
10.30
10.15
5 0 5 10

Und dann: Das Ausmachen von Freund oder Feind dauert zu lange. Jede Minute ist kostbar.

»Bei der Wahl der Gefechtsentfernung muß«, so argumentiert Hartmann, »berücksichtigt werden, daß Blasenbahnen infolge des schlechten Lichts erst auf kurze Entfernung zu erkennen sind.«

Er muß daher die Gefechtsentfernung noch größer als bei hellsichtigem Wetter wählen.

Admiral Hipper ist gezwungen, hohe und höchste Fahrt zu laufen, einmal um die Gefahren zu vermindern, torpediert zu werden, zum anderen, um keine großen Pausen in den nicht zu vermeidenden Einzelkämpfen der verzweifelt, hartnäckig, ja todesmutig ihren Geleitzug schützenden Zerstörer eintreten zu lassen.

Zu allem Überfluß wird dadurch das Heranschließen der eigenen Zerstörer nur noch mehr erschwert.

»Das muß in Kauf genommen werden«, resigniert Hartmann und fügt hinzu: »Meine ganze Hoffnung ist, daß unsere vom Westen heranschließenden Zerstörer zum Einsatz kommen und günstige Angriffsgelegenheiten erhalten.«

Das soll sich aber, das sei vorausgeschickt, nicht erfüllen. Die erhoffte Entlastung bleibt damit aus.

Nach dem Zurückdrehen ist der neue Kurs: 360°.

9.48 bis 9.55 Uhr: Die SA nimmt einen Zerstörer auf 120 hm unter Feuer. Der Gegner schwimmt achteraus. Es ist wahrscheinlich wieder das im ersten Anlauf beschossene Ziel.

Die Meßbedingungen sind schlecht.

Die Batterie liegt anfänglich sehr kurz, kommt dann aber an das Ziel heran.

Zwölf Salven zu 56 Schuß KZ-Granaten.

Die Entfernung nimmt zu, sie steigt auf 166 hm und der Gegner taucht im Eigennebel und starken Schornsteinqualm unter.

Da: Beim Einschlagen der letzten Salve bricht eine 150 Meter hohe Detonationssäule aus dem Qualm der Aufschläge und dem künstlichen Nebel heraus.

Sie bleibt längere Zeit stehen, dann verweht sie der Wind.

»Wahrscheinlich ein Treffer«, der IAO.

Wie wohltuend dieses Beiwort wahrscheinlich.

Zur gleichen Zeit, 9.55 Uhr, ist Konteradmiral Burnett, der 4.00 Uhr erst einen Radarkontakt in NW und dann die *Vizalma* mit ihrem Versprengten in Sicht bekam, dann, 9.30 Uhr, im Süden Geschützfeuer beobachtet, mit dem er aber nichts anzufangen wußte, auf Süd ¾° Ost-Kurs gegangen.

9.57 bis 10.01 Uhr: der dritte Anlauf. Die Rohre schwenken auf einen Steuerbord querab stehenden Zerstörer. Auf 160 bis 170 hm Entfernung fallen vier Salven zu 24 Schuß. Ohne einen Treffer beobachtet zu haben, stellt Fregattenkapitän Wegener das Feuer ein, denn das Ziel ist nicht mehr auszumachen. Außerdem dreht *Hipper* gerade vor einem neuen Torpedo ab.

»Wir müssen haushalten mit der Munition. Dazu zwingt uns die Erfahrung bei diesen schlechten Beobachtungsmöglichkeiten.«

Die Brücke macht keine Einwände. Auch Hartmann weiß, daß Erfolge gegen Zerstörer nur unter 150 hm zu erwarten sind.

Nachdem 10.06 Uhr auf einen kurz auftauchenden Gegner, auch ein Zerstörer, auf 161 hm eine Einzelsalve die Rohre verließ, läuft 10.15 Uhr ein Zerstörer von achtern an: die *Onslow* mit Captain Sherbrooke an Bord. Sie sind wie Jagdhunde, die ihr Wild aufspüren und angreifen, immer wieder angreifen. Die von *Admiral Hipper* wissen um den Schneid der britischen Zerstörerkommandanten und deren Männer. Der nur heldenhaft und obendrein noch taktisch vollendet und gekonnt zu nennende Kampf der *Glowworm* ist allen, die dabei waren, noch in plastischer Erinnerung, auch die tödliche Gefahr, die damals dem schweren Kreuzer drohte.

Von 10.16 bis 10.23 Uhr nehmen sie in einem 4. Anlauf diesen Gegner mit 48 KZ-Granaten unter Feuer. Die Entfernung ist günstig. Sie liegt bei nur 115 hm. Dazu nimmt sie noch ab.

In zwei aufeinanderfolgenden Salven beobachten sie 10.18 Uhr mehrere Treffer, gleich bei der ersten gerät der Zerstörer in Brand.

Auch die Zehnkommafünf greift ein. Auch sie beobachtet Treffer: drei bei 72 Schuß.

Dieser Zerstörer, also die *Onslow,* die gleich nach dem ersten Treffer 9.18 Uhr auf Süd zu Ost-Kurs ging und ablief, wird von dem eigenen Zerstörer Z-4, *Richard Beitzen,* 10.27 Uhr in stark brennendem Zustand und achteraus sackend beobachtet.

Über die drei eigenen Zerstörer Z-16, *Friedrich Eckoldt,* Z-29 und Z-4, *Richard Beitzen,* ist bisher nur bekannt, daß sie hinter, also westlich von dem Geleitzug gesammelt hatten (Uhrzeitgruppe 9.03 Uhr), dagegen nicht, ob sie bereits angegriffen oder welche anderen Befehle sie bekommen haben. Mit Uhrzeigergruppe 9.07 Uhr hatte der BdK dann befohlen: »Absicht für Gefecht: Erste Division und Z-4, *Richard Beitzen,* zu *Admiral Hipper,* dritte Division und Z-31 zu *Lützow.*«

Um 10.05 Uhr befiehlt darauf der Chef der 5. Z-Flottille durch FT: »5. Z-Flottille sammeln auf das Flaggschiff mit 70°[1].«

Wir wissen heute, daß *Admiral Hipper* als erstes Gegnerschiff die *Achates* beschoß und daß dieser zwei der Zerstörer von Captain Sherbrooke zu Hilfe eilten, wobei der Captain bei diesem Gefecht,

---

[1] Im Gefechtsbericht heißt es weiter (hier als Text bewußt ausgeklammert, weil im gleichen Gefechtsbericht, hier Seite 245, ein Widerspruch). »Um 10.29 Uhr wird im Westen Mündungsfeuer beobachtet, das möglicherweise von den drei Nord-Zerstörern herrührt . . .«

während dem die Schiffe in Rauch und Qualm hinein und wieder heraus traten, jede Gelegenheit nutzte, Torpedos zu feuern.

Der Convoy, hinter einen Rauch- und Nebelschleier gelegt, behielt vorerst, entgegen der bei der Convoy-Konferenz vorgetragenen Absicht Sherbrookes, noch seinen Ost-Kurs bei, welch ein Glück, da er sonst der *Lützow* direkt entgegengelaufen wäre. Da Sherbrooke besorgt war, daß die drei Zerstörer, die er, aber nicht *Admiral Hipper*, in Sicht bekommen hatte, in den Geleitzug einbrechen könnten, schickte er *Obedient* und *Obdurate* mit dem Befehl zurück: *Beide Schiffe* sollten an den Convoy heranschließen. Die *Obedient* lief nach Süden und vereinigte sich 10.16 Uhr mit der aus Westen mit Ostnordost-Kurs anlaufenden *Obdurate*.

Mit den Worten des Kommandanten der *Obedient*, Lieutenant-Commander D. C. Kinloch, »she[1] suddenly pulled herself together«, ... sie errechnete schnell die Entfernung zur *Onslow*, setzte Sherbrookes halbe Artilleriekapazität außer Aktion, schoß dessen Schiff in Höhe des Maschinenraums leck, setzte es in Brand und verwundete den Kommandanten. Sherbrooke befehligte sein Schiff noch so lange weiter, bis ihn ein weiterer Treffer zwang, sich vom Gegner zu lösen. Aber erst, als ihm bestätigt wurde, daß Kinloch das Kommando über die Flottille übernommen hatte, verließ er die Brücke.

Später wird Captain Sherbrooke für seine ›gallant and determined leadership‹ die höchste britische Tapferkeitsauszeichnung, das Victoria-Kreuz, verliehen. Nach Roskill habe auch der Bericht der Schiffsführung der *Admiral Hipper* der geschickten Taktik der britischen Zerstörer, mit der diese die ihnen anvertrauten Schützlinge absicherten, den Respekt nicht versagt.

Es war 10.35 Uhr, als Lieutenant-Commander Kinloch begriff, daß er nun die Befehlsgewalt über die gesamten Sicherungsstreitkräfte hatte. Gerade in diesem Augenblick verschwand sein Hauptgegner, die *Admiral Hipper*, in einer Schneebö.

Und Konteradmiral Burnetts *Jamaica* und *Sheffield?* Was ist mit den Schiffen der Fernsicherung?

Wenige Minuten nach 10.00 Uhr war ein Funkspruch von der *Sheffield* eingegangen, daß sich der Kreuzerverband, der auch um 9.46 Uhr erneut Geschützfeuer im Süden beobachtete, mit südlichem Kurs und 25 Knoten Fahrt nähere, eine Nachricht, welche die Zerstörerkommandanten am Geleitzug aufatmen ließ, glaubte man hier doch, Burnett würde mit seinen Kreuzern noch sehr weit, zu weit abstehen.

Kapitän zur See Hartmann überlegt: »Die Kampfkraft der Feindzerstörer ist mir nicht bekannt. Mit Sicherheit wurden unter ihm

[1] Also *Admiral Hipper*.

die J- und die V- und W-Klasse ausgemacht. Bei der nun im 5. Anlauf 10.36 Uhr auf 57—60 hm beschossenen Korvette handelt es sich wahrscheinlich um einen Zerstörer der J-Klasse. Es ist jedoch leicht möglich, daß außer dem Zerstörer auch Geleitzerstörer eingesetzt sind, die keine Torpedowaffe besitzen. Aber wegen der schlechten Typenerkennung muß ich bei jedem Zerstörer mit einem Zerstörer mit Torpedobewaffnung rechnen.«

Während dieser Gefechtsphase, bei der mit der 3. Salve auf den Gegner ein Treffer erzielt wird, nach dem dort drüben auf der Back die Bereitschaftsmunition brennt, die aber durch die Wassersäule der nächsten Salve wieder gelöscht wird, überlegt Hartmann, wie seinem späteren Gefechtsbericht zu entnehmen ist: »Noch immer ist die Zahl der Zerstörer nicht festgestellt, wahrscheinlich sind es sieben. Die Begründung für die Wahl der einzelnen Gefechtskurse und Angriffsbewegungen ergeben sich aus der Schilderung des Gefechtsverlaufes und aus vorstehenden Betrachtungen. Das Niederkämpfen der Sicherung hätte schneller durchgeführt werden können, wenn auch die Zerstörer der Nordgruppe zum Angriff gekommen wären. Ob dieses möglich war, bzw. ob gute Gelegenheiten hierfür geboten wurden, vermag ich in diesem Rahmen nicht zu beurteilen ...«

Jedenfalls erhält der beim 5. Anlauf angenommene Gegner weitere Treffer. Auf dem Schiff, es ist der kleine Minensucher *Bramble*[1], brennt es erneut. Dann, 10.43 Uhr, nachdem *Admiral Hippers* SA 38 Schuß KZ und die Flak von 10.36 bis 10.40 Uhr 55 Schuß ohne Trefferwirkung verschoß, verschwindet das Ziel im eigenen Qualm.

Der Gefechtsbericht der *Admiral-Hipper*-Gruppe:

»11.06—11.10 Uhr: Auf das gleiche Ziel wie Anlauf 5 zunächst eine Einzelsalve (10.46 Uhr), auf 99 hm. Das Ziel verschwindet und taucht nur ganz kurz auf. Erst um 11.06 Uhr ist auf 71—64 hm erneutes Feuer der SA möglich. Dabei Treffer in drei Salven, die Brände und Detonationen hervorrufen. Der brennende Zerstörer, der während des Gefechts nur schlecht sichtbar ist, kann erst jetzt als solcher erkannt werden. Gegner liegt gestoppt und ist offenbar im sinkenden Zustand. 51 Schuß KZ.

Schwere Flak beteiligt sich von 11.06—11.09 Uhr an Feuer mit 38 Schuß und erzielt zwei Treffer.«

Admiral Hipper, jetzt genau auf SW-Kurs liegend, fährt von 11.21—11.28 Uhr den 7. Angriff: »... Nach einem Anlauf, bei dem eine ruhige Ermittlung der Schießunterlagen möglich ist, wird auf 131—100 hm das Feuer gegen einen Zerstörer eröffnet. 1. Salve Treffer. Gegner brennt im Vorschiff und erhält im weiteren Verlauf

---

1 Commander A. T. Rust. Die *Bramble* war eines der beiden Geleitschiffe, die ein Radar hatten. Sie war am 29. vom Convoy entlassen worden, um einen vermißten Frachter zu suchen, und auf dem Wege, wieder heranzuschließen.

weitere Treffer. Da der Gegner trotz des gutliegenden Feuers nicht abdreht, ist Störung in seiner Schiffsführung wahrscheinlich. Gegner kann als schwer beschädigt angesprochen werden, 52 Schuß.«

Wir wissen heute, daß um jene Zeit, da *Admiral Hipper* und ihre drei Zerstörer 10.30 Uhr auf ONO-Kurs gegangen sind, auch Konteradmiral Burnett nach Osten abgedreht hat (10.32 Uhr), um die Radarkontakte zu überprüfen, jedenfalls verläßt er den Kurs, der ihn schnell und direkt auf die Position jener Zerstörer geführt haben würde. Als Burnett dann an der Steuerbordseite einen Feuerschein beobachtet, dreht er, nachdem er 10.45 Uhr noch ein Feindschiff an Steuerbord beobachtete, neun Minuten später darauf zu, ohne zu wissen, daß es sich bei dem Feuer um jenes auf der tödlich getroffenen *Bramble* handelt.

11.05 Uhr hat Burnetts Flaggschiff, nunmehr auf SSW-Kurs liegend, wieder einen Radarkontakt Steuerbord voraus. Zur gleichen Zeit meldet Commander[1] Kinloch von der zusammen mit den Zerstörern *Obdurate* und *Orwell* und der beschädigten *Onslow* dicht bei dem Convoy stehenden *Obedient* seine Position, eine sehr wichtige Maßnahme, denn zur Stunde weiß der eine britische Verband nicht, wo der andere steht.

11.12 Uhr, also während der Gefechtspause auf *Admiral Hipper*, auf der man zu dieser Zeit noch nichts von der Annäherung der beiden Kreuzer weiß und deren Funkmeßgerät auch keine verdächtigen Zacken in der Richtung meldet, aus der der Gegner anläuft, dreht Burnett auf Kurs S zu W, der ihn auf die Position der fast auf der Stelle kurvenden Zerstörer führen muß.

Roskill schreibt dazu: »... Freilich war die Lage, der sich Burnett konfrontiert sah, zweifelsohne ziemlich konfus, schließlich aber müssen dabei die arktischen Verhältnisse sowie die unsichere Wirksamkeit des Radars berücksichtigt werden. Es hat aber nicht den Anschein, daß die beiden Kreuzer hätten früher eingreifen können. Der Fehler der *Hyderabad*, die zuerst die nicht zu identifizierenden Schiffe meldete, und die lange Zeit, die verstrich, bis die *Obdurate* dessen sicher war, daß sie den Feind vor sich hatte, beides trug zur Verworrenheit der Lage bei, wie sie sich Burnett bot. Und beides war auch der Hauptgrund, daß die Kreuzer von 9.00 bis 9.55 Uhr und 10.35 bis 10.55 Uhr auf Ost-Kurs gingen.

Diese und die nächstfolgende Zeit war dann auch wohl von den größten Sorgen für Kinlochs übernommenes Kommando erfüllt, nachdem er sich von der *Admiral Hipper* gelöst hatte, mit den drei Zerstörern den Convoy übernahm, dabei geschützt vom Qualmen der *Achates*. Die beschädigte *Onslow* hatte sich inzwischen an die Spitze des Geleitzuges gesetzt.«

---

[1] Jetzt befördert.

10.40 Uhr war es dann, als die *Rhododendron* das Insichtkommen von nicht klar zu erkennenden Schiffen meldete. Es war auch hier die Korvette *Hyderabad*, welche die Einheiten zuerst sah und die auch hier eine Meldung unterließ. Es handelte sich hier um den schweren Kreuzer *Lützow* und dessen drei Zerstörer, die mit NO-Kurs aufkamen.

Roskill dazu »... Nur eine durch die göttliche Vorsehung geschickte Schneebö und wohl auch die ›timidity‹ [1] des *Lützow*-Kommandanten bewahrte den Geleitzug vor einer höchst unerfreulichen Lage.«

Diese mächtige deutsche Kampfgruppe hatte nämlich gerade vorher, in nur wenigen Seemeilen Distanz, von Süden kommend, den künftigen Kurs des Geleitzuges und seiner Sicherung gekreuzt. Als sie auf keinen Feind stieß, war sie kurz vor 11.00 Uhr von ihrem O- zu N-Kurs auf OSO-Kurs gegangen, also auf einem Parallelkurs zum Convoy JW-51 B, nicht lange, aber immerhin eine halbe Stunde, um schließlich 11.35 Uhr auf NW-Kurs zu drehen. Welch ein Glück für den Gegner, daß *Lützow* bei der Lage ablief, »um zu warten, bis das Wetter aufklart«.

Das ist auch der Zeitpunkt gewesen, über den Kapitänleutnant Boden später in sein Tagebuch schrieb:

Jedenfalls suchte *Lützow* den Geleitzug eine Stunde lang nordöstlich von seinem tatsächlichen Standort.

Der Zangengriff ist damit mißglückt. Alle acht deutschen Einheiten stehen nun nördlich vom Convoy.

»... Da kam erneut Unruhe in das Schiff, weil von Backbord plötzlich ein großer Schatten auftaucht. Nach wenigen Minuten wird jedoch die *Lützow* erkannt. Diese hatte von Süden an den Geleitzug herangehen sollen, war aber auf eine Schneebö gestoßen. In Anbetracht des Operationsbefehls, nichts zu riskieren, hatte sie die Bö umgangen, weil sie nicht wußte, was dahinterstand. Sie wäre auf den ungeschützten Geleitzug gestoßen; denn die Sicherung schlug sich mit uns im Norden herum. Es zeigte sich hier so deutlich, daß man im Krieg eben etwas riskieren muß, sonst bleiben die Erfolge aus. *Lützow* hätte den ganzen Dampferpulk aufräumen können. So machte sie uns durch ihr Erscheinen an einem Ort, wo wir es nicht erwarteten, kopfscheu, und hatte außerdem auch noch die Sicherung auf dem Halse ...«

In keinem anderen Gefechtsbericht ist indessen etwas über die schemenhafte kurze Begegnung mit der *Lützow* gesagt, lediglich Roskill erwähnt einen ›lahmen‹ Tanker, der achteraus vom Geleitzug fuhr und der »seems to have distracted the *Hipper's* attention

---

[1] Furchtsamkeit, ein hier nicht glücklich gewähltes Wort, für das Roskill besser Vorsicht gesetzt haben sollte. Es kann aber auch mit ›zaghaft‹ übersetzt werden.

and disorganized her gunnery control«, der also, ins Deutsche übersetzt, *Admiral Hippers* Aufmerksamkeit verwirrt und die Artillerieleitung durcheinandergebracht haben soll . . .

Während der Convoy seiner Vernichtung durch *Lützow* entging, steuerte *Admiral Hipper* gerade vorher, von 10.30 bis 10.38 Uhr, mit großer Fahrt ONO, einen Kurs, der, wie Roskill berichtet, zur Vernichtung der *Bramble* führte, der aber doch nicht direkt mit dem Ende des kleinen Minensuchers zu tun hatte. Doch darüber später.

Die *Hyderabad,* das Unglücksschiff empfing noch die Feindmeldung des Minensuchers, dann war Schweigen.

Gegen 11.00 Uhr klarte es endlich auf und Kinlochs Zerstörer sichtet erneut die jetzt nordöstlich stehende *Lützow.* Die *Obedient* und deren Begleitzerstörer setzten sich sofort zwischen den schweren Kreuzer und den Convoy und nebelten, offenkundig mit Erfolg, denn *Lützow* drehte nicht zurück.

Zur gleichen Zeit kam für die im Norden auf Süd-Kurs liegende *Admiral Hipper* aus dem verwehenden Rauch die *Achates* heraus, die sich gerade auf dem Marsch zum Convoy-Zerstörer befand.

Die *Achates* war also das Ziel, das zwischen 11.06 bis 11.10 Uhr[1] beschossen worden ist.

Über ihr Ende berichtete später, am 25. Januar 1943, die *Times.* Hier ist ein Auszug:

». . . Leutnant L. E. P. Jones, Erster Leutnant auf HMS *Achates,* sagte: . . . ›Unser Anteil an der Schlacht dauerte vier Stunden. Um 9.30 Uhr vormittags sahen wir achteraus in der Dunkelheit Mündungsfeuer. Es war ein deutscher Kreuzer der *Hipper*-Klasse und wir waren die Schießscheibe. Wir qualmten, um die Handelsschiffe einzunebeln, und das ließ uns selbst ziemlich sichtbar werden. Das eight-inch-Feuer[2] des Kreuzers war sehr genau, und nach fünf Minuten waren wir bereits im Vorschiff getroffen. Das Vorschiff wurde innen überflutet, ein kleines Feuer brach aus. Während wir uns abkämpften, um Wasser und Flammen unter Kontrolle zu bekommen, war die Zerstörer-Flottille, von Captain Sherbrooke geführt, zum Angriff übergegangen. Der Feind war für eine Zeit genügend beschäftigt, aber er kam wieder auf und versuchte durch den Geleitzug durchzubrechen. Noch einmal waren wir die erste Zielscheibe.

Es gelang gerade, den Wassereinbruch unten im Vorschiff zu kontrollieren, als die Brücke einen direkten Treffer erhielt. Nur die Rudergänger und der Signalgast blieben am Leben, aber sie fuhren weiter, bis ich übernahm. Ich steuerte einen Zick-Zack-Kurs und machte weiterhin Rauch. Wir aber waren wieder getroffen, dann

---

[1] Bei Roskill 11.15 Uhr, was laut Artilleriebericht der *Admiral Hipper* nicht stimmen kann. R. schreibt weiter, daß die *Achates* 11.18 Uhr Treffer erhielt und dann sank.

[2] 8 inch = 20,3 sm.

erneut. Nun rauschte Wasser in den Kesselraum. Einige Seeleute wurden bei Nahtreffern durch Splitter getötet, die Backbordseite wurde wie ein Pfeffertopf durchlöchert. Wir versuchten weiterhin, den Geleitzug zu schützen und uns weiter über Wasser zu halten. Wir verminderten die Geschwindigkeit, um das Wasser im Vorschiff niedrig zu halten, aber allmählich bekamen wir dann doch immer mehr Schlagseite nach Backbord.

Schließlich berichteten die Ingenieure, die unter schwierigsten Verhältnissen ihren Dienst versahen, daß sie in dem übriggebliebenen Kessel keinen Dampf mehr halten könnten.

Wir sackten achteraus und der Signalgast machte, obwohl verwundet, einen Winkspruch an einen Trawler, in unsere Nähe zu kommen. Anfangs hoffte ich, daß er in der Lage sein würde, uns abzuschleppen, aber die *Achates*[1] krängte noch mehr über.‹

Als der Geleitzug weiterfuhr, bildeten die übriggebliebenen Offiziere und die Besatzung Spalier an Deck. Die Ingenieure bliesen den Dampf von den Kesseln ab, um eine Explosion zu vermeiden; wenn die heißen Kessel vom kalten Seewasser überflutet werden . . . Zigaretten wurden herumgereicht, und jeder stand klar, um ins Wasser zu steigen.

Es war kalt, die See hatte eine Temperatur von 33 Grad Fahrenheit[2]. Die Verwundeten wurden von ihren Kameraden über Wasser gehalten, bis Handelsschiffsoffizier H. C. Aisthorpe, RNR[3], mit HMT *Borthern* die Überlebenden aufnahm.

Der Trawler ging am nächsten Tag bei steifer Brise längsseits eines Zerstörers, um einen Doktor für die Verletzten zu holen. ›Es war hervorragende Seemannskunst‹, berichtet Leutnant Jones. ›Das Wetter war zu schlecht, um ein Boot auszusetzen, und es bedurfte schwieriger Manöver, die Schiffe so zusammenzubringen, daß der Doktor überspringen konnte.‹

Der Wundarzt des Zerstörers führte 12 Operationen auf dem geteerten, rollenden und schmutzigen Deck des Trawlers aus, ehe sie einen Hafen erreichten. Zwei Unteroffiziere hielten die Patienten auf dem improvisierten Operationstisch fest, während Leutnant Jones für die Betäubungsmittel sorgte.«

Soweit die *Times*.

Der deutsche Gefechtsbericht gibt folgendes, ergänzendes Bild zur Gesamtlage dieser Phase:

». . . Inzwischen[4] kommen von Westen her die drei eigenen Nord-

---

[1] Die *Achates*, deren Verhalten Admiral Tovoy als ›magnificent‹ bezeichnete, war ein Schwesterschiff der *Acasta* und *Ardent*, die bei der Verteidigung der *Glorious* verlorengingen.

[2] + 32° Fahrenheit = 0° Celsius.

[3] Royal Navy Reserve.

[4] Nach 10.32 Uhr, als das Feuer des 4. Anlaufs eingestellt wurde.

Zerstörer Z-16, *Friedrich Eckoldt,* Z-29 und Z-4, *Richard Beitzen,* langsam Steuerbord achteraus auf. Um 10.26 Uhr gibt Z-16, *Friedrich Eckoldt,* an BdK ›Steure 100°, habe ein Schiff voraus, sind Sie das?‹ worauf vom BdK an alle gegeben wird: ›*Admiral Hipper* Kurs 75°, 31 kn.‹

10.38 Uhr ist sich Z-16, *Friedrich Eckoldt,* noch nicht im klaren, ob das vor ihm ablaufende Schiff *Admiral Hipper* ist, und fragt durch UK an:

›Ich folge, bitte bestätigen, daß Sie das Feuer eröffnet haben.‹

Darauf folgt diese Antwort *Admiral Hippers:* ›Habe Feuer gegen eine Korvette eröffnet.‹

Während *Admiral Hipper* nun langsam zum nochmaligen Angriff gegen den zunächst als Korvette angesprochenen Gegner nach Süden dreht, meldet Z-16, *Friedrich Eckoldt,* 10.44 Uhr:

›Steuerbord voraus ein Flugzeug.‹

Admiral Hipper hat die Maschine nicht gesichtet. Wahrscheinlich handelt es sich um eine um 7.24 Uhr gestartete Ju 88 des Fliegerführers Nord (Ost), die zwischen 22° und 32° Ost aufklären soll und um ihre um 11.55 Uhr vom Fliegerführer ausgestrahlte Meldung:

›Kr. Kr. 10.55 Uhr in 37 Ost 0464 feindliches Geleit, etwa 15 Handelsschiffe und Bewacher, Kurs 360°, geringe Fahrt.‹

Der angegebene Standort stimmt mit dem des vom BdK angegriffenen Verbandes annähernd überein.

10.45 Uhr gibt der BdK an die 5. Z-Flottille den UK-Befehl, die in 155° stehende Korvette, die von *Admiral Hipper* beschossen wurde, zu vernichten. Die Ausführung des Befehls erfolgt nicht gleich, da auf Z-16, *Friedrich Eckoldt,* sinnentstellend ›vernichtet‹ statt ›vernichten‹ verstanden wurde, wodurch eine längere Klärung notwendig war. Erst 11.08 Uhr, als der 2. Gefechtsabschnitt *Admiral Hippers* gegen diesen Gegner kurz vor seiner Beendigung steht, meldet die 5. Z-Flottille an den BdK:

›Gehe zur Vernichtung an Korvette heran.‹

Z-16, *Friedrich Eckoldt,* dreht nach Osten und eröffnet das Feuer. Im weiteren Gefechtsverlauf wird außer nach einiger Zeit beobachtetem Mündungsfeuer nichts mehr von ihm gesehen.

Z-29 dreht, nachdem sie kurz der Z-16, *Friedrich Eckoldt,* gefolgt war, hinter *Admiral Hipper* her, Z-4, *Richard Beitzen,* die im Vorbeilaufen einige Salven auf den Zerstörer[1] abgegeben hatte, bleibt weiterhin bei *Admiral Hipper.*

11.16 Uhr kommt in 160° *Lützow* mit den drei Süd-Zerstörern, also im Osten vom Geleitzug, in Sicht. Es wird ES ausgetauscht. Westlich von *Lützow* steht der Geleitzug mit nicht erkennbarem

---

[1] Korvette.

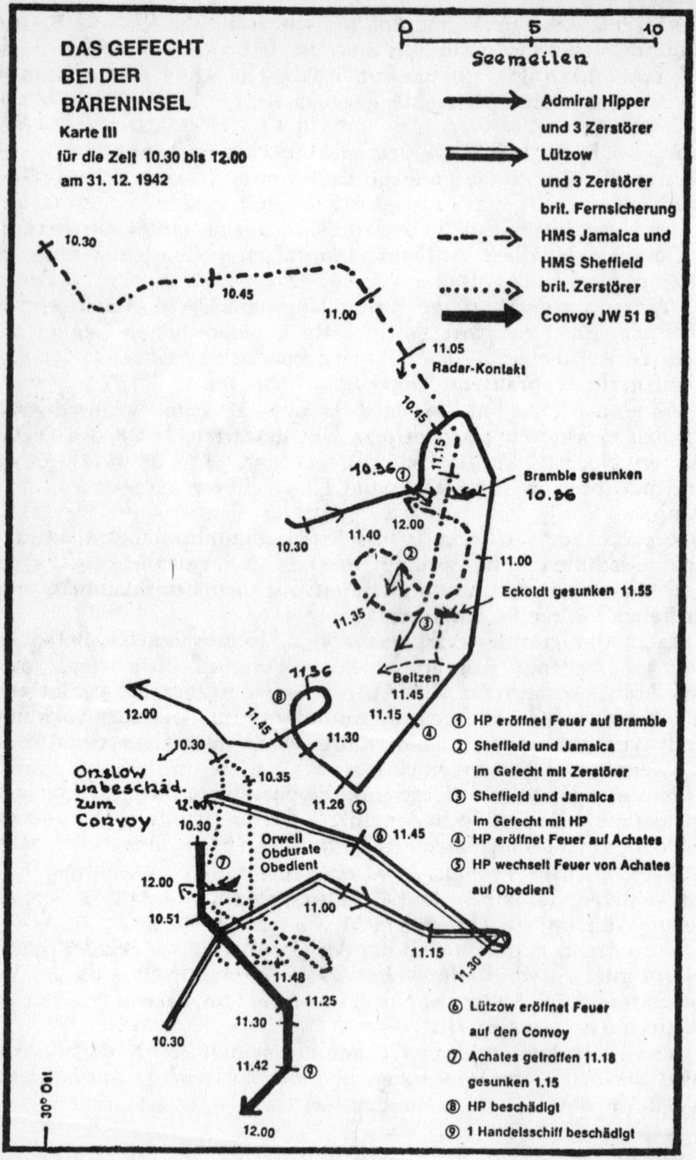
DAS GEFECHT
BEI DER
BÄRENINSEL
Karte III
für die Zeit 10.30 bis 12.00
am 31. 12. 1942
0 5 10
Seemeilen
Admiral Hipper
und 3 Zerstörer
Lützow
und 3 Zerstörer
brit. Fernsicherung
HMS Jamaica und
HMS Sheffield
brit. Zerstörer
Convoy JW 51 B
10.30
10.45
11.00
11.05
Radar-Kontakt
10.45
11.15
10.36 ①
Bramble gesunken
10.36
12.00
11.40
10.30
11.00
Eckoldt gesunken 11.55
11.35
Beitzen
11.45
11.36
⑧
12.00
11.45
11.30
11.15
10.30
Onslow
unbeschäd.
zum
Convoy
10.35
12.00
10.30
11.26 ⑤
⑥ 11.45
Orwell
Obdurate
Obedient
12.00
10.51
11.00
11.15
11.30
11.48
11.25
11.30
10.30
11.42 ⑨
12.00
30° Ost
① HP eröffnet Feuer auf Bramble
② Sheffield und Jamaica
im Gefecht mit Zerstörer
③ Sheffield und Jamaica
im Gefecht mit HP
④ HP eröffnet Feuer auf Achates
⑤ HP wechselt Feuer von Achates
auf Obedient
⑥ Lützow eröffnet Feuer
auf den Convoy
⑦ Achates getroffen 11.18
gesunken 1.15
⑧ HP beschädigt
⑨ 1 Handelsschiff beschädigt

Kurs. Die Dampfer liegen auf verschiedenen Kursen und haben möglicherweise auf das Erscheinen der *Lützow* im Osten hier von ihrem Generalkurs abgedreht. 11.20 Uhr gibt der BdK durch UK den Befehl:

›*Lützow* mit Zerstörern auf Spitze des Geleitzuges, *Admiral Hipper* mit Zerstörern auf Ende des Geleitzuges operieren.‹

Admiral Hipper eröffnet auf Kurs 220°, der auf den NW-Teil des Geleites führt, um 11.21 Uhr Feuer auf 131 hm auf einen Zerstörer, der mit der 1. Salve getroffen wird und brennt. Schwere Beschädigung ist wahrscheinlich. Nach wenigen Minuten wird wegen Torpedogefahr um 9 Dez abgedreht und auf einen zweiten Zerstörer um 11.30 Uhr mit der SA das Feuer eröffnet. Ein Treffer wird beobachtet.

In der Sicherung des Geleitzuges waren bis jetzt nur Zerstörer (darunter mit Sicherheit *Jervis-* und *V-* und *W*-Klasse) festgestellt worden. Es kann sich daher zum Teil auch um schnelle Geleitboote (*Hunt*-Klasse, *V-* und *W*-Klasse) gehandelt haben. Die U-Boot-Fühlungshaltermeldungen sprachen von leichter Sicherung durch Zerstörer bis zu einem Kreuzer.

Ab 11.30 Uhr kam eine Reihe von UK-Fragen von Z-16, *Friedrich Eckoldt,* an den BdK. Aus diesen ging hervor, daß der Zerstörer im unklaren über Art und Freund- oder Feindzugehörigkeit von ihm gesichteter Fahrzeuge ist. Von BdK geht mit Uhrzeitgruppe 11.36 ein FT aus:

›Gefecht mit Sicherungsstreitkräften. Keine Kreuzer am Geleitzug.‹

Tatsächlich aber wird 11.32 Uhr *Admiral Hipper,* die 310° steuert und noch den Zerstörer in rw. 190°[1] beschießt, plötzlich wirkungsvoll aus Feuerlee beschossen, ohne das Herannahen eines neuen Gegners bemerkt zu haben ...«

Soweit der Gefechtsbericht des Kommandanten der *Admiral Hipper,* der erkennen läßt, was man zur Stunde wußte und was nicht.

Bei diesem achten Anlauf der *Admiral Hipper,* der von 11.30 bis 11.32 Uhr gefahren wurde, hat der IAO in dem überhöhten Turm auf Sprenggranaten mit Bodenzünder übergehen lassen, um den Vorrat der Spgr.-KZ zu strecken. Bei einem kurzen Feuerüberfall auf 112 hm bis 116 hm wird ein Zerstörer im Süden beschossen, wobei bei 24 Schuß ein Treffer beobachtet werden kann.

Jetzt aber, da *Admiral Hipper* so unerwartet aus Feuerlee beschossen wird, kommt es zu einer dramatischen Situation.

Der Übergang der Batterie auf die feindlichen Kreuzer. Während dieses Zielwechsels fallen die Feindsalven in schneller Folge.

---

[1] rw. = rechtweisend.

Ihre Granaten liegen nahe bei *Admiral Hipper.* Die Fontänen bieten ein geschlossenes Bild.

Im artilleristischen Bericht heißt es über diese Lage:

»Der neunte Anlauf:

Das Feuer von Anlauf acht wird abgebrochen aufgrund des Einsatzbefehls: ›SA auf den Zerstörer in 45°.‹ Da die Türme und E-Geräte erst um 180° herumgeschwenkt werden müssen, wird das Feuer auf dieses Ziel erst um 11.34 Uhr eröffnet. Das Ziel wird vom IAO beim Auffassen sogleich als ein britischer Kreuzer der *Southampton-* oder *Fiji*-Klasse ausgemacht: Große Brücke, schrägstehender vorderer Schornstein und feuernde Turmgruppen vorn und achtern sind deutlich auszumachen. Gegner läuft hohe Fahrt (31 kn geschätzt) ...«

Admiral Hipper hat inzwischen zum Passiergefecht gedreht:

Die erste Salve liegt kurz, Seite gut. Nach dem Abschuß der zweiten Salve ist im Zielgeber nichts mehr auszumachen. Es wird zunächst Verqualmung durch Schornstein oder Treffer angenommen. Da das Schiff im Drehen ist und Seitenwechsel zu erwarten ist, wird der Backbord-Zielgeber besetzt. Auch mit diesem Gerät ist nichts zu beobachten. Darauf erfolgt Anfrage zunächst beim achteren Stand, dann am vorderen Stand, ob das Ziel auszumachen ist. Beide Stände verneinen. Der achtere Stand ist durch Qualm vom Schornstein und der brennenden Flugzeughalle[1] verdeckt. Der vordere Stand ist durch das Eis auf der Klarsichtscheibe des Zielgebers blind. Kurzaufschläge des Gegners sind die Ursache.

Eine Abgabe der Leitung an die anderen Stände ist also nicht möglich. Da die eigene Artillerie schweigt, wird zur Störung der Gegner-Artillerie mit Hartruder auf 270°, anschließend 240° gedreht und damit der Gegner recht achteraus genommen. Gleichzeitig Nebelverwendung. Der IAO begibt sich daraufhin auf den Flak-Einsatzstand, um Überblick zu gewinnen und stellt dabei einen gleichmäßigen Eisüberzug auf der Optik des Zielgebers fest. Ob dieses Eis ebenfalls durch die Wassersäulen von Kurzaufschlägen, die bis zur Höhe des Vormarses hinaufreichten, herrührt, kann geklärt werden: In der Tat sind die Kurzaufschläge die Ursache. Nach Entfernen des Eisbelages kann nach zweieinhalb Minuten Feuerunterbrechung weitergefeuert werden ... und nach Beseitigung der Störungen, denn:

Diese zweieinhalb Minuten, in denen der Gegner die Feuerüberlegenheit hatte und gut am Ziel liegt[2], waren für das Gefecht von entscheidender Bedeutung. Sie haben dem Schiff drei Treffer einge-

---

[1] Vgl. 3. Treffer Seite 253.

[2] Und während der die Artillerie und die E-Geräte erst herumschwenken mußten.

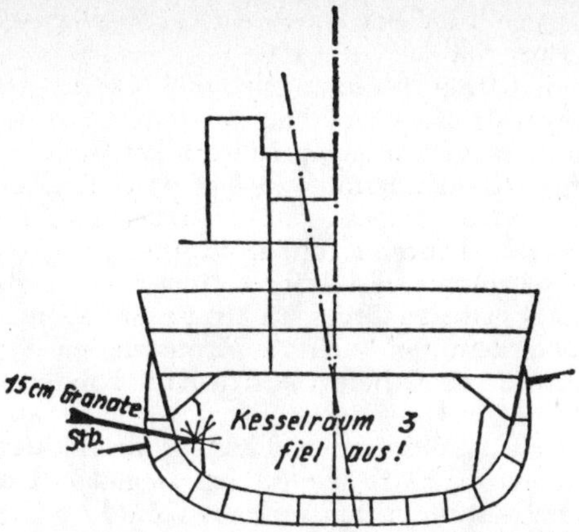

Der Zufallstreffer, als die *Admiral Hipper* gerade hart drehte, überkrängte, so daß er die nichtgepanzerte Außenhaut unter dem Gürtelpanzer traf

bracht. Die artilleristische, sonst günstige Erfolgsmöglichkeit mußte wegen der Vereisung ungenutzt bleiben.

Blenden wir zurück auf die Zeit, da der 8. Anlauf abgebrochen wurde:

Den ersten Treffer erhielt *Admiral Hipper* um 11.34 Uhr. Tragisch ist, daß sich gerade die Maßnahmen, die der Kommandant befahl, um das Gegnerfeuer auszumanövrieren, für den schweren Kreuzer zum Nachteil auswirken. Die 15,2-cm-Granaten des Gegners treffen *Admiral Hippers* Steuerbordseite ausgerechnet in dem Augenblick, da das Schiff unter der Hartruderlage nach Steuerbord überkrängt und diese Seite höher aus dem Wasser herauskommt.

Die Granate kracht also auf die Außenhaut des schweren Kreuzers, und zwar hier unterhalb des Gürtelpanzers, auf einen ungepanzerten Bereich des Schiffskörpers, den dieses Geschoß normalerweise nicht erreicht haben würde. Wieder einmal einer jener unglücklichen Zufallstreffer, ähnlich dem, der das Ende des Schlachtschiffes *Bismarck* heraufbeschwor ...[1]

Die Granate frißt sich beim Spant 124 in etwa 3,5 Meter unter der Wasserlinie durch die Außenhaut und detoniert im Innenwall neben dem Kesselraum K 3 der Abteilung VIII und reißt die Bunkerwand zum Kesselraum 3 beim achteren Steuerbord-Brenner-Hilfsblock auf. Durch das Leck eindringende Wasser überflutet den Kesselraum, aufschwimmendes Öl entzündet sich später an den Kes-

[1] Siehe Brennecke ›Schlachtschiff *Bismarck*, Höhepunkt und Ende einer Epoche‹, bei Koehlers Verlagsgesellschaft, Jugenheim.

seln, kann aber mit Ardexin[1] gelöscht werden. Der Maschinenmaat Günter Walter ist das einzige Opfer, er ertrinkt. Er hatte eine schwere Kopfverletzung davongetragen und war besinnungslos, als ihn die eindringenden Wassermassen überfluteten. Aber den an den Beinen und am Kopf verwundeten Maschinenhauptgefreiten Heinz Hess, den zerren sie noch heraus, den schleppen sie noch auf den Gefechtsverbandsplatz.

Der K 3 läuft voll. Tausend Tonnen Wasser gelangen ins Schiff[2].

Wie die Männer in den Kesselräumen den Treffer erlebten, schildert der 2. Kesselingenieur, Oberleutnant (Ing.) Dr. Ing. von Pawel:

»... Gleich nach dem K-3-Treffer meldete ich dem LI, Korvettenkapitän (Ing.) Dipl.-Ing. Schäfer, auf dem Maschinenleitstand den Stand der Ölanlage und die Verteilung des Heizöls auf die einzelnen Bunker. Daraus resultierte der Entschluß des LI, das Heizöl aus dem Vorpiek über ins Zwischendeck zu legenden Ölübernahme-Schlauchleitungen nach achtern zu pumpen. Dadurch sollte das mit dem Bug durch das Vollaufen von K 3 tief im Wasser liegende Schiff vorn wieder angehoben werden, um den Fahrtwiderstand zu verringern.

Da die durch K 3 führende Heizölförderleitung unbrauchbar war, ergab sich das Legen der Schläuche durchs Zwischendeck trotz der Brandgefahr als notwendig. Die Maßnahme wurde noch während des Gefechts unter schwierigen Bedingungen durchgeführt und erzielte den gewünschten Erfolg.

Im Kesselraum 2 zeigte sich mir folgendes Bild: Durch die Detonation im benachbarten, jetzt vollgelaufenen Kesselraum 3 waren Undichtheiten an den Schottstopfbuchsen im Querschott nach K 3 aufgetreten. In großen und kleinen Kaskaden strömte das Wasser herab, füllte immer mehr die Bilge, stieg über die Flurplatten und bedeckte in den Feuerräumen der Kessel die unteren Rohre, die so der Flammenstrahlung entzogen wurden. Um den Druck zu halten mußte den Brennern mehr Öl gegeben werden. Die Folge war aber ein so starkes Ansteigen der Dampftemperatur im Überhitzer, daß die Warmfestigkeitswerte der Rohre überschritten wurden und, um Schäden zu vermeiden, K 2 Feuer ausmachen mußte. Diese störende Lage entstand dadurch, daß die Lenzpumpen diesem Wassereinbruch nicht gewachsen waren, die Leckpumpen aber wegen unrichtiger Lage der Saugstutzen nicht voll in Aktion treten konnten.

Der Ausfall von K2 und K 3 mit je 200 t/h Dampferzeugung entfielen zeitweise zwei Drittel der Maschinenleistung. Da unglücklicherweise zu dieser Zeit Kraftwerk 1 Salz im Speisewasser zeigte,

---

1 Ein Tetrachlorkohlenstoff-Präparat, das dem Namen einer Feuerlöschmittel-Firma angeglichen wurde.

2 Der Schaden an Kesselraum drei ist übrigens nie repariert worden, so daß *Admiral Hipper* in diesem Gefecht letztmals Höchstgeschwindigkeit gelaufen ist.

muß in diesem Kraftwerk Wasserwechsel gemacht werden. Vorübergehend kann das Schiff, das nun fast seiner ganzen Antriebskraft beraubt ist, nur 5 Knoten Fahrt machen. Nach Beseitigung dieser Störung hat dann aber Kraftwerk 1, also die Mittelwelle, wieder Dampf auf für 19 Knoten. In größter Eile wurde auf Befehl LI dann die Gefechtsgrundschaltung durchbrochen und K 1 sowie später nach Klarwerden auch K 2 auf alle drei Turbinen geschaltet, so daß dann Dampf auf für 27 Knoten war. Diese komplizierten Umschaltungen waren nur dadurch so schnell durchzuführen, da durch das ständige praktische Üben der verschiedenen Trefferbilder in Ruhezeiten, z. B. seinerzeit im Drontheim-Fjord, das Maschinenpersonal so präzis Hand in Hand arbeitete, daß alles wie bei einer Übung ablief.

Bemerkenswert ist noch der Totalausfall von E-Werk III infolge Überflutung durch undichte Schottstopfbuchsen nach K 3. Dort war also der ähnliche Zustand aufgetreten, den ich bereits bei K 2 schilderte.

Ferner ist erwähnenswert, daß durch Dochtwirkung in der Kabelverbindung zwischen E-Werk III und E-Werk I etwa zwei Stunden später die Schalttafel E-Werk I Wasser bekam, ausfiel und den Totalausfall der E-Leistung des E-Werks I nach sich zog. Anschließend war auf dem Rückmarsch nur noch das E-Werk II klar, um das Schiff mit E-Energie zu beliefern.«

Bei der SA sind, wie aber erst von Fall zu Fall und später festgestellt wird, wichtige Kabel zerschossen worden. Es sind ausgefallen:

die Zentralabfeuerung der achteren Rechenstelle;
die Zielrichtungssteuerung des Schußwertrechners achtern;
die Havarieschaltung für Vormars;
die Überleitung der Mutterrichtwerte.

Vorübergehend treten durch den geschilderten Totalausfall des E-Werkes III Unterbrechungen in der Stromspeisung für Mutterricht, Feuerleitung, Drehhaube und den Turmbetrieb auf.

Wer solches liest, muß annehmen, die *Admiral-Hipper*-Artillerie ist zum Schweigen verdammt. Jetzt aber zeigt sich das Zusammenspiel der Kräfte, beweisen sich die zum x-tenmal durchexerzierten Störungen:

was geschieht, wenn . . .

Durch kurzfristigen Übergang auf die achtere Rechenstelle, durch die Schaltung auf Nullgeber bei Ausfall der Mutterrichtwerte sowie durch Schaltung der Reserve-Speisungen kann auf allen Stellen ohne weiteres weitergefeuert werden.

Die Flak hatte Totalausfall des Steuerbord vorderen Flakleitstandes gemeldet: das ist für die alten Hasen an Bord auch kein Problem. Sie schaffen eine Überleitung zwischen der vorderen und achteren

Flakschaltstelle. Dadurch können beide Zehnkommafünf-Batterien auf die achteren Flakleitstände geschaltet werden.

Welch eine Fülle an Problemen, an schnellen Entschlüssen, an sicheren Entscheidungen, an detaillierter Schiffskenntnis verrät der Abschlußbericht über die Folgen des Wassereinbruchs in K 3:

»Nach Beendigung des Gefechts wurde K 3 aufgegeben. Nachdem der Raum vollständig unter Wasser stand, zogen die zerschossenen Kabel allmählich Wasser. Um Wassereinbruch in die Schaltstelle zu vermeiden, wurden gekappt:

in der Mutterricht sechs Kabel;

in der vorderen Flakschaltstelle zwölf Kabel;

in der Hauptschaltstelle zwei Kabel.

Im ganzen weisen ca. 30 Kabel der Seeziel- und Flakanlage Ader- und Schiffsschluß auf. Durch Behelfsschaltungen mit Bordmitteln und Ausnutzen von im Schiff liegenden Reservekabeln sind alle Gefechtswerte ohne Werfthilfe im Einsatzgebiet wieder mit unerheblichen Einschränkungen in Betrieb gesetzt worden, außer Havarieschaltung für Vormars. Für diese Schaltung wird wenigstens eine teilweise Inbetriebnahme versucht.

Fürchterliches erlebt der Sanitätsobergefreite Stifft. Er stand, als es zur Feindberührung mit den Kreuzern kam, in der Nähe der Katapultanlage auf dem Oberdeck. Als die ersten Wasserfontänen beim Schiff hochgingen, rief ihn ein Befehl, auf dem Hauptgefechtsverbandsplatz zu erscheinen.

Dort tragen sie gerade einen schreienden Kadetten herein.

»Betäubt mich, ich will sterben.«

Entsetzlich seine Schreie, seine Bitten. Dieser Schwerverwundete war von dem 2. Treffer erwischt worden. Die Granate, die, da *Admiral Hipper* gedreht hat, 11.35 Uhr an Backbordseite in Abteilung VII Zwischendeck auftrifft, durchschlug als Ausbläser die mittschiffs liegenden Räume und blieb an Backbord liegen.

Auf ihrem Weg durch das Schiff traf sie den Kadetten, sie riß ihm den Oberschenkel ab, zerfetzte das Gesäß, verletzte das Rückgrat und verwundete weitere Kameraden des unglücklichen Kadetten.

Die bei dem 1. oder 2. Treffer hervorgerufenen Brände lassen sich mit Hilfe des an Bord eingebauten *Ardexin*-Feuerlöschgerätes löschen. Aber:

Bei der Entnahme wird an einem der *Ardexin*-Schränke eine Undichtigkeit festgestellt.

»Wahrscheinlich durch Treffererschütterung«, ist eine der Erklärungen.

»Kann sein, auch durch die Erschütterungen der eigenen Artillerie.«

Der Schaden wird als ›behoben‹ gemeldet.

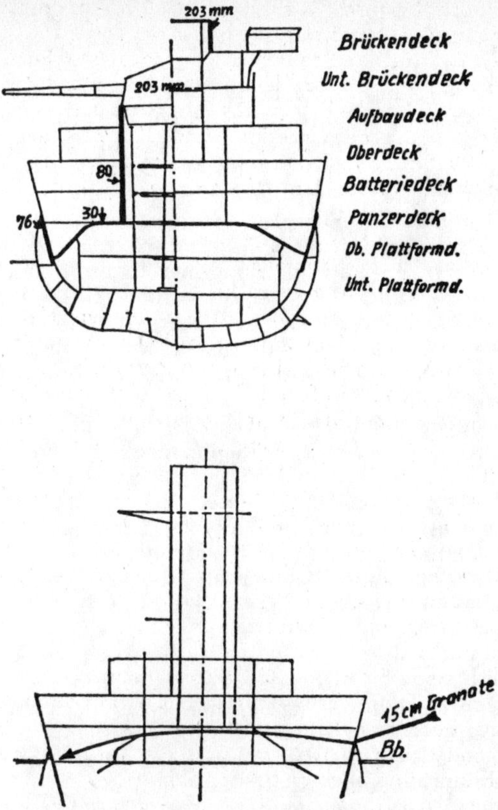

Der zweite Treffer

Mag sein, daß es so war, aber Tatsache ist, daß inzwischen eine Menge *Ardexin* in einen Raum der Abteilung VII gelangt. Dieses *Ardexin* hat, wenn es ›vergast‹, ein großes spezifisches Gewicht, fließt dann am Boden entlang und ist tückisch und gefährlich wie tausend Schlangen ...

Noch einen dritten Treffer dieser wie eine MG-Garbe wirkenden Salve muß *Admiral Hipper* einstecken, auch um 11.35 Uhr. Die Granate fährt in die Flugzeughalle, detoniert und beschädigt das Bordflugzeug. Die Halle brennt. Das ziemlich heftig tobende Feuer kann aber bald unter Kontrolle gebracht und gelöscht werden.

Durch Splitter, die möglicherweise auch von anderen Einschlägen neben dem Schiff herrühren, fällt auch das auf dem Katapult stehende Flugzeug aus.

Später heißt es im Gefechtsbericht über den Einsatz der Leckwehr:

»Die Leistungen der Leckwehr waren sehr gut. Der Leckwehringenieur hat die Bekämpfung der Trefferfolge mit Ruhe, Umsicht und großer Fachkenntnis teils von der Zentrale aus, teils am Ort geleitet. Der Pumpenmeister und alle Leckwehrgruppenführer haben ihre Aufgabe mit Verantwortungsgefühl selbständig und einsatzfreudig gelöst. Auch die Unteroffiziere und Mannschaften, vor allem die älteren, haben ruhig und ohne Zögern die richtigen Maßnahmen durchgeführt. Der Befehls- und Meldeverkehr zwischen allen Unterstellen und mit der Leckwehrleitung blieb jederzeit aufrechterhalten, so daß diese sich stets rasch ein Bild von der Lage machen konnte. Die Brandbekämpfung wurde sachgemäß und schnell durchgeführt.

Auf die ungenügende Leistung der Lenzpumpen und die zu hohe Lage der Saugstutzen der Leckpumpen, die dann zum vorübergehenden Ausfall auch von K 2 führten[1], wird besonders hingewiesen ...«

»... Der Gegner dreht nach diesem Erfolg hart nach Steuerbord ab«, so heißt es dann noch im deutschen Gefechtsbericht, und weiter: »Sein Verhalten läßt einen Treffer möglich erscheinen. Im Gefecht gegen den Kreuzer[2] wurden 20 Schuß KZ und BdZ verschossen, der Übergang auf PS-Granaten konnte sich noch nicht auswirken.«

Noch ein anderes entscheidendes Ereignis fällt in die Zeit unmittelbar nach den Treffern und der Verminderung der Geschwindigkeit.

Ein Funkspruch wird auf der Brücke vorgelegt. Trotz der Kälte verfärbte sich das Gesicht des Admirals, als er den Inhalt liest. Und dieser lautet: »Kein unnötiges Risiko.«

»Das heißt«, folgert der Befehlshaber, »Gefecht abbrechen, nach Hause marschieren.«

Der Kommandant, Kapitän zur See Hartmann, ist anderer Auffassung. Er widerspricht: »Aber das ist doch ein Zufall, daß diese Treffer und dieses FT fast zusammenfallen.«

Der Admiral nickt. Er ist ärgerlich. Er macht kein Hehl daraus, regelrecht wütend zu sein, Gefecht und Unternehmung abbrechen zu müssen ... er sähe aber keine andere Wahl.

»Ich sehe dennoch eine«, erklärt Hartmann sehr bestimmt.

»Welche?«

---

1 Damit waren mit K 3 auch K 2, also insgesamt acht Kessel ausgefallen, daher die Fahrtminderung bis auf 15 Knoten.

2 Das andere Schiff wurde auch als Zerstörer angesprochen.

»Den Befehl ignorieren ...«, und leise fügt er hinzu: »... wenn es überhaupt einer ist, Herr Admiral.«

»Natürlich ist es einer, Hartmann, was sonst!«

Nach den britischen Angaben verlief das Gefecht anders, wobei die deutschen Angaben präziser sind und daher als korrekt angesprochen werden müssen.

Die britischen Kreuzer haben nach Roskill die *Admiral Hipper* bereits um 11.30 Uhr gesichtet, angegriffen und auf sieben Seemeilen Distanz sofort einen Treffer erzielt, der die Geschwindigkeit des Deutschen auf 28 Knoten reduzierte. Sie (die *Admiral Hipper*) war langsam mit der Antwort, drehte dann auf die englischen Schiffe zu, machte Rauch und änderte ihren Kurs nach rechts, wobei sie in diesem Augenblick zwei weitere Treffer erhielt. Kummetz befand sich plötzlich in einer kritischen Situation, denn er stand nun zwischen den Kreuzern und den Zerstörern. Er befahl all seinen Schiffen, sich vom Gegner abzusetzen und nach Westen zurückzuziehen. *Sheffield* und *Jamaica* folgten auf dem Fuße[1] und die Entfernung fiel dabei bis auf weniger als 8000 Yards. Unglücklicherweise geriet das Schiff für einige Minuten in Qualmwolken, gerade, als es möglich war, sie mit Wirkungsfeuer auf kurze Entfernung zu treffen. Sie entkam also ohne weitere Schäden ...

Der deutsche Kurz-Gefechtsbericht sagt, um vorher Gesagtes zu untermauern ...:

»Als die Artillerie um 11.38 Uhr wieder klar ist und erneut feuert, dreht der britische Kreuzer unter dem Einfluß gut liegender Aufschläge von *Admiral Hipper* nach Osten ab und verschwindet im Qualm. Dabei bekommt ihn *Friedrich Eckoldt* in Sicht.«

Um die gleiche Zeit, 11.40 Uhr, kommt es zu einer anderen Begegnung in diesem so schnell wechselnden Gefecht mit seinen fast konfusen Situationen:

Lützow und deren drei Begleitzerstörer, die sich mit westlichen Kursen dem südwestlich von ihnen stehenden Geleitzug weiter genähert haben, eröffnen das Feuer auf diesen. *Lützow* beschädigt einen Frachter[2].

---

[1] Siehe auch die (noch dazu) nach einer englischen Gefechtsskizze gezeichnete Karte.

[2] Hier muß darauf hingewiesen werden, daß nach dem Eingreifen der zwei britischen Kreuzer der deutsche Verband den britischen Schiffen dem Kaliber nach überlegen war. *Lützow* war überhaupt das einzige am Gefecht beteiligte Schiff mit schwerer Artillerie und nach britischen Begriffen überhaupt kein Kreuzer, sondern ein kleines Schlachtschiff. Auch *Admiral Hipper* war als schwerer Kreuzer den britischen leichten Kreuzern noch überlegen. Schließlich gehörten die drei Zerstörer der *Lützow*-Gruppe der sogenannten Narvik-Klasse an und waren daher mit ihren 15-cm-Geschützen allen britischen Zerstörern überlegen. Die deutsche Führung war jedoch durch den beabsichtigten anschließenden Durchbruch der *Lützow* an einer vollen Ausnutzung ihrer Überlegenheit behindert. Kritisch untersucht, kommt man indessen zu dem Ergebnis, daß die

Der Geleitzugkommodore macht in dieser Notlage eine Wendung nach Süden und es bleibt nun Aufgabe der Sicherungsstreitkräfte, einen Rauchschleier zwischen *Lützow* und den Convoy zu ziehen.

Tatsächlich kommt dieser zur Wirkung, das ›pocket battleship‹ stellt das Feuer ein. Nicht anders ergeht es *Admiral Hipper*[1], als diese erneut anzugreifen versucht. Die drei britischen Zerstörer wenden sich sofort gegen sie und geraten unter akkurates Feuer. Aber *Admiral Hipper* bleibt nicht am Feind. Wie heißt es über den Weitermarsch im deutschen Gefechtsbericht in dessen knapper Aussage:

»Eine nunmehr auf 123 hm auf den Kreuzer gefeuerte Vollsalve liegt gut am Ziel. Nach ihrem Aufschlag dreht der Gegner hart nach Steuerbord ab und verschwindet im eigenen Qualm. Das Verhalten des Gegners läßt einen Treffer möglich erscheinen ...

Im Gefecht gegen den Kreuzer wurden 20 Schuß BdZ und KZ verfeuert. Der Übergang auf PS-Granaten war befohlen, konnte sich jedoch noch nicht auswirken ...«

Es war 11.37 Uhr, als Vizeadmiral Kummetz, der BdK, über UK den Befehl zum Rückmarsch erteilt hatte; jetzt, nach dem Gefecht der *Lützow* mit den Zerstörern, wiederholt er den Befehl:

»Abbrechen, nach Westen ablaufen.«

Dieser so unerwartet plötzliche Rückzug ist die tragische Folge eines umstrittenen Befehls[2]. Als nämlich die Unternehmung angelaufen war, überkamen Raeder dann doch Bedenken. Noch am späten Abend ließ er sich mit dem Chef des Stabes der Seekriegsleitung, Admiral Schniewind, verbinden. Er verlangte zu wissen, ob bei den vorbereitenden Überlegungen auch einwandfrei richtiggestellt worden sei, daß der Führerbefehl, kein unnötiges Risiko beim Einsatz der großen Schiffe einzugehen, berücksichtigt worden wäre. Er, Schniewind, möge das nochmals prüfen.

Der Stabschef der Skl, über diesen Anruf mehr verärgert als erstaunt, zögerte zunächst, ehe er etwas im Sinne dieser Anfrage veranlaßte. Nach Rücksprache mit seinem Stab rief er dann aber doch den Gruppenbefehlshaber Generaladmiral Carls in Kiel an. Bei diesem, um die Mitternachtsstunde geführten Gespräch, passierte gar nichts weiter, als daß der Stabschef Skl, Admiral Schniewind, Ge-

---

deutschen Schiffe bei diesem Nahgefecht keineswegs so überlegen gewesen sind, wie es den Anschein hat. Bei den sich dazu noch schnell ändernden Gefechtsbildern waren die englischen Kreuzer mit ihren 15,2-cm-Kanonen und einer Feuergeschwindigkeit von sechs bis zehn Schuß gefährliche Gegner, wenn auch das Kaliber eine wesentlich geringere Wirkung als die 20,3 cm der *Admiral Hipper* und die 28 cm der *Lützow* erwarten ließ.

1 So Roskill.

2 Nicht aber eines Routinebefehls, wie anderenorts verschiedentlich dargestellt; richtig bei Cajus Bekker (Dieter Berenbrok) in ›Kampf und Untergang der Kriegsmarine‹, Stalling Verlag, Oldenburg.

Einer der Männer von
ADMIRAL HIPPER *im Eismeer*
auf seiner Gefechtsstation.

Hier Fritz Fugner, aufgenommen im März 1941, als der schwere Kreuzer durch die Dänemarkstraße wieder in die Heimat fuhr.

Das Schiff vereiste so stark, daß die Gefechtsbereitschaft fast gefährdet war.

Admiral Hipper *1944 unter dem Tarnnetz, ein unheimliches Bild: Die Zeit der Dickschiffe hat ihren Höhepunkt überschritten.*

Das Ende der Admiral Hipper: *gebombt in Kiel, aber noch immer schwimmfähig. Erst die Selbstsprengung besiegelte ihr Schicksal.*

neraladmiral Carls noch einmal auf den generellen Führerbefehl hinwies. Auch Carls hielt eine solche Erinnerung für höchst überflüssig. Er machte sich nur eine Notiz ins Tagebuch. Mehr veranlaßte er nicht. Zunächst jedenfalls nicht.

Als dann Stunden später der Stabschef des Gruppen-Oberbefehlshabers diese Notiz las, ging er zu Carls und vertrat die Meinung, daß die Skl doch irgendeinen Grund für diesen erneuten Hinweis haben müsse. Sein Vorschlag ging dahin, zumindest den vorgeschobenen Admiral, den Admiral Nordmeer, Konteradmiral Klüber, zu unterrichten.

»Einverstanden«, war Carls' Antwort. »Aber nicht per FT.«

Auf dem Drahtwege versuchte der Chef des Stabes, den Admiral Nordmeer zu verständigen. Aber Schneeverwehungen hatten streckenweise die Leitungen gestört und so kam es, daß diese Nachricht erst viel später als vorgesehen an den Admiral Nordmeer durchgesprochen werden konnte. Erst morgens konnte Konteradmiral Klüber unterrichtet werden, dahingehend ... daß die Skl nochmals auf den grundsätzlichen Führerbefehl hinweise, auf jenen nämlich, jedes unnötige Risiko zu vermeiden.

Daß sich dieser Befehl nur auf den strategischen, nicht aber auf den Ansatz bezog, wurde, da selbstverständlich, nicht hinzugefügt oder gar hervorgehoben. Klüber hatte inzwischen aus den Funksprüchen des Verbandes entnehmen können, daß das Ziel, der erwartete Convoy, gefaßt war. Um den zu erwartenden taktischen Funkverkehr nicht durch einen langen Funkspruch zu belasten, ließ er nur drei Worte funken.

Sie lauteten: »Kein unnötiges Risiko.«

Admiral Hipper, das Flaggschiff, nahm das FT auf und entschlüsselte es, als die unerwartet plötzlich auftauchende Fernsicherung des Gegners gerade in schnellen Salven das Feuer auf den schweren Kreuzer eröffnet hatte. Wütend und gegen den Einspruch von Kapitän zur See Hartmann, den Kommandanten, befahl Vizeadmiral Kummetz schließlich den Abbruch des Unternehmens.

Dieser taktische Befehl war praktisch falsch[1], da gerade zu dieser Zeit die *Lützow* mit ihrem Zerstörer auf dem Kampfplatz eingetroffen war. Selbst bei beschränkter Geschwindigkeit von *Admiral Hipper* blieb der deutsche Verband seinen Gegnern überlegen.

Während und unmittelbar nach dem letzten Kreuzer- und Zerstörergefecht folgen weitere UK-Sprüche von Z-16, *Friedrich Eckoldt*, an den BdK, von *Admiral Hipper* und Z-4, *Richard Beitzen*. Aus den Meldungen geht hervor, daß der deutsche Admiral noch keine Übersicht über die Kampflage hat.

---

[1] Nach Admiral Theodor Krancke.

Nach Eingang der UK-Sprüche von Z-16, *Friedrich Eckoldt*, an *Admiral Hipper* 11.43 Uhr:

»sie beschießen mich«,

von Z-4, *Richard Beitzen*, an Z-16, *Friedrich Eckoldt*, 11.44 Uhr:

»nein, es ist ein englischer kreuzer«,

und von Z-4, *Richard Beitzen*, an den BdK um 12.20 Uhr:

»*friedrich eckoldt* nach hiesiger beobachtung nach treffer von englischem kreuzer explosionserscheinung, brennend«,

wird es klar, daß Z-16, *Friedrich Eckoldt*, von einem irrtümlich als die *Admiral Hipper* angesprochenen englischen Kreuzer überrascht und niedergekämpft worden ist.

Von 11.42 Uhr bis 11.44 Uhr fährt *Admiral Hipper* den zehnten Anlauf:

»11.42—11.44 Uhr Feuerüberfall an Steuerbord auf zwei achteraus stehende Zerstörer, 125—130 hm. Bei fortschreitender Dämmerung sind die Trefferaussichten schlecht. Auch diese Zerstörer qualmen sich ein. Trotzdem kann deutlich der Klipperbug der modernen britischen Zerstörer (Jervis-Klasse) ausgemacht werden. Kein Erfolg beobachtet. 16 Schuß Kz und Bdz ...

Um 11.52 Uhr werden in etwa 75° rw. gleichzeitig eine Anzahl rot-grüner Sterne beobachtet, die möglicherweise von einem Geschoßeinschlag in die Signalmunition herrühren.

Etwa 12.15 Uhr kommen Steuerbord achteraus zwei Fühlunghalter, die später als zwei Kreuzer ausgemacht werden, in Sicht. Als sie auf Schußentfernung heran und gerade mit *Lützow* ins Gefecht gekommen sind, wird 12.30 Uhr auf 180 hm das Feuer eröffnet, aber 12.32 Uhr wieder abgebrochen, als die Kreuzer anscheinend im Zusammenhang mit dem *Lützow*-Gefecht abdrehen.

13.31 Uhr wird auf Kurs 270° Backbord achteraus eine starke Detonation festgestellt. Es erscheint nicht ausgeschlossen, daß ein schwer beschädigter englischer Zerstörer hier sein Ende gefunden hat ...«

Soweit der deutsche Bericht.

Konteradmiral Burnett verliert schließlich die Fühlung. Er dreht dann aber nach Süden ab, um für den Fall eines neuen Angriffs zwischen dem Geleitzug und den Deutschen zu stehen. Diese Sorge ist zwar gerechtfertigt, hier aber illusorisch, denn Vizeadmiral Kummetz setzt inzwischen seinen Verband mit Westkurs ab. Obwohl der deutsche Admiral über den Rückruf verbittert ist, wird es seinem Flaggschiff zum Glück, daß er diesem Befehl, der ja gar keiner ist, folgt. Auf *Admiral Hipper* machen nämlich die an den Raum von K 3 angrenzenden Räume durch Undichtigkeiten Wasser, so daß unter anderen auch der Kesselraum K 2 ›Feuer aus‹ machen muß.

Der Plan, *Lützow* in den Atlantik durchbrechen zu lassen, wird abgeschrieben.

So endete ein Gefecht, das den Deutschen große Chancen angeboten hatte. Diese aber im rechten Augenblick auszunutzen, versagten die Natur und verhinderten die lähmenden Weisungen der Befehlsstellen in der Heimat.

Der Gegner verlor bei dem ›Gefecht bei der Bäreninsel‹, als das diese Begegnung später einmal offiziell in die Annalen des Seekriegs eingehen wird, den Zerstörer *Achates* und den Minensucher *Bramble,* die Deutschen den Zerstörer Z-16, *Friedrich Eckoldt,* von dem kein einziges Besatzungsmitglied gerettet werden konnte. Beschädigt wurden beim Gegner mit Sicherheit die *Onslow* und mit Wahrscheinlichkeit einer der beiden Kreuzer[1], bei den Deutschen die *Admiral Hipper.* Die Feststellung, die der britische Seekriegshistoriker Captain Roskill später, in seinem III. Band ›The War at Sea‹ in Verbindung mit der Vernichtung der *Scharnhorst* trifft, läßt darauf schließen, daß bei den die *Admiral Hipper* so überraschend angreifenden englischen leichten Kreuzern nur deshalb keine ähnlich großen Schwierigkeiten durch Vereisung in Erscheinung getreten sind, weil sich diese schon beim Gefecht gegen den deutschen schweren Kreuzer ihrer überlegenen Radargeräte bedienten[2].

Inzwischen nahm man in der Heimat und beim Admiral Nordmeer in Narvik die Vernichtung des Geleitzuges an. Der Kommandant von U-85, der, wie berichtet, den Convoy südlich der Bäreninsel gesichtet hatte, hatte der Heimat gefunkt:

»Ich sehe nur noch Rot.«

Für die in der Heimat bedeutet das nur eines: Erfolg ... Sieg ... Vernichtung des Geleitzuges ...

Admiral Hippers IAO über den Einsatz der Funkmeßgeräte: »Die Ortungs-Ergebnisse haben durchweg nicht befriedigt. Von einem Anlauf abgesehen, dem Anlauf sieben, kam in keiner Gefechtslage eine wirklich zuverlässige Ortung zustande. Die schnell und kurzfristig auftauchenden Gegner und deren schnell einander folgenden Manöver waren nicht zu erfassen. Fuhr ein Ziel eine gewisse Zeit stetig, so war in den meisten Fällen gerade ein eigenes Manöver nötig, dessen Einfluß die Ortung zu langfristig beeinflußte. Die für den Schußwertrechner geforderten zwei bis drei Minuten stetiger Bewegungsverhältnisse auf beiden Seiten sind in der-

---

1 Während die *Sheffield* bereits wieder beim Convoy JW-53 genannt wird, findet die *Jamaica* erst bei dem Convoy JW-55 B – aus Loch Ewe am 20. Dezember 1943 – und beim Convoy RA-55 A – aus Kola am 23. Dezember – in Verbindung mit der aus Island ausgelaufenen *Duke of York* Erwähnung.

2 Roskill III, Seite 78 »He (also Admiral Kummetz) certainly knew, from first-hand experience in the abortive attack on convoy JW 51 F on the 31st of December 1942, that British radar was superior to his own; and he must have realized that this advantage might well prove decisive in the long nights of the Arctic winter ...«

artigen Gefechten nur sehr selten gegeben. Bei den schwierigen Beobachtungsverhältnissen war das Fehlen einer guten Ortung besonders fühlbar. Maßnahmen, um auch in diesen Lagen brauchbare Ortungsergebnisse zu erhalten, sind für die Zukunft zu fordern, als da sind: günstigere Maßstabverhältnisse im Ortungsteil des Schußwertrechners, Fu.M.G.'s[1] mit noch besserer Reichweite und für die Ortung ausreichende Peilgenauigkeit auf ebenfalls große Reichweiten.«

Über das Gegenfeuer sagte Fregattenkapitän Wegener:

»Das Artilleriefeuer der gegnerischen Zerstörer lag ausgesprochen schlecht. Die Salven kamen meist in unregelmäßigen Abständen und nicht geschlossen heraus. Die Lage der Aufschläge war fast stets außerordentlich kurz, so daß die Aufschläge wenig beeindruckten.

Anders das Feuer der Kreuzer. In Teilsalven zu sechs Schuß wurde sehr schnell und geschlossen gefeuert. Die Aufschläge der Sechs-Schuß-Salven lagen sehr geschlossen beieinander und zeitweise sehr dicht am Schiff, so daß die Geschoßdetonationen störend zu hören waren und viele Sprengstücke an Deck fielen. Die Lage war durchweg kurz. Nur ganz wenige Salven waren deckend. Dadurch erklärt sich das geringe Treffergebnis. Mit etwa 30 Teilsalven dicht am Schiff erzielte der Gegner nur drei Treffer.

Von diesen ist einer als Ausbläser geborgen worden. Es handelt sich um ein 15-cm-Ps-Geschoß. Die Wandstärke beträgt ca. 28 mm. Die Geschoßform ist relativ stumpf. Der ebenfalls geborgene Geschoßboden enthält einen ausgebrannten Bodenzünder. Das Geschoß war offensichtlich mit Leuchtspur ausgerüstet.«

Über die Besatzung berichtet der Kommandant:

»Die Haltung der Besatzung war mustergültig.

Versager sind nicht aufgetreten.

An allen Stellen wurde mit Begeisterung, aber ohne Hast, sachlich und gewissenhaft gearbeitet.

Die Stimmung war ausgezeichnet und stets zuversichtlich. Sie wurde auch nicht durch die Treffer und ihre erheblichen Folgeerscheinungen beeinträchtigt.

Die Besatzung hat in dem Gefecht bewiesen, daß sie hinsichtlich Haltung, Kampfgeist und Einsatzfreudigkeit weder abgesackt noch eingerostet ist, sondern ihren alten, guten Kern erhalten hat.«

Der Befehlshaber der Kreuzer nimmt an Bord des Schiffes und im Entwurf[2] zum KTB *Admiral Hipper* über die Unternehmung *Regenbogen* wie folgt Stellung:

---

[1] *Funk-Meß*-Geräte = das deutsche Radar, vordem De-Te-Gerät (Deutsches technisches Gerät) geheißen.

[2] Für die Richtigkeit unterzeichnet vom 1. Admiralstabsoffizier Marks.

»Frühzeitiges Heranschließen der Zerstörer hätte der *Admiral Hipper* ihre Aufgabe erleichtert. Auf diesen Punkt wird künftig bei der Wahl der Gefechtskurse zu achten sein.

Die Hauptlast des Kampfes hatte *Admiral Hipper* zu tragen. Die ruhige und sichere Führung durch den Kommandanten verdient Anerkennung.

Von den artilleristischen Leistungen hatte ich den besten Eindruck, ebenso verdient das Verhalten des Maschinenpersonals beim Eintreten der Gefechtsstörungen besonders hervorgehoben zu werden.

Die vorzügliche Haltung der Besatzung habe ich bereits in meinem Kurzbericht gemeldet.«

In Hitlers Wolfsschanze gehen nach den ersten Meldungen über das Gefecht südlich der Bäreninsel die Stimmungswogen hoch.

Hitler hofft, bedrückt durch die Ereignisse in Stalingrad, dem deutschen Volk zum Neujahrsmorgen durch eine Sondermeldung den Erfolg gegen den Geleitzug melden zu können.

Statt dessen bringt der feindliche Rundfunk plötzlich eine Siegesmeldung.

Die Enttäuschung und das Ausbleiben des Berichtes des deutschen Befehlshabers zur neuen Lage lösten bei Hitler eine ungeheure Erregung aus.

Admiral Krancke versucht, Hitler das Ausbleiben der deutschen Meldung klarzumachen. Er wendet sich gegen kritische Ausführungen über die Seekriegführung und gegen Schlußfolgerungen, die Hitler über die Verwendung und die Bedeutung der großen Schiffe zu ziehen beginnt. Er kann das um so gründlicher, als er selbst als Kommandant des schweren Kreuzers *Admiral Scheer,* allein auf sich gestellt, Kreuzerkrieg bis in den Indischen Ozean geführt und sein Schiff glücklich durch die Dänemarkstraße wieder in die Heimat gebracht hat. Er führt diese Beispiele und viele andere aus den letzten Jahren an, um Hitler zu beruhigen.

Vergeblich!

Hitlers Wut steigert sich.

Er, dem die See fremd ist, und dem Göring schon immer mit abfälligem Urteil über den Wert der großen Schiffe in den Ohren gelegen hatte, faßte den Entschluß, sofort alle Schiffe über Zerstörergröße außer Dienst zu stellen. Erneuten Einwürfen begegnet er mit den Worten:

»Mein Entschluß ist unabänderlich.«

Nun verliert auch der Admiral seine Ruhe.

Er erwidert:

»Ihr Entschluß, mein Führer, ist der billigste Seesieg, den England je errang!«

Hitler schweigt erstaunt und betroffen.

Ein Offizier, der ihm unverblümt und noch dazu mit beherrschter Schärfe seine Meinung sagt, löst in ihm eher Hochachtung als einen Wutanfall aus.

Aber seinen Befehl nimmt er dennoch nicht zurück.

Dem Großadmiral wird der ›unabänderliche Entschluß‹ sofort mitgeteilt, und Raeder wird ins Hauptquartier befohlen.

Er erscheint aber erst am 6. Januar, nachdem sich die Wogen der Erregung etwas gelegt haben.

Die unglücklichen Schatten der Schlacht verfolgten die *Admiral Hipper* ...

17 Stunden nach dem Undichtwerden der *Ardexin*-Leitung treten bei Soldaten, die im Raum der Abteilung VII ihre Freiwachstation haben und dort schliefen, nachdem der Raum drei Stunden durchgelüftet worden und nachdem auch kein *Ardexin*-Geruch mehr zu riechen war, Krämpfe auf. 23 Mann haben typische Vergiftungserscheinungen.

Der Bordarzt, Marineoberstabsarzt Dr. Martin Goede, ahnt die Ursache. Die Lüftung hatte also nicht genügt, das Gas zu entfernen, dessen Dämpfen man wohl nur im Stehen nachgespürt war ... nicht aber am Boden des Raumes ... Heißt es doch in der *Ardexin*-Vorschrift:

»Die große spezifische Schwere des Ardexingases gewährleistet ein Fließen desselben auch in die entlegenen Ecken eines Raumes ...«

Die Symptome sind leichter, mittlerer und schwerster Art. Die letzten Fälle sind bereits mit tiefer Bewußtlosigkeit verbunden.

Im Abstand von 15 Minuten stellen sich Krämpfe an Armen und Beinen ein. Sie sind mit einem verkrampften Ausatmen, mit Exspirationskrämpfen, wie die Mediziner sagen, verbunden.

Die Männer atmen schwerer. Sie bekommen nicht genügend Luft. Sie leiden an Atemnot, an Cyanose.

Und die Haut färbt sich blau.

Schnaufend saugen sie die Luft ein.

Aber der Puls ist kräftig, auch im Anfall.

Blutiger Schaum tritt plötzlich vor den Mund. Der Puls wird schwächer.

Die mittelschweren Fälle klagen erst über Unwohlsein, dann erbrechen sie.

Sie fühlen sich matt.

Sie frieren.

Bei einigen ist das Gleichgewicht gestört. Sie wirken in Sprache und Bewegung wie Betrunkene.

Immer wieder werden die mittelschweren Fälle von plötzlich auftretender Atemnot befallen. Aber die Vergifteten vermögen die in einer halben bis einer Stunde auftretenden Anfälle wenigstens vorher anzumelden.

Alle leichten Fälle klagen über Übelkeit, Kopfschmerzen und Frostgefühl. Auch hier erbrechen einige.

Die Ärzte tun, was in ihren Kräften steht. Sie verabreichen Kreislaufmittel und geben in der Anfallzeit Sauerstoff. Nach diesem verschwindet die Cyanose sehr schnell.

Lippen und Schleimhäute zeigen eine allerdings auffallende Hellrotfärbung.

»Ähnlich wie bei Kohlenoxydvergiftungen«, stellt der Schiffsarzt fest.

Sie behandeln mit Aderlassen von 100 bis 250 ccm mit nachfolgender Infusion von physiologischer Kochsalzlösung von 500 bis 1000 ccm, mit je 100 ccm Traubenzuckerlösung[1]. Bei den mittelschweren und leichten Fällen, die zu Beginn der Behandlung noch bei Bewußtsein waren, wird der Magen ausgehebert und gespült. Diese Männer bekommen verdünnte Kondensmilch und Kohletabletten.

»Riechen Sie mal«, sagt Dr. Goede und weist auf den ausgeheberten Mageninhalt eines Unteroffiziers.

»Riecht wie nach chemischer Beimischung, ausgesprochen giftig.«

So behandelt, treten bei den leichten und mittelschweren Fällen Erleichterungen auf.

Alle Seeleute, die in dem mit Ardexin durchsetzten Raum geschlafen haben, müssen außerdem die Kleidung und die Körperwäsche wechseln.

Nur einigen schweren Fällen können die Ärzte bei all ihrem Mühen, die phosgen-ähnlichen Vergiftungen zu bekämpfen[2], nicht helfen.

Der Maschinengefreite Wilhelm Ahrens stirbt am 1. Januar 8.30 Uhr, der Maschinenhauptgefreite Ludwig Biel am 1. Januar morgens 5.30 Uhr und einige Tage später, morgens 5.45 Uhr, folgt sein Kamerad, der Maschinenobergefreite Georg Dietrich.

Trauer zieht in die Decks ein. Diese Kameraden und die anderen beiden, die im Kampf fielen, und jener Kumpel, den die See fraß, als er über Bord fiel, sind unter denen, die in den Decks der *Admiral Hipper* weiter wohnen. Sie sind unvergessen als Kameraden auf See, auch heute noch, zwanzig Jahre danach.

Am 2. Januar 1943 gibt der Deutsche Wehrmachtsbericht bekannt:

»... Am 31. Dezember griffen deutsche Seestreitkräfte bei der Bäreninsel im nördlichen Eismeer einen aus Kreuzern und Zerstörern bestehenden britischen Kriegsschiffsverband an, der einen Geleitzug sicherte. In mehrstündigem Kampf beschädigten unsere

---

1 In einem Falle wird Chloralhydrat als Klysma in Traubenzucker gelöst gegeben.

2 Hochgradige Lungenödeme als Todesursache.

Kreuzer mehrere feindliche Kreuzer und Zerstörer sowie Handelsschiffe durch Artillerie. Die Beobachtungen des Erfolges wurden durch die Wetterlage erschwert. Ein im Kampf befindlicher feindlicher Zerstörer wurde durch einen deutschen Zerstörer versenkt. Ein deutsches Unterseeboot torpedierte vier Dampfer des Geleitzuges, konnte aber wegen der Kampflage den Untergang nicht mehr beobachten. Einer unserer Zerstörer ist aus dem Gefecht nicht zurückgekehrt.«

Als sich Raeder am 6. Januar bei Hitler meldet, bittet er, der in vielen Dingen eine diametral andere Auffassung als der Führer hat, wie schon mehrfach um seine Entlassung.

Hitler stimmt diesmal zu.

Admiral Dönitz wird sein Nachfolger und am 30. Januar 1943 Großadmiral, zu spät für das, was er mit seinen ›Grauen Wölfen‹[1] plante.

Die *Admiral Hipper*, die am 1. Januar wieder im Kaa-Fjord ankert, verlegt am 24. in die Bogenbucht. Am 7. Februar fährt sie zusammen mit dem leichten Kreuzer *Köln*, gesichert durch drei Zerstörer, zum letztenmal an den Baedeker-Schönheiten der norwegischen Fjorde vorbei. Der Marsch führt über Rörvik, durch den Drontheimfjord, den Aasenfjord und den Faettenfjord und bei Skudesnes aus den Schären heraus. Hier wieder von zwei U-Booten bedroht, die aber nicht zum gezielten Schuß abkommen. Weiter vor Lindesnäs vorbei, wo man in dem mistigen Wetter für anderthalb Stunden die *Köln* verliert und wiederfindet, ausgerechnet hier in diesem U-Boot-gefährdeten Seegebiet. Schließlich glückt auch der Marsch in die Ostsee nach Kiel, wo die Schiffe im Scheerhafen festmachen. Von hier verlegt der schwere Kreuzer am 11. dann nach Wilhelmshaven.

---

1 Im Marinejargon: mit den U-Booten.

Die *Wilhelm-Gustloff*-Tragödie
Das Ende in Kiel

Zur Lage[1]*: Die Gesamtkriegslage hat sich zu diesem Zeitpunkt ungünstig entwickelt. Die deutsche Ostfront ist nach dem Fall von Stalingrad ins Wanken geraten. Die Materialüberlegenheit der Sowjets durch Zufuhr über See aus den USA läßt den Unterseeboot-Krieg mehr und mehr in den Vordergrund treten, während eine Handelskriegführung mit Überwasserstreitkräften bei der Überlegenheit des Gegners nach Eintritt Amerikas in das große Völkerringen nur noch geringe Aussicht auf Erfolg verspricht. Weite Seeräume werden nunmehr durch den Gegner mit Luftstreitkräften überwacht, während für die Sicherung der Geleitzüge ausreichende Überwasserstreitkräfte zur Verfügung stehen und damit der Feind den deutschen durch Bomben- und Minentreffern gelichteten Überwasserstreitkräften überlegen gegenübertreten kann. Überraschungserfolge, wie sie in den ersten beiden Kriegsjahren im Atlantik noch möglich waren, erscheinen jetzt so gut wie ausgeschlossen. Um den Unterseeboot-Krieg daher möglichst schnell zu intensivieren, wird hochwertiges Fachpersonal mit langjähriger Ausbildung benötigt. Dieses Personal ist auf den ›Dickschiffen‹, den Schlachtschiffen und Kreuzern, vorhanden. Bei dieser Lageentwicklung wird auf Befehl des Obersten Befehlshabers der Kriegsmarine die Außerdienststellung des schweren Kreuzers* Admiral Hipper *befohlen.*

Am 28. Februar 1943 werden in Wilhelmshaven Flagge und Wimpel niedergeholt. Der Besatzung, die die großen Zusammenhänge nicht übersehen kann, bleibt diese Maßnahme unverständlich. Sie ist niedergedrückt. Sie ist in den ersten Kriegsjahren zu einer kriegserprobten, kameradschaftlich vorbildlichen Gemeinschaft zusammengeschmolzen. Die bewährten *Admiral-Hipper*-Fahrer werden nunmehr in alle Winde verstreut.

Nachdem auf dem schweren Kreuzer in der Werft die gröbsten Schäden beseitigt worden sind, wird das Schiff wegen der zunehmenden Gefährdung bei Luftangriffen nach Pillau geschleppt. Hier sorgen nur wenige Besatzungsmitglieder für die Konservierung der Kessel- und Maschinenanlagen. Kapitänleutnant Boden vermerkt in seinem Tagebuch:

---

[1] Aus der Feder des damaligen IO *Admiral Hipper*, Kapitän zur See H. Zollenkopf.

»... Mein Urteil über die Außerdienststellung der großen Schiffe habe ich im Laufe des Krieges geändert. Es war der Ausdruck des Unverständnisses der obersten deutschen Führung für die Eigenarten des Seekrieges. Die deutsche Flotte ist in Norwegen richtig verwendet worden. Sie konnte gegen die Überlegenheit der englischen Flotte nicht mehr unternehmen, als den Engländer zur Zusammenziehung großer Streitkräfte zu zwingen und ihn damit von anderen Kampfplätzen abzuhalten. So fehlten die starken Kräfte, welche die Geleitzüge im Sommer 1942 schützen mußten, im Mittelmeer und im Pazifik. Als dort diese Kräfte dann wegen Zuspitzung der Lage nicht mehr entbehrt werden konnten, unterblieben die Fahrten der Geleitzüge im Nordmeer. Fast ein Jahr wurde diese Route unterbrochen.

Hier wieder trat die Eigenart des Seekrieges ganz kraß und überzeugend in Erscheinung: Große Schlachten können ohne einen einzigen Schuß geschlagen werden.

Die Zusammenhänge hatten ein Hermann Göring[1] und ein Speer[2] nicht verstanden. Für sie lagen die deutschen Überwasserschiffe nur unnütz in Norwegen herum.

Auch für uns war die Erfüllung dieser Aufgabe schwer, denn viel lieber hätten wir unsere Geschütze eingesetzt. Heute erkenne ich aber, daß wir durch unsere bloße Anwesenheit in Norwegen große Erfolge errungen haben.«

Bald wird jedoch auf Vorstellung von Großadmiral Dönitz im Führerhauptquartier erkannt, daß die Außerdienststellung ein mehrfacher Fehler war. So kann das Marinepersonalamt auf die großen Einheiten der Flotte für die erste Bordausbildung der jungen seeungewohnten U-Boot-Besatzungen nicht verzichten, die seestrategische Lage erfordert es außerdem, daß in den norwegischen Stützpunkten dauernd deutsche Überwasserstreitkräfte sozusagen als ›fleet in being‹ stationiert bleiben, um die Gefahr der gewaltsamen Besetzung dieses für die U-Boot-Kriegführung und für die Erzbasis in Narvik so wichtigen Landes auszuschalten.

So wird *Admiral Hipper* im Frühjahr 1944 wieder in Dienst gestellt und dem Ausbildungsverband der Flotte in Gotenhafen zugeteilt. Nur der Stamm der neuen Besatzung setzt sich aus alten *Hipper*-Fahrern zusammen, der überwiegende Teil sind Bordrekruten.

Kommandant des Schiffes wird Kapitän zur See Henigst.

IO ist jetzt Fregattenkapitän Dr. Pank, NO Fregattenkapitän Achim Teubner, LI Korvettenkapitän (Ing.) Georg Ulbrich, IAO

---

1 Reichsmarschall und Oberbefehlshaber der Luftwaffe, entzog sich der Vollstreckung des ›Urteils von Nürnberg‹ durch Freitod.

2 Reichsminister für Bewaffnung und Munition, Generalinspekteur für das Straßenwesen und für Wasser und Energie (20 Jahre Gefängnis lt. ›Urteil von Nürnberg‹).

Korvettenkapitän Boldemann und auch Kapitänleutnant Boden ist wieder dabei als IIAO.

Ausbildung, Schieß- und Fahrübungen wechseln miteinander ab, bis sich um die Jahreswende auch im Übungsgebiet des schweren Kreuzers *Admiral Hipper*, der östlichen und mittleren Ostsee, die Frontnähe bemerkbar macht. Im September 1944 wird das Schiff als ›bedingt einsatzfähig‹ gemeldet.

Schon ein paarmal vorher zeichneten sich Einsätze ab, aber immer haperte es an den störanfälligen Maschinen und am Stand der Ausbildung für Gefechte. Jetzt rächte es sich, daß eine so brillant – man kann es nicht anders sagen – eingefahrene *Admiral-Hipper*-Crew damals, bei der Außerdienststellung, auseinandergerissen wurde. Das war gewißlich ein Fehler, auf der anderen Seite aber benötigte die U-Boot-Waffe dringend eines qualifizierten Nachwuchses für die neuen Boote.

Am 26./27. Oktober 1944 geht der erste Kadettenlehrgang zu Ende.

Vizeadmiral Bernhard Rogge spart nicht mit Lob. Aber mit dem Einsatz wird es immer noch nichts, auch nicht im November, als *Admiral Hipper* befohlen wird: »Zum Landzielschießen klar zu sein.«

Doch dafür gibt es anderes zu tun: Die Besatzung geht schippen. Sie hebt Panzergräben vor Gotenhafen aus.

Aber im Dezember soll das Schiff wieder fahren. Die Flotte hatte Pontius und Pilatus mobilisiert, um dafür Brennstoff zu erhalten. Als ihr das endlich glückt, als der Ausbildungsverband in See gehen soll, verminen die Engländer aus der Luft die Gotenhafener Wege.

Es scheint, daß dem Russen das Landzielschießen der anderen Schiffe so auf die Nerven gefallen ist, daß sie den Engländer baten, aus der Luft zu intervenieren.

Der Rest der deutschen Flotte ist erst einmal blockiert. Warum die Briten keine massierten Luftangriffe fliegen, wundert viele, auch, daß *Admiral Hipper* während dieser ›toten Zeit‹ nicht in die Werft verholt.

Die Russen greifen mit starken Kräften an, gut ausgerüstet von den Amerikanern, gut genährt von den Amerikanern – und alles kam über die See, die Hitler als die ›unheimliche See‹ nicht mochte und die seine kontinental verhaftete Umgebung nicht verstand.

Die neuen deutschen U-Boote vom Typ XXI und XXIII versprechen großartige Erfolge, ja noch mehr, aber noch sind sie nicht einsatzklar[1].

Januar 1945: *Admiral Hipper* soll nach Kiel verlegen ... ›auf

[1] Siehe Jochen Brennecke ›Jäger – Gejagte! Die deutschen U-Boote 1939/45‹, Koehlers Verlagsgesellschaft, Jugenheim/Bergstraße.

einem Bein‹ sozusagen, denn von den drei Kraftwerken ist ja nur eines klar und das auch noch behelfsmäßig.

Damals ... als das Schiff zur Wiederindienststellung klar gemacht wurde, hieß es:

»... nichts darf getan werden, was der Herstellung der Gefechtsbereitschaft dient.«

So fuhr denn die *Admiral Hipper* den ganzen Sommer des Jahres 1944 mit einem zerstörten Kesselraum zur See.

Die Werft in Gotenhafen hatte nun für die Instandsetzung zwölf Wochen veranschlagt, aber nur, wenn das Schiff während der Hafentage auch für vorbereitende Arbeiten für sie zugänglich sei. Statt dessen wurde das Schiff nach Pillau verlegt, obwohl es dort keinen einzigen Spezialisten für Hochdruck-Heißdampf-Anlagen gab. So konnten diese vorbereitenden Arbeiten der Werft nicht ausgeführt werden. Der Arbeitsanfall wurde zudem noch durch all die kleinen Reparaturen, die in der Betriebszeit inzwischen aufgetreten waren, verstärkt.

Als im Dezember vor Gotenhafen laufend Minen geworfen wurden und das Schiff somit verdammt wurde, im Hafen zu liegen, hätte man diese Zeit natürlich gut ausnutzen können, um die Werftarbeiten vorzubereiten.

Am 15. Januar, gerade als die Sowjets mit ihrer großen Offensive begonnen haben, verholt *Admiral Hipper* dann doch in die Werft.

Pessimisten warnen.

Es kommt aber noch viel schwärzer, als sie prophezeien ...

Der Russe bricht in Oberschlesien ein, in Elbing, in Posen ...

Das ist der Zeitpunkt, da *Admiral Hipper* befohlen wird, sofort nach Kiel zu gehen.

Das Schiff, dessen Kesselraum 3 bei den Deutschen Werken in Kiel nun doch repariert werden soll, muß außerdem zur Aufnahme von Flüchtlingen vorbereitet werden.

Nun, wer noch von den Alten an Bord ist, hat in dieser Beziehung vom Norwegenunternehmen her eine gute Praxis. Damals aber kletterten frohgemute und siegesgestimmte Steiermärker an Bord, heute werden erschöpfte, ermattete, gehetzte Flüchtlinge erwartet.

Der 29. Januar:

Die SA schläft wie bei dem ›Unternehmen *Weserübung*‹ wieder auf Gefechtsstation, die Flak wird in einige Decks zusammengedrängt.

Um 14.00 Uhr sollen die Flüchtlinge kommen, für 16.00 Uhr ist seeklar befohlen.

400 Flüchtlinge sind an Bord, mehr nicht. Und mehr kommen auch nicht.

Hungrige, von der Angst vor den Russen gehetzte Menschen, Frauen, Kinder, alte Männer, Kranke, soweit sie gehen können. Nur das, was sie in kleinen Koffern, in Pappkartons, in Aktentaschen oder Beuteln an Lebensmitteln und geretteten Dingen mit sich führen, dürfen sie mit an Bord nehmen. Ihre unter Strapazen und Mühen und Sorgen gerettete andere Habe müssen sie zurücklassen.

Eine Eisbarriere vor dem Hafen verzögert das Auslaufen um 24 Stunden.

Nun aber strömen die Flüchtlinge an Bord.

In den Mittagsstunden sind 1530 aufgenommen, darunter ein Kinderheim mit 60 Kindern, ein Säuglingsheim mit 90 Babys, immerhin ausgesprochen ungewohnte Gäste auf einem Kriegsschiff, nichtsahnende kleine Lebewesen, die schreien und lärmen wie alle Kleinstkinder der Welt, die nichts von der flatternden Angst vor der roten Sturmflut wissen, vor der Millionen fliehen.

Und da sind Tausende, viele Tausende, die in der Stadthalle noch auf das Wunder warten ... aber keinen Platz auf den Schiffen finden, die fast fluchtartig Gotenhafen verlassen.

Noch einmal ziehen die geräumigen Hafenbecken drei, vier und fünf vorüber ... Vertraute Bilder.

Noch einmal grüßt der nahe Wald.

»... wann werden wir diesen guten Hafen, diese häßliche, uns aber doch so lieb gewordene Stadt wiedersehen ...?«

Das Nie, das sie alle ahnen, bleibt unausgesprochen.

Ein Torpedoboot, T-36[1] unter dem Kommando von Kapitänleutnant Hering, sichert die *Admiral Hipper.* Als erstes Marschziel ist dem Kommandanten, Kapitän zur See Henigst, Cap Arcona auf Rügen genannt. Hier soll der Kreuzer den vom Westen kommenden Geleitschutz treffen. Voraus marschieren zwei Minensuchboote. Sie haben das Gerät ausgefahren, um den Zwangsweg erneut nach Minen abzusuchen.

Es ist eigentlich alles für die Sicherheit der *Admiral Hipper* und der ihr folgenden Schiffe getan, im Rahmen des zur Stunde Möglichen. Aber das ausgefahrene Gerät, das die gehörnten Teufelseier suchen und kappen soll, gestattet den beiden Booten nur eine Marschfahrt von 12 kn. So sind es diese beiden M-Böcke, wie diese Minensucher bei den Seelords geheißen werden, die auch der *Admiral Hipper* Marschfahrt bestimmen und — genau gesagt — sogar behindern.

Dabei sind Aufklärungsmeldungen eingegangen, die von U-Booten unter der pommerschen Küste sprechen ...

... bei Rixhöft ...

---

[1] Am 4. Mai 1945 in der mittleren Ostsee durch Minentreffer gesunken.

... auf der Stolpebank ...

Es sollen russische U-Boote sein.

Die deutsche Propaganda hat von eh und je nicht viel von den Russen auf See gehalten ...[1] und in der Tat, sie haben sich ja auch nicht nennenswert hervorgetan ... wenn ihre Besatzung auch, wenn sie schon einmal ins Gefecht kam, zäh und verbissen und fanatisch gekämpft hat.

War das Wetter beim Auslaufen schlecht, so bessert es sich jetzt etwas auf See. Es bleibt aber noch mistig genug, um an Bord guter Dinge zu sein.

Auf der Brücke, neben dem Kommandanten und NO, der WO, Kapitänleutnant Boden.

Er berichtet:

»Es macht wieder einmal Freude, auf der Brücke zu stehen.

Gegen 21.30 Uhr sah ich nach Passieren von Rixhöft voraus rote Sterne. Um mich zu versichern, fragte ich bei der Signalbrücke an. Diese meldete: ›Das sind Not- und Übungssignale.‹

Nehmen wir an, es sind Übungssignale.

Aber es folgen immer neue. Sie werden jetzt auch von dem rechten der beiden Fahrzeuge geschossen ...«

Soweit Boden.

Das sind keine Signale zur Übung ... Soviel wird jedem auf der Brücke klar.

Das müssen Notsignale sein. Sie schweben genau voraus, genau über dem Zwangsweg der *Admiral Hipper*, in der Luft und verlöschen.

Neue folgen.

Immer neue.

Und das silberngoldene Flimmern über der Kimm, das da jetzt sichtbar wird, was ist das?

Ein schmaler Strich Glühwürmchen in dunkler, eisiger Nacht.

»Das ist ein Schiff ... ein vollbeleuchtetes Schiff ...«

»Ein Schiff, auf dem man die Blenden von den Bullaugen entfernt hat ...«

Und was man auf *Admiral Hipper* nicht weiß, daß man auf diesem Schiff die Blenden ohne Rücksicht auf die Preisgabe der Verdunkelung einfach abgerissen hat ...

... aus der Not heraus ...

... aus Angst, aus tausendfacher Angst ...

---

[1] Vor weniger als 300 Jahren hatte der Marineminister von Ludwig dem XIV., Jean Baptiste Colbert, über die Russen gesagt: »La mer ne veux pas des Russes.« Obwohl die russische Marine – abgesehen von Tsuschima als Beispiel – einige anerkennenswerte Leistungen in ihrer Geschichte aufzeigen kann (mit oft nichtrussischen Führungskräften) ist diese Beurteilung auch in die Propagandamühlen des Dritten Reiches eingesickert.

... denn dieses Schiff sinkt.

Henigst schickt das Torpedoboot T-36 voraus. An Bord seines schweren Kreuzers befiehlt er: »Klarmachen zum Schleppen.«

Er meint und hofft, man könne den Havaristen an die Leine nehmen.

Das war vorausgegangen:

Im Abstand von zwei Stunden hatten sie Gotenhafen verlassen ...

die *Walter Rau*[1],

die *Wilhelm Gustloff* ...

die *Antonio Delfino* ...

die *Potsdam*,

jedes Schiff durch ein kleines Boot, *Admiral Hipper* durch das Torpedoboot gesichert.

Marschieren nicht fünf geschlossen fahrende Schiffe im Geleit von Marineeinheiten sicherer, als einzeln fahrende und einzeln gesicherte?

Warum schicken denn die Engländer nicht nur ihre Frachter, sondern auch ihre großen Schiffe, die Truppentransporter, im Convoy?

Es ist die *Wilhelm Gustloff*, einst erbaut für ›Kraft durch Freude[2]‹, die da voraus in Sicht gekommen ist, deren Decks und Räume wie im tiefsten Frieden in vollem Lichterglanz erstrahlen.

Der 25484 BRT große Fahrgastdampfer zeigt bereits große Schlagseite.

Sie nimmt immer mehr zu.

Und in der Luft ist ein einziger, markerschütternder Schrei der 6100, die sich auf diesem nun todwunden Schiff schon in Sicherheit glaubten, als sie es in Gotenhafen betraten.

Die Backbordboote sind zu Wasser. Sie sind überbelegt. Einige sind gekentert. Andere drohen jeden Augenblick zu kentern.

Die Boote der jetzt hoch heraus liegenden Steuerbordseite hängen noch in den Davits. Es war aber nicht mehr möglich, sie bei dem vereisten Deck und der Schräglage auszuschwingen und zu Wasser zu bringen. Und noch immer kämpfen in der Eissee schwimmende Menschen darum, von den überfüllten Booten aufgenommen zu werden.

Auf den Decks der dem Kentern nahen *Wilhelm Gustloff* sind ebenfalls noch Menschen: Besatzungsmitglieder und Flüchtlinge. Frauen, Kinder, Greise.

---

[1] Es handelte sich durchweg um große Schiffe, hier um das 13751 BRT große Walfang-Mutterschiff *Walter Rau;* das ›Kraft-durch-Freude‹-Schiff *Wilhelm Gustloff* mit 25484 BRT, die 13589 BRT große *Antonio Delfino* der HSDG und die 17528 BRT große *Potsdam* vom Norddeutschen Lloyd, Bremen (NDL).

[2] Eine Unterabteilung von der ›Deutschen Arbeitsfront‹, die sich der gelenkten Freude der Massen widmete.

Kapitän zur See Henigst läßt stoppen, um an die Katastrophenstelle heranzutreiben.

400 Meter vor dem qualvoll sinkenden Riesen kommt die Fahrt aus der *Admiral Hipper.* Auf Bodens Befehl haben sie bereits die Boote klargemacht. Sie fieren die Fallreeps, sie legen die Schwimmflöße und Tampen bereit ... Das Sanitätspersonal ist alarmiert, der Proviantmeister stellt Rum und Cognac klar, auch die Köche handeln selbständig, denn die Überlebenden brauchen sofort ein warmes Getränk ... Kaffee, heiße Bouillon.

Rettungsbojen, Flöße fliegen über Bord.

Der Maschine ist Alarmverschluß befohlen worden.

Die Anfrage bei dem sichernden M-Boot, ob das Schiff Torpedo oder Minentreffer erhalten habe, ist klar, knapp und beunruhigend:

»Drei Torpedos.«

Das KdF-Schiff sinkt. Es ist verloren.

Ein Bild des Grauens, des Entsetzens ...

Aber diese Schreie, die entsetzlichen Schreie, diese verzweifelten Rufe.

Kapitän zur See Henigst steht vor der schwersten Entscheidung seines Lebens, vor einer Entscheidung, die ein unbarmherziges, nur selten an einen einzelnen Menschen herangetragenes Schicksal fordert, vor einem qualvoll schweren Entschluß, den er zudem schnell, sehr schnell fassen muß:

Soll er, und das ist ihm Selbstverständlichkeit, in seemännischer Kameradschaft die Überlebenden retten?

Wozu überhaupt solch eine so überflüssige Frage ...

Oder muß er angesichts der Lage, die auch sein Schiff mit insgesamt über 2500 Menschen an Bord bedroht, mit Höchstfahrt ablaufen?

Hilft er, bringt er auch die 2500 auf der *Admiral Hipper* in eine tödliche Gefahr und somit auch jene der 6100 Flüchtlinge der *Wilhelm Gustloff,* die man gerade aus dem eisigen Wasser der Ostsee herausgezogen hat. Von dem Schiff selbst, einer der letzten schweren Einheiten der Flotte, ganz zu schweigen.

Wenn die *Wilhelm Gustloff* torpediert worden ist, dann nur von einem U-Boot, das in dieser für einen Angreifer einmalig günstigen Lage sofort nachladen wird, wenn es sich überhaupt verschossen hat ... das dann wieder angreifen wird, während sie auf der ohne Fahrt dahintreibenden *Admiral Hipper* retten.

Wie war das doch damals, im Ersten Weltkrieg, als U-9 unter dem Kommando von Kapitänleutnant Weddigen am 22. September 1914 bei Maas Feuerschiff den britischen Panzerkreuzer HMS *Aboukir* versenkte, als dessen Begleiter, die ebenfalls britischen Panzerkreuzer HMS *Hogue* und HMS *Cressy,* die Überlebenden der 7.20 Uhr torpedierten *Aboukir* suchten ... statt abzulaufen ... statt Zick-

Zack-Kurs zu steuern ... als dann auch die *Hogue* nach einem Doppelschuß und fünfzehn Minuten später auch die *Cressy* durch einen Torpedo von U-9 versank ...

Niemand beneidet Kapitän zur See Henigst um diese Situation, und niemanden auf dieser streitbesessenen Erde möge das Schicksal vor eine solche Lage stellen.

Daß T-36 eine Horchpeilung hat, das besagt noch nicht, daß diese von einem U-Boot stammt, denn die Funker auf der *Wilhelm Gustloff* taten ihr Letztes. Sie riefen und riefen Hilfe herbei ...

Keiner hat einen Einwand, als Kapitän zur See Henigst den Hebel des Maschinentelegrafen auf ›Große‹ legen läßt.

Ein Matrosengefreiter taucht völlig außer Atem auf der Brücke auf. Die Angst schreit aus seinen Augen:

»Herr Kapitän ... auf der *Gustloff* ... da ist meine Frau ... da ist mein Kind.«

Die wendige T-36 erhält mit M-391 Befehl, an der Katastrophenstelle zurückzubleiben, um zu retten, wer und was noch zu retten ist. Über die FT läßt der *Admiral-Hipper*-Kommandant weitere Hilfe anfordern. Was er noch sagt, geht unter in den furchtbaren Schreien derer, die sich schon gerettet glaubten und die nun sehen müssen, wie das große Kriegsschiff Fahrt aufnimmt und abläuft.

Der heutige Fregattenkapitän Boden sagt: »Zwei Ereignisse werde ich nie in meinem Leben aus meiner Erinnerung bannen können: das furchtbare Bild der im Öl schwimmenden Überlebenden der *Glowworm* und jene entsetzlichen Schreie, als wir an der Untergangsstelle der *Wilhelm Gustloff* wieder in Fahrt gegangen sind.«

Wie richtig Henigst handelte, soll er wenig später erfahren, als T-36 meldet, auf der Untergangsposition der *Wilhelm Gustloff* soeben zwei Torpedolaufbahnen ausgewichen zu sein.

An der Katastrophenposition tauchen später auf außer M-341, das Minensicherung für Admiral Hipper *fuhr, und außer dem kleinen Torpedofangboot FT-19 noch der ehemalige norwegische Zerstörer* Gyller *(590 t Standard und nach unseren Begriffen ein kleines Torpedoboot, das sich aber durch hervorragende See-Eigenschaften auszeichnete), das seit April 1940 unter dem Namen* Seelöwe *und nach einer kurzen Verwendung bei der 7. T-Flottille zur 27. U-Flottille als Fangboot kam. Sein Kommandant war seit 1943 der Kapitänleutnant Prüfe.*

Beide Schiffe fuhren anfangs für Wilhelm Gustloff *Sicherung,* Seelöwe, *von FT-19 bewacht, wurde dann aber, als die See kabbelig wurde und nicht einmal mehr der 12-Knoten-Marsch eingehalten werden konnte, zurückgelassen. Hinzu trat auch bei der* Wilhelm Gustloff *der starke Bodenbewuchs am Unterwasserteil des ehemali-*

gen KdF-Schiffes, der sich so fahrtvermindernd auswirkte, daß das große Schiff ohnehin nicht mehr als zwölf Knoten hätte laufen können. Später erschien zur Rettung auch noch ein kleiner KFK, ein Kriegsfischkutter. Sein Kommandant war der damalige Steuermannsmaat und heutige Historiker Dr. Theodor Michaux. Er und seine Männer suchten Stunden, auch sie bargen nur Tote.

Als der Morgen graut, vereinigen sich alle am Vortage aus Gotenhafen ausgelaufenen restlichen Transporter[1] zu einem großen Geleitzug.

Nachmittags kommt Nebel auf. Auch das noch, denn besseres Wetter können sich auf Lauer liegende U-Boote gar nicht wünschen. Die dicke *Walter Rau* macht den WO's auf der *Admiral Hipper* ziemlichen Kummer. Aber die Schiffe fahren trotzdem klar. Mit der Dunkelheit fallen die Anker nördlich von Hiddensee.

Der 1. Februar: Weiter nach Westen. Das Wrack des einst so gerühmten Ostasien-Schnelldampfers *Gneisenau* und die anderer Schiffe säumen den schmalen, vorgeschriebenen Weg. 18.30 Uhr steht *Admiral Hipper* beim Kieler Feuerschiff. Wenig später poltern gegenüber vor der Strander Bucht die Anker in den Grund . . .

Der 2. Februar: Wieder in Kiel.

Fest am Liegeplatz 16.

Ein anderes Kiel ist es, das sie begrüßt . . . ausgebrannte Villen mit leeren Fenstern . . . Ruinen überall . . . am Hindenburg-Ufer ein zerhacktes, gelichtetes Düsternbrooker Gehölz . . . nur ein Torso die Universität und zwischen kahlen Ästen der noch stehengebliebenen Bäume die kahlen Giebel des einst so stolzen Schlosses.

Ruinen, Ruinen, Ruinen.

Und dennoch klingen frohe Laute durch das Schiff. Frauen, Kinder, alte Männer, Kranke bedanken sich in überschwenglicher Herzlichkeit, bevor sie von den an der Pier bereitgestellten Wagen abgeholt werden.

Reinschiff.

Die *Admiral Hipper* ist beinahe wieder die alte.

Boden in sein Tagebuch:

». . . Das war die letzte Fahrt.

Sie war nicht ruhmvoll, aber sie diente noch einem großartigen Zweck: den Deutschen.

Die Pessimisten meinen, hier, aus Kiel, kommen wir nie mehr heraus. Niemand aber ahnt das Ende. Alle vermuten, die Flieger werden unser Schiff vernichten.

Keiner glaubt, daß wir es selbst tun müssen . . .«

Wie befohlen, geht der schwere Kreuzer bei den Deutschen Wer-

---

[1] Wie schon genannt.

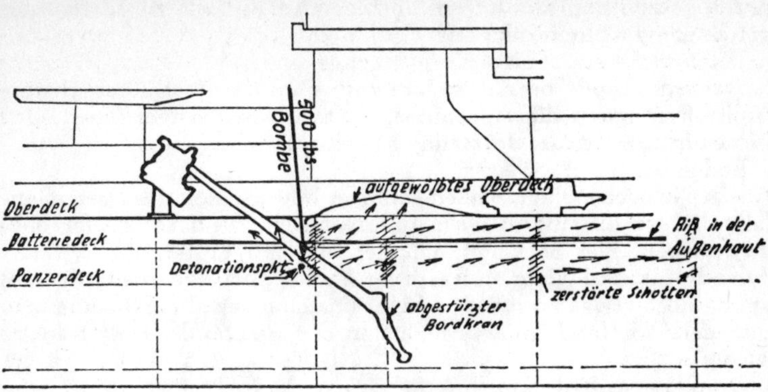

Der erste Bombentreffer in Kiel

ken ins Trockendock. Hier sollen endlich die Reparaturen am Kesselraum drei durchgeführt werden. Während dieser Zeit erlebt das Schiff zahlreiche Luftangriffe auf die Stadt und die Werft, im März, im April, im Mai.

Und immer neue Angriffe auf die gequälte, zerstörte Stadt Kiel.

Immer neue Bomben . . . ganze Teppiche, so fein geknüpft und so blutigrot wie ein Königsafghan.

Beim Himmel, was wollen sie denn bloß noch zerschlagen?

Die Ruinen?

Die zerhackten Grünanlagen?

Die skelettierten Bäume?

Sie suchen die U-Boote.

Sie meinen die *Admiral Hipper* und auch die *Admiral Scheer* und viele andere, kleine Einheiten der noch immer lebenden, noch immer kämpfenden kleinen deutschen Kriegsmarine.

Am 3. April kommen die Briten in Massen.

Es hagelt Bomben. Auf *Admiral Hipper* fährt eine in die Steuerbordseite. Durch das Deck hindurch. Aber das Panzerdeck hält stand. Gefechtswerte sind nicht zerstört. Dennoch kostet der Volltreffer sechs Tote.

Am Montag, dem 9. April 1945, erleben die von *Admiral Hipper* den für sie bisher schwersten Luftangriff, während die Besatzung sich im U-Boot-Bunker in den oberen Werkhallen aufhält.

Zwanzig Minuten lang rauschen, fauchen, krachen die Bomben. Feuerstrahlen zucken durch den Spalt der großen Bunkertore. Der massive Betonbau hebt und schwankt wie ein Schiff auf stürmischer See.

Als gerade noch die letzten abfliegenden Bomber zu hören sind, schwingen die Bunkertore auf.

Admiral Scheer ist an der Werftpier gekentert.

Admiral Hipper brennt im Vorschiff bis zum Mast. Drei schwere Volltreffer haben die Aufbauten zerstört. Ein einziger Trost, daß keine Opfer unter der Besatzung zu beklagen sind.

Boden berichtet:

»... Aus der glühendheißen Kammer hole ich meine Sachen, ebenfalls die von Leonhardt[1]. Ich unterstütze Faßbender[2] bei der gleichen Arbeit. Der Seekadett Dunker hilft mir tapfer. Als wir uns durch Rauch und Hitze an Raschs[3] Kammer vorbeigearbeitet haben, um da noch etwas zu retten, schlägt uns eine gewaltige Stichflamme entgegen. Ich fand mich draußen an der Backbord-I.-10,5-Kanone wieder.

Dunker erscheint kurz darauf.

Seine Hände und das Gesicht, soweit die Gasmaske es nicht schützte, sind völlig verbrannt. Mir selbst sind nur einige Haare versengt.

Woher die Explosion kam, ist keinem klar.

Wir schlafen, nachdem das Feuer gelöscht worden ist, im U-Boot-Bunker, und als es uns dort zu kalt wird, in der O-Messe, auf unserem alten braven Schiff.«

Der 16. April:

Der Feind steht an der Elbe. Kiel bereitet sich auf die Verteidigung vor. *Admiral Hipper* nimmt scharfe Munition an Bord. Besprechung beim Seekommandanten in Kiel und Kronshagen, um die Nachrichtenmittel und die Schießverfahren zu klären.

Einer, mit seemännischem Galgenhumor: »Es war ein sonniges Durcheinander.«

Und weiter mit Boden:

»Nachdem wir am Samstag schon einmal beim ›Rees an Backbord‹ auf dem Schiff durch eine Bombe neben dem Schiff gestört wurden, knallt es heute, am 24., wieder direkt neben unserem Untersatz; er rumst so heftig, daß einem der Runde ein Schott an den Kopf fliegt.«

Tiefflieger schwirren den ganzen Tag über den Hafen und der Werft hin und her.

Kein Mensch gibt noch eine Luftschutzwarnung.

Am 26. April nehmen sich die alliierten Flieger die Stadt Kiel besonders hart vor.

Es brennt an vielen Stellen.

---

1 Der I.E.M.O. = E-Meßoffizier.

2 Leutnant zur See und I. Flak-AO.

3 Leutnant zur See und Signaloffizier.

Bomben, Bomben, Bomben.

Auf *Admiral Hipper* berät die Führung, wie das Schiff am besten für den letzten Kampf eingesetzt werden soll. Daß es der letzte sein wird, ist jedem an Bord klar.

Die Engländer sollen in der Nähe von Neustadt stehen, heißt es in diesen Tagen ... Nach anderen Gerüchten sind sie schon bis Eutin vorgerückt.

Die Besatzung des schweren Kreuzers schläft auf gezurrten Hängematten.

Ein Teil des Personals ist schon vorher für die Kämpfe im Raum Berlin kommandiert worden, andere Männer, die nicht mehr an Bord benötigt werden, hat man neu aufgestellten Marine-Panzerjagdeinheiten zugeteilt. Sie sollen helfen, die bedrohte Marinestadt Kiel zu verteidigen.

Der 2. Mai 1945.

Das Schiff soll nun doch nicht mehr schießen.

Das ist der neue und gleichzeitig letzte Befehl:

Admiral Hipper soll gesprengt werden.

Eine genaue Lage kommt nicht mehr durch. Keiner weiß, was nun wirklich los ist.

Kapitänleutnant (Ing.) Maatz bekommt 2.00 Uhr den Befehl, die Sprengungen im Bereich der Maschine durchzuführen.

Kapitänleutnant Boden:

»Wohl keiner der Besatzung hatte so wie ich ein Recht, von *seinem* Schiff zu sprechen, das nun vernichtet werden sollte.

Wenn man von achtern an das Deck herantritt, wirkt die *Admiral Hipper* besonders gewaltig. Das Oberdeck liegt etwas tiefer als die Dockkante, so daß das diffuse Licht des Frühlingsmorgens nur die Oberdeckslinien deutlich machte.

Wie eine zum Sprung gekrümmte Katze:

Mast und Schornstein der Kopf, der achtere Stand und die Türme wirken wie ein gekrümmter Rücken. Im Geiste bin ich mit dem Schiff wieder draußen im Atlantik, wo es sich in dieser Maske wie ein stets sprungbereiter Panther bewährte ...«

Gegen 4.00 Uhr ist der letzte nicht erforderliche Mann der Besatzung von Bord. Als einer der letzten hat auch Kapitänleutnant Boden Abschied genommen.

4.25 Uhr dröhnen die Alarmglocken.

Das ist das Zeichen der Zündung.

Wie oft hat dieser Klang die Männer der *Admiral Hipper* auf einer Feindfahrt hochgerissen.

Jetzt ist er des schweren Kreuzers letztes Lebenszeichen.

Die Männer vom Sprengtrupp springen von Bord.

Wenige Minuten später erzittert der Rumpf unter einer dumpfen Detonation im Achterschiff.

Kurze Pause.

Dann folgen die Sprengungen:

die Funkmeßhaube vom Vormars stiebt davon,

die vorderen Türme erzittern,

gewaltige Brocken fliegen von der Detonation im Torpedoarbeitsraum durch die Luft,

dicker Qualm quillt aus dem Vor- und aus dem Achterschiff heraus.

Bald brennt es achtern, heller, immer heller,

aber nur langsam frißt sich das Feuer weiter nach vorn, denn im Vorschiff findet es anscheinend keine Nahrung.

Das ist das Ende der *Admiral Hipper,*

ein Ende, wie es dieses stolze und ein wenig kapriziöse, aber dennoch zähe Schiff — ein schwerer Kreuzer, der fast ein Zerstörer war — wahrscheinlich nicht verdient hat.

Mit der Sprengung ist auch das Trockendock unbrauchbar geworden. Als die Engländer in Kiel und in den Hafen eindringen, finden sie von dem ›man of war‹, der fünf Jahre lang als Einzelschiff viele wertvolle Einheiten der Royal Navy band und beschäftigte, beschädigte und versenkte, nur noch Schrott [1].

Sie stehen nachdenklich vor dem Schiff, das sich dem militärischen Zugriff des Siegers entzog, das trotz mancherlei technischer Probleme, wenn, dann aber wie ein Florett zustieß und seinem Feind außer schweren strategischen Sorgen auch nachhaltige taktische, materielle und personelle Schäden aufzwang, das es schwerer, viel schwerer hatte als seine Brüder, die schweren Kreuzer *Admiral Scheer, Graf Spee* und *Lützow,* und das vom Gegner in seemännischer Fairneß als ›our old friend the *Hipper*‹ respektiert und gefürchtet wurde.

In der Britischen Admiralität in London aber erinnert die schwere Schiffsglocke mit dem in goldblitzendes Messing erhaben herausgearbeiteten Namen ›Kreuzer *Admiral Hipper*‹ an einen großen, stolzen Zeugen deutscher Seekriegsgeschichte.

Sie, diese Glocke, ist nicht nur eine Trophäe, nicht nur Verpflichtung, sie ist heute, in Zeiten der NATO, auch Bürge für die Leistungen und den soldatisch-seemännischen Geist der maritimen deutschen Partnerschaft.

---

1 Später bestimmt die englische Besatzungsmacht, daß das Wrack notdürftig abgedichtet wird. Es wird am Ausgang des Kieler Hafens in der Heikendorfer Bucht auf Grund gesetzt, dort, wohin auch die nach einem schweren Luftangriff auf Kiel nicht mehr schwimmfähige *Emden III* geschleppt wurde. 1948/49 wird das Wrack schließlich abgebrochen.

ANHANG

Anhang 1

ZEITTAFEL. Daten schwerer Kreuzer *Admiral Hipper*
Kiellegung 6. 7. 1935 als Kreuzer ›G‹;
Stapellauf 6. 2. 1937 (Bau-Nr. 501);
1. Probefahrt 18.–22. 3. 1939;
Abnahmefahrt 17. 4. 1939;
Indienststellung 29. 4. 1939;
1. Auslaufen 6. 6. 1939;
Ausbildung. Kieler Woche;
3.–24. 7. 1939 Hernösand–Reval;
Vorbereitungen EKK;
Ab 14. 8. östliche Ostsee EKK;
IO-Wechsel (Schönberg/Strebe);
Ab Ende August westliche Ostsee EKK;
1. Kaliberschießen vor Schönhagen;
Sund- und Beltbewachung, polnisches U-Boot;
Ab Mitte September östliche Ostsee EKK: Danzig–Pillau
31. 10. 1939 Kaliberschießen gegen *Hessen*
(6 Treffer). Russen-Kommission;
6. 11. 1939 bis Anfang Januar 1940 Restarbeiten bei Blohm & Voss.

1940

Restarbeiten bei Blohm & Voss, Hbg.
IO-Wechsel (Strebe/Zollenkopf);
Bis Mitte Januar Rest-EKK Kiel; Ausbildung wegen Eis abgebrochen; Einschiffung BdK Admiral Lütjens;
Ab Mitte Januar Eisperiode Wilhelmshaven;
18. 2. 1940 Vorstoß nördliche Nordsee (sogenannte Kirkwall-Unternehmung); Führung Marschall;
10. 3. 1940 Beginn Vorarbeiten Norwegen-Unternehmung;
25. 3. 1940 Verlegung Cuxhaven;
6. 4. 1940 abends Auslaufen Cuxhaven;
8. 4. 1940 Gefecht mit HMS *Glowworm*;
9. 4. 1940 Drontheim wird besetzt;
12. 4. 1940 Rückkehr Wilhelmshaven;
ca. 1. 5. 1940 wieder kriegsbereit;
4. 6. 1940 Auslaufen Kiel zu ›Juno‹;
6./7. 6. 1940 Tanken im Nordmeer;

8. 6. 1940 *Orama, Juniper;*
9. 6. 1940 Einlaufen Drontheim;
20. 6. 1940 Drontheim ausgelaufen zum Raid bei Island mit *Gneisenau,*
Gneisenau bei Kya U-Boot-Torpedo, zurück nach Drontheim;
25. 7. 1940 *Gneisenau* und *Hipper* ausgelaufen; *Gneisenau* Heimat;
24. 7. 1940–8. 8. 1940 Eismeer-Unternehmung zwischen Spitzbergen und Vardö; Dampfer *Thorden.*
8.–11. 8. 1940 Eilrückmarsch Wilhelmshaven;
11. 8.–9. 9. 1940 Werft Wilhelmshaven;
4. 9. 1940 Kommandantenwechsel (Heye/Meisel) in Wilhelmshaven;
12. 9.–24. 9. 1940 Bereit für Seelöwe;
17.–18. 9. 1940 Vormarsch bis Großer Belt;
24.–30. 9. 1940 Auslaufversuch zum Atlantik; 2 Tage Christiansand. 4 Stunden gestoppt auf Höhe Scapa (28. 9.);
2. 10.–28. 10. 1940 Turbinenreparatur bei Blohm & Voss;
29. 10.–18. 11. 1940 Ausbildung Gotenhafen – Swinemünde;
19.–27. 11. 1940 Kiel. Ausrüstung;
28.–29. 11. 1940 Brunsbüttel;
30. 11. 1940 Auslaufen zur 1. Atlantik-Unternehmung;
6.–7. 12. 1940 Dänemarkstraße;
25. 12. 1940 Berwick-Gefecht; *Jumna;*
27. 12. 1940 Einlaufen Brest;
28. 12. 1940–1. 2. 1941 Brest;

1941

1. 2. 1941 Auslaufen Brest zur 2. Atlantik-Unternehmung;
12. 2. 1941 Geleitzug. Ritterkreuz für Kapitän z. S. Meisel;
14. 2. 1941 Einlaufen Brest. Schraubenreparatur;
15. 3. 1941 Start Brest zur Heimfahrt;
28. 3. 1941 Rückkehr Kiel. IO-Wechsel (Zollenkopf/Krauss);
28. 3.–8. 11. 1941 Werftliegezeit DWK, Kiel/Umbau Öl!
8.–10. 11. 1941 Probefahrt mittlere Ostsee;
10.–18. 11. 1941 Restarbeiten;
18. 11.–21. 12. 1941 Ausbildung mittlere und östliche Ostsee von Gotenhafen aus;
21. 12. 1941–18. 1. 1942 Gotenhafen Werftarbeiten.

1942

18.–23. 1. 1942 Torpedoschießen mittlere Ostsee;
23.–24. 1. 1942 Kiel Scheerhafen;
25. 1.–25. 2. 1942 Hamburg Blohm & Voss;
2.–6. 3. 1942 Brunsbüttel;
19. 3. Verlegung nach Drontheim;

21. 3.—13. 6. 1942 Drontheim Lo-Fjord;
14. 6. 1942 Verlegung nach Narvik, Bogenbucht;
2.—8. 7. 1942 Nordmeer Operation *Tirpitz, Scheer, Hipper* (PQ-17);
Anfang Sept. Unternehmen ›Doppelschlag‹ geplant, aber aufgegeben;
8. 7.—10. 9. 1942 Narvik, Bogenbucht; Übungen im Westfjord;
10.—11. 9. 1942 Verlegung Alten-Fjord mit *Scheer* und *Köln*; bereit für PQ-18;
11. 9.—24. 9. 1942 Alten-Fjord; Kaa-Fjord;
13. 9. 1942 Hitler verbietet Operation auf Rußland-Convoys;
24.—28. 9. 1942 Minen-Unternehmung Nowaja Semlja, Unternehmung ›Zarin‹;
28. 9.—1. 10. 1942 Alten-Fjord;
1.—2. 10. 1942 Verlegung Narvik, Bogenbucht;
2. 10.—28. 10. 1942 Narvik;
11. 10. 1942 Kommandanten-Wechsel (Meisel/Hartmann);
19.—23. 10. 1942 Übungen Ofot-Fjord;
28. 10.—29. 10. 1942 Verlegung in den Alten-Fjord;
29. 10.—5. 11. 1942 Alten-Fjord, Kaa-Fjord;
5. 11.—9. 11. 1942 Unternehmung ›Hoffnung‹; Abkämmen mit Z-27, Z-30, *Eckoldt, Beitzen;*
10. 11.—29. 12. 1942 Alten-Fjord;
30. 12. 1942—1. 1. 1943 ›Regenbogen‹; Geleit JW-51 B (2 Kreuzer, 8 Zerstörer, 5 andere Begleiter, 14 Schiffe). 1 Zerstörer versenkt, 1 Zerstörer schwer beschädigt.

1943

2. 1.—23. 1. 1943 Alten-Fjord;
24. 1.—7. 2. 1943 Verlegung Kiel über Narvik, Bogenbucht;
8.—10. 2. 1943 Kiel, Scheerhafen;
11.—12. 2. 1943 Fahrt nach Wilhelmshaven – Bekanntgabe Außerdienststellung;
13. 2.—28. 2. 1943 Außerdienststellung;
1. 3. 1943 Übergabe an die Werft.
April 1943 wegen Luftgefährdung nach Pillau, Ostsee, geschleppt;

1944/45

März 1944 Wiederindienststellung;
April/August 1944 Erprobungen in der Ostsee;
September 1944 *Admiral Hipper* bedingt einsatzbereit; Kadettenausbildung;
Januar 1945 Teile der Besatzung zum Bau von Feldbefestigungen im Raum Danzig/Gotenhafen abkommandiert;
30. 1. 1945 Mit 1530 Flüchtlingen an Bord aus Gotenhafen (*Wilhelm-Gustloff*-Katastrophe);

1. 2. 1945 Einlaufen Kiel, Werftliegezeit Deutsche Werft, Kiel;
3. 4. 1945 Bombenvolltreffer an Stbd., 6 Tote;
9. 4. 1945 Drei Volltreffer, Aufbauten weitgehend zerstört, keine Opfer;
Mai 1945 Selbstzerstörung im Trockendock DWK, Kiel;
Juli 1945 Abschleppen zur Heikendorfer Bucht, dort auf Strand;
1948/49 Das Wrack der *Admiral Hipper* wird verschrottet.

Anhang 2

TECHNISCHE, ARTILLERISTISCHE UND SONSTIGE DATEN
des schweren Kreuzers *Admiral Hipper*

Größe (Wasserverdrängung)

a)	Standard-Deplacement (in Washington tons) als Typenverdrängung	13 900 t
b)	Maximale Verdrängung, das heißt mit voller Zuladung einschl. aller Reserven	18 600 t

In den Maßen

a)	Länge in Konstruktions-Wasser-Linie (KWL)	195 m
	Länge über alles	206 m
b)	Breite	21,3 m
c)	Tiefgang (analog zu den Werten der Wasserverdrängung	
	zu a)	5,8 m
	zu b)	7,7 m

Panzerschutz (in mm)

Deck:

a)	Panzerdeck (Deckpanzer des Oberdecks) und Panzerdecksböschung	30 mm
b)	Gürtelpanzer (Seitenpanzer der Wasserlinie)	80 mm
c)	Artillerie an den Stirnseiten der SA und ihrer Barbetten	160 mm
	und der Mittelartillerie	10 mm

Innerer Schutz

13 wasserdichte Schotten
13 wasserdichte Abteilungen

Artillerie

SA

8—20,3 cm S.K.C. in den Zwillingstürmen A, B, C und D mit einem Personalsoll von 55 Mann pro Turm, also 220 total für die SA.

3 Artillerie-Leitstände (mit 18 Mann Personal)
2 Nachtleitstände (mit 4 Mann Personal)
5 E-Meßgeräte

1. vorderer Stand 1—6 Meter EMG
2. Vormars 1—7 Meter EMG
3. achterer Stand 1—7 Meter EMG
4. Turm B(erta) 1—7 Meter EMG und
5. Turm C(äsar) 1—7 Meter EMG mit 15 Mann Personal

De-Te-Geräte (Funkmeß oder engl. Radar)
Reichweite des Gerätes Vormars für Seeziele bis 180 mm
je 1 vorn und achtern
2 Rechenstellen
vorn und achtern
2 Schaltstellen
(mit zusammen 10 Mann Personal)

Bewaffnungsänderungen in der Dienstzeit 1939—1945

1. Die Anzahl der Flugzeuge änderte sich von 3 auf 2
2. Mittlere Flak 12—3,7 cm: vordere 4—3,7 cm ausgebaut, dafür je 1—4 cm und zusätzlich 4—4 cm
   Endbestückung: 8—3,7 cm, 6—4 cm Geschütze
3. Leichte Flak 4—2 cm ständig zunehmend, Endbestükkung 24—2 cm in Zwilling, 8—2 cm in Vierling

Hilfsorgane
2 Mutterrichträume
2 Fahrtmeßstellen

Munition für SA
637—20,3 Panzersprenggranaten (Psgr.)
627—20,3 Sprenggranaten mit Kopfzünder (Spgr.Kz.)
206—20,3 Sprenggranaten mit Bodenzünder (Spgr.Bdz.)
40—20,3 Leuchtgranaten (LG)
1470—20,3 Hülsenkartuschen
1470—20,3 Vorkartuschen
40—20,3 LG-Kartuschen

Entfernung

Reichweite max.	335 hm
wirksame Reichweite	250 hm
geringste Entfernung	1 hm, toter Raum nach voraus 50 hm
Hauptgefechts-Entfernung	150 hm (ca.)

Feuergeschwindigkeit

Volle Batterie	21—22 sec
Teilsalven-Feuer	12—13 sec

Schußrichtungen (günstigste)

StB	50– 70°
	110–150°
BB	230–250°
	290–340°

Die schwere Flak

12–10,5 cm S.K.C./33 in 8,8 Doppellafetten mit einem Personalsoll von total 84 Mann bei 14 Mann pro Doppellafette

Stände

4 Flak-Leitstände mit je 1 4-m-N-E-Meßgerät; 16 Mann Sollpersonal

2 Flak-Einsatzstände; 12 Mann

Rechen- und Schaltstellen

2 Flak-Rechenstellen

2 Flak-Schaltstellen

Munition

3500–10,5 Sprenggranaten-Patronen (Spgr.Patr.)
3500–10,5 Zeitzünder-Granaten (Zt.Z. S/30)
200–10,5 Kopfzünder (Kz. 28)
160–10,5 Leuchtgranaten-Ptr. (LG-Patr.)

Auf alle Rohre verteilt ergibt das ca. 292 Granaten pro Rohr.

Entfernung

Wirksame Flak-Reichweite zwischen	20–95 hm
Wirksame Seeziel-Reichweite bis	120 hm
Geringste Schußentfernung	1 hm, kein toter Raum
Zielhöhe bis etwa	5000 m

Schußrichtung

Recht voraus und recht achteraus artilleristisch ungünstig, sonst keine Beschränkungen

Feuergeschwindigkeit

6–4 sec

Die leichte Flak

12–3,7 cm in Doppellafetten
8–2 cm MG C/30

Torpedowaffe

12 Torpedorohre (53,3 cm) mit 4 Drillingssätzen mit 3 Tag- und 3 Nachtzielstellen

Maschinen und Kessel

Der Hd-(Hochdruck-)Heißdampf wird in 3 Kesselräumen zu je 4, also insgesamt

12 LeMont-Kesseln
erzeugt. Die Kessel arbeiten mit
78 atü Druck
Überhitzt, getrocknet treibt der Hd-Heißdampf
3 Deschimag-Blohm & Voss-Turbinen
3 E-Werke (teils Diesel, teils Dampfantrieb)

Pferdestärken
132 000 auf 3 Schrauben

Brennstoff
4250 t Öl

Fahrstrecke in Seemeilen
6800 bei 19 kn Marschfahrt
3000 bei 30 kn pro Stunde

Geschwindigkeit in Knoten
32,5

Flugzeuge
3 für 1 Katapult

Zum Erhalt der Schwimmfähigkeit bei Unterwassertreffern verfügt *Admiral Hipper* über 10 Leckpumpen mit elektrischem Antrieb, die vom Zwischendeck aus geschaltet werden. Eine Leckpumpe kann nur in ihrer und der davorliegenden Abteilung lenzen, sie kann aber auch zum Fluten benutzt werden.

3 Feuerlöschpumpen drücken Seewasser in die Feuerlöschleitungen.

Abt. I	Rudermotorenraum, Handruder
Abt. II	Turm ›C‹, ›D‹, 20,3 cm Pulver- und Granatkammern, Wellentunnel
Abt. III	Nebengefechtsverbandsplatz, E-Werk 1, Turbinenraum 1, achtere Fla-Rechen- und Schaltstelle, E-Gefechtsstand, Hauptkuppelungsraum
Abt. IV	Funkraum ›C‹, achtere Artillerie-Rechen- und Schaltstelle, Maschinenleitstand, E-Werk 2, achterer Mutterrichtraum, 10,5 cm Munitionskammern
Abt. V	Turbinenraum 2–3
Abt. VI	Kesselraum 1
Abt. VII	Kesselraum 2, Funkraum ›B‹, 10,5 cm Munitionskammern
Abt. VIII	Kesselraum 3
Abt. IX	E-Werk 3, 10,5 cm und 3,7 cm Munitionskammern
Abt. X	Hauptgefechtsverbandsplatz, Kommandozentrale, Funkraum ›A‹, vorderer Mutterrichtraum, vordere Ar-

	tillerie-Rechen- und Schaltstelle, vordere Flak-Rechen- und Schaltstelle
Abt. XI	Turm ›A‹, ›B‹, 20,3 cm Pulver- und Granatkammern, Horchstelle
Abt. XII–XIV	Kühlraum, Lasten.

Das Schiff hat eine Kriegsbesatzung von etwa 1600 Mann einschließlich der Prisenbesatzungen, des B-Dienstes, der meteorologischen Gruppe usw.

Anhang 3

TAGESBEFEHL RAEDERS. Vor Norwegen-Unternehmung

Der Führer und Oberste Befehlshaber hat der Wehrmacht zur Sicherung der deutschen Lebensinteressen eine Aufgabe gestellt, deren Erfüllung höchste Bedeutung zukommt.

Im Rahmen dieser Unternehmung treten an die Kriegsmarine im besonderen Maße Anforderungen höchster Verantwortlichkeit heran. Von der Leitung und Einsatzbereitschaft aller beteiligten Seestreitkräfte, von der Entschlossenheit jedes einzelnen mit einer Führungsaufgabe betrauten Offiziers der Kriegsmarine hängt der Erfolg der Gesamtoperation ab.

Die Durchführung und Sicherung der Landungsoperationen durch die Kriegsmarine wird überwiegend in einem Raume stattfinden, in dem nicht Deutschland, sondern England mit überlegenen Streitkräften die Seeherrschaft auszuüben in der Lage ist. Die Erfüllung unseres Kampfauftrages muß und wird uns trotzdem gelingen, wenn jeder Führer in der Erkenntnis der Größe seiner Aufgabe das Äußerste daransetzt, das ihm gestellte Ziel zu erreichen.

Der Ablauf der Ereignisse und die im Verlauf der Einzelunternehmungen an Ort und Stelle sich ergebenden Lagen können nicht vorgesehen werden. Die Erfahrung lehrt, daß Glück und Erfolg auf der Seite desjenigen stehen, der höchste Verantwortungsfreudigkeit mit Kühnheit, Zähigkeit und Geschicklichkeit verbindet.

Überraschung und schnelles Handeln sind die Voraussetzung für das Gelingen der Operation. Ich erwarte, daß die Führer aller Gruppen und alle Kommandanten von dem unbeirrbaren Willen beherrscht sind, den ihnen befohlenen Zielhafen trotz aller auftretenden Schwierigkeiten zu erreichen, daß sie beim Einlaufen in die Ausschiffungshäfen mit größter Entschlossenheit auftreten und sich nicht durch Anhalte- und Abwehrmaßnahmen örtlicher Befehlshaber oder durch Wachfahrzeuge und Küstenbefestigungen von der Erreichung ihres Zieles abschrecken lassen. Alle Versuche, den Vormarsch der Streitkräfte aufzuhalten oder zu verhindern, sind abzuwehren.

Widerstand ist nach Maßgabe der in den Operationsbefehlen erteilten Weisungen mit rücksichtsloser Entschlossenheit zu brechen.

Der Einsatz der Kriegsmarine bei der befohlenen Operation ist groß, der Wille, aller sich der Durchführung entgegenstellenden Hemmnisse Herr zu werden, soll noch größer sein.

Der Glaube an die Gerechtigkeit unserer Sache und das unbedingte Vertrauen zu unserem Führer und Obersten Befehlshaber der Wehrmacht geben uns die Gewißheit, daß der Sieg auch bei der Erfüllung dieser Aufgabe auf unserer Seite sein wird.

Dieser Erlaß ist dem gesamten Offizierskorps nach Auslaufen zur Operation bekanntzugeben.

Der Oberbefehlshaber der Kriegsmarine
gez. *Raeder*, Großadmiral

Anhang 4

ARTILLERIEBERICHT ÜBER DAS GEFECHT GEGEN ZERSTÖRER *GLOWWORM*
8. 4. 1940

a) Schwere Artillerie

Leitung IAO Vormars, Rw, Hw. Abfeuerung Schlinger-V.Z.-Werk. Schiff schlingerte, sobald vom Grundkurs abgewichen wurde. Ausschläge bis zu 9°. Wegen mangelnder Betriebssicherheit konnte Rohrhöhenfernsteuerung nicht benutzt werden. Indirektes Richten wird zweckmäßig wegen ständig wechselnder Lagen. Abfeuerung wurde beibehalten, wie sie nun einmal bei Gefechtsbeginn im Hinblick auf ein Gefecht auf größere E. befohlen war. Im ersten Gefechtsabschnitt normales E.-Uhr-Schießen. Zur 2. Salve E. neu übernommen. Vom zweiten Gefechtsabschnitt an wurde wegen der langen Ladezeiten und der sich schnell ändernden Fahrt und Lage zu jeder Salve eine neue Messung zugrunde gelegt und Fahrt und Lage neu kommandiert. Dieses Verfahren bewährte sich und war das einzig mögliche.

b) Flak

Da der Stb. achtere Flak-Leitstand bei einer harten Schiffsdrehung kurz vor Beginn des Gefechtes umgefallen war, wurde das Stb. II und III Geschütz nach vorn geschaltet. Der Zerstörer wurde infolgedessen mit der schweren Flak von den beiden Flak-Gruppen der Bb.-Seite und der Stb. vorderen Gruppe in selbständiger Feuerleitung bekämpft. Als Schießverfahren wurde bei den einzelnen Gruppen zunächst Reg.-Schießen mit indirektem Richten durchgeführt, als die Entfernung jedoch unter Bereich kam, wurde von den einzelnen Leitern selbständig auf freies Schießen, Höhe und Seite direkt, übergegangen.

ERFAHRUNGEN

Die schwere Artillerie ist für ein Gefecht auf diese geringe Entfernung gegen derart beweglichen Gegner zu schwerfällig, zumal im Hauptteil des Gefechtes nur *ein Turm* feuern konnte. Trotzdem sind außer dem einen beobachteten schweren Treffer fraglos noch mehrere Treffer der schweren Artillerie an der Stb.-Seite des Gegners erzielt worden, da er, wie später beobachtet werden konnte, an der Stb.-Seite schwere Leckagen aufwies.

Das Fehlen einer Warnanlage in den Türmen war sehr störend. Turm ›A‹ mußte aus Sicherheitsgründen frühzeitig mit dem Schießen aufhören und konnte manche Salve in Schußrichtungen, die ein Mitfeuern gestattet hätten, nicht mitschießen, weil keine ausreichende Sicherheit gegen Anschießen des eigenen Schiffes gegeben war.

Anhang 5

BESETZUNG VON DRONTHEIM
9. 4. 1940

Kapitänleutnant Kölzers Bericht lautet:

Es kam vor allem im Verkehr mit den Funkstellen bei den Batterien darauf an, alle Nachrichten möglichst schnell und frei von Verzögerungen durch schwierige Schlüsselmittel durchzubringen. Zu diesem Zweck war eine ›Signaltafel Detmold‹ zusammengestellt, die alle vorkommenden Funknamen enthielt sowie alle die Gruppen, die beim ersten Nachrichtenaustausch über Erfolg bzw. Nichterfolg von Wichtigkeit waren. Bei Notfällen und in besonders dringlichen Lagen war die Möglichkeit zu funken freigestellt, jedoch sollte nach Klärung der Lage und Überwindung entgegenstehender Schwierigkeiten baldmöglichst auf den Wehrmachtshandschlüssel übergegangen werden.

Nach der Landung der beiden für die Batterie vorgesehenen Zerstörer kam bald eine Funkverbindung zustande und bereits die ersten Meldungen ließen erkennen, daß zunächst mit planmäßigem Widerstand bei der südlichen Batterie nicht zu rechnen war.

Alle beteiligten Seestreitkräfte hatten ebenfalls Bezirkswelle geschaltet, so daß sich nunmehr bei Detachierung einzelner Zerstörer und damit Abriß der UK-Verbindung diese Welle als Verbindung der Seestreitkräfte untereinander mit Funksprüchen nach Schlüssel M als besonders nützlich erwies.

Später gliederte sich in den Verkehrskreis weiterhin eine Funkstelle des MNO und gleichzeitig des Stadtkommandanten und eine weitere beim Befehlshaber der Heerestruppenteile ein.

Die Verbindung mit der Funkstelle ›Batterie Ostseite‹ riß nach einiger Zeit ab, anscheinend infolge technischer Fehler bei der Landungsfunkstelle. Dies fiel nicht allzusehr ins Gewicht, da weiterhin der Heereskommandant zeitweise telefonische Verbindung mit allen Batterien hatte.

Der Funkspruchaustausch war insgesamt sehr rege. Es ließ sich besonders in den ersten Stunden nach der Besetzung nicht ganz die Anwendung des offenen Funkspruchs vermeiden. Jedoch handelte es sich hierbei um meist belanglose Meldungen. Später wurden alle Nachrichten mit dem Wehrmachtshandschlüssel überschlüsselt.

Anhang 6

Geheime Kommandosache!
Marinegruppenkommando West
B. Nr. gKds. 1603/41 A 1 Chefs.

OPERATIONSBEFEHL FÜR KREUZER *HIPPER*

Ausführung auf Stichwort ›Wilmersdorf‹ mit zweistelliger Zahl, die — 20 davon abgezogen — das Datum des Auslauftages angibt. Zum Beispiel ›Wilmersdorf 46‹ heißt ›Auslaufen am 26.‹.

I. *Aufgabe:*

Angriff auf feindliche Zufuhr im Atlantik nördlich 30° Nord. Nach Sammeln auf Schlachtschiffe in gemeinsamer Operation mit diesen unter Führung des Flottenchefs.

II. *Feindnachrichten*

a) Die vermutliche Verteilung der englischen Seestreitkräfte (vom leichten Kreuzer an aufwärts) ist aus Anlage 1 ersichtlich,
b) Übersicht über die Schiffahrtswege im Atlantischen Ozean vgl. Skl. 3. Abt. FH B. Nr. 2270/40 gKds. vom 17. 12. 1940 (nur für *Admiral Hipper* beigefügt),
c) Im übrigen vgl. laufende Zustellung von Feindnachrichten:
   aa) B-Berichte der B-Leitstelle,
   bb) tägliche Feindlagen des Gruppenkommandos.
d) Es wird besonders bemerkt:
   aa) *Formidable* befindet sich wahrscheinlich in Westindien zu Erprobungs- und Ausbildungszwecken, Verlegung *King Georg V* in diese Gewässer ist nicht ausgeschlossen. Jeden-

falls besteht die Auffassung, daß sich dieses Schlachtschiff noch im Probefahrtsverhältnis befindet.

bb) *Argus* wird wegen seiner geringen Geschwindigkeit kaum operativ verwendet werden.

cc) Mit Hilfskreuzern oder Dampfern, die getarnt Torpedobewaffnung tragen, muß h. E. gerechnet werden. Hilfskreuzer patrouillieren auf den Geleitwegen, besonders auf dem Nord-Süd-Weg. Über U-Boote bei Geleitzügen liegen in den letzten Monaten keine Nachrichten vor.

dd) Auf Nachrichten über feindlichen Handelsverkehr an der spanisch-portugiesischen Westküste, besonders auf den von Kap Finisterre nach NW führenden Wegen wird hingewiesen.

e) Über Stärke und Verteilung der engl. U-Boot-Flotte sowie über Luftaufklärung in Nordsee und Nordatlantik s. Anlage 3 (nur für *Hipper* beigefügt) und B-Bericht 1/41.

Luftaufklärung in der Biskaya ist mehrfach beobachtet worden. Sie wird vorwiegend durch Sunderlandflugboote durchgeführt. Über Ausdehnung besteht noch keine Klarheit.

III. *Eigene Streitkräfte:*

a) Über Operation der Schlachtschiffe siehe gesondert übersandte Op.-Weisung für Flottenkommando.

b) Operationsgebiete der U-Boote:

aa) Südlich 60° N, ostwärts 25° W, nördlich 47° 30' N. Hauptoperationsgebiet der deutschen und italienischen U-Boote.

bb) Südlich 42° N, ostwärts 30° W, nördlich 30° N. Italienische U-Boote.

c) Südlichster Hafen, der von eigenen U-Booten angelaufen wird, ist St. Nazaire. Basis der italienischen U-Boote ist Bordeaux.

d) Die italienischen U-Boote sind mit der deutschen ES-Patrone und mit dem Buchstaben-ES ausgerüstet.

Die italienischen U-Boote sind äußerlich durch ihre sehr hohen Seerohrböcke, die über den Turm hinausragen, kenntlich, ihre Geschütze stehen gleich den deutschen Booten frei vom Turm. Bei Nacht ähnelt ihre Silhouette im aufgetauchten Zustande der kleiner Vorpostenboote.

e) Ein deutsches U-Boot steht als Wettermelder im Seegebiet zwischen 55° bis 60° N und zwischen 20° und 25° West. Dieses U-Boot gibt möglichst täglich je eine Wettermeldung um 3 Uhr, 13 Uhr und 17 Uhr MGZ auf der Atlantik-U-Boot-Kurzwelle. Abnahme dieser Meldungen wird empfohlen.

f) Ein Fischdampfer (z. Z. *Sachsenwald*) steht als Wetterbeobachter im Seegebiet zwischen 48° und 53° N und 18° und 35° W. Aufenthalt z. Z. Südwestecke Gebietes.

Wettermeldungen werden gem. Mar. Gr. West gKdos. 174/41 A 4 vom 12. 1. 1941 abgesetzt.

g) Luftaufklärung wird im allgemeinen täglich geflogen:
  aa) Mit einer oder mehreren FW 200 (viermotoriges Landflugzeug) von Bordeaux in das Seegebiet nordwestlich Irland südlich 57° Nord ostwärts 20° West.
  bb) Küstenvorfeldaufklärung von Brest und Hourtin bis 13° West jeweils in etwa 150–200 sm Breite mit He 115.

  Wichtige Meldungen werden übermittelt.

h) Einkommende Prisen und rückkehrende Dampfer steuern zwischen 24° N und 47° 30′ N (Prisenweg) St. Nazaire oder die Gironde-Mündung an.

i) Unterrichtung *Hipper* über U-Boote und umgekehrt, soweit nötig, mit FT, sobald *Hipper* in den Prisenweg oder in Operationsgebiete der U-Boote eintritt (Einlaufen nach Brest).

IV. *Durchführung:*

a) *Hipper* läuft an dem mit Stichwort befohlenen Tage nach Anbruch der Dunkelheit aus Brest aus.

B. S. W. wird von hier Weisung erhalten, sich zwecks Sicherung des Auslaufens unmittelbar mit *Hipper* in Verbindung zu setzen.

Über für Sicherung z. Vfg. stehende Zerstörer und Torpedoboote folgt Befehl. Diese sind so zu entlassen, daß sie bei Hellwerden die Länge von Ouessant wieder erreicht haben.

Hipper holt nach dem Auslaufen aus Brest zunächst bis etwa 46° N nach Süden bis Südwesten aus und erreicht – innerhalb des Prisenweges weiterlaufend – den freien Atlantik.

Am Tage nach dem Auslaufen Sicherung durch Luftaufklärung nach Maßgabe der einsatzbereiten Kräfte. Mitteilung hierüber am Vorabend mit FT.

b) *Hipper* strebt zunächst unbemerkten Marsch zum Treffpunkt ›Gerda‹ an, um hier Brennstoffergänzung aus *Spichern* durchzuführen.

Als weiterer Verlauf der Operation wird Verfahren gem. Op.-Weisung für Flottenkommando Ziff. 4 g angestrebt. Verhalten von *Hipper* entsprechend.

Bei anderer Entwicklung der Lage wird Gruppe West Weisungen erhalten. Nötigenfalls wird der Kommandant selbst über weiteres Verhalten zu entscheiden haben. Auf Meldung durch Kurzsignal ist in diesem Fall besonderer Wert zu legen. Grundsätzlich bleibt, auch wenn der Ausmarsch vom Gegner bemerkt wird, die Aufgabe bestehen.

c) Außerhalb der genannten Bindungen hat der Kommandant freie Hand in der Durchführung seiner Aufgabe.

Bei dem Ziele der größtmöglichen Schädigung des Gegners steht die Erhaltung der vollen Operationsfähigkeit des Schiffes im Vordergrund.

Es ist daher nur auf schwach gesicherte Geleitzüge und einzelfahrende Dampfer zu operieren.

Ein Gefecht mit gleichwertigem Gegner ist nur, wenn es unvermeidbar ist, anzunehmen, dann jedoch unter vollem Einsatz durchzukämpfen.

d) Beabsichtigt *Hipper* im Seegebiet bei Kap Finisterre zu operieren, so ist dies möglichst frühzeitig mit dem Kurzsignal ›Verlege mein Op.-Gebiet in das Gebiet westlich Kap Finisterre‹ mit Datum zu melden. Am bezeichneten Tage wird sodann Luftaufklärung nordwestlich und westlich Kap Finisterre unter Benachrichtigung von *Hipper* geflogen.

e) Solange *Hipper* allein operiert, wird Gruppe West Abbruch der Unternehmung für ihn gesondert befehlen. Dem Kommandanten ist anheimgestellt, Aufgabe auch aus eigenem Entschluß nach seiner Beurteilung der Lage aufgrund der örtlichen Gegebenheiten abzubrechen. Absicht durch Kurzsignal melden.

f) Nach Abbruch der Unternehmung Einlaufen nach Brest, im Notfall nach der Gironde-Mündung. Ansteuerungsanweisung s. Anl. 4. Luftaufklärung vor dem Einlaufen möglichst bis 20° W. Mitteilung hierüber mit FT.

g) Zwingt Entwicklung der Lage unerwartet zum Durchbruch in die Nordsee, sind Vorbereitungen dazu von Gruppe Nord getroffen. Mitteilung über Aufstellung der Tanker im Nordmeer folgt.

h) Aufstellung der Tanker s. Op.-Weisung für Flottenkommando. *Hipper* hat grundsätzlich die Berechtigung zur Brennstoffergänzung aus allen Tankern. Bei stärkerer Beanspruchung einzelner Tanker ist Meldung durch Kurzsignal notwendig.

Alle Tankerbefehle werden gesondert übersandt.

V. *Nachrichtenanordnungen:*
s. Gruppe West gKds. 1596/41 A 4 Chefs. 12. 1. 1941.

Im Entwurf gez.: *Saalwächter*

Die Anlagen 2–4 sind hier fortgelassen.

Anhang 7

Anlage 1 zu Gruppe West gKds 1603/41 A 1 Chefs.

Geheime Kommandosache!

VERMUTLICHE VERTEILUNG DER ENGLISCHEN SEESTREITKRÄFTE IM ATLANTIK

Stand: 15. 1. 1941

	Schlachtschiff	Flugzeugträger	Schw. Kreuzer	L. Kreuzer
Englische Ostküste	Hood			Edinburgh Manchester Curaçao
Nordbereich				Galatea Cardiff
Kanalbereich	Queen Elizabeth (Werft)		Sussex Exeter (?) London (Werft)	Belfast Fiji Hermione Kenya Uganda Frobisher
Heimatbereich	Nelson R. Sovereign King George V Repulse	Argus	Suffolk Norfolk Australia Canberra Berwick	Sheffield Glasgow Bonaventure Najad Penelope Adventure Calcutta
Gibraltarbereich	Resolution Renown Malaya	Ark Royal		1 Birmingham-Klasse
Kanadabereich	Ramillies Revenge			Emerald
Westindien		Formidable		Despatch Dunedin Caradoc Diomede
Freetownbereich (Südatlantik)	Rodney	Furious	Devonshire Dorsetshire Shropshire	Delhi Dragon Enterprise Hawkins Newcastle Vindictive

Anhang 8

Anlage 1 zum Gefechtsbericht
Kreuzer *Admiral Hipper*

BERICHT

des I. Artillerieoffiziers Kreuzer *Admiral Hipper* über den Einsatz der SA beim Gefecht mit einem englischen Geleitzug am 12. 2. 1941

Allgemeines:

Das Schießen der SA bot keinerlei Schwierigkeiten. Leitung Vormars durch IAO, zunächst Zentral-Abfeuerung Rw. Hw. Ein kurzer Übergang zur Abfeuerung Schlingervorzünderwerk wurde sogleich zurückgemacht, da die Schlingerbewegungen das Richten nur kurze Zeit erschwerten und bald darauf wieder normales Richten möglich war. – Bei Unterschreiten der Parallax-Entfernung wurde auf Höhe und Seite direkt Turmabfeuerung übergegangen. – Bei der Kehrtschwenkung ab 6.31 Uhr wurde die Leitung kurz an den III. AO, achterer Stand, abgegeben. In der Drehung konnte das Schießen fortgesetzt werden.

Erster Abschnitt bis zur Pause 6.43 Uhr:

Da die taktische Lage das Herangehen an die Dampfer auf geringste E. – das für die SA zur Munitionsersparnis beste Verfahren – anfänglich verbot und Entfernungen von 20–55 hm vorlagen, wurde bis zur Schießpause, die um 6.43 Uhr begann, mit 4-Schuß-Salven geschossen. Ein Einschießen oder Durchführung eines Schießverfahrens erübrigt sich, da in allen Fällen von der ersten Salve Deckendlagen und Treffer beobachtet wurden. Es konnten fast in jeder Salve ein oder zwei Treffer beobachtet werden. Schwierig war es bei den Bewegungen des eigenen Schiffes und dem Ein- und Austauschen der Dampfer, die Treffer so genau zu placieren, daß die Wasserlinie getroffen wurde. Daraus erklärt sich, daß je nach Entfernung einige Dampfer mehr, andere weniger Munition kosteten. In diesem Abschnitt wurden von der SA beschossen: (siehe Gefechtsskizze)

Dampfer A mit 12 Schuß Kz. an St.B., später nochmals mit 12 Schuß Kz. an B.B.,
Dampfer C mit 50 Schuß Kz. an St.B.,
Dampfer F mit 24 Schuß Kz. an St.B., später nochmals mit 47 Schuß an B.B.,
Dampfer G mit 20 Schuß Kz. an St.B. (später torpediert),
Dampfer H mit 18 Schuß Kz. an St.B. (später torpediert),
Dampfer K mit 47 Schuß Kz. in der Drehung (später torpediert).

Um 6.43 Uhr wurde dem Kommandanten gemeldet, daß etwa $^2/_3$ des Bestandes an Kz. verschossen sei. Daraufhin wurde ›Feuereinstellen‹ befohlen.

2. Abschnitt ab 7.03 Uhr:

Nach einer Schießpause wurden die restlichen Dampfer nunmehr auf geringste Entfernung angesteuert (etwa 200–300 m) und mit Einzelschüssen, selbständige Feuererlaubnis, durch den G. F., bei Auftauchen des Dampfers, beschossen. Diese Methode hat sich, wie zu erwarten, gut bewährt. Fast alle Schüsse trafen und lagen in günstiger Lage zur Wasserlinie. Im Verein mit der 10,5-cm-Artillerie konnten die vier restlichen Dampfer mit geringstem Munitionsaufwand durch Artillerie versenkt werden.

Dampfer N mit 4 Schuß Kz. an St.B. (bereits vorher torpediert),
Dampfer O mit 4 Schuß Kz. an St.B. (Dampfer sank),
Dampfer P mit 5 Schuß Kz. an St.B. (Dampfer sank),
Dampfer Q mit 4 Schuß Kz. an B.B. (Dampfer sank).

Störungen:

1. Ausfall einer Hub- und Fahrwinde Turm ›A‹. Durchbrennen von Sicherungen an zwei weiteren Hub- und Fahrwinden. Förderung mit Taljen ohne Einfluß auf die Feuergeschwindigkeit.

2. Ausfall der Steuerhebel-Bedienung für Schieber hydr. Ansetzer Turm ›C‹ r. Bedienung des Schiebers erfolgte mit Hand. Turm schoß infolgedessen mit ›Rohrkupplung aus‹ und fiel dreimal mit dem rechten Rohr aus.

3. In Turm ›B‹ versagte Ringwagenverblockung für kurze Zeit infolge Springens des Geschosses. Löffel wurde dadurch nicht gedrückt. Geschosse kurzfristig mit Talje bewegt. Kein Einfluß auf die Feuergeschwindigkeit.

Die Gefechts-Schießliste auf die verschiedenen Dampfer enthält nichts Wesentliches. Von einer Vorlage wird deshalb abgesehen.

gez. *Wegener*
Korv.Kapitän und IAO

Anlage 2 zum Gefechtsbericht
Kreuzer *Admiral Hipper*

BERICHT

des II. Artillerieoffiziers Kreuzer *Admiral Hipper*
über das Gefecht gegen einen englischen Geleitzug am 12. 2. 1941

Zugleich mit der SA erhielt am 12. 2. etwa um 6.10 Uhr die schwere Flak Feuererlaubnis auf die am nächsten befindlichen Dampfer. Die schweren Flak-Gruppen wurden entsprechend der Gefechtsschaltung getrennt eingesetzt und zwar so, daß zusammen mit der SA möglichst viele Dampfer gleichzeitig unter Feuer genommen wurden. Dabei führten teilweise die einzelnen Gruppen auch selbständig Zielwechsel durch, wenn sie beobachteten, daß ihr altes Ziel von der SA beschossen wurde.

Es wurden von den einzelnen Flak-Gruppen insgesamt etwa 26 Ziele unter Feuer genommen, wobei infolge der zweimaligen Kehrtwendung des Schiffes verschiedene Dampfer mehrfach nacheinander von den Gruppen der St.B.- wie der B.B.-Seite beschossen worden sind.

Am Anfang des Gefechtes lag die Entfernung zwischen 55 und 20 hm, während sie zum Schluß bei den letzten beschossenen Dampfern bis auf 4 hm herunterging. Schießverfahren waren im allgemeinen Reg.-Schießen mit Vollautomatik, bei sehr geringer Entfernung und gestoppt liegendem Ziel wurde teilweise auf Höhe direkt bzw. Höhe und Seite direkt Abfeuerung durch G.F. (Punktschießen) übergegangen.

Die Aufschläge lagen bei allen Gruppen durchweg gut am Ziel, so daß bei jedem Beschuß eines Dampfers zahlreiche Treffer beobachtet wurden.

Verschiedentlich wurden auch gegnerische Aufschläge bis etwa 100 m vom Schiff entfernt beobachtet. Es waren jedoch nur Einzelaufschläge, deren Wassersäulen sich durch ihre gelblich-grüne Färbung deutlich von den eigenen Aufschlägen unterschieden.

Auf besonderen Befehl der Schiffsführung wurde bei drei Dampfern die leichte Flak zum Beschießen der Aufbauten (Brücke, Funkraum) eingesetzt.

Munitionsverbrauch:	760 Schuß = 10,5 cm,
	122 Schuß = 3,7 cm,
	60 Schuß = 2 cm.

Es traten folgende technische Störungen auf:

1. *St.B. I. 10,5-cm-Geschütz:* Ausfall Förderwerk I und II für etwa 8—10 Minuten infolge Durchbrennens der Sicherungen.
2. *St.B. I. und II. 10,5-cm-Geschütz:* Ausfall des Förderwerkes II und III zum Schluß des Gefechtes infolge Durchbrennens der Sicherungen (Förderwerk II zum zweitenmal) und nach Einsetzen neuer Sicherungen durch Bruch des Antriebswerks (Förderwerk II) bzw. der Förderkette (Förderwerk III).
3. *B.B. I. 10,5-cm-Geschütz:* Aus dem Förderwerk II fiel wiederholt beim Schießen des Turmes ›B‹ in achterlichen Schußrichtungen die oberste Patrone heraus, da sich die Feder, die das Festhalten der Patrone bewirkt, im Verlaufe der Fördertätigkeit gelockert hatte.
4. *B.B. und St.B. III. 10,5-cm-Geschütz:* Ausfall der Munitionswinden III für kurze Zeit infolge Ausfalles eines E-Werkes.
5. *B.B. I. und III. 10,5-cm-Geschütz:* Ausfall des Anlassers des Pittler-Thoma-Getriebes infolge Erschütterungen durch das Schießen der SA.

Stark behindert waren während des Gefechtes die beiden III. Geschütze durch das Schießen der achteren Türme in vorlichen Richtungen. Sie mußten wiederholt von ihren Bedienungen verlassen werden, so daß das St.B. III. 10,5-cm-Geschütz nur 10 Schuß und das B.B. III. 78 Schuß verfeuert haben gegenüber einem Mittel von 170 Schuß der übrigen Geschütze.

In den Munitionskammern IX. 8.1 und IX. 8.2 der I. Geschütze traten außer den bereits erwähnten technischen Störungen insofern Schwierigkeiten hinsichtlich der Munitionsförderung ein, als die Munition in diesen Kammern in zwei Stapeln hintereinander gelagert ist und bei Übergang auf den hinteren Stapel zunächst die leeren Packgefäße des vorderen aus den Kammern gemannt werden mußten.

gez. *Busse*
Korv.Kapitän und II AO

Anlage 3 zum Gefechtsbericht
Kreuzer *Admiral Hipper*

BERICHT

des I. Torpedooffiziers Kreuzer *Admiral Hipper*
über das Gefecht mit einem englischen Geleitzug am 12. 2. 1941

I. Torpedoeinsatz:

Es wurden im Laufe des Gefechtes 12 Torpedos verschossen, und zwar wie folgt:

Von 6.20–6.30 Uhr 6 Torpedos der St.B.-Rohrgruppen, nach der Drehung des Schiffes von 6.33–6.41 Uhr 5 Torpedos der Rohre II, IV, VI, VIII, X und um 7.00 Uhr der Torpedo aus Rohr XII.

II. Schußunterlagen:

Die Schußentfernungen schwanken von 32 hm Anfangsentfernung bis 11 hm Schlußentfernung. Es wird ohne Rücksicht auf Entfernung in erster Linie auf Dampfer losgemacht, die in günstiger Torpedolage, 90°, stehen. Die Dampfer machen während der Laufzeit der Torpedos Manöver. Sie drehen zum Teil ab, oder stoppen, um die Boote zu Wasser zu bringen. Soweit zu erkennen, wird mit der Gegnerlage bzw. -fahrt entsprechend vorgegriffen. Auch bei den letzten, bereits verlassenen Dampfern wird geringe Gegnerfahrt eingestellt, da angenommen wird, daß sie nicht so schnell zum Stoppen gebracht werden können. Daher wird nicht nach Verfahren, sondern nach Schätzung geschossen. Die 12 Torpedos wurden auf 11 Dampfer geschossen, einer davon erhielt 2.

III. Treffergebnis:

Da in schneller Schußfolge geschossen wurde, konnte die Trefferwirkung vom TO nicht beobachtet werden. Die beschossenen Dampfer wurden laufend dem achteren Stand (II. TO) mit Gradangabe zur Beobachtung übergeben. Auch von dort war eine sichere Beobachtung wegen der schnellen Schußfolge nicht möglich, da meistens der nächste Torpedo schon geschossen war, ehe der vorhergeschossene das Ziel erreicht hatte. Außerdem war der achtere Stand stark rauchbehindert.

Auf der Brücke wurden 10, auf dem Signaldeck vom Signaloffizier 9 Treffer beobachtet. Als die sicherste Beobachtung wird die der Rohrmeister angegeben, die insgesamt 11 Treffer einwandfrei beobachtet haben. Die Torpedos wurden in Reihenfolge der Rohre losgemacht und werden im folgenden mit laufenden Nummern 1–12 bezeichnet.

Die Rohrmeister beobachteten folgende Schüsse:

a) *St.B. vorn:* Torpedo Nr. 1–2, je ein Treffer auf Dampfern von 5000–6000 t mittschiffs. Ein Dampfer sank in kurzer Zeit, der zweite wurde nicht mehr beobachtet.

b) *St.B. achtern:* Torpedo Nr. 3–6, je ein Treffer, und zwar Torpedo Nr. 3, Treffer auf etwa 10 000 t großen Dampfer mit Ladeluken am Heck, Dampfer sank nicht. Auf denselben Dampfer wurde noch Torpedo Nr. 5 losgemacht, der Achterkante des mittschiffs stehenden Schornsteins traf. Er brach auseinander und sank in kurzer Zeit. Der Torpedo Nr. 4 traf Dampfer mittlerer Größe. Der Torpedo Nr. 6 traf ein Motorschiff von etwa 3000–4000 t Vorkante Schornstein. Es kenterte und sank.

c) *B.B. vorn:* Torpedo Nr. 7, Treffer auf einem 8000–10 000 t großen Schiff, das Schornstein und Brücke mittschiffs hatte. Das Schiff bekam Schlagseite und wurde nicht mehr beobachtet.

d) *B.B. achtern:* Torpedo Nr. 8–12, 4 Treffer, und zwar Torpedo Nr. 8 Treffer Höhe vorderer Mast auf etwa 4000 t großem Dampfer mit zwei Masten und Schornsteinen mittschiffs. Der Dampfer sank. Der Torpedo Nr. 9 wurde verfolgt, aber keine Detonation beobachtet. Er war anscheinend Fehlschuß auf ein neues Frachtschiff von etwa 5500–6000 t. Torpedo Nr. 10 traf einen etwa 6000 t großen Dampfer mit zwei großen und zwei kleinen Ladebäumen unter der Brücke. Dieser Dampfer brannte bereits und sank nach dem Treffer über das Heck. Torpedo Nr. 11 traf Dampfer älteren Typs mit hohem Schornstein im achteren Drittel, er legte sich auf die Seite und sank. Torpedo Nr. 12 wurde sowohl von den Rohrmeistern wie auch vom TO als Treffer beobachtet. Er traf das neue Frachtschiff von etwa 5500–6000 t, auf das bereits Torpedo Nr. 9 losgemacht worden war. Der Torpedo traf mittschiffs, das Schiff brach in der Mitte durch und sank nach etwa 4–5 Minuten.

IV. Erfahrungen:

Die in der Torpedoanlage aufgrund der Erfahrungen der letzten Unternehmungen durchgeführten Änderungen haben sich bewährt. Es traten keine Störungen ein. Das Personal hat sicher und gut gearbeitet.

Nachdem die Rohre der St.B.-Seite leergeschossen waren, wurde von den Bedienungen der beiden Rohrgruppen sofort das Nachladen der Reservetorpedos vorbereitet. Nachdem auch die B.B. vordere Rohrgruppe leergeschossen war, wurde mit dem Nachladen der vier gefechtsklar im Arbeitsraum lagernden Torpedos begonnen. Nach etwa 20 Minuten lagen zwei Torpedos schußklar in den Rohren. Die beiden restlichen Torpedos wurden für die St.B.-Seite vorgesehen. Das Laden war zunächst auf dem durch die Feindlage gegebenen Kurs nicht möglich, obwohl das Schiff nur wenig schlingerte. Die Torpedos pendelten an der Transportmaschine so stark, daß beim Durchschleusen von der B.B.- zur St.B.-Seite Personal und Torpedos zu stark gefährdet wurden. Es wurde später vor die See gedreht, Fahrt vermindert und die zwei Torpedos nachgeladen.

Sechs Reservetorpedos lagerten außerdem noch auf dem Glockendeck, die Gefechtsköpfe dazu in der Gefechtskopflast. Diese Torpedos konnten im weiteren Verlauf der Unternehmung nicht mehr gefechtsklar gemacht werden, da die verhältnismäßig geringen Schlingerbewegungen des Schiffes Personal und Torpedos beim Transport zu stark gefährdeten.

TABELLE FÜR DIE WAHL DER GEFECHTSENTFERNUNG UND GESCHOSSWAHL

Typ	Gefechts-Entfernung	Schwerpunkt	Geschoßart	Bemerkung
GROSSKAMPFSCHIFFE				
Sämtliche	Keine Erfolgsaussichten	Keine Erfolgsaussichten	Kz	
20,3-cm-KREUZER				
sämtliche englische	160–230 und darüber	200	Ps	Im ganzen Bereich eigenes Panzerdeck gefährdet Bis 190 hm: Möglichst 3 Dez heran- oder abliegen
Pensacola-Kl. Chester-Kl.	175–320 und darüber	200	Ps	Unter 210 hm 2 Dez heran- oder abliegen
Indianapolis	180–250	210	Ps	Im ganzen Bereich 2 Dez heran- oder abliegen Obere Hälfte des Bereichs anstreben
Quincy Wichita	175–220	210	Ps	3–4 Dez heran- oder abliegen. Gegner besser geschützt als *Hipper*
15-cm-KREUZER				
Birmingham Belfast	90–180	120 viele 15-cm-Treffer oder eigenes	bis 150 Bdz 150–220 Ps ab 220 Bdz	Unterhalb 110 hm möglichst 3 Dez heran- oder abliegen
Fiji		160 Panzerdeck gefährdet		
sämtliche übrige englischen 15-cm-Kreuzer	80–140	120	Bdz	Grenzen bei B- u. C-Klasse können unbedenklich überschritten werden
Boise	130–180	150	Ps	
Ohama	130–150	140	Bdz	Höhere E bis 230 hm ebenfalls günstig
FLUGZEUGTRÄGER				
sämtliche außer Lexington und Saratoga	100–230	130	Bdz	Angaben für die neuesten USA-Träger fehlen Lexington und Saratoga Ps-Granaten

Diese Tabelle befand sich bei den Beute-Akten über *Admiral Hipper*. Sie zeigt, wie sorgfältig die Artillerie auf jeden Gegner vorbereitet war.

Anhang 10

Bezug auf das Teilkapitel über die *Admiral-Hipper*-Klasse

Nachstehendes erfuhr der Verfasser von dem heutigen Schiffbau-Ingenieur Friedrich Barthel, Hamburg, der während des Krieges auf *Admiral Hipper* fuhr. Diese Ergänzungen erklären auch, weshalb die Turbinen 2 und 3 in *einem* Raum untergebracht wurden und nicht, wie es gefechtstechnisch richtiger war, in getrennten Räumen.

In den Vertragsplänen des Schiffes, die der Werft Blohm & Voss zuerst als Bauunterlagen vom OKM zur Verfügung gestellt wurden, war insbesondere die Flugzeughalle noch nicht vorhanden. Dafür aber war auch die II. 10,5-cm-Flak noch für das Aufbaudeck vorgesehen. Die spätere (zusätzliche) Forderung nach einer Flugzeughalle für zwei Flugzeuge vom Typ Arado 196 zwang dann zu der für die obigen Geschütze recht ungünstigen Aufstellung auf dem Oberdeck. So wurde das Schußfeld besonders im achteren Quadranten für Flakfeuer eingeschränkt, da hier auch eine Behinderung der Bedienung der III. 10,5-cm-Geschütze gegeben war. Zur Flugzeuganlage gehörte zunächst neben der bekannten Schleuder auf *Admiral Hipper* auch noch ein Landesegel, das auf dem Bb.-Seitendeck eingebaut war. Diese Einrichtung zeigte sich als recht umständlich. Später landeten die Flugzeuge (viel besser) in einer durch Drehkreis erzeugten ›Leesee‹.

Die Flugzeughalle bewährte sich in der ersten Ausführung nicht. Sie wurde später für nur ein Flugzeug umgebaut, indem seitlich Räume für Kartoffeln und die Übernahmeschläuche für Versorgung in See eingebaut wurden.

Die während des Baues sich ergebenden Einzelheiten und zusätzlichen Forderungen machten das Schiff wesentlich schwerer, als es vorher unter Beachtung des Washingtoner Vertrages über den Bau schwerer Kreuzer von 1922 zu übersehen war. Die Konstruktionstiefe betrug 5,7 m – das Schiff hat später (voll beladen) einen Tiefgang gehabt, der in etwa der Höhe des Panzerdecks, nämlich 7,6 m über Kiel entsprach. Zu dieser Entwicklung kam 1938 die Notwendigkeit, in den Kesselräumen mehr Platz zu schaffen, da sonst die Anlagen nicht hätten eingebaut werden können. Diese Frage konnte von Blohm & Voss gelöst werden, indem die ursprünglich senkrecht stehenden inneren Wallgangslängsschotte oben etwa 0,8 m nach außen ›geklappt‹ wurden. Hierdurch ging aber auch zwangsläufig wertvoller Bunkerraum verloren.

Durch die Tiefertauchung gegenüber der Erstplanung war dazu auch noch die Stabilität ungünstiger geworden: Die für das Schiff typische bauchige Schiffsform bedingte bei größerem Tiefgang eine abnehmende Breite der Wasserlinie. So wurde das Schiff während der Bauzeit in einer etwa achtwöchigen Dockzeit beiderseits um 0,8 m verbreitert, wobei die äußere Wallgangsblase an der Außenhaut nach oben über die Oberkante des Seitenschutzes hinaus gezogen wurde.

Es ist verschiedentlich die Frage aufgeworfen worden, warum, wenn die Kraftwerkschaltung mit den Kesselräumen einerseits drei getrennte Räume hatte, nicht auch die Turbinenräume entsprechend unterteilt waren – der Turbinenraum 2/3, Abteilung V, bot so die Möglichkeit des Ausfalles von $^2/_3$ Antriebsleistung durch irgendeine Ursache.

Gegen ein Leck bot dieser Raum allerdings mit seinen doppelten Wallgängen einen recht guten Schutz, wenngleich der ›Treffer Kesselraum 3‹ am 31. Dezember 1942 andererseits doch die Fragwürdigkeit eines solchen Schutzes deutlich machte. Geht man nur von dieser Treffermöglichkeit aus, so wäre für diesen Raum unbedingt ein Mittellängsschott zu fordern gewesen. Festzustellen bleibt aber, daß bei den gegebenen Raumverhältnissen dafür kein Platz gewesen wäre. Die Frage, ob ein Mittellängsschott stabilitätsmäßig vertretbar gewesen wäre, läßt sich anhand heute noch vorhandener Unterlagen über das Schiff bejahend beantworten, wenn vorausgesetzt wird, daß das Schiff lediglich einen Turbinenraum der Seitenwellen verlieren sollte. Hierzu einige Zahlen: Turbinenraum 2/3 hatte einen Rauminhalt von etwa 1120 m^3. Setzt man die Flutbarkeit mit 70 % und den Schwerpunkt des halben Steuerbord- oder Backbordteils, mit 3,5 m aus Mitte Schiff, so ergibt sich ein Krängungsmoment von etwa 1380 mt. Wird die Verdrängung des Kreuzers zu 13 800 t angesetzt, was in etwa den wirklichen Verhältnissen im Mittel entspricht, so läßt sich hieraus errechnen, daß der Hebelarm der statischen Stabilität für diesen Fall mindestens noch 0,1 betragen müßte. Leider fehlen hierüber Aufzeichnungen, aber es ist anzunehmen, daß dieses noch bei einer nicht allzu großen Neigung der Fall gewesen wäre. Jeder zusätzliche Leckfall würde hier aber schon bedenkliche Folgen haben müssen. Es ist auch bekannt, daß in der deutschen Marine nach dem Ersten Weltkrieg Mittellängsschotte mit Rücksicht auf die Leckstabilität möglichst vermieden wurden. Siehe auch: Evers Kriegsschiffbau, Seite 275, PzKrz. ›York‹ und 7 engl. PzKrz.